21世纪高等院校 … 新系

Human Resource Management

组织行为学

Organizational Behavior

（第四版）

张德 吴志明 编著

东北财经大学出版社
Dongbei University of Finance & Economics Press
大连

图书在版编目（CIP）数据

组织行为学／张德，吴志明编著．—4版．—大连：东北财经大学出版社，2016.8（2021.1重印）
（21世纪高等院校人力资源管理专业教材新系）
ISBN 978-7-5654-2452-6

Ⅰ．组…　Ⅱ．①张…　②吴…　Ⅲ．组织行为学-高等学校-教材
Ⅳ．C936

中国版本图书馆CIP数据核字（2016）第190547号

东北财经大学出版社出版
（大连市黑石礁尖山街217号　邮政编码　116025）
网　　址：http：//www.dufep.cn
读者信箱：dufep @ dufe.edu.cn
大连东泰彩印技术开发有限公司印刷　东北财经大学出版社发行

幅面尺寸：170mm×240mm　　字数：462千字　　印张：22.5
2016年8月第4版　　2021年1月第22次印刷

责任编辑：李　彬　石建华　　责任校对：赵　楠
封面设计：张智波　　版式设计：钟福建

定价：42.00元

教学支持　售后服务　联系电话：（0411）84710309

如有印装质量问题，请联系营销部：（0411）84710711

新世纪人力资源管理的思考（代序）

跨入新世纪，经济全球化、技术进步和消费者地位的提升等使得企业的外部经营环境变化越来越快。很多企业管理的研究者与实践者们都有一个共识：不确定性是企业所面临的新竞争环境的主要特征。以不确定性为特征的竞争环境向企业提出了新的挑战，企业如何应对这一挑战呢？企业管理的研究者和实践者们不约而同地将目光投向了人力资源。例如，核心能力理论认为，企业在本质上是一个能力体系，能力是能够为人们共同感受到的智力资本，它包括人力资本、结构资本和顾客资本；组织变革理论认为，有效的沟通是一种重要的组织资源，组织内群体之间、个体之间以及群体与个体之间能否有效地整合和分享有价值的信息与知识是衡量组织有效性的标准，从而将研究的焦点指向了组织内的人；而以资源为基础的企业理论则认为，传统的竞争优势来源（如技术、财务资源的获得）已不再能以稀缺的、不可模仿的和不可替代的方式为企业创造价值。因为人力资源的价值创造过程具有路径依赖和因果关系模糊的特征，其细微之处竞争对手难以模仿，所以，企业的人力资源将是持久竞争优势的重要来源，有效地管理人力资本，而不是物质资本，将是企业绩效的最终决定因素等等。尽管不同的理论对“什么是人力资源”有着不同的解释，其殊途同归的根本原因却在于“人是企业能对自身进行变革以适应环境变化的唯一动力”。在企业系统中，人具有其他要素所没有的特性——自我变革与自我发展的能力，即也只有人，才能够对企业的构成要素以及要素之间的关系进行调整。可见，当企业与环境间的平衡被打破时，必须借助于人的力量，才能重新达成企业与环境间的适配。因此，面对不确定性的竞争环境，企业管理的研究者和实践者都只能从人——这个企业自身变革的唯一动力源上，来试图找出有效的对策。从这一认识出发，可以毫无疑问地断言，人力资源成为企业管理研究与实践的热点和核心是一种历史的必然。

然而，“人力资源”并不等同于“人力资源管理”，正如一位首席执行官在回答记者提问时所说：“如果你是指小写的 hr（指人力资源），那么我认为其是企业成功的关键；如果你是指大写的 HR（指人力资源部或人力资源管理实践），那我就并不这么认为了。”这表明人力资源管理在实践中并没有受到重视。为什么人力资源管理并没有在实践中发挥应有的作用呢？我们知道，人力资源管理在本质上是人力资源能够被开发的工具。企业管理者们可以运用人力资源管理实践，如人力资源规划、招聘与挑选、培训与开发、绩效管理与评估、薪酬制度管理等等，来吸引、确认和保留高质量的人力资源。企业在获得高质量的人力资源之后，人力资源管理的下一个目标是鼓励人们表现出支持企业利益的行为。因为人力资源对企业持续竞争优势来说只是一个必要条件，而不是一个充分条件。人力资源潜力的实现，在一定程度上是由于人们通过表现出特定的行为而允许企业从中获益。因此，人力资源管理是人力资源和企业绩效关系的中间变量。人力资源仅仅在与正确的人力资源管理实践——通过诱发员工行为产生优势的实践——相结合时，才是有效的，即拥有正确的人力资源管理是人力资源效率最大化的必要条件。这种中间变量角色在一定程度上也解释了为什么许多企业强调人力资源的重要性，而只有极少的企业能够开发出作为竞争优势之源的人力资源。

现实中人力资源管理没有能够发挥出应有的作用通常在于人们对于人力资源管理角色的错误定位。人们依然按照传统人事管理的观念将企业人力资源管理看成“成本中心”，而在新经济条件下企业人力资源管理应该成为企业的“利润中心”。要实现人力资源管理从成本中心向利润中心的转变，企业对人力资源管理的定位应该实现如下的转变。

首先，人力资源管理部门必须转变其思想观念，从注重“人力资源管理做什么”转变为关心“人力资源管理的产出是什么”，从解决“企业经营运作过程中的人的问题”转变为解决“与人有关的企业经营运作问题”。

其次，人力资源管理者必须从传统的职能专家向战略伙伴、员工支持者和变革倡导者转变。其中，战略伙伴角色主要集中于把人力资源的战略和行为与经营战略结合起来。在这一角色中，人力资源管理以战略伙伴的面目出现，通过提高组织实施战略的能力来帮助保证经营战略的成功。员工的支持者角色意味着人力资源管理需要帮助维持员工和企业之间的心理契约，把精力投入到员工日常关心的问题和需求上，积极地倾听、积极地反应，并向员工提供为满足他们不断变化的要求所需的资源，创造一个学习的氛围和环境，让企业员工置身于其中，激发出一种自然的学习动力和工作成就感。

最后，人力资源管理必须掌握新的技能：掌握业务，掌握人力资源、个人信誉和掌握变革。掌握业务要求人力资源管理成为企业核心经营管理层的一部分，了解并参与基本的业务活动，具备强烈的战略业务导向。掌握人力资源是指人力资源管理要确保基本的管理和实践相互协调，并担当起行政职能。个人信誉是指人力资源管理者应具备良好的人际影响能力、问题解决能力和创新能力。掌握变革要求人力资源管理懂得如何领导企业变革与重组。很显然这四种新技能是与人力资源管理的新角色一一对应的。

人力资源管理任重而道远。相对于肩上的千斤重担，这门年轻的学科显得十分稚嫩，迫切地需要企业管理研究者和实践者们辛勤地培育。东北财经大学出版社的这套丛书从不同的层面、不同的视角对人力资源管理领域内的不同问题作了全面、系统和深入的探讨，对推动人力资源管理的理论发展，提高人力资源管理的实践水平，无疑是雪中送炭。这套丛书与20世纪90年代以来陆续引进和出版的人力资源管理教材不同，其具有两个显著的特征：一是先进性，这套丛书紧跟时代步伐，汇集了人力资源管理的最新观点、内容、原理和方法；二是适用性，这套丛书以培养能力为目标，吸收了国外教材的众多优点，特别适合于工商管理专业和人力资源管理专业的本科生、硕士研究生、教师以及人力资源经理们使用。总之，这套丛书是国内不可多得的人力资源管理教材。十分感谢东北财经大学出版社给我这套丛书先睹为快的机会，读书偶感，权且为这套丛书的出版作贺。

赵曙明

于南京大学

第四版前言

《组织行为学》初版于2002年，再版于2006年，三版于2011年。为了更好地适应本科生对组织行为学这门课程的学习，并汲取组织行为学的新近研究成果，我们觉得很有必要对本书进行再次修订。

本次修订，书中变化的内容主要体现在如下方面：

1. 重新审读全书，使一些概念更加精准、科学，语言更为通顺、精练。

2. 增加了一些新的知识及概念。如：第4章增加了“卢因的群体动力论”；第8章增加了“领导理论的新发展”，介绍了魅力型领导、基于价值的领导、交易型领导、变革型领导等理论；第12章增加了“组织文化的影响因素”“组织文化与员工需要层次”“群体价值观与组织凝聚力”“组织道德与组织公共关系”“组织风气与员工行为管理”“组织物质环境与员工养成教育”等。

3. 适当压缩了篇幅，减少了重复内容，使教材更加精练。主要删掉了第三版中第4章的“ERG理论”“目标设置理论”；第8章的“领导行为的理论框架”“领导-参与模型”“领导行为评价”；第12章的“非正式组织与人际关系”；第13章的“组织文化建设的方法论”“工作设计与组织发展”“团队组织发展的过程与策略”等内容。

4. 增加了一些应用性的内容，如增加了“对马斯洛需要层次论的评价”“双因素理论的应用”“精神激励的方法”“在中国领导者应具备的素质”等内容，有利于指导学生现在与未来的实践，加深对理论的理解。

5. 更新了部分案例。新更换的案例更具中国特色和时代特点，它们是：“悟空要走，怎么办”“Z董事长的领导方式为什么不受欢迎”“富士康8员工跳楼自杀”等。

总体而言，第四版《组织行为学》教材继续坚持“准、新、实”的特色，进一步提升了其科学性、前沿性和应用性。作为一本教材，本书不仅适用于工商管理、行政管理，特别是人力资源管理专业的学生，也适用于经济学、心理学、社会学、政治学等人文社会科学类的学生，以及有志于成为优秀管理者的其他各专业的学生，同时也适用于企业、政府部门、事业单位的管理内训。

由于学识水平、实践经验及时间的局限性，本书难免有不当之处，敬请各位读者批评指正。

编著者

2016年7月于清华园

第一版前言

2001 年 11 月 10 日，中国正式加入 WTO。这意味着中国经济更深地介入经济全球化，中国的人力资源开发与管理将面临更为严峻的挑战。战胜这些挑战就会抓住更新的发展机遇，因此，对人的研究，对人的行为、组织行为的研究变得更为迫切。

管理作为一门科学已有 90 年的历史，古典管理理论和行为科学是其两大支柱，而组织行为学则集中了行为科学的主要成果。

在经济管理类大学本科的管理课程中，“组织行为学”属于理论性较强的基础课程。

本书的编写贯彻了“准”“新”“实”三字经。所谓准，就是准确地讲授理论、概念和实验，这对本科生尤为重要；所谓新，就是把组织行为学的最新研究成果呈现在读者面前；所谓实，就是学以致用，研究一定量的案例，引导读者在应用上下功夫，特别是探讨在中国的环境下应用的规律。

本书是清华大学张德教授与吴志明博士合著的。吴志明博士师从张厚粲教授，在心理测量领域有较深造诣，在组织行为学的教学和科研上积累了一定经验。本书第 2、3、5、6、7、9、10、11、12 章由吴志明博士编写，第 1、4、8、13、14 章由张德教授编写，整本书的结构和统筹由张德教授负责。李宁硕士参加了编写工作。

本书以经济管理类本科生、硕士生为主要读者，也适合公共管理学科的本科生、硕士生和管理课程经理培训班的学生，以及有志于成为优秀管理者的企业经理、政府公务员、事业单位的管理人员和学术界朋友。

由于作者理论修养和实践经验的局限性，本书必然存在着种种不足和缺陷，敬请各位读者不吝指正。

编著者

2002 年 2 月 2 日于清华园

目　录

第 1 章　绪　论 …… 1
学习目标 …… 1
1.1　组织与组织行为 …… 2
1.2　组织行为学的发展阶段 …… 8
1.3　组织行为学的研究方法 …… 17
本章小结 …… 26
关键概念 …… 26
复习思考题 …… 26
第 2 章　个体的基本心理过程与心理特征 …… 28
学习目标 …… 28
2.1　社会知觉与归因 …… 29
2.2　能力与人格 …… 34
2.3　态　度 …… 43
2.4　价值观 …… 50
2.5　学习与行为塑造 …… 54
个案分析 …… 58
本章小结 …… 59
关键概念 …… 59
复习思考题 …… 60
第 3 章　组织中的个体心理与行为 …… 61
学习目标 …… 61
3.1　个体与组织的关系 …… 62
3.2　员工在组织中的态度 …… 67
3.3　组织社会化 …… 74
3.4　组织公民行为 …… 78
个案分析 …… 82
本章小结 …… 84
关键概念 …… 85
复习思考题 …… 85
第 4 章　激励理论及其应用 …… 86
学习目标 …… 86

4.1 基本概念……86
4.2 马斯洛的需要层次论……89
4.3 卢因的群体动力论……94
4.4 赫兹伯格的双因素理论……96
4.5 弗隆的期望理论……100
4.6 亚当斯的公平理论……102
4.7 斯金纳的强化理论……104
4.8 麦克利兰的需求理论……106
4.9 波特和劳勒的综合激励模式……108
4.10 激励的一般原则和方法……109
个案分析……115
本章小结……118
关键概念……118
复习思考题……119
第5章 工作压力……120
学习目标……120
5.1 工作压力：成因与影响……121
5.2 压力管理……131
5.3 员工帮助计划……136
个案分析……139
本章小结……141
关键概念……142
复习思考题……142
第6章 群体心理与群体行为……143
学习目标……143
6.1 群体的基本问题……143
6.2 群体行为特征……153
6.3 团队及团队建设……158
个案分析……165
本章小结……166
关键概念……167
复习思考题……167
第7章 沟 通……168
学习目标……168
7.1 沟通的基本问题……169
7.2 有效的沟通……177
个案分析……182

本章小结…… 183
关键概念…… 183
复习思考题…… 183
第8章　领　导…… 184
学习目标…… 184
8.1　领导的内涵 …… 184
8.2　领导特质理论 …… 187
8.3　领导行为理论 …… 192
8.4　领导权变理论 …… 199
8.5　领导理论的新发展 …… 204
个案分析…… 209
本章小结…… 213
关键概念…… 214
复习思考题…… 214
第9章　决　策…… 215
学习目标…… 215
9.1　决策的基本问题 …… 215
9.2　个体决策行为的特点 …… 223
9.3　群体决策的特点与方法 …… 227
个案分析…… 234
本章小结…… 236
关键概念…… 237
复习思考题…… 237
第10章　冲　突 …… 238
学习目标…… 238
10.1　冲突的基本问题…… 239
10.2　冲突管理…… 248
10.3　合作与竞争…… 252
个案分析…… 256
本章小结…… 258
关键概念…… 259
复习思考题…… 259
第11章　组织结构与设计 …… 260
学习目标…… 260
11.1　组织设计的基本问题…… 260
11.2　常见的组织结构形式…… 266
11.3　组织结构发展的新趋势…… 271

个案分析……276
本章小结……277
关键概念……277
复习思考题……277
第12章 组织文化……278
学习目标……278
12.1 组织文化的内涵……278
12.2 组织文化的特性……281
12.3 组织文化对组织行为的影响……283
12.4 组织文化的影响因素……284
12.5 组织文化与员工需要层次……286
12.6 群体价值观与组织凝聚力……288
12.7 组织道德与组织公共关系……291
12.8 组织风气与员工行为管理……294
12.9 组织物质环境与员工养成教育……297
12.10 组织文化建设步骤……298
12.11 组织文化建设的心理机制……303
12.12 领导者与组织文化建设……305
个案分析……311
本章小结……313
关键概念……313
复习思考题……313
第13章 组织变革与发展……315
学习目标……315
13.1 组织变革的概念……315
13.2 变革的动因与阻力……320
13.3 组织变革的程序……327
13.4 组织发展的干预技术……330
个案分析……338
本章小结……344
关键概念……344
复习思考题……345

第1章 / 绪 论

学习目标

首先，要知道组织与组织行为的概念以及两者之间的关联，对于这两者有个基本的了解；其次，要明白组织行为学的发展阶段，要知道组织行为学的产生和发展以及了解各个学派；最后，对于组织行为学研究分类和研究方法必须要清楚，从而了解组织行为学的大体轮廓。

组织是人们群体活动的主要形式，是人的社会性的重要表现。人们在工作和生活中经常和各种各样的组织发生关系。企业、机关、学校、医院、军队、研究机构和群众团体都是组织的具体形态。社会的组织程度越高，说明人类的力量越大。因为人类的力量本质上是组织的力量。现代社会人类在科学技术、经济、社会文明发展等方面都取得了巨大成就，这些成就的取得正是高度组织起来的现代人力量的集中表现。在现代社会，组织是基本的实体单元，无处不在，无时不有。我们工作、学习和生活的相当部分时间都是在林林总总的组织中度过的。组织建立、管理的方式会影响我们工作的性质和效率，也会影响到我们生活的质量、精神的感受和活动的自由。

组织是由人组成的，又是由人来管理的。几乎每个人都是一些组织的成员，在其中工作、学习和生活。同时，我们和许多组织有利益相关的关系，我们赖以生存的资源要由组织来提供，我们是各类组织所提供商品和服务的消费者及顾客，我们服务社会的愿望也要通过加入一定的组织而得以实现。此外，还有一些人是组织的管理者，想方设法提高组织的效率和效益。因此，组织与人息息相关。组织需要人，没有人组织就无法运转，无法存在；反之，人也需要组织，组织为人提供工作、学习和生活的条件，是人们满足自身需要的手段之一。所以，组织在人的生活、工作和社会发展中有重要的地位，组织的有效运作离不开对组织行为及其规律的研究。

本书研究组织行为这个领域，涉及两个基本问题：第一个问题是组织对其成员的思想、感情和行动的影响方式。我们所处的组织会影响我们观察世界的方法、我们对待工作的态度以及对我们自己的看法，也会影响到我们在执行任务过程中的行为以及作为组织成员的责任。组织行为学试图阐明组织影响其成员的种种方式，研究人在组织中的行为，揭示组织有效整合个人规范自律的规律，以创造、管理更大规模、更为有效的组织。第二个问题涉及组织的各个成员的行为方式及绩效对整个组织绩效的影响。组织对其成员活动的协调方式决定了组织的自身发展是否会成功。对每个人来说，进入其视野的组织比比皆是，所以在组织行为的理解方面，大家易于找到共同的标准。通过研究组织如何制约个人以及个人如何影响组织，有助于人们从新的角度看待问题，丰富我们对日常生活、工作的认识，进而不断完善组织的管理，使人类的群体活动更加和谐。

1.1 组织与组织行为

组织比比皆是，留给我们的印象各不相同。有些组织待人热情真诚，办事认真高效；有的组织对人冷若冰霜，办事拖沓推诿。理解组织及其各种行为表现，是组织行为学研究的重要问题，为此我们必须首先明确这个最基本的概念。

1.1.1 组织

现实中的组织形形色色，人们对组织认识的角度各有差别。因此，不同学派对组织的定义见仁见智，甚至争论不休。例如，有人认为"组织是追求一定目标的社会实体——组织的存在是为了实现一定的目标，而组织成员的行为是对这些目标理性的追求"。也有人说，"组织是一个开放系统——是依托环境而求生存的'输入-产出'转换系统"。依照强调组织内部制度建立的观点，"组织是契约的集合体，它由许多成文或不成文的契约构成，组织成员根据契约的规定进行工作，获得相应的报酬"。而强调组织内权力平衡的论点则认为，"组织是各种权力的集合体——它是由各种权力集团组合而成的，各集团为满足自身的利益和要求，力图控制或影响组织对各种资源的分配"。凡此种种，莫衷一是。为方便考虑，必须在对有关观点广泛讨论的基础上，就一些共性的内容，如组织的基本含义、组织和环境的关系、组织的演变、组织与管理等问题达成共识，作为进一步探讨的基点。

1）组织的定义

组织是对完成特定使命的人的系统性安排。组织之所以存在，是因为它能够满足人们在日常生活和社会活动中的种种需要，这些需要日趋复杂化、多样化，仅仅通过孤立的个体活动无法自我满足，于是出现了人们的群体活动。在群体活动中，为了协调不同人的行为，就会按照一定的关系，建立特定的规则。这种活动正式化、稳定化的结果就导致组织出现。家庭、乐队等社会组织的出现便是如此。比如，对音乐爱好者来说，独唱可以是个体活动，合唱必须是群体活动，各有乐趣。一群退休的音乐工作者为了感受合唱的乐趣，自发组成了合唱团，选出了团长、指挥，定期活动，为社区义务演出，大家非常投入，干得不亦乐乎。

对经济组织而言，其产生的基本原因在于某些生产、经济活动的规模超过了单个人能力的极限，同时又具有技术上的不可分性，必须通过团队劳动才能完成。因此，组织是一群人的集合，为了完成共同的使命和目标，组织成员按照一定的方式相互合作结成有机整体，从而形成单独的个人力量简单加总所不能比拟的整体力量。在这个意义上，组织活动扩大了人的活动范围，增强了人们认识、改造客观世界的能力。

在许多情况下，人们需求的满足方式是多元化的，既可能通过个体活动实现，也可能由群体活动的组织提供。如何选择，除了个人的兴趣、爱好、习惯之外，起决定作用的是两种方式的效率比较。当组织活动的效率高于个体活动时，便会在人们长期的自然选择比较中逐渐胜出。一个典型的例子便是学校的出现和发展：知识传授的方式可以是师傅带徒弟式的个体活动，也可以是学校教育式的组织活动，在社会发展到一定程度后，后者具有更高的效率，于是便取代了前者。同样，MBA教育的出现与发展，也是因为学校培养管理人员的效率高于企业内部经验积累、师徒传承的培养方式，从而适应了大型工商企业的发展对职业经理人员的需求。

我们对组织的界定固然简明，但也包含了任何一个组织的存在都必须具备的三个条件：

（1）组织是人组成的集合。组织是由人构成的，同时组织活动也需要一定的物质资源。因此组织既是物质结构，又是社会结构。组织活动的资源配置是通过人来完成的，有人群就可以形成组织，没有人群便不会有组织。

（2）组织适应目标的需要。任何组织都有其基本的使命和目标。企业是为了生产产品、提供服务、满足顾客需要，教育机构是为了培养人才，医院的存在是为病人提供健康服务等。组织的使命和目标说明了组织存在的理由。

（3）组织通过专业分工和协调来实现目标。为了完成自己的目标，组织必须开展实际的业务活动（统称作业工作），如医院的诊治、学校的教学、工业企业的生产等。组织是直接通过作业活动来完成组织目标的，而作业活动的展开又离不开相应的人力资源（员工）、物力资源（原材料和机器设备）、财力资源（资金）和信息资源（各种数据和情报）等的运用作为条件，否则作业活动就成了"无米之炊"。为了保证作业活动基本过程的顺利、有效进行，还需要开展另一方面的活动——管理。因此，组织中的活动便由此实现其基本的专业化分工——作业和管理两大类。由于专业化分工是提高工作效率的根本途径，在每一类组织内部的功能和活动中又会分解，每个人或群体负责做一些专门的工作，这样就把组织的目标、任务分解成各层次、部门、职位的工作，委托一定的群体、个人按照相应的规则去完成，从而形成组织的分工体系。

形成分工关系的个人、群体、部门是组织的一部分，他们的协调互动、密切配合才能保证组织整体目标的实现。这就使协作成为必需，否则组织内部各自为政的混乱现象便在所难免。因此分工和协作是同一个问题的两个方面。分工和协作是组织活动形成互相联系的具有层级关系的网络结构，与此相适应，组织的成员也根据各自的权利、责任制度形成正式的层级指挥体系。这就是组织的层级制内部结构。

2）组织和环境

任何组织的生存和发展都依赖于特定的客观物质基础和社会条件。存在于组织之外，并对组织产生一定影响作用的外部事物和现象，就构成通常所说的组织环境。

环境包括人、财、物、气候、市场、技术、文化、政策、法律等自然、科技、经济、政治等方面的要素，不同组织对这些要素的依赖程度各不相同。如社会环境中某一微小的政治因素可能对政党的策略产生重大影响，而抗洪指挥部则会密切关注气候变化。

组织和环境相互作用，不断进行物质、能量、信息的交换。组织依靠环境获得赖以生存的资源和发展机遇，组织的产出、服务为环境所接受的程度是限制组织活动的边界条件。组织活动的效率受制于环境条件的优劣。因此，组织活动必须适应环境的需要。许多组织失败的原因在于不能适应环境。

组织和环境相互作用具体表现为组织和环境中的各种要素、其他组织和个人的相互作用，这些与组织直接作用的其他组织和个人称为利益相关者。如对一个政党而言，选民、结盟的政党、有关的舆论机构等就是其利益相关者；对企业来说，供应商、股东、有关银行、中介机构、分销商、代理商、零售商和顾客等就是其利益相关者。组织和环境之间进行的物质、能量、信息的交换，实际上是通过和它的利益相关者进行交换而实现的，组织适应环境的需要本质上也是满足其利益相关者的要求，这些利益相关者构成了组织的特殊环境。

世界是变化的，特别在现代条件下，科学技术日新月异，国际交往日趋频繁，社会联系日益密切，在全球范围内社会经济、政治、文化、科技诸种因素紧密相关，形成有机整体。这就必然导致环境变化空前加快，组织对环境的依赖性与日俱增。因此，组织必须正视环境存在，适应环境变化，不断调整、改革，才能获得发展。

组织要适应环境的变化，必须有良好的信息沟通渠道，及时、准确地感知环境变化，同时要始终保持结构的灵活性。

当然，组织也会影响环境，组织的存在本身就是为了增强人们认识和改造世界的能力，组织活动的结果必然会对环境产生或大或小的影响，组织要为优化社会物质环境和文化环境尽其“社会责任”。成功的组织会对社会产生示范效应，组织失败的教训也会增进人们对世界的认识。但是，在一般的意义上，组织对环境都不可能产生决定性的影响，都必须以对环境的适应为前提。

3）组织的演变

结构和过程、存在和演变是组织的两种形态。静态地看，组织的存在表现为在某些特定目标下形成的职位、个人之间的关系网络式结构，它一经形成，便具有相对的稳定性。动态地看，组织结构形成后，必然展开活动以完成组织目标，同时要适应环境变化而调整，提高组织的效能，这种运作、变革、发展的过程即为组织的演变过程。因此组织既是一种维持结构，又是一种创造结构。

在社会资源有限的约束下，同类组织往往会为了争夺生存资源、发展机会而展开竞争，形成优胜劣汰的结局。典型的有体育比赛中球队间的角逐、敌对军队之间的征战、市场经济中同行业企业间的竞争、世界经济一体化时代国家之间的竞争和理念不同的政党之间的竞争等。具有竞争优势的组织会发展壮大；反之则会衰落、消亡，即所谓"物竞天择，适者生存"。这种竞争给组织形成强大的外在压力，迫使组织不断创造新的优势。

竞争性的环境中，一个组织的竞争优势取决于它与环境（实际上是利益相关者）协调、适应的程度，它决定了组织工作成果的有效性。同时，组织的竞争优势也取决于组织内部的制度和工作效率，它决定了组织能否以较少的资源耗费实现较多、较好的工作成果，即合理的投入产出比。

专业化和分工是提高工作效率的根本途径，也是推动技术进步、组织演变的动因。提高工作效率、有效完成组织目标必然要求组织内部分工的深化、专业化程度的提高，而分工的深化、专业化程度的提高必然导致更高的效率和技术进步。这种水涨船高的正反馈机制是组织演变中分工结构日益复杂的内在机理。当然，分工深化在促进效率的同时，也带来协调的困难，使得管理成本日益增大。在技术水平相对稳定的条件下，工作效率和管理成本的边际比较就决定了分工的深度和专业化的程度，从而决定了组织内部层级结构的复杂程度。

任何性质的组织都有一个适度的规模，组织规模扩大，会带来组织活动的规模效应，即"人多力量大"；也会导致信息交流困难、积极性和灵活性下降，即"三个和尚没水吃"，使管理成本上升。因此，在一定的时期内，规模收益和管理成本的边际比较就决定了组织的适度规模。但随着管理技术的进步，在长期的组织演变中，组织规模在不断扩大。

在组织演变的不同阶段，组织的人员构成、规模、结构不同，和环境的关系也时有变化，因此员工的个人需要和行为、群体关系和行为就会千差万别。因此，在组织演变过程中如何保持满足员工需要和实现组织目标的动态平衡，保持公平和效率的平衡，就成为组织行为学研究的重要问题。

4）组织和管理

所谓管理，就是在特定的环境下，对组织所拥有的资源进行有效的计划、组织、激励、领导和控制，以达到既定组织目标的过程。如前所述，组织活动可分为基本的两大类：直接导致组织目标完成的作业活动和确保作业活动有效进行的管理活动。由此可见，管理工作是独立进行的、有别于作业工作又为作业工作提供服务的活动，是保证组织正常运行、发展以实现组织目标的手段。两者有密不可分的关系：

（1）任何组织都需要管理。小到家庭，大到国家，所有组织都是由具有共同目标的人组成的集合，而各个人的观念、志趣、经验、能力不尽相同，矛盾在所难免。因此，组织成员之间的协调是组织存在并正常运行的前提，也是管理的基本内容之一。仅此一点，就足以说明，管理是任何组织都不可或缺的。

（2）管理的目标是保证组织目标的实现。管理是任何组织不可缺少的，但又不是独立存在的。管理不具有自己的目标，不能为管理而进行管理，管理的终极目的只是保证作业活动的有效进行，为实现组织目标服务。

（3）管理工作的效果通过组织效率和组织效能来衡量。管理要通过综合运用组织中的各种资源来实现组织的目标。在组织活动中，管理负责把资源转化为成果，将投入转化为产出。由于社会资源的稀缺性，组织从环境中获得的各种资源都是有成本的，任何组织都不可能无偿使用资源。管理的成效好坏、有效性如何，集中体现在它是否使组织花最少的资源投入，取得最大的、合乎需要的成果产出。产出一定、投入最少，或者投入不变、产出最多，甚至投入最少、产出最多，这些都意味着组织具有较为合理的投入产出比，有比较高的效率。同时，管理必须保证组织的产出成果能满足利益相关者的某种需要并被其接受，从而得到环境认可，得以继续生存并发展，这就是组织成果的有效性问题，也称组织的效能。如果说组织效率涉及组织是否“正确地做事”（即“怎么做”）的问题，那么能否选择“正确的事”去做（即“做什么”）就是决定组织效能的问题。管理的任务就是获取、开发和利用各种资源来确保组织效率和组织效能的不断提高，以更好、更快地实现组织目标，适应社会进步的需要。通俗地说就是“正确地做正确的事”。从典型的经济组织——企业的角度来看，管理工作的效果体现在能否选定顾客真正需要的产品或服务进行生产，以及用最少的资源耗费进行生产两个方面；从政党的角度来看，管理工作的效果取决于能否提出合乎社会需要的政策纲领，赢得公众信赖，以及用较小的成本顺利付诸实施。

（4）组织的发展演变是管理思想发展、管理技术提高的源泉。随着科学技术的发展，社会的进步，人际交往的技术手段日益先进、多样，空间障碍越来越小，人与人之间联系的效率、有效性大大提高，地域范围越来越大，生产、服务的社会化程度、社会的组织化程度日益提高，组织影响人们生活和工作的广度、深度、强度、力度都在加强。个人与组织相互作用的形式、关联的程度呈现复杂多样化的特点。组织本身也在不断发展演变，组织规模不断膨胀，内部层级结构日益复杂。就企业而言，从工厂制、公司制再到跨国公司，规模成千倍、万倍地扩大；从直线制、直线职能制到事业部制，以至网络化的虚拟企业，组织结构日益复杂。组织规模、结构的演变，增加了管理的难度，给管理提出新的问题。对这些问题的探索、解决便会导致管理思想的发展、管理技术方法的进步，从而使组织的管理成本降低。历史上重大的管理思想和技术突破都是组织的发展演变引起的。离开组织，管理就成为无本之木、无源之水。因此，组织行为学的研究与管理理论是无法截然分开的，两者相辅相成。

1.1.2 组织行为

随着社会的进步，经济的发展，人类生产、生活的社会化程度日益提高，组织活动影响、改变人们的生活的广度、深度的作用也不断增强。随着社会分工的深化，人们物质和精神需要的增长，社会联系的日益增加，保险机构、志愿组织、猎头公司、网络型企业等崭新的组织形式应运而生，大量涌现，越来越深入地介入人们的工作和生活。同时组织为了适应专业化程度的加深、规模收益的要求、专业知识的积累、管理水平的提高，又使得组织规模猛烈膨胀，员工构成不断变化，内部结构日趋复杂，对社会经济、政治、文化和社会心理的影响不断扩大。在当今的世界上，各行各业、林林总总的组织各显其能，蔚为大观。

今天，组织活动影响我们的生活如此之深，以至于任何一个人已不能脱离组织而存在，组织使人们的生活、工作和认识正在发生重大的变革，现代组织中的人们正在受到前所未有的挑战。因此，对组织行为进行深入系统的研究，探讨组织内部结构和演变的规律性，探究组织活动中个体、群体行为的各种因素及相互关系，对于保证人类社会活动的有序进行，增进组织活动的有效性，提高人们的生活质量和福利都是非常重要的。这正是组织行为学产生的必然所在。

由于组织活动的复杂性，因而对组织行为分析和研究也有不同的角度，呈现出多层面的特点。在第一个分析层次上，我们可以把组织看成追求组织目标而工作的个人的集合；在第二个分析层次上，可以把重点放在组织成员在小组、群体和车间工作中的相互影响上；最后，我们可以把组织视为一个整体来分析组织行为。每个层面都表现出独特的观念，并产生了对组织本质和功能自身的见解。

1）个体

个体是构成组织的最基本细胞，是组织行为学研究的基础和出发点。从组织由人组成这个事实，可以联想到探讨组织行为的一个有效的方法，就是从单个组织成员的角度出发。这种研究组织行为学的方法，把重点放在关于个体行为以及他们对不同的组织政策、实践和过程的反应。在这种研究方法中，以心理学为基础的有关人性、需要、动机和激励等方面的理论是用来说明单个组织成员的行为和绩效的。对诸如价值观、知觉、态度、个性、意志和情感这些因素也予以考虑，并对他们在工作中的个体行为、作风与绩效的影响进行研究。

2）群体

如果要完成组织目标，组织成员就必须在工作中合作并协调他们的活动。人们在一起工作的常规方式是小组、部门、委员会这些组织形式。因此，在组织行为学中，一个可选择的富有成效的研究方法，是分析工作群体的结构、功能，群体的发展过程和内聚力。在群体中人们是如何工作的？决定一个群体团结、富有成效或分散、一无所成的原因何在？领导如何影响群体成员以及他们的能力，以便他们通力合作，以较高的生产率工作？这些就是组织中有关群体有效功能所涉及的几个问题。组织行为学的一个重要部分就是把社会心理学的知识和理论应用于研究组织中的群体。在群体这个层次上分析所得的见解不同于研究个人单独工作所产生的见解。

3）组织

组织行为学也把整个组织作为研究对象，而不仅是把重点放在组织中的个体和群体上。这种研究方法是把重点放在社会学规律的理论和概念上。研究者力求理解组织结构和组织设计是如何影响组织效率和气氛，有效沟通进行信息传递，认识组织与环境之间关系及其影响，组织变革和发展的规律，从而尽可能提高组织的有效性和效率，改进组织气氛。例如，对各部门分配任务和责任的不同方法，可能会影响这些部门的能力以及整个组织的工作效率，组织所应用的技术、组织规模、组织年限等因素对组织结构、组织效率的影响等，以及组织与外部环境的相互作用与适应等都在考察之列。

在上述组织行为研究的三个基本分析单元——个人、群体、组织中，前两个单元——组织中个人行为和群体行为的研究构成组织行为学的微观理论，把组织作为基本的分析单元而进行研究构成组织行为的宏观理论。从不同角度对组织行为的研究并不互相矛盾。反之，它们互相补充。对组织本质、组织效率影响因素的全面、充分理解，要求我们综合运用每个方面所获得的知识。

1.2 组织行为学的发展阶段

什么是组织行为学？这是任何一位初学者都要面对的问题。由于组织行为学是一门新兴学科，其内涵和外延都处在发展变化中，因而对这一问题的回答也就众说纷纭，莫衷一是。美国学者威廉·迪尔认为：“组织行为学是一门应用社会科学，研究工作组织中个人、团体和组织的行为问题。”另一位美国学者安德鲁·J. 杜布林（A. J. Dublin）在他的著作《组织行为学原理》中写到：“组织行为学是系统研究组织环境中所有成员的行为，以成员个人、群体、整个组织及其外部环境的相互作用所形成的行为作为研究对象的一门科学。”在他的另一部著作《组织行为学基础——应用的前景》中，他又推崇加拿大学者乔·凯利（Jee Kelly）的定义：“组织行为学的定义是对组织的性质进行系统的研究：组织是怎样产生、成长和发展的，它怎样对各个成员、对组成这些组织的群体、对其他组织以及更大些的机构发生作用。”上述看法的共同之处在于：它们概括地反映了研究的本质内容，但是科学研究的目的是揭示客观现象背后的规律性，组织行为学的研究也不例外，它不会停留在组织中人的行为上，而要进一步揭示行为背后的原因即行为规律性。

据此，本书将组织行为学定义为：研究组织中个体、群体以及组织整体的心理和行为表现及其规律，提高管理人员预测、引导和控制人的行为的能力，以实现组织既定目标的科学。

这个定义有三层含义：

（1）组织行为学的研究对象是人的心理和行为的规律性。组织行为学既研究人的心理活动的规律性，又研究人的行为活动的规律性，是把这两者作为一个统一体来研究的。人的行为与心理密不可分，心理活动是行为的内在依据，行为是心理活动的外在表现，因此，必须把两者作为统一体进行研究。

（2）组织行为学的研究范围是一定组织中的人的心理与行为规律。这就说明组织行为学并不是研究一切人类的心理和行为规律，而是只研究一定组织范围内的人的心理与行为的规律。这种组织范围包括：企业、学校、机关、军队、医院、社区、农村等所有的组织。研究这种种组织中的人的心理和行为规律，不仅是研究单个人的心理和行为，而且还要研究聚集在一起的人的心理和行为的规律。因此又可分为：个体心理与行为、群体心理与行为以及整个组织的心理与行为。

（3）组织行为学研究的目的是在掌握一定组织中人的心理和行为规律性的基础上，提高预测、引导、控制人的行为的能力，以达到组织既定的目标。组织行为学不是为研究而研究，而是为了通过掌握规律性来提高管理人的行为的能力，特别是采取相应的措施变消极行为为积极行为，以实现组织预期的目标，取得最佳的工作绩效。

组织行为学是研究组织环境中的人的行为规律的科学。它实质上是一门现代管理学科，是管理领域中行为学派的理论和方法的支柱。

1.2.1 组织行为学的产生

组织行为学的产生，是组织演变、管理理论发展的必然结果。人类对组织活动有效管理的历史已超过6 000年，埃及金字塔、巴比伦古城、中国万里长城等古建筑奇迹般的宏伟规模和古希腊民主制度、古罗马法律体系、中国封建社会文官制度的完备运转，就是人类早期组织管理能力的生动证明。散见于有关史籍中的管理思想的萌芽，更使人们感受到古代文明的光辉。当然在漫长的古代社会，生产力处于手工劳动阶段，生产活动一般以家庭为单位进行，自给自足，各类经济组织如奴隶制或封建制的庄园、工匠铺、商行、钱庄等也先后出现，但组织规模都比较小；从社会生活方式上看，由于交通、通信条件限制，人与人、群体与群体之间联系的障碍多、成本高、有效性低，社会组织主要是部落、家庭、教会、行会、军队和国家，古代社会总体上社会化程度低，生产技术和劳动分工也比较简单。因此，那时对组织活动的管理，基本上是建立在个人观察、判断和直观基础上的传统经验管理，尽管管理思想源远流长，管理理论却进展甚微。

工业革命开始了现代文明的新时代，专利制度促进了技术创新，工作机、动力机相继出现，机器劳动取代手工劳动使社会生产力取得了飞跃性发展，团队工作的规模迅速膨胀。1769年英国首次出现世界上第一个600多人的纺织厂，标志着人类历史上划时代的组织创新——工厂制度普遍建立。使用机器的大规模生产组织所要求的计划性、连续性、规范性、准时性、精确度使管理难度空前增大，管理成本大为上升，大量工厂的经营不善和破产倒闭使传统的经验管理遇到了挑战，改进管理、提高效率、降低组织活动的成本成为当务之急。于是以小瓦特、亚当·斯密、巴贝奇等人为代表，人们开始真正重视组织管理理论的研究，从此生产计划和技术、劳动分工、设备的合理使用等成为管理理论的重要专题，管理思想从经验直觉进入了较系统的研究阶段。英国在组织创新、管理技术上取得的成就使其盛极一时，由于可以从广大的殖民地获得廉价原料供应并高价倾销产品而获得高额利润，造成技术和组织创新的持续动力不足，加之社会保守思想比较严重，墨守成规，因而此后组织管理理论没有大的进展。

到了19世纪四五十年代，美国掀起了铁路建设的热潮，由于建立了保护自由竞争、投资利益的制度和规范的资本市场，美国铁路企业一开始就走上了公司制道路，从此公司制作为一种组织创新形式风靡世界。股份公司使企业规模突破了个人资本量的限制，使得投资巨大、拥有数千甚至数万员工的企业成为现实，企业规模进一步扩大。此后在美国、德国发端的“电气革命”，进一步促进了生产力发展，电能的运用使各个行业的团队工作规模进一步扩大，大规模的股份制企业从铁路行业扩展到各个行业。同时交通、通信产业的兴起，使人际交往、社会联系的技术条件有了划时代的改变，一方面提高了市场交易效率和生产、服务的社会化，促进了一体化市场的发育并形成了国际市场；另一方面降低了管理成本，许多企业逐步实现了大规模生产、大规模分配的结合，实现了产、供、销一体化经营。在企业规模扩大、跨国公司方兴未艾的同时，企业内部的劳动分工、机构设置进一步复杂化、多层次化。原有的管理方法难以适应新的形势。这样，组织创新迫切需要新的管理理论作保证。

这一时期，股份公司制所有权、控制权的分离产生了新的社会阶层——职业经理人员（被称为“经理革命”），并成为专业管理理论研究队伍的主体，从而形成了社会性的管理研究潮流——“管理运动”。

19世纪后半叶是管理研究的黄金时期，五六十年代丹尼尔·麦卡勒姆（Daniel McCallum）、J. 汤姆森、亨利·普尔（Henry V. Poor）等人对美国铁路企业管理的研究是“管理运动”的先声，对以后的管理实践和理论有重大影响。1886年，在新成立的美国机械工程师协会召开的年会上，改进组织管理成为探讨的主题。耶鲁·汤制造公司总经理亨利·汤（Henry Towne）发表《作为经济学家的工程师》的主题讲话，点燃了“管理运动”的星火。此后，“管理运动”如火如荼地开展起来，杜邦（DuPont）等人对企业财务进行研究，爱默生（Emerson）对消除浪费、降低成本和直线职能制改进效率进行研究，柯克（Cooke）把科学管理扩大应用到教育和市政组织上，斯隆（P. Sloan）创造事业部制，福特发明流水线生产方式等，各种崭新的管理方法纷至沓来。其中尤以泰勒的“科学管理理论”最为著名。以泰勒为代表的一代管理者成功地运用精确的调查研究和科学实验方法创造、发展了一系列提高劳动生产率的技术和方法，在19世纪末20世纪初形成了科学管理理论，使管理研究走上了科学轨道，成为管理学产生的标志。

20世纪20年代，梅奥等人的“霍桑实验”在泰勒的科学管理之外，开辟了组织管理研究的新领域。“人群关系理论（human relation theory）”闻名于世，成为行为科学研究的先声。从此，更多的管理学者、专家关注、致力于对人的行为的研究，自然科学和社会科学方面不断取得的成果又促进了这一问题的研究进程，从而导致行为科学这一新兴学科在20世纪40年代末50年代初的正式形成。1949年在美国芝加哥大学召开的一次跨学科的讨论会上，经过对这一学科问题的讨论，正式把这门综合性极强的学科定名为“行为科学（behavior sciences）”。行为科学是对员工在组织活动中的行为以及这些行为产生的原因进行分析研究的学科。它涉及员工的需要、动机、个性、情绪、思想，特别是人群之间的相互关系等。以此为标志，行为科学学派成为管理理论的主流学说。由于人的行为表现是多方面的，所以对人的行为的研究要涉及多种学科，主要有心理学、社会学、社会心理学、人类学、生理学等。

20世纪60年代中叶之后，行为科学的又一个重要发展方向是组织行为的研究，它的内容主要论述企业性组织内人和群体的行为。其特征是既注意人的因素，又注意组织的因素，例如，工作任务、组织结构、隶属关系等，在一定意义上，它是人群关系学派和组织理论的综合。

最近20年来，行为科学主要是围绕着组织行为的一些课题发展的，因而目前比较流行把这个学科称为"组织行为学（organizational behavior）"。

组织行为学的发展对企业管理的科学化和现代化产生了重大的影响，它改变了传统管理对人的错误认识，从忽视人的作用而变为重视人的作用，因此，现代管理已由原来的以"事"为中心，发展到以"人"为中心；由原来对"纪律"的研究，发展到对人的"行为"的研究；由原来的"监督"管理，发展到"激励"管理。

组织行为学的出现反映了组织管理理念的重大变革，以往的管理理论将营利性的经济组织——企业作为组织研究的典型，强调经济效益效率是组织活动的中心，从有效的产品开发、市场营销、生产制造到增加企业对股民的吸引力，都是管理活动追求的重点，员工和其他资源一起被视作生产要素，对员工的激励仅仅是实现利润的手段。而今对非营利性组织如学校、医院、政府机构等的研究也受到越来越多的关注，人力资源成为组织最重要的资源，满足人的需要、提高人的生活质量被看做组织活动的终极目的。这就需要以全新的视野来审视组织的行为。

1.2.2 组织行为学的发展

组织行为学是随着组织的演变、管理理论的发展而产生的。尽管组织行为学作为一门学科的时间不长，但是对于组织行为的探索研究，贯穿于管理学尤其是组织管理学发展的始终。因此，从广义上讲，组织行为学的发展过程实质上是组织行为的探索研究的过程。严格说来，组织行为学的产生和发展，是组织管理理论和人力资源学派、权变理论学派以及组织文化理论不断融合的结果。

1）人力资源学派（human resources school）的出现

管理思想史上对人的因素的重视自欧文（R. Owen）始，他在19世纪初，通过改善工作条件、缩短劳动时间、为工人提供各种生活福利等方法提高了工人的积极性。其后，19世纪中叶，德国的克鲁伯也曾通过为工人提供住房、子女教育、医疗保健、低息贷款等"福利"而赢得员工对企业的忠诚。在美国的"管理运动"中，海尔赛于1891年发表了《工资报酬制》的文章，探讨如何通过工资报酬制度的设计提高劳动生产率，被泰勒、甘特发展为差别计件工资制、工资奖金制。泰勒还提出针对不同的岗位挑选录用合格的人员，进行培训以提高效率，并在1910年建立专业化的人事管理部门。1914 年福特建立了一个人事研究室。同一时代丽莲·吉尔布雷斯开始对工人心理进行研究。其后“人群关系理论”和行为科学的进展，使管理理论深入到人际关系、个体行为的研究中。但总的来说，组织中对人的管理还是局限于通过静止的制度挑选、配备、培训、沟通、考评并发给薪酬，以及给予一定的福利。还没有把人看作组织中最重要的资源，从人的心理、社会需要方面动态地研究人的行为，调动人的积极性，开发人的潜力。

20 世纪 50 年代后期美国出现了经济衰退（1957—1958），人际关系学派片面强调搞好关系的观点，迫切需要修正，这时心理学界对动机、需要、群体动力等研究也趋于深化，加上科学技术突飞猛进，美国成功地实现了轰动世界的阿波罗登月计划，职工的需要和期望正起着深刻的变化。这些客观因素促使行为科学家重新探讨激励员工的途径。于是在人际关系理论基础上发展出一个新的学派——人力资源学派，其中心思想认为：企业中发生种种问题的根源在于未能发挥员工的潜力。

这个学派的主要代表人物是阿吉雷斯（Chris Argyris）和麦格雷戈（D. McGregor）。阿吉雷斯在 1957 年出版了《个性与组织》（Perosnality and Organization）一书，公开对人际关系学派进行了抨击。他主要从组织角度来分析影响职工发挥潜力的原因，认为传统的一套组织设计，死扣规章制度，使职工处处听命于上级，变得消极被动，依赖成性，这样既束缚了员工的创造性和积极性，又阻碍了个性的成熟发展。在人际关系学说影响下，管理者在福利待遇、增加职工休息时间、放长休假等方面改善与员工的关系，但始终未能让员工承担更多的责任，满足员工的成就感，结果仍不能解决员工的积极性问题。阿吉雷斯呼吁企业管理者要从组织上进行改革，鼓励职工多负责任，让他们有成长和成熟的机会。麦格雷戈 1960 年在他所著《企业的人的方面》（Human Side of an Enterprise）一书中总结了人性假设对立的两种观点，即 X、Y 理论。麦氏认为传统管理理论来源于教会和军队，没有接触现代化的政治、社会和经济，因此把人看成是厌恶工作、需要严格控制的消极因素，他将这种假设称为 X 理论；而现实生活中许多现象不符合 X 理论的观点，人并不天生厌恶工作，人们在工作中能自我控制，在现代工业社会中，一般人没有充分发挥潜力，这种观点他称之为 Y 理论。他认为现代组织的管理者就应让职工负更多的责任，发挥他们的潜力。如果这样做，将如 20 世纪 30 年代发现原子能一样，开发出难以想象的人力能源。

2）权变观点进入管理领域——组织行为学的形成

在西方管理思想史上，对人进行管理的思想是一直发展的。但是从科学管理到 X、Y 理论，都受着 19 世纪哲学上决定论思想的支配，其出发点都认为处理管理问题，可以有一个普遍适用的最佳方案。在人力资源学派成长的过程中，权变理论逐渐进入管理领域，认为管理的对象和环境变化多端，简单化的、普遍适用的方案并不存在，必须按照对象和情景的具体情况，选择具体对策。组织行为学就是在这一思想的基础上建立起来的。组织行为学认为，遵循权变理论，并不等于没有理论，而是告诉人怎样从错综复杂的情景中寻找关键性变量，然后找出变量与变量之间的因果关系，从而针对一定的情景，使用一定的对策。目前组织行为学的理论和方法，虽然倾向于人力资源学派，可是对其他学派也兼收并蓄，形成了一个综合性的知识体系，把关于人的管理思想推进到了一个新的阶段。20余年来对领导行为、激励方式、组织设计、工作再设计等研究，都在权变思想指导下进行。麻省理工学院教授埃德加·沙因（E. H. Schein）对人性假设的分析就是一个例子。他把科学管理的人性观称为“理性经济人（rational economic man）”，人群关系学派的人性观称为“社会人”，人力资源学派的人性观称为“自我实现人（self-actualizing man）”。然后做出结论，认为人的心理状态是复杂的，不仅人与人之间有差异，同一个人在不同环境、不同时期也会有差别。因此人不能是单纯的“理性经济人”、“社会人”或者“自我实现人”，管理者不能把所有的人视同一样，用一个固定的模式进行管理，而是要洞察他们的特点，对症下药，才能达到好的成效。

3）组织文化研究的兴起——组织行为学的深入

组织文化是组织在长期的运行过程中逐步形成的，由领导者倡导，为员工所认同的，本组织的最高目标、基本信念、价值标准和行为规范。组织文化的兴起有其历史必然性，其触发的契机，是第二次世界大战后日本经济从废墟中奇迹般的迅速崛起。日本仅仅用了30多年，就在世界经济的竞争中对美国构成了威胁。因此，从20世纪70年代末开始，一些美国学者对日本企业作了深入的分析研究，得出了导致日本企业成功的两条基本经验：一是善于吸收外国的先进经验为己所用，无论是中国的仁与礼、和为贵等儒家教义，还是欧美的先进技术和现代化管理手段，他们都能乐于引进，而又决不盲从照搬，均融化在其民族的魂魄中变成适合日本国情的一整套管理哲学和方法；二是在企业管理中注重文化因素，注重树立全体员工共同具有的价值观念，注重企业中的人际关系，重视做“人”的工作，把这些因素称为“组织风土”。他们认为“组织风土”是日本企业经过长期管理实践才产生的，通过员工的行为举止表现出来的企业文化。相对而言，美国的管理注重“硬”的一面，强调理性管理；日本企业在管理中兼顾“硬”的同时，更注重“软”的方面，即企业中的文化因素。第二次世界大战后日本企业正是通过各种手段致力于企业文化的建设，成功地激发了员工的自觉性、责任感、成就欲，增强了员工对企业的向心力、认同感、凝聚力，使全体员工同心协力为企业目标的实现而努力工作，从根本上提高了企业的市场竞争力。

美国学者对企业文化在日本经济腾飞中所起作用的研究，是管理理论研究的新突破。人们对企业是人群的有机协作体这一观念的认识日益深刻和普遍，也使组织行为学的研究走向更为深入和成熟的阶段。

组织文化理论的崛起带来了组织行为学和管理理论研究中两个基本假设的突破，即关于“观念人”及“生活组织”两个假定的确立。

所谓“观念人”的假定认为，人在本能上确有多种需要，也希望自己的需要不断得到满足，然而，作为一个人，更重要的是有自己的信仰和价值观。因为，人一生的生活就是一个社会化的过程，从自然人成为社会人、成为一个被某一社会群体所接受和需要的人的过程。在这一过程中，人每时每刻都不断地从周围的环境中学到各种行为模式、规范，了解社会对他的期待，并不断地把这些“模式”“规范”内化为自己的东西，即把它们当做理所当然的、正确的、公正的和合乎道德标准的事情接受下来，从而逐渐形成自己的信仰、态度和价值观念。“模式”“规范”一旦内化，信仰和价值观一经形成，它实际上就成了人们思考问题的起点和行为指南，人们自觉地用它们约束和支配自己的行动。所以，一事当前，人们取舍行为的主要判断准则不完全是理性的需要，还有自己的信念和价值观。正像劳伦斯·米勒所说的那样：“了解企业是在为崇高的目标努力，不但可以产生健全的且具有创造性的策略，而且可以使个人勇于为目标牺牲……他们觉得目标崇高而愿意献身，为崇高的目标牺牲可以获得自尊。”① 显然，如果将企业的目标变成员工的观念和信仰的一部分乃至全部的话，其激励的力量是无穷的。

所谓“生活组织”的假定认为，不能仅从单纯的经济角度去考察和认识一个企业，还应该从社会角度来看企业的职能。企业文化理论认为，企业并不仅仅是完成生产和销售的经济机构，也不仅是只由指挥和行动构成的“工作组织”，由于员工在企业工作的时间至少占据着人们除了睡眠 8 小时以外的全部时间的一半，对人的生活的重要性毋庸置疑，因此，企业不仅是人们工作之处，也是人们的生活场所，人作为劳动者的存在和作为个人的存在是不可分割的；另外，人的生活是由物质和精神形成的统一体，员工到企业来的目的不仅是为了谋求物质利益，还要借助于企业这种组织形式向社会证实自己存在的价值，去追求生活的意义和成功的途径。人们都期望有一种方式能把自己的物质生活和精神生活联系起来。显然，企业是成为这种联系方式的一种可选方案。因此，企业作为管理组织，具有社会性和经济性两个方面的功能，如果企业作为社会的肌体不能和谐地运转，那么其作为经济的肌体肯定也会受到严重的干扰，从而会出现组织运转的紊乱。这种社会性和经济性的双重使命，要求企业在经济意义上要生产出物美价廉的产品，取得利润，在竞争中求得生存和发展；在社会意义上要担负起社会的责任，提供职工就业机会和物质报酬，同时形成职工共同的价值观、基本信念、行为规范等共识。

理论假定的突破，要求对组织行为学的研究转变到社会文化这一更深的层次。企业文化所体现的是适合于本民族特色的优良管理哲学和管理思想，对企业来说，其重要性并不亚于经济政策、管理规章和法律条文。企业的组织管理和人际关系的协调只有在合作、信任、友爱、团结、奋进等条件下才能顺利进行，但这些条件只有经过长期的文化均质化才能达到。在长期的历史发展中，一个国家的人民相互融合、彼此适应，最终信奉一组共同的价值观和信念，完成了文化一致性的过程，形成了同质性的民族及民族文化，进而造就出这个国家企业文化的一般特色。然后，把这种适应本国文化土壤的优良企业文化，通过企业领导者的倡导，和全体员工的实践，培育出本企业独有的特色企业文化，内聚人心，外塑形象。这就要求现代管

---

① 米勒. 美国企业精神［M］. 尉腾蛟，译. 北京：中国友谊出版公司，1985.

理者采用的管理策略，要配合文化的变迁，为企业树立积极的、新的价值观。

理论假定的突破，要求组织行为学中对企业个体的研究转变为对企业员工整体的研究。企业文化理论的核心是要追求一种企业整体优势，即普遍的卓越和良好的集体感受，企业文化理论力图通过一种“文化优势”创造出一种约定俗成的群体规范，使群体成员在相互作用下，彼此接近并趋同，导致个体产生从众行为。共同的价值观在团体中会形成一种无形的压力，它虽然没有强制性，但它在个体心理上所产生的影响，有时反而比权威、命令的效力大得多，更能改变个体行为，使之与集体行为一致起来。同时，企业文化理论还十分重视集体感受，即关心团体中人们情绪状态的共同之处，在良性情绪占上风的集体中，人与人之间的关系就会纳入集体现有的良性情绪的轨道中，集体情绪和观念的和谐一致，可以为调节集体行为、完成集体任务创造最佳的氛围。

理论假设的突破使组织行为学、管理学中的人性假设有了新的发展。传统管理学把企业中的人看成如同机器一样的“经济人”；行为科学的产生，又强调企业中的人是生活在一定社会环境中的“社会人”。企业文化理论对企业中人性假设的解释要比“经济人”“社会人”更深刻，这就是“观念人”假设，即人的行为是由观念驱动的，企业应当帮助员工树立正确的价值观及信念，只有这样才能建立企业内人与人之间的信任、平等关系，劳动者才能充分发挥自己的才能、潜力和创造性，达到一种自由全面发展的境界。当然，这种境界的真正实现，只有在马克思指出的“自由人劳动联合体”中才能成为现实。

企业文化理论的出现，使人们对企业管理本质的认识从硬性的方法制度转变为软硬兼备的艺术技巧。根据企业文化理论的要求，对企业中人的管理方式应该是正式制度规范与非正式规则的共同约束、文化的微妙性暗示及精神信念感召的综合运用。未来的管理者不能只依赖管理工具和制度，而是要越来越多地深入到管理的艺术层面加强软性的管理，如作风、观念、价值标准、最高目标等。美国学者希克曼和施乐在《创造卓越》一书中提出“战略-文化结合模式”。他们认为，卓越的基础在于战略与文化的配合，新时代企业领导人应凭借企业文化精心拟定战略，使之付诸实施并取得成效。软管理的核心是对人的管理，爱护人才，发现人才，培养人才，调动人的积极性、创造性，并与硬性管理相结合，是企业成功的法宝。过去的企业一般只注重外部形象的单项指标，如靠优质产品或优质服务来树立企业良好的外部形象。在当代经营环境动荡不定、竞争激烈的情况下，企业更需要重视外部形象与内部形象的结合，即企业整体形象的塑造。企业文化理论是塑造企业内部形象的重要手段。企业如果在员工心目中形象丑陋，员工就不会积极参与其外部形象的塑造。企业内部形象需要企业文化理论的指导，并经过全体员工长期奋斗才能形成。企业整体形象的塑造已是现代企业管理的发展趋势之一。

应该说，企业文化理论从其基本假定到具体管理方式，都是对理性管理模式的突破，这是管理思想的一次重要转变，也是现代管理发展的必然趋势，为组织行为学的深入研究提出了重大课题。

4）组织行为与组织过程研究

20 世纪 80 年代以来经济的全球化浪潮，使得市场机制和跨国公司在比过去更为广阔的范围内发生作用。信息革命成果的应用，改变了交易方式、管理手段和运作流程，使原有的企业组织方式发生了巨大的变革。80 年代初开始，福特、ABB、通用电气等许多企业进行了组织变革的尝试，到了 90 年代初，基于信息技术而对企业运作流程进行重新设计的组织变革技术，被总结为“公司再造”而大行其道，在许多企业中产生了奇迹般的效果。这些变革的结果使企业组织呈现出与韦伯的“层级制”完全不同的新特点，被称为“新组织”的兴起。美国麻省理工学院教授 D. 韦斯特尼、约翰·范·马林等人总结管理界对“新组织”的论述，认为“新组织”具有下列特点：

（1）网络化。竞争的加剧要求企业最大限度地利用内、外资源，对顾客要求做出尽可能快的反应，并与环境中的变化因素建立网络，以求逐步减少经营风险。这在组织内部，表现为跨职能的团队成为基本的活动单位，从而使水平和垂直的信息共享广泛实现。在外部，企业与环境高度依存，共享信息。如企业和供应商之间建立了紧密的长期合作关系，企业的生产和研发部门与顾客直接联系，而不限于市场和服务部门，企业与其他公司也结成战略联盟关系，既竞争又合作。

（2）扁平化。信息技术发展和员工素质的提高使管理跨度的扩大成为可能，企业出于对环境和技术变化快速灵活反应和成本控制的需要，通过向基层授权使中层的传递功能弱化，管理层次减少，这样就使原来高耸型的组织扁平化。

（3）灵活性。企业环境越来越不可预测，企业要反映顾客等利益相关者的需求，就必须注重结果，不拘成规，以鼓励创新和个性，增强竞争优势。

（4）多元化。企业的雇员、利益相关者及其观点、文化观念等要素，越来越多元化，激励制度和职业道路也灵活多样。

（5）全球化。国家间的交通和通信速度大大提高，成本大大降低，全球市场开始形成。充分利用不同国家和地区在社会资源和生产要素方面的相对比较优势，成为增强企业竞争力的重要途径。企业的员工、资金、设备、原材料和中间产品都有可能来源于不同的国家，都可能向其他国家提供自己的产品和服务，都要学习国外企业的管理经验。跨国经营成为企业活动的必然趋势，每个企业都面临着外国企业的竞争，都必须考虑来自国外的供应商、顾客和竞争者。企业活动的网络遍布全球市场。

“新组织”的兴起为组织理论的研究提出了许多新课题，如团队的组成结构，员工能力结构及运作中的互动关系，跨文化的沟通与冲突解决系统的建立，组织的学习与界限管理，新型激励制度和劳动关系的建立等。

与这些变化相适应，信息时代的组织始终处于动态的、持续性的变革中，因此，组织研究重点便由偏重结构的行为研究转变为注重变化的过程研究，这是近年来组织研究中的一个新动向。

从上述组织行为学的发展历程可以看到，正是管理实践的深入、管理理论的发展，推动着组织行为学的研究不断深入、组织行为学的理论体系逐步完备。

1.3 组织行为学的研究方法

组织行为学作为一门科学，必须按照一定的研究程序，探讨组织环境中人们行为的规律性。在历史上的有关文献中，有许多记载和分析人类行为的资料，这种资料大都来自军队、教会和政府机关，研究方法也很不规范，主要是个人的直觉和观察。用科学方法系统研究企业组织中人的行为，则是自20世纪初开始的。在20世纪30年代，梅奥和罗特利斯伯格等人进行了著名的霍桑实验，提出了人际关系学说，在管理领域内创立了人际关系学派。这一学派从人的因素到群体的作用等方面研究人的行为，是行为科学的先驱。40年代，美国的芝加哥大学、密歇根大学、麻省理工学院等相继设立人际关系研究中心。在欧洲，第一次世界大战前后，部分社会科学家、人文学家和哲学家为了打破当时科学界的过分分化局面，先后举行了多次跨学科的国际性会议，到1947年发展成“科学统一运动”，并成立了“科学统一研究所”的组织。维纳（N. Wiener）综合运用数学、物理、化学及心理学、生理学、生物学的知识，把机器的通信行为与人类通信行为融合为一。这两件事情对行为科学的发展起了催化作用。1949年在芝加哥大学举行的一次跨学科会议上，讨论了用现有知识来发展关于行为的一般性理论的可能性，并决定采用行为科学这一名称。为了保证行为科学研究的健康发展，参加这次会议的科学家为此特别作了四项决定：

（1）理论的肯定和证明必须靠公众都能观察了解的客观事实，不能单凭学者个人的经验。

（2）尽量用数理化的方式来说明假设，以便精密地测试和修正。

（3）尽量使各种论述精确，以便能用严密的试验予以肯定或否定。

（4）使用自然科学所惯用的“厘米-克-秒”制作为度量工具。

会议规定的这些精神，一直为行为科学家所重视。需要层次论的提出者马斯洛（A. B. Maslow）曾指出：“科学方法……是我们确实能获得真理的唯一方法……只有科学使我们彻底了解在看到的东西与信以为真的东西之间的本质差异。只有科学可以使我们前进。”跟自然科学相比，对人的行为的研究要复杂得多，因为这里包括许多变化多端的因素。尽管这样，两者所采取的研究步骤仍基本相同：第一步，明确问题；第二步，探索和研究有关理论和模式；第三步，形成假设；第四步，选择适当的研究方法；第五步，通过观察-测试-实验，进行论证。

1.3.1 组织行为学研究的分类

组织行为学的研究可以从应用广度、研究目标和研究可控制性这三个方面进行分类。

1）以应用广度为原则的分类

按应用的广度可以把组织行为学的研究分为理论性研究、应用性研究、服务性研究和行动研究四类。

（1）理论性研究（pure research）。为了增加人类知识而进行的研究，侧重于从理论上阐明某种心理或行为现象，而不着重研究成果是否能应用于实践和怎样应用于实践的问题。例如，对人性的探索，对激励的心理规律等。

（2）应用性研究（applied reasearch）。为了解决组织中广泛存在的问题，着眼于潜在的应用价值而进行的研究，侧重于对观察结果的证明，以及如何把这种新发现的研究成果用来改进现状，所以它对实践工作较为有价值，如工作再设计、组织发展等。

（3）服务性研究（service research）。它是咨询人员的研究，比如，一位专家被某公司请来当咨询人员或顾问，这位专家的研究就叫服务性研究。

（4）行动研究（action research）。这种研究是对某种情况所进行的调查性研究，通过这种调查，使人们能够认清问题的所在，从而采取一定的战略策略以减少和消除发生在组织结构、人员、技术或环境等方面的问题，也可以把这些因素综合起来进行变革。要求研究人员提出有效的变革措施，并形成文件，提供给有关管理人员。这种研究强调理论与应用密切结合，组织行为学家卢因（Lewen）曾大力提倡。

这些研究各有其价值，在特定的情况下，究竟采用哪种研究最为适宜，这是由研究人员和管理者根据他们所要达到的目标来选定的。

2）以研究目标为原则的分类

按研究目标可以把组织行为学的研究分为描述性研究、因果性研究和预测性研究三种：

（1）描述性研究（descriptive）。其主要目标在于说明客观事物的状况特点和出现频率。一般只反映组织行为的现实，不涉及事物之间的联系，即只回答“是什么”，不回答“为什么”的问题，也不讨论具体干预措施。组织中经常采用的人员基本情况调查、职工态度调查、心理挫折等各种表现都属此类。这种方法要求资料全面、翔实，研究人员中立、公正以保证结果的客观性。

（2）因果性研究（causal），也称“分析性研究”。这种研究要求弄清楚各个因素之间的相互关系及发展趋势。如一个人对工作的满意感与他的工作绩效这两个变量的因果关系，就有三种可能趋势：

A. 由于工作做出了较好的绩效，所以他对现任的工作岗位比较满意：

工作绩效→工作满意感

B. 一个人对他所做的工作比较满意，所以他就做出很好的绩效：

工作满意→工作绩效

C. 一个人的工作绩效与他的工作满意感是互为因果关系的：

工作绩效→工作满意感

因果性研究就要证明到底是哪种情况。

（3）预测性研究（predictive）。这是人们根据对客观规律的认识，预先考虑今后可能发生情况的研究方法。比如，经理要对下属的行为、工作成效及整个组织总目标的完成情况做出预测。如果这位经理过去已经采用科学的方法考核过每个职工的工作绩效，那么他就可以较为准确地预测出今年的绩效。这种预测性研究，对有计划地控制人的行为和绩效是具有重要意义的。

3）以研究可控性为原则的分类

以研究可控性分类主要有案例分析、现场研究、实验室实验三种研究方法，如图 1-1 所示。

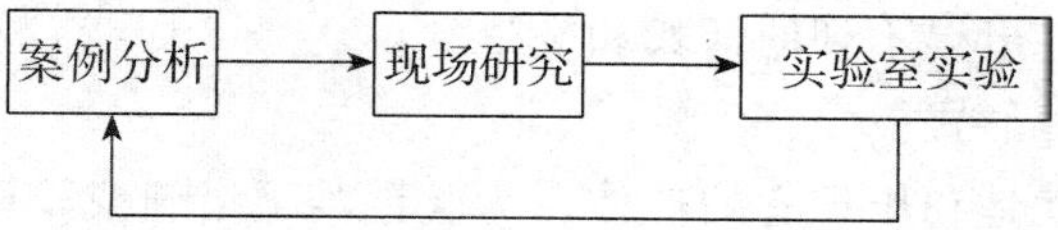

图 1-1　三种可控性研究方法

（1）案例分析。这是研究人员通过查阅各种原始记录，或通过访问、发调查表和实地观察所搜集到的有关某一个人或某个群体的各种情况，用文字如实记载，形成案例。为学生的课堂学习提供模拟的具体管理情景，由学生在分析讨论中，找出主要问题，并运用知识提出解决问题的对策。

案例分析方法具有鲜明的目的性，这个目的就是培养学生的独立工作能力，诸如信息获取、分析问题、论述辨析等方面的能力。学员们在一定时期中通过一个个表面上互不相关、支离破碎，实际上则是精心选择、用心安排的案例讨论活动，在反复分析中，举一反三，由此及彼，不断对比归纳、思考领悟，从而建立起独特的管理思维方式。在这个缓慢的自我参悟过程中，带来管理思维的升华。

案例有高度的拟真性，所反映的是一些具有典型性的真实情况。案例中的问题若隐若现，信息凌乱不全，数据、素材茫无头绪。这些都是实际情况复杂性的反映，迫使学生分析思考、整体判断。

应用实践经验的材料来训练学生的方法由来已久，医学院运用病例、军事学校利用战例及法学院采用判例来进行教学可以追溯到较远的年代。管理教育中引入案例方法始自 19 世纪 20 年代哈佛商学院的首创。这是在学校教育中结合“实践”操作的有效方法，通过众多的具体管理情景的分析，使学生在课堂学习中，能在短期内“接触”到大量各种各样的实际管理问题，一方面，经济有效地弥补了学校学习实践不足的缺陷；另一方面，相对于学生深入企业具体操作的学习方式，又具有系统普遍性较强、省时省事、规模化成本低的优势。因此，这种方式适应了现代工商企业对大量职业管理者的职业教育的需要。一经实施就迅速推广，成为一种普遍的管理教学方法，显示了强大的生命力。

案例分析与理论模型并不矛盾。成功的案例所揭示的问题都具有典型性，而寻求典型问题的解决方案正是理论模型的目标。高质量的案例正是因为凸现了典型的问题与解决方法而给人以深刻的启示。因而许多高质量的案例在本质上与理论模型有异曲同工之妙。

案例分析方法对实践经验不足的学生的课堂教学来说，是一种较为有效的方法。这种方法的缺点是文字记载对情景信息的反映是有局限性的，背景材料不可能完备。因此分析中的“隐含前提”比较多，许多情况下会出现各人说法不一，没有统一的、明确的答案。

（2）现场研究。现场研究就是在现实的环境中对实际情景的研究，与实验室实验相比具有更强的逼真性。现场研究可以把猜测降低到最低限度，被试者的反应会更加自然，更少受猜测引起的各种倾向性的影响。现场研究的另一个优点是，有时可以观察到实验室里得不到的情景和变量。

现场研究有三种形式：

①现场实验。就是利用现有的群体，为验证某项措施或检验某项管理方法所产生的效果而采用的方法。把实验室的方法应用到不断发展变化着的现实生活中去，在自然情况下控制条件进行实验，由此分析相应的变化，得出结论。例如，比较计时工资制和计件工资制对工人积极性的影响，可以把条件相仿的两组工人施以这两种不同的工资制，然后比较双方的劳动热情和生产率，以判断孰优孰劣。

②现场调查。这是结合实际中所发生的问题而进行的调查研究方法。对某些个人或群体进行访谈并发给调查问卷表，搜集所需要的各种资料和数据。这种调查有普查或抽样调查两种。抽查方法，一般所用的人、财、物和时间都比较少，因而广为采用。现场调查的目的是搜集情报资料和数据，并不是要去改变或影响被调查者的行为。

③现场观察。这是围绕群体生活、工作的正常活动进行的系统观察，以获得数据做出结论。如研究企业中的人际关系，可以深入基层作系统观察，以获得真实材料。

现场研究的主要缺点是缺乏对环境的控制。大量的偶然事件和条件出现在现场研究中，使变量之间的作用模糊不清，就很难判定自变量与因变量相互间的因果关系。例如，现实生活中影响工作效率这个因变量的自变量很多，所以不太容易确切说明它们之间的因果关系。如影响一个班组工作效率的因素，可能是改善了人与人的相互关系，也可能是改进了工作方法，或是改善了领导作风等。

（3）实验室实验。这是一种按照周密的实验设计，在实验室里实施研究的方法。相对于案例分析和现场调查而言，这种方法可以控制实验条件，减少外部因素的作用，并在实验过程中主动排除各种偶然变化的因素。对于各种变化的因素能较准确地了解和确认。这样就能较好地控制自变量和因变量的条件，并能够用一致的方式测量，使两种变量之间的因果关系得到更明确地反映。如，在实验室里观察疲劳度或灯光对人在单位时间内工作效率的影响。在实验室里可以尽量排除其他自变量，观察在只有某一个自变量的变动下，对工作效率这个因变量所产生的影响。

实验室研究也有其不足：其一，被试的人知道正在受到试验，那么总会有行为方面的不自然性，如“迎合”心理，就是被试者基于“好心”，主动配合研究者的意图，有意表现出符合研究者主观愿望的心理活动；而“逆反”心理，则是被试者处于“好奇”或反暗示状态，故意反常地表现出自己的心理活动，这都会造成假象，使实验数据失去意义。其二，被试者会按照自己觉得应该的方式行动，会因为怀疑而不接受实验措施等。其三，由于实验设计的操作方法不可能尽善尽美，一些以外因素的影响会使实验结果失真，或混淆实际存在的相互关系和作用。

以上三种研究方法是常用的方法，各种方法都有利与弊，应综合使用之。

1.3.2 调查研究方法

这是现代科学重要的研究方法。一般来说，调查研究就是深入实践、摸清情况，可以通过谈话、座谈、问卷、测验、活动、分析、研究等步骤，先明确调查目的；然后决定调查对象、内容、方法、步骤；调查后必须综合、提炼、分析、研究，提出解决问题的意见、建议和方案。调查研究方法比观察、测验、心理测量等方法要进一步，它不是光靠对人的行为现象的直接观察和了解，而是通过广泛地搜集有关资料，直接或间接（主要是间接）了解被试者的心理活动和有关行为，以寻求内在的实质因素。

现代调查研究方法更有其特点，因为在社会化大生产条件下，人类活动的时间和空间都扩大了，并处于急剧变动之中，所以调查研究必须社会化。局部的真实性不等于全局的真实性，必须掌握全面、系统、准确的统计资料，既有定性材料，又有定量数据，做到心中有数，才能预测未来。在调查研究过程中，既要注意问题的社会性，又要注意研究的科学性和实质性，不能为表面的现象所迷惑。现代管理创造了一系列科学的调查方法，如无主题讨论会，会议不设定明确目的，只要求与会者对某一方面的议题自由发表意见，不允许别人批评，主持人也不发表意见，而是在不怀偏见的倾听中有目的地吸取有益的内容，这种方法在寻找新观念和创造性建议方面十分有效。还有一种应用广泛的方法——德尔菲法（Delphi），即专家集体预测法。这是20世纪30年代初，美国兰德公司与道格拉斯公司协作，研究如何通过有控制的反馈，使所搜集到的专家意见更为可靠，而提出的一种背靠背征求专家意见的方法。现代调查研究方法在当前世界上通行的还有民意测验，已经历了趣味性、科学化、普及化三个阶段。它的最大好处，是在不受任何压力和干扰的情况下，被调查者可以充分自由地反映自己真实的想法。

调查研究的对象是特定的人群。当群体包含的人数太多时，由于时间及各种资源的限制就不可能一一调查，而只能选择其中一部分，这就是抽样调查（从研究对象中选取有足够代表性的样本）。一般说来，在确定了研究对象的总体特征后，就可以选取样本，主要的抽样方法有：简单随机取样法、分层随机取样法和系统取样法等。根据样本的调查结果，运用统计方法就可以合理地估计总体参数，得出有普遍意义的结论。

在调查研究中，无论是用“交谈法”还是“问卷法”来搜集信息，都必须对所提问题进行仔细的推敲和研究，以保证调查的准确有效。不管用什么样的调查研究方法，有一点必须明确，那就是调查本身不是目的，目的是为了寻求科学的答案。

1.3.3 实验方法

这种方法是有目的地在严格控制的环境中，或创设一定条件的环境中，来引起某种现象，以进行研究的方法。它的主要优点在于，研究者可以积极干预被试者的活动，而不是被动地等待某种现象的出现。研究者可以通过控制和改变条件，知道这些条件对被试者状态的影响；改变或保持一些条件，可以揭露和扫清某些心理状态产生的原因，经过反复实验，积累一定数量的材料，可以作为判断被研究者的心理现象的典型性和偶然性的依据。作为实验，必须掌握两个要素：研究者掌握一些自变量（如价值观、态度、性格、感知、激励等）；观察或测量结果，即因变量，同时使所有其他因素保持暂时不变或维持原状。因此，在研究某一个组织中的问题时，研究者可以改变一个组织因素并观察其结果，而同时又可使其他因素暂不变。

实验方法按实验场地的不同可分为实验室实验方法和现场实验方法两种。实验室实验必须在实验室条件下，按照周密的实验设计创造一种环境进行实验，研究人员控制一切可能会干扰实验结果的因素，进行观察，以便弄清自变量和因变量的相互影响。实验过程和结果可以重复，说服力强，但脱离了生活实际，有可能增添人为因素，故对其结论的推广要谨慎，注意实际条件。实验室实验必须设立对照组，实验结果如何，必须将实验组与对照组加以比较，两组被试的条件应完全相等或尽量相仿，所不同的只是实验组接受特殊的实验措施，而对照组则不接受。如果两组的结果发生了差别，就可以归结为实验组接受了特殊的实验影响所致。比如，要查明表扬对人行为的影响，可以设立一表扬组（实验组），对被试工作进行表扬；再设立一个对照组，不对该组被试工作进行表扬。一段时间后，比较两组后继工作的成绩，若表扬组优于对照组，其原因可认为是由于表扬所致。

现场实验是在实际工作场地进行，按照周密的实验设计使现场条件尽量单一化，有意识、有目的地控制某些外界条件，使所获得的结果更有说服力。霍桑实验就是一个成功的典型。现场实验一般能把对环境条件的适当控制与实际情况有机结合起来，有较大现实意义。但因为现实工作场地的具体条件错综复杂，许多控制变量难以排除或保持稳定，所以需要周密计划，坚持长期观察才可能成功。如霍桑实验历时五年半，分五个阶段完成，其间动员了以梅奥为首的一批学者和许多人员参加，成本很大。

在分析实验方法的结论时必须注意实验结果在同样条件下的可重复性，满足这种要求的实验结论才具有客观规律性，才是科学的结果。

1.3.4 数量统计方法

近年来组织行为学的研究趋于定量化，数量统计方法的应用日益广泛。这种趋势是组织行为学研究走向深入、追求精确的重要标志。

数量方法以现实世界的空间形式和数量关系作为研究对象，而空间形式和数量关系是现实世界任何现象形态、运动方式都具有的。因此，数量方法对任何学科的研究都是不可缺少的。一门学科应用数量方法的程度，取决于人们对这门学科的研究对象的认识水平。只有经过一定的深入研究，抽象到空间形式和数量关系这一认识层次时，才会有应用数量方法作为分析工具的要求。同时数量方法精确的表述语言、抽象的思维模式、快捷的计算工具和方法则会使人们的认识更为准确、一般、可靠。因此，马克思曾认为，一门学科只有在应用数学方法的时候，才能算一门成熟的科学。

近代科学发展的历史本身就是通过数量方法的逐步应用，使人类对客观世界的认识日臻深入、准确的过程。第二次世界大战以后，学科之间的相互渗透、交叉和电子计算机的出现，对数量方法的广泛应用，尤其是在社会科学中的应用，起了重要的推动作用。现在定量研究已成为社会科学发展的趋势之一。作为一门新兴的学科，在组织行为学研究中应用数量统计方法，是随着人们对组织行为规律认识的深化而展开的。

在数量方法中，统计方法是对随机性现象定量的方法。大量随机性现象在整体上表现出来的必然联系叫做统计规律，而这种必然联系也只有通过统计方法才能揭示出来。由于社会现象具有随机性的特点，因此社会科学的定量研究必须以统计方法为基础。实际上，统计方法就是在对社会现象的研究如人口调查、人类的随机游戏中产生出来，并且在社会科学中不断得到应用和发展的。迄今为止，数量统计方法的应用已经遍及社会科学研究的所有领域，极大地改变了社会科学研究的面貌，这种情况在经济学、社会学、心理学、政治学、语言学、历史学、人类学、教育学等学科的研究中表现尤为突出。在现代管理中，从市场调查到财务分析，都离不开统计方法的应用。以组织行为学而言，选取恰当的指标对个体、群体、组织的心理和行为进行准确描述、测度是一切研究工作的基础，而这恰恰是描述统计中统计量研究的内容。

统计方法是社会科学数量研究的最一般、最基本的方法，其他数量方法都与统计方法有密切的不可分割的联系，如调查和观察方法中，方案设计、对象和情景的选取、进行的过程都离不开统计方法；实验方法中，实验设计、实验对象的随机选取、非实验因素的控制也离不开统计方法。不仅如此，调查、观察、实验和比较等方法中得到的经验材料要经过统计处理发现其统计规律性，并经过统计方法进行显著性检验，才有可能上升为理性认识指导人们的行动。例如，通过相关分析、因子分析证实两种变量之间的关系，通过时间序列分析发现某一现象的发展趋势等。

数量统计方法在组织行为学研究中广泛应用的根本原因在于：组织行为作为符合一定规范的个体活动的合成效果，是典型的随机现象，符合统计规律。组织行为由人的活动构成，而个人的活动具有随机性：人们对外界的作用可以在基本相同的条件下重复进行，在基本相同的条件下人的行为可以有多种事先难以确定的表现形式，这些形式发生的可能性通过观察、调查、实验又是可以认识的。

社会科学中的统计方法有重要的认识论价值。社会现象是复杂的、多样化的，不存在绝对成立的结论，任何命题都可能找到反例。加之人们认识的局限性，社会科学中许多命题的前提和边界条件是不明确的，我们把这称为“隐含前提”。在这个意义上讲，社会科学中的结论往往是一种大数规律、大概率事件，通常说的“一般情况下……成立”，这就意味着“在某些特殊情况下……可能并不成立”。比如，严格出效益，这在一般情况下是成立的，但确实存在一些严格了未出效益，和不严格管理效益反而提高的例外情况。这对我们的重要启示是：一方面，对社会科学中的结论不能教条化理解；另一方面，在社会科学的研究工作中要有严谨的态度，当我们根据某类现象下结论时，一定要考虑是否符合大数规律这一统计推断的原则。为此要在抽样调查的基础上，进行统计的显著性检验，通过检验的命题才具备统计规律上的科学性、代表性。不然就会以偏概全，贻笑大方。正是因为这一原因，世界上的名牌大学都向学生开设“社会科学研究的方法论”等课程，进行规范的学术训练，使大家懂得什么是科学严谨的治学方法。我们在进行组织行为学研究中一定要对此重视。

1.3.5 组织行为学研究的道德问题

组织行为学和心理学、社会学、社会心理学等社会科学一样，研究的对象是人的活动。这与以物为研究对象的学科有一个基本的不同，那就是道德问题。道德是一种社会现象，是人们共同生活及行动的准则和规范。组织作为人们社会群体性的重要表现形式，其产生、存在和发展本身就是一定历史条件下人类道德活动的必然结果。

这是因为，任何组织的出现，都是人与人之间一定责任关系的合成，而责任关系是道德的应有之义。道德规范随不同历史阶段的演进决定了组织中人际关系、权责关系的进化，推动了组织的变革和发展。家庭作为最古老的组织之一，它在不同时期的特点无不打上了道德的烙印。同样，企业管理从过去的“大棒加胡萝卜”到现在的有效激励，都与一定的道德标准相联系。可见任何组织都生存在一定的社会道德环境中，受到道德的制约。组织行为研究的三个层次——个体、群体和组织都涉及道德内容。

组织成员的角色是很多的，他同时也是社会的一分子。因此组织成员既要完成工作任务，又要承担社会责任；既要遵守组织规范，又要符合社会伦理。当两个角色冲突时，组织成员就面临职业道德和社会道德的协调问题。这正是组织行为学研究中必须正视的道德问题。

人与人之间的关系，不仅是个人的本能需要，还要受到社会伦理标准的制约。随着社会的进步，个人的自由、权利、荣誉、人格尊严，人与人之间的平等观念和人道主义已成为社会伦理的基本原则。但是，组织作为人的集合，本质上是在一定规范下的特定人际关系、群体活动的总和。成员在组织中的地位、拥有的信息量并不是完全平等的，因而人际关系（尤其是上下级关系）呈现非对称性。一些人有决策和监督、指挥的权威，另一些人则只有服从的义务。这种权、责、利的不对等是为了组织效能的要求，它使员工的自由度减少。因此，个人自由和组织规范、个性发展与组织纪律、平等和权威、个人尊严和服从管理是处理组织内人际关系，尤其是上下级关系时必然遇到的矛盾。例如，在20世纪初福特汽车公司是美国发展最快的公司之一，福特发明了流水生产线，用机器来控制生产的节拍，大幅度降低了成本，也使工人变成了机器的附庸。为了防止当时汽车工人跳槽的风气，他一方面把日工资从3美元提高到5美元，另一方面雇用了上百名稽查员，晚间闯入工人家中检查他们的生活起居，控制之严至于极点。再如，某些体育运动队的教练为了提高成绩、夺取冠军而打骂运动员的事实，引起了广泛争论。这些现象的背后反映的是组织管理中的效率与道德的深刻矛盾，为组织行为学研究提出了重要课题。

组织内部的制度设计也要符合道德标准。组织的整体利益和员工的个人利益、组织目标和个体需要的协调是制度设计的基本任务，是激励理论的核心。许多忠诚的组织成员、先进分子为组织利益而放弃、牺牲了个人利益。但今天劳模晚景凄凉、生活失去保障者不乏其人，而损害组织利益却能发家致富者大有人在。这种不公平现象会严重损害组织制度和管理方式的道德基础。因此通过制度创新建立激励相容的制度安排，也是着眼于解决组织行为学研究中的道德问题。

由于组织、社会及其环境存在互相依存性，某项组织活动在使其组织获益的同时，也要向外部社会付出代价，因此个人、群体需要与社会需要，组织利益与社会利益之间不可能完全一致。例如，假冒伪劣产品使企业获利，却坑害了消费者。企业产生的污染给社会和环境带来恶果。人们逐渐认识到对小群体合理的，对社会不一定合理，纯粹的经济组织是不存在的。因此组织追求自身利益时也要兼顾社会利益、承担社会责任、增进社会福利。这种新的价值观就是着眼于解决组织与社会、环境关系中的道德问题。社会责任的基本哲理在于，“人类活动是整个自然社会系统的一个组织部分，大家都栖息在同一星球上，因而我们的活动都应对这些现实负责”。

道德标准既是一个历史的范畴，又是制度和文化的内核。国家之间社会和文化的差异决定了道德准则不可能跨越国界而普遍适用。例如，在西方国家许多服务行业的小费是员工薪酬的重要来源。而在中国，由于员工薪酬从企业领取，因此向顾客索要小费是有悖于职业道德的。随着全球经济一体化进程的加快，企业跨国经营已成为一个普遍的趋势，不同国籍、宗教信仰和文化背景的人们在一起工作将成为普遍的现象，这样在组织活动中，不同道德观念的碰撞将成为组织行为学研究的重要课题。

此外，组织行为学研究采用调查、实验等研究方法时，其对象实际就是被测试的个人、群体、组织，这就使组织行为学研究规范也涉及伦理道德问题。主要表现为：①违反被试者“知情和同意原则”，这是由于主试者要使实验或调查取得较好效果，不让被试者知道实验的意图和过程；②侵犯私人保密权利；③有的实验者用物质奖励引诱或行政命令迫使人员参加实验。美国心理学协会为此曾在 1973 年制定了一项有关实验情境的指南——《使用参与人进行研究的伦理原则》，其中列出了一系列必须坚持的伦理道德原则：在研究过程中，不能影响被研究者的生理和心理的健康，不应该给被研究者以任何恐慌、担心以及情绪冲击等不良刺激，并且应该避免产生不愉快、疲劳感等研究程序。如果在实验中采用隐瞒研究的真实目的和意图的策略，在实验后必须把研究的真实目的详细地告诉被试人，以便使被试人理解这样的理由。研究人员还必须对研究过程中获得的有关个人的任何信息加以保密，保障个人的隐私不被泄露。研究中的角色扮演要得到当事人的理解、认同。要保护人的权利、利益，尊重其人格尊严。

本章小结

任何一个组织的存在都必须具备三个条件：①组织是人组成的集合；②组织适应目标的需要；③组织通过专业分工和协调来实现目标。

由于组织活动的复杂性，因而对组织行为分析和研究也有不同的角度，呈现出多层面的特点：①个体；②群体；③组织。

组织行为学的发展经过了几个阶段，组织行为学的产生和发展是组织管理理论和人力资源学派、权变理论学派和组织文化理论不断融合的结果。有这么几个阶段：人力资源学派的出现，权变观点进入管理领域（组织行为学的形成），组织文化研究的兴起（组织行为学的深入），组织行为与组织过程研究。

组织行为学的研究可以从应用于广度、研究目标和研究可控制性这三个方面进行分类。具体的研究方法有调查研究方法、实验方法、数量统计方法等。

组织行为学研究的对象本质上是人的活动。这与以物为研究对象的学科有一个根本的不同，那就是存在道德问题。

关键概念

组织　组织行为　研究方法

复习思考题

1. 试说明组织行为的内涵。
2. 组织行为学产生与管理学发展有何关系？
3. 人们对组织的看法有几个不同的阶段？
4. 组织行为学产生与发展中对人的看法有哪些变化？
5. 组织行为学的研究有哪些基本类型和方法？
6. 组织行为学的研究为何会涉及道德问题？
7. 案例研究有哪些优势和不足，试举例说明。

8. 说明实验室和现场实验的区别。

9. 为何统计方法在组织行为学研究中有较大用途？

10. 劳动分工有哪些优越性和不利方面？其演进对组织结构有何影响？举例说明。

第2章 /个体的基本心理过程与心理特征

学习目标

本章重点讨论个体的基本心理过程与心理特征。关于个体的基本心理过程，重点掌握社会知觉的特点，归因的基本规律，态度的形成与改变，学习与行为塑造的主要方法；关于个体的心理特征，重点掌握工作中的能力与人格因素。

引例：西南航空公司如何选人

在希尔顿酒店一楼的会议室里，美国西南航空公司的招聘负责人何西正审视着13个女人和3个男人，思索着谁有“真材实料”成为公司的乘务员。他并不是要从他们身上找出乘务员所具备的技巧和经验，而是要挖掘某种极其抽象而又十分重要的东西，即活力、幽默和信心的完美结合，以便适合美国西南航空公司痴迷于为顾客服务的卓著企业文化。

美国西南航空一直是美国有口皆碑的航空公司。它的空前成功引来众多关注，包括对其招聘过程的关注。他们在考察应聘者时，首先让应聘者填写一份反映人格特征的问卷，然后由应聘者组成小组一起完成一个情境模拟测验，考官通过观察，给每位应聘者打分。其中被认为有潜力的人会被邀请参加下一轮的面试。在这次招聘中，何西及其同事看中了一个精干、活跃而又不颐指气使的女士和一位镇定自若、有主见、自信而有领导才能的年轻男士。

在过去的几十年中，越来越多的组织在招聘选拔人员的时候更加看重人的潜在能力、人格特点、思维风格、工作动机和态度等“软件”的东西，甚至这些东西被看作比知识、经验、技术等方面更重要。个体是构成组织的“原子”，组织由具有差异的个体所组成。个体的心理特征与行为不仅影响到他们如何完成自己的工作，而且还会影响组织的绩效和生产力，影响组织的气氛，因此我们必须要把握个体的心理过程和心理特征的基本规律，例如人们如何认识周围的环境和他人，如何对环境中的事件做出解释，人们的态度和行为是怎样形成和改变的，个体的心理特征上存在哪些差异等。

2.1　社会知觉与归因

2.1.1　社会知觉

社会知觉是指对人、人际关系、社会事件等的知觉。个体通过社会知觉来解读关于他人和环境的信息。例如，公司做出的决策通过每个员工的社会知觉过程进行认识和理解；管理者通过自己的社会知觉来理解员工的行为表现；在招聘面试过程中，招聘者通过对候选人的知觉做出招聘决策，而候选人也在这个过程中对所应聘的组织通过知觉而形成印象。

目前得到最为普遍接受的对知觉过程的解释来自于认知心理学的理论。认知心理学的主要特征就是从信息加工的角度来看待人的认知过程。认知心理学家认为，人的信息加工能力尽管有很大的潜力，但仍然是有限的，因此人们在认知过程中仍然会倾向于对复杂信息做简化处理，往往会采用省力的方法去感知那些最明显的、对形成印象最必要的信息。知觉者会主动地、有选择地、有组织地将获取的信息整合成为一个紧凑的、有意义的印象。在知觉的过程中，人们往往会设法走一些“捷径”。因此，在社会知觉的过程中表现出以下典型特征：

（1）社会知觉是一个寻找意义的过程。人们习惯于在知觉的同时运用自己已有的知识经验进行解释，尽量获取关于被知觉事物的有意义的印象。人们倾向于将人或事件相互联系在一起看待。例如，一名员工在最近一次绩效评估之后没有得到晋升，一周之后这名员工离职了，同事们很容易就把这名员工的离职与他没有得到晋升之间建立了联系。而事实上，这两件事之间根本没有关系，这名员工在绩效评估之前就已经决定要去另外一家公司了，并且已经向领导提出离职了。

（2）人们在社会知觉中遵循图形-背景原则。所谓图形-背景原则，就是说人们倾向于关注知觉对象的一些显著信息，这些显著信息就好像是图形从背景中凸显出来一样。我们都有这样的经验，也就是在描述他人的时候常常描述人的一些显著信息，例如，小甲就是长得特别胖的那个人，小乙是说话嗓门特别大的那个人，小丙是经常穿红衣服的那个人等。同一个事物什么时候被知觉为图形，什么时候被知觉为背景取决于特定的图形与背景之间的关系。例如，一个人穿着牛仔裤走在大街上可能很少会引起人们的注意，这种情况下他就是知觉中的背景；但是如果他穿着同样的装束参加一个非常庄重的会议，可能就会引起人们的注意，这个时候他又被知觉为图形了。

（3）人们在社会知觉过程中倾向于对信息进行归类。对各种信息加以归类是人们在知觉中将复杂的信息简单化处理的一种途径。类别化加快了人们信息加工的速度，但是也容易造成知觉偏差。类别化所带来的一个后果就是刻板印象（stereotype）。所谓刻板印象，就是指人们对某一个群体的人形成某种概括性的固定化的印象。例如，很多人认为女性上司通常是心胸不开阔、有容易情绪化反应的；学历高的年轻员工被看作是擅长纸上谈兵、缺乏实际动手能力的；推销员被视作是口若悬河而又容易夸大其词的。

(4) 人们在社会知觉中善于运用图式。图式（schema）就是在人们的过去经验中形成的一套有组织的认知架构，这种认知架构可以被应用到以后的认知活动中。图式可以是关于某个人、角色或群体的，这种图式也被称为原型（prototype）。例如，我们有关于老板的图式，自信、善于指挥他人做事、对财务敏感、整天忙于应酬等；也有关于技术人员的图式，戴眼镜、不善交际、喜欢用数字说话等。图式也可以是关于某个事件的，这种图式也被称为脚本（script）。例如，我们有到某个公司去应聘的图式，首先寄简历过去，对方会打电话通知你去面试，面试的时候要穿着得体，并且要有礼貌等。图式能够提高人们社会知觉的效率，但是由于人们在知觉时容易使用图式去筛选信息或者填补信息，因此会造成知觉失真。运用图式的一个结果就是晕轮效应（halo effect）。晕轮效应是一种明显的以偏概全的倾向，通过知觉对象的部分特征推论其他特征。

(5) 社会知觉具有选择性。选择性知觉（selective perception）使人们在知觉的过程中强调了某些信息，同时也忽略了另外一些信息。这也是为什么人们对同样的事物有不同的知觉的原因。例如，在管理中，经常会有跨部门团队一起开会的情况，这时候大家都觉得自己的部门重要，销售部认为销售最重要，财务部认为财务最重要，大家会争执不休。企业管理者也常常会利用员工的选择性知觉。例如当企业取得成功，上下一片欢呼的时候，管理者引导大家保持清醒的头脑，看到企业发展中不足的一面；而当企业遇到困难的时候，管理者则引导大家保持乐观的心态，更多看到优势和希望。

2.1.2 归因

在人们的社会知觉过程中有一个重要的特点就是人们总是试图对知觉对象进行推断和解释。观察者为了预测和评价人们的行为并对环境和行为加以控制而对他人或自己的行为过程所进行的因果解释和推论就叫做归因（attribution）。人们行为的原因包括内部原因和外部原因两种。内部原因是指个体自身所具有的、导致其行为表现的品质和特征，包括个体的人格、情绪、心境、动机、欲求、能力、努力等。外部原因是指个体自身以外的、导致其行为表现的条件和影响，包括环境条件、情境特征、他人的影响等。

关于人的归因问题，研究者们提出了很多不同的理论。美国心理学家海德（F. Heider）在1958年最早提出了归因问题，但直到20世纪60年代中期才引起社会心理学界的重视并成为一个热门研究领域。1965年，琼斯（E. A. Jones）和戴维斯（K. E. Davis）提出了相应的推断理论，从行为者的具体行为推论其行为意图。在本书中，我们主要介绍两种最有影响力的归因理论：一种是凯利（H. Kelley）的三维归因理论，另一种是维纳（B. Weiner）的成败归因理论。

1）凯利的三维归因理论

1967 年，美国社会心理学家凯利发表《社会心理学的归因理论》，提出三维归因理论，也称为三度理论，对海德的归因理论进行又一次扩充和发展。凯利认为，人们对行为的归因总是涉及三个方面的因素：①客观刺激物；②行动者；③所处关系或情境。其中，行动者的因素是属于内部归因，客观刺激物和所处的关系或情境属于外部归因。对上述三个因素的任何一个因素的归因都取决于下列三种行为信息：

（1）区别性（distinctiveness）：指行动者是否对其他同类刺激做出相同的反应，他是在众多场合下都表现出这种行为还是仅在某一特定情境下表现这一行为。例如，一名今天迟到的员工是否经常表现得自由散漫，违反规章纪律。如果行为的区别性低，则观察者可能会对行为作内部归因；如果行为的区别性高，则活动原因可能会被归于外部。

（2）一贯性（consistency）：指行动者是否在任何情境和任何时候对同一刺激物做出相同的反应，即行动者的行为是否稳定而持久。例如，如果一名员工并不总是上班迟到，她有 7 个月从未迟到过，则表明这是一个特例，行为的一贯性较低；而如果她每周都迟到两三次，则说明行为的一贯性高。行为的一贯性越高，观察者越倾向于对其作内部归因。

（3）一致性（consensus）：指其他人对同一刺激物是否也做出与行为者相同的方式反应。如果每个人面对相似的情境都有相同的反应，我们说该行为表现出一致性。比如，所有走相同路线上班的员工都迟到了，则迟到行为的一致性就高。从归因的观点看，如果一致性高，我们对迟到行为进行外部归因。例如这条路线出现了交通堵塞。如果走相同路线的其他员工都准时到达了，则应认为该员工的迟到行为的原因来自于内部。

凯利认为这三个方面信息构成一个协变的立体框架，根据上述三方面的信息与协变，可以将人的行为归因于行动者、客观刺激物或情境（见表 2-1）。

表 2-1　**三种行为信息的协变与归因**

行为信息			归因类型
区别性	一贯性	一致性	
低	高	低	行动者
高	高	高	客观刺激物
高	低	低	情境

2）维纳的成败归因理论

美国心理学家维纳提出的成败归因理论认为人们对成功和失败的归因通常包括三个维度：

内外：将成功或失败归因于内部原因还是外部原因；

稳定性：将成功或失败归因于稳定的经常发生的因素还是不稳定的偶然性的

因素；

控制点：将成功或失败归因于可控的因素还是不可控的因素。

维纳认为，稳定的内在因素是指个人的能力，稳定的外在因素是指任务的难度，不稳定的内在因素是指个人的努力，不稳定的外在因素是指个人的运气。同时他还认为，像努力、注意、他人的帮助等这些因素是属于可控的因素，而像能力、运气、心境等因素则属于不可控因素。

维纳在研究中还发现，当一个人目前的成败与他过去的成败相类似，但与别人的成败不同，这个时候他的成败就会被归因于能力因素。当一个人目前的成败与他过去的成败相一致，并且与别人的成败也一致，那么就容易被归因于任务的难度。当一个人目前的成败与他过去的成败不一致，而且与别人的成败也不一致，常常被归因为不稳定的因素，如果他成功了而别人失败了，往往被归因于他的运气好；如果他失败了别人成功了则会被归因于努力程度不够。表 2-2 就是借用一个考试的例子来说明人们是如何进行成败归因的。

表 2-2　**成败归因**

目前成败状况	本人过去成败状况	别人成败状况	归因
成功 （某人这次考试得了高分）	成功 （过去考试都得高分）	失败 （别人这次考试没得高分）	能力 稳定的内在因素
失败 （某人这次考试没考好）	失败 （以前考试也没考好）	失败 （别人这次考试也没考好）	题目太难 稳定的外在因素
成功 （某人这次考试得了高分）	失败 （以前考试没得过高分）	失败 （别人这次考试没考好）	运气 不稳定的外在因素
失败 （某人这次考试没考好）	成功 （过去考试都得高分）	成功 （别人这次考试考得很好）	努力不够 不稳定的内在因素

不同的归因对人的行为会起到不同的影响。例如，如果将失败归因于任务难度、运气等因素，那么就会降低努力程度，因为人们会认为努力也不会起太大的作用；反之，如果将失败归因于自己努力不够，那么就会加强今后的努力程度。因此，我们在对行为进行归因时应该有意识地去分析造成成功与失败各种内部的、外部的、稳定的、不稳定的因素，避免片面的看待问题。

3）归因偏差

（1）基本归因错误：人们在评价他人的行为时总是倾向于低估外部因素的影响而高估内部或个人因素的影响。例如，当销售代表的业绩不佳时，销售经理倾向于将其归因于下属的懒惰而不是客观外界条件的影响。

（2）行为者与观察者偏差：行为者对自身行为的归因和观察者对行为者行为

的归因往往是不同的。行为者倾向于强调外部环境等不可控的因素，做出外部归因；而观察者则倾向于强调行为者本身的特质因素，进行内部归因。例如，员工倾向于将任务没有完成归因于环境的变化、没有预料的意外因素等，而管理者则认为是员工能力差或者不够努力，这样在员工和管理者之间就容易形成意见的冲突。

（3）自我服务偏见：个体有一种倾向是把自己的成功归因于内部因素如能力或努力，而把失败归因于外部因素如运气，这称为自我服务偏见。这样做的原因可能是个体都希望给他人留下一个好的印象，希望他人认为自己是有能力的或者是勤奋的，因此倾向于自我标榜。

2.1.3　印象管理：影响别人的社会知觉和归因

社会情境中，每个个体在知觉他人的同时，也成为别人的知觉对象。人们都很关注别人眼中的自己，也就是自己给别人留下怎样的印象。所谓印象管理，就是个体试图影响和控制别人对自己的社会知觉或者对自己的归因的过程。人们通过各种各样的方式进行印象管理，包括衣着仪表、言语和非言语行为、举止和做事情的方式等。有的时候，人们进行印象管理是为了使自己的形象更加符合社会期望；而有的时候，人们则运用印象管理在别人心目中达成自己所期待的自我形象。在管理情境中，下属往往在上司面前进行印象管理活动，从而获得对自己有利的结果。

个体所使用的印象管理策略大体可以分成两类：自我提升的印象管理策略和防御式的印象管理策略。

（1）自我提升的印象管理策略就是使自己看起来比实际更加出色或者试图增加自己对某个积极结果的影响作用。自我提升的印象管理策略主要包括：

①讨好：主要是增加别人对自己的喜欢程度，使自己看上去更有吸引力或更有魅力。人们常常采用意见顺从、取悦他人或向他人提供帮助等方式进行讨好。

②自我抬高：通过各种正式或非正式的渠道让别人了解自己的贡献或能力。

③自我设障：故意让别人认为自己达到目前的成果是克服了困难或障碍才完成的，从而使他人将成功更多地归因于能力而将失败更多地归因于环境。

④联合：让别人知觉到自己与某个成功人物具有同样或相似的特征或品质。

（2）防御式的印象管理策略就是尽量避免别人将某个消极结果的责任归因于自己。防御式的印象管理策略主要包括：

①辩解：试图为自己的行为做出解释，从而使别人认为自己的失败是由于客观原因。

②道歉：当找不到合理的理由时，通过表达悔恨换取他人的谅解，弥补自己即将受损的形象。

③划清界限：当事情进展不顺利时，努力使别人觉得自己与这件事无关，从而避免自己形象受损。

2.2 能力与人格

2.2.1 个体心理特征与个体差异

我们所接触到的形形色色的人当中，有的人敏捷灵活，有的人迟缓刻板，有的人沉着冷静，有的人鲁莽急躁，有的人擅长言谈，有的人对数字很敏感。这些在心理上将人们彼此区别的特点就是个体的心理特征。个体的心理特征就是个体在社会生活中形成和发展起来的稳定的经常出现的心理特性。

个体心理特征大体上可以分为两个方面：能力与人格。通俗的理解，能力主要说的是人们是否“能够”做某件事情，“能够”通常是与一个人对信息加工的速度和准确性有关的，因此我们在评价一个人的能力时常常用的是这个人做得有多好或者做得有多快一类的评价。而人格特征则是指一个人倾向于做出怎样的行为，或者个体通常表现出怎样的行为。为了方便起见，我们将除了能力以外的个体心理特征都归为人格特征，包括个体的气质、性格、行为风格等。

专栏 2-1　　个体差异的发现

人们最早发现个体差异的重要性是起因于天文学上的一个事件。1796 年，英国格林尼治天文台的皇家天文学家马斯基林发现助手金内布鲁克观察星体通过子午线的时间比自己迟到 0.8 秒，因此认为他“师心自用，不依法行事”而将他辞退。此事在 20 年后受到另一位天文学家贝赛尔的注意，他通过研究发现这是一种不可避免的个体差异，于是学者们开始了对个体差异的研究。

2.2.2 能力

1）能力的基本概念

心理学家认为，能力是一种内在的心理品质，是完成某种活动、解决某个问题所必须具备的条件。

人们在评价一个人的能力的时候经常会用“有潜力”或者“很能干”这样的话语。一般来说，我们可以从两个层次理解能力，实际的能力和潜在的能力。实际的能力就是指在某项任务或活动上现有的成就水平，比如能说英语、骑车等，是在遗传和后天学习的基础上获得的知识和技能。这种能力也称为成就(achievement)。而潜在的能力指的是在将来有机会学习时可能达到的水平，是指个体具有的潜力或完成某项活动的可能性，也就是所谓的“潜力”。潜力也叫性向(aptitude)，它是一种能力倾向。例如，一个人具有领导的潜能，只有当他处于领导的位置时才能体现出来，否则就只是一种潜在的可能性。

2）工作中的能力因素

在组织行为学中，我们关心的主要是那些对个体的工作绩效有着预测作用，影响个体成功地完成组织中的工作的能力。因此，我们不会泛泛地介绍关于能力的各种理论，而只是选取其中与组织行为密切相关的部分介绍给大家。

（1）职业能力倾向

职业能力倾向主要指与个体成功地从事某种工作有关的能力因素。常见的职业能力倾向与典型工作范例主要包括的内容见表 2-3。

表 2-3　常见的职业能力倾向与典型工作范例

能力倾向	描述	工作范例
言语理解	运用语言文字进行表达、交流和思考的能力	客户代表：向客户介绍公司的产品
数量关系	对事物之间的数量关系做出分析、理解和判断的能力，对数字的敏感性	会计：公司收入、支出、成本等计算
逻辑推理	根据已有的信息发现和理解事物之间的关系，做出分析和判断的能力	市场总监：对本公司与竞争对手营销方案分析判断
知觉速度	对各种视觉符号（包括数字、特殊符号、字母、文字等）快速而准确的觉察、比较、转换、加工的能力	校对员：文字校对
空间知觉	理解事物的空间关系，当空间位置变化时能想象出物体的形状	室内设计师：办公区的设计和规划
综合分析	对各种形式的信息进行准确理解和综合分析与加工的能力	办公室主任：综合各部门上交的文件，撰写成报告交给领导
动作协调	使用眼和手协调完成任务的能力	司机：驾驶汽车
手指灵巧性	使用手指完成精细动作的能力	生产线上的工人：焊接精密的电路板

（2）实践智力

研究者们发现智力测验所得出的分数对实际工作绩效的预测能力非常有限，因此很多学者都试图探讨在实际工作中影响工作绩效的能力。20 世纪 90 年代，美国耶鲁大学的心理学家斯腾伯格（R. Sternberg）总结了前人的研究并结合自己的研究提出了一种新的智力概念：实践智力（practical intelligence）。实践智力主要指的是有效解决实际情境中的问题的适应性能力。

实践智力与传统的智力测验中所测量的智力是完全不同的。研究实践智力的学者将传统的智力测验所测量的智力称为学业智力（academic intelligence）。这两种智力的差异主要体现在：学业智力所解决的任务是已经被清晰界定的，由其他人规划好的问题，在解决问题时已经得到了所需的信息，通常只有一个正确答案或者一种解决方法；实践智力所解决的问题没有被清晰界定，有待于规划，信息不完整，有多种解决方法和正确答案。

(3) 情绪智力

近些年来，有一个概念非常迅速地风靡世界，变得几乎家喻户晓，这就是“情商”。在很多人的心目中，情商已经取代“智商”成了判断个体能力的标准。“情商”，其准确的说法是叫“情绪智力（emotional intelligence）”。所谓情绪智力，是指一些与情绪情感有关的能力，例如如何控制自己的情绪，如何感受和影响他人的情感等。情绪智力所包含的内容可以用图 2-1 的框架来表示。

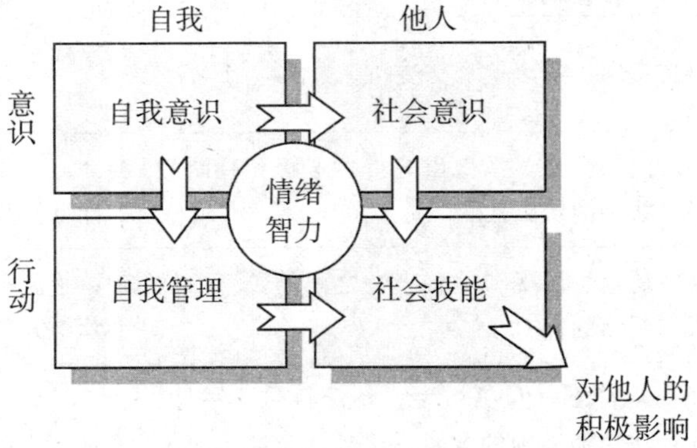

图 2-1 情绪智力

从图 2-1 中可以看出，按照意识和行动层面以及针对个体还是他人，可以将情绪智力划分为四部分内容：

自我意识：个体对自身情绪状态的意识，包括情绪的自我认知、对自身情绪的准确评估和自信程度。

自我管理：个体控制自己的情绪使之适应环境的能力，包括自我控制、信任、责任感、适应能力、成就动机、主动性等因素。

社会意识：个体正确感知他人的情绪情感的能力，包括通情能力、组织敏感性、服务意识等因素。

社会技能：个体有效地对他人施加影响或建立持久关系的能力，包括发展他人、领导、影响、沟通、冲突管理、建立关系、团队合作等因素。

研究表明，情绪智力所包含的这些内容与组织中的绩效水平显著相关。例如，一个成功的领导者并不在于他在专业技能上有多强，而在于他能够与方方面面的人搞好关系，能够很好地与人沟通。

情绪智力所包含的内容很多已经不是能力范畴的东西，而是非能力的因素。在后面介绍了人格因素之后，就会发现这里的很多内容其实是一些人格因素。因此，虽然情绪智力在名称上是能力因素，事实上更多体现的是人格因素或者介于能力与人格之间的某些成分。

(4) 管理能力

管理人员的工作虽然各不相同，但他们为了有效地履行自己的管理职能，需要具有一定的管理能力。卡茨（R. Katz）提出了三种基本的管理能力：技术技能、人际技能和概念技能。

①技术技能：是指完成某一专业领域有关的程序、技术、知识、方法等有关任务的能力。例如，从事生产管理的管理者应具备生产流程、生产工艺等有关的技能，从事市场营销管理的管理者应具备产品促销方法、产品定位、目标市场细分等有关技能，而从事人力资源管理的管理者应具备人员招聘、考核、培训等有关技能。作为管理者，他们不一定要成为某一领域的专家，但还是应该了解相应的技能。相对而言，基层管理者应该掌握的技术技能比较深，而高层管理者只需有一些较浅的了解。

②人际技能：是指与处理人际关系有关的技能，例如理解、激励他人的能力，与他人合作的能力，领导他人的能力等。管理人员需要与下属沟通，也需要与组织内外各方力量联络，因此人际技能对各个层次管理者来说都至关重要。

③概念技能：是指综观全局，洞察组织与环境因素相互影响和作用关系的能力。例如，感知和发现外部环境中的机遇和威胁的能力，理解事物的相互关联性和关键影响因素的能力，权衡各个方案优劣和风险的能力等。任何管理者都要面临一定的不确定局面，需要认清问题实质，迅速果断地做出决策，但管理者所处的层次越高，面临的问题就越复杂，因此所需的概念技能就越高。

(5) 创造力

创造力是一种特殊的能力，是人的一种高级能力，虽然目前人们对创造力有各种各样的定义，但创造力一般是指产生新的想法、发现和创造新的事物的能力或能力倾向。现在越来越多的工作中强调要有创新能力，因此创造力也是组织管理中的一种重要能力。

创造力的核心是创造性思维，主要表现在四个方面：

思维的流畅性：能迅速产生大量的想法；

思维的灵活性：能够灵活变通地思考和解决问题，不拘泥于现有的常规的方式，遇到障碍时善于迂回解决；

思维的独特性：观点和见解新颖独特，不受成见影响；

思维的发散性：思考问题的角度多、范围宽，不易受到束缚和限制。

研究表明，创造力在组织里的许多工作中有重要的作用。组织在进行决策时也会采用头脑风暴法之类的方法促进创造性观点的产生。

2.2.3　人格

1) 人格的概念与特点

人格（personality），也叫做个性，来源于希腊语中的 persona，它的本意是面具，后来转义成人格。人格是指人们所具有的个体独特的、稳定的对待现实的态度和习惯化了的行为方式，它是一个人区分于其他人的稳定的心理特征，是由先后天的交互作用而形成的。

2）工作相关的人格理论与研究

（1）“大五”人格模型

许多研究者在对人格特质进行因素分析时都得到了五个基本的人格维度，因此称为“大五”人格模型（the big five）。这五个人格维度是：

外向性-内向性（extroversion-introversion）：是指个体喜好参加社会交往的倾向性，个体是善于社交，在社交情境中表现得自在大方、善于言谈，还是不喜欢社交，表现得羞怯、腼腆、安静。

责任心（conscientiousness）：是指个体的责任感、可靠性、勤勉、持之以恒、有秩序等特点。

随和性（agreeableness）：是指个体随和、容易合作、热情等特点。

情绪稳定性（emotional stability）：是指个体情绪稳定的程度，个体是倾向于有安全感、沉着冷静、愉快还是倾向于焦虑、压抑、没有安全感。

对经验的开放性（openness to experience）：是指个体是否具有创造性，有好奇心，愿意接纳新的经验，兴趣广泛等特征。

研究者通过在企业管理实践中的研究发现，“大五”因素与工作绩效之间有着密切的关系。有人发现，责任心因素的得分高低对工作绩效有很好的预测作用。高责任心的员工倾向于为自己设立较高的工作目标，对工作也更加投入，当面对无法预料的阻碍和困难时，会比别人更加坚持不懈。情绪稳定性也与绩效有着同样的关系。还有人发现，随和性比较高的人在需要大量群体合作性工作的情境中表现得非常出色。在商业环境中，外向性的人比内向性的人更容易成功。对经验的开放性对某些需要创新的工作来说是独具优势的。

（2）心理类型的测量：风靡全球的MBTI

当被问及在商业或管理领域中应用得最广泛的人格测验和理论模式是什么，可能来自世界不同国家的很多人都会回答：MBTI。什么是MBTI呢？这就是迈尔斯-布里格斯心理类型指标（Myers-Briggs type indicator，MBTI）。这个测验是在人员选拔和评价中应用得最为广泛的测验之一，每年大约有200万人接受这个测验的诊断。该测验中所测量的心理类型其实是人们在工作和生活中比较偏好的行为风格，是人们在过去的生活和工作中逐渐形成的稳定的行为方式和倾向。风格是没有好坏之分的，但是每种行为风格特点都有其优点也有其不足，不同行为风格的人适合从事不同类型的工作。以下主要从四个两极性的维度上进行描述：

①外倾（E）-内倾（I）：注意集中的方向。

这个维度主要测量的是人们倾向于将注意力集中在外部世界还是内部世界。外倾型（extroversion）的人较多关注外部世界的人和事物，他们的精力是指向外部环境的，他们偏好通过交谈的方式沟通，喜欢通过实践和讨论来学习，兴趣广泛，喜好社交和表达。内倾型（introversion）的人则倾向于将注意力指向自身内部的观念和经验，他们喜欢反思，不太愿意与外界交流，兴趣不广但比较深刻，喜好独处。

②感觉（S）-直觉（N）：接收信息的方式。

这个维度主要是测量一个人是如何获取信息的。感觉型（sensing）的人倾向于通过感觉器官获取真实存在的信息，他们相信经验，有敏锐的观察力，注重具体细节，比较实际。直觉型（intuition）的人往往依赖不太显而易见的直觉来获取信息，他们喜欢寻找事物发展的可能性，富有想象力，倾向于看到事物的整体全局和抽象性的东西，比较有创造性。

③思维（T）-情感（F）：处理信息做出决策的方式。

这个维度主要测量的是人们如何处理信息和做出决策的。思维（thinking）的人处理信息和做出决策时依赖的是逻辑的因果关系，他们擅长客观分析，逻辑思维，不以感情为转移，理智公正。情感型（feeling）的人喜欢权衡事物对自己和他人的价值与重要性，在决策中他们容易将自己置于问题情境中，过多考虑感情因素，他们具有同情心，更多考虑人的方面因素而不是客观事实。

④判断（J）-知觉（P）：对待外部世界的方式。

这个维度测量的是人们通常表现的对待外部世界的方式。判断型（judging）的人喜欢用判断的方式来对待外部世界，他们生活的有计划、有秩序，他们擅长使用系统的有组织的方式来解决问题，做事有条不紊，有目的性，喜欢做决策，让事情有结局。知觉型（perceiving）的人喜欢用感知的功能来对待外部世界，他们以灵活、好奇的方式生活，容易冲动，适应性强，对事物的变化持开放的态度，常常在最后一分钟的压力下完成工作。

这四个维度都是两极性的连续体，每个人在每个维度上都是处于连续体上的某一点，大多数人只是在两种对立的行为风格中相对来讲更偏向其中的一种。根据这四个维度、八种行为风格，可以将人大致划分成十六种类型，MBTI 心理类型见表 2-4。

表 2-4　MBTI 心理类型

ISTJ	ISFJ	INFJ	INTJ
ISTP	ISFP	INFP	INTP
ESTP	ESFP	ENFP	ENTP
ESTJ	ESFJ	ENFJ	ENTJ

MBTI 之所以在商业领域中备受关注和欢迎，一个很重要的原因就是各种不同的心理类型与适合从事的工作之间有着密切的关系，对于组织中的人与工作匹配很有价值。表 2-5 中所显示的就是从各个单一的维度上看不同类型所适合从事的工作类型。

除了单独的类型与工作之间的关联之外，不同的类型组合也意味着适合不同的工作。例如，感觉-思维型的人具有逻辑性强、现实、细致等特点，适合从事诸如审计师、质量控制之类的工作；直觉-思维型的人有创造力、独立、具有批判精神，适合从事律师、大学教师等工作。

表 2-5　　MBTI 与适合从事的工作之间的关系

类型	适合之工作特点
外倾型	要求群体交往、与人会谈、社交聚会的工作，有大量的旅行、谈话和变化
内倾型	安静的、独自进行的文案工作，很少被打扰，要求集中注意力和思考的工作
感觉型	要求注意细节的工作，短期的、具体的、目标直接或与目标直接相关的工作
直觉型	具有挑战性、非重复性的工作，靠洞察力和沉思来解决复杂的问题
思维型	需要解决大量问题，特别是需要逻辑推理的工作，与数字有关，有明确的解决方法的工作
情感型	为他人提供服务的工作，需要体察他人情感和需要的工作
判断型	具有高度组织性和结构性的工作，完成一项任务再开始另一项新任务的工作
知觉型	要求适应新环境能力的工作，需要新的、创造性头脑的任务

（3）自我效能感

假设两个具有相同能力的人面临着同样的工作任务时，其中一个人对自己的能力充满信心，认为自己能够成功地完成这个任务，另一个人则对自己的能力有所怀疑，试想这两个人哪个更有可能成功地完成任务呢？

在这里，影响两个人成功完成任务的关键人格因素就是自我效能感（self-efficacy）。自我效能感的概念是由班图拉在社会学习理论中提出的。所谓自我效能感就是个体关于自己能够成功地完成某项任务的信念。通俗地讲，就是个体对自己能力的自信心。自我效能感包括三个基本的成分：

水平：个体认为自己能够在什么样的水平上完成任务。

强度：个体对自己在该水平上完成任务的自信程度。

概化程度：自我效能感能够在多大程度上从一种情境扩展到另一种情境。

班图拉认为，个体的自我效能感来自于直接经验和间接经验，直接经验就是个体过去完成类似任务的反馈与评价，间接经验是个体通过观察别人完成类似任务而获得的经验。另外，个体的情绪状态对自我效能感也有影响。这些影响因素除了影响个体对活动、任务和情境的选择之外，还影响个体在任务中投入多大的努力以及坚持性程度。自我效能感高的人在工作中表现得积极、目标导向、有毅力；自我效能感低的人则表现得消极、焦虑、怀疑自己会取得成功。图 2-2 就显示了自我效能感在工作情境中的影响。

（4）控制点

控制点（locus of control）是指个体所认为的直接影响自己行为的原因。有些人倾向于认为自己是命运的主人，控制自己行为的原因主要在于自己内部的原因；有些人则倾向于认为一切都是运气和机遇的结果，自己无法控制。前者被称为内控型的个体，后者被称为外控型的个体。

控制点的理论最早是由心理学家罗特（Rotter）提出的。个体在控制点方面所

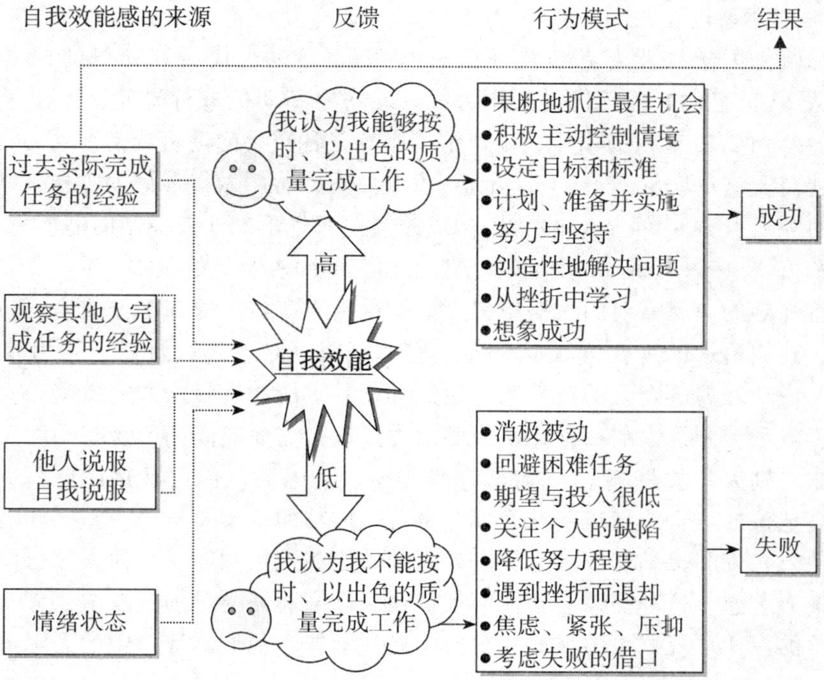

图 2-2　自我效能感与组织行为

表现出的人格差异引起很多研究者的重视。大量的组织行为研究表明，内控型的员工对工作的满意程度更高，而且成为管理者的可能性更大，同时更倾向于成为民主参与型的领导者。内控者能够很好地抵御压力，倾向于控制自己的环境；外控者则更为顺从，乐于遵循他人的领导。一般来说，内控型的个体适合从事较为复杂的、要求创造性和独立性的工作，包括绝大多数管理和专业技能型的工作。外控型的个体在结构明确、规范清晰、严格遵循指示的工作中会做得比较好。

（5）自我监控

如果你是一名一线的管理人员，那么你在自己的下属面前和在老板面前的行为表现是一样的吗？恐怕大部分都会回答不一样。为什么会有这种不同呢？因为人们的行为总是要适应不同的环境，这样才能有效达到行为的目的，同时，个体这样做也是为了给他人留下好的印象。个体这种为了给他人留下好的印象，在不同的环境条件下采取不同行为模式的人格特质就叫做自我监控（self-monitoring）。

自我监控水平高的个体更倾向于随着环境变化而改变自己的行为，而自我监控水平低的个体则更少随着环境变化改变自己的行为。因此，高自我监控的个体更有可能做出能从他人那里得到积极评价和反馈的行为，由此看来，如果个体的绩效水平与他人的评价和反应有关，那么高自我监控的个体更容易取得好的绩效。由于自我监控水平高的个体更关注他人的反应，关注自己的行为给他人留下的印象，因此他会在那种需要人际交往活动的工作中表现得更好。

（6）成就动机

美国哈佛大学教授麦克利兰（D. McClelland）是当代研究动机的权威心理学家。他从20世纪四五十年代起就开始对人的需要和动机进行研究，提出了著名的“三种需要理论”。他认为个体在工作情境中有三种重要的动机或需要：

成就需要（need for achievement）：争取成功，希望做得最好的需要。

权力需要（need for power）：影响或控制他人且不受他人控制的需要。

亲和需要（need for affiliation）：建立友好亲密的人际关系的需要。

具有强烈的成就需要的人渴望将事情做得更为完美，提高工作效率，获得更大的成功，他们追求的是在争取成功的过程中克服困难、解决难题、努力奋斗的乐趣，以及成功之后的个人的成就感，他们并不看重成功所带来的物质奖励。权力需要是指影响和控制别人的一种愿望或驱动力。权力需要较高的人喜欢支配、影响他人，喜欢对别人“发号施令”，注重争取地位和影响力。他们喜欢具有竞争性和能体现较高地位的场合或情境。权力需要是管理成功的基本要素之一。亲和需要就是寻求被他人喜爱和接纳的一种愿望。高亲和动机的人更倾向于与他人进行交往，至少是为他人着想，这种交往会给他带来愉快。高亲和需要者渴望友谊，喜欢合作而不是竞争的工作环境，希望彼此之间的沟通与理解，他们对环境中的人际关系更为敏感。

（7）职业人格理论

霍兰德（J. Holland）于20世纪50年代开始人格特点与职业匹配的研究，提出了一个六种人格类型与职业关系的理论。霍兰德认为可以把大多数人划分为以下六种职业人格类型：现实型、研究型、艺术型、社会型、企业型和常规型。六种类型的人的特点是：

R——现实型：具有现实型人格类型特点的人偏好与物体打交道，喜欢摆弄和操作工具、机械、电子设备等具体有形的实物；不喜欢与人打交道的活动，适合从事机械师、装配线工人、农场主等职业。

I——研究型：研究型的人偏好对各种现象进行观察、分析和推理，并进行系统的创造性的探究，以求能理解和把握这些现象，适合从事科学研究性质的工作。

A——艺术型：具有艺术型特点的人偏好模糊、自由和非系统化的活动，并在这些活动中创造艺术作品，完成自我表现；他们厌恶明确、秩序和系统化的活动。艺术型的人想象力丰富，看重美的品质，适合从事音乐、绘画、写作等艺术性的工作。

S——社会型：社会型的人偏好对他人进行传授、培训、教导、治疗和咨询等方面的社会服务性的活动，重视社会和伦理道德问题，适合从事教师、社会工作者、心理咨询师等职业。

E——企业型：企业型的人对领导角色和冒险活动感兴趣，喜欢从事领导他人实现组织目标或获取经济收益的活动，看重政治和经济方面的成就，适合从事小企业主、经纪人、法官等职业。

C——常规型：常规型的人偏好对数据资料进行明确、有序和系统化的整理工作，如按既定的规程保管记录，填写和整理书面和数字的资料，使用文字和数据处理设备等协助实现组织目标或获取经济收益，适合于从事会计、档案管理员、业务经理等职业。

2.3 态　度

2.3.1　态度的概念

态度（attitude）是指个体对客观事物、人或事件以一定方式做出反应时所持的评价性的、较稳定的内部心理倾向。态度主要包括三种构成成分：情感成分、认知成分和行为意向成分。

（1）情感成分是指个体被态度对象所激起的情绪情感，例如喜欢、厌恶、爱、憎等。情感成分是态度中的关键成分。

（2）认知成分是指个体对态度对象的知识、观点、信念等。认知成分为情感成分奠定了基础。例如，假如你喜欢到一家公司工作，可能是基于你了解的关于那家公司的一些知识，比如工作环境很好、老板比较民主、工资比较高等。

（3）行为意向成分是指态度对个体行为的引导作用。态度使得个体处于一种行为准备状态。例如，当你看到某人遇到困难的时候，如果你对他持有积极的喜欢的态度，就可能想要主动上前去帮助他；如果你一向很讨厌他，那么你就可能会袖手旁观。

2.3.2　态度的形成与改变

我们在组织管理工作中，需要了解人们的态度是怎样形成的，也常常需要改变人们的态度。例如，一项新的管理措施从不被大家接受到被大家接受的过程就是一个态度改变的过程。

1）态度形成的三阶段理论

凯尔曼（H. Kelman）提出的态度形成的三阶段理论，这三个阶段分别是顺从阶段、认同阶段和内化阶段。

（1）顺从阶段：是指个体在外在的社会力量影响下，表现出了某种态度的外显行为，但还没有形成深刻的认知和情感成分。个体形成这种表面的态度可能是为了获得某种物质的或精神的报酬或者避免惩罚。例如，一个员工不得不接受“在办公室着正装，打领带”这样的态度，因为如果他不这样做就会受到惩罚。

（2）认同阶段：在这个阶段，个体不是像顺从阶段那样被迫地接受某种态度，而是自愿地接受。这时他已经产生了一定的情感成分，他愿意接受某种态度是因为他希望得到别人的赞许和接纳，想要与别人建立良好的关系。例如，一个员工看到别的同事都着正装、打领带，他也不愿意因与别人不一致而受到排斥，因此就对穿正装建立起一种比较积极的态度。

（3）内化阶段：是指个体已经发自内心地接受了某种态度，他理智地判别出该态度具有合理性，应该坚持。内化就意味着个体已经将对某种事物的情感与自己的价值观联系起来，纳入到自己的价值观体系中。例如，一个员工发自内心地认为工作的时候应该着正装，因为这样会给客户留下良好的印象，树立良好的公司形象，从而为公司带来了利益，公司有了利益，作为员工自己也就有了利益。因此他这种态度是理性的、持久的、稳固的。

2）认知失调与态度改变

认知失调理论（cognitive dissonance theory）是由社会心理学家费斯廷格（L. Festinger）提出来的。该理论认为当一个人不同的认知元素之间出现了不和谐的时候，或者个体的态度和行为不一致时，就会引起个体内心的不自在，例如感到紧张，有压力，这时就出现了“认知失调”状况。个体将会努力减轻这种状况，通常采取的途径是改变造成失调的元素中的任何一个，或者增加新的理由或解释。例如，当个体的态度和行为发生不一致时，或者改变态度，或者改变行为。

专栏2-2　　　　　　经典研究：认知失调与态度改变

费斯廷格等人曾经做了一个著名的实验证明认知失调和缺乏足够的辩解理由会引起态度的改变。

研究者请一些大学生被试者到实验室里从事一个小时的枯燥、单调的重复性工作（例如，将托盘中的胶片卷轴一一拿出，再一一放回去，反复操作）。实验之后，除了控制组的被试者之外，其他被试者在离开实验室的时候都要对等在门口的一个妇女（研究者的同谋）撒谎说这个实验是非常有趣而且令人愉快的。这些撒谎者被分成两种情况：一部分人得到1美元的奖赏（低奖赏组），一部分人得到20美元的奖赏（高奖赏组）。然后，所有的被试者都需要在一个10级的喜爱程度等级量表上回答自己在多大程度上喜爱这项工作，以及在多大程度上愿意再次参加这个实验。

结果发现，控制组和高奖赏组的被试者明显倾向于认为这项工作枯燥无趣，不愿再次参加实验；而低奖赏组的被试者则倾向于认为这个工作有趣、愉快。这说明，低奖赏组的被试者的态度发生了改变。为什么只有低奖赏组的被试者会发生态度改变呢？

费斯廷格等人的解释是：控制组被试者没有被要求撒谎，对工作的认知和实际行为没有发生冲突，因此不存在认知失调；而两个实验组的被试者都出现了对工作的实际态度（工作是枯燥无趣的）与自身行为（告诉别人工作是愉快有趣的）之间的不协调，发生了认知失调。高奖赏组的被试者可以利用减轻或消除认知失调的第三种方法，即在认知元素之间加入一个辩解性理由，例如“得到一笔可观的奖赏，撒个小谎也是值得的”，从而恢复了认知协调。低奖赏组找不到合适的辩解性理由，就只能改变原有的认知元素，由于撒谎行为已经做出了，是无法改变的，因此只能改变对工作的态度。

这个实验也说明了要想改变人的态度，可以让他做出与态度不一致的行为，并且避免他找到外部的辩解性理由；要想巩固一个人原有的态度，应该避免让他做出与态度不一致的行为，假如已经做出了这样的行为，可以让他找到外部的辩解性理由。

3）态度改变的模式：劝说情境模式

人的态度是如何发生改变的呢？影响态度改变的内外部条件是怎样的？改变的过程又是怎样的？为了弄清楚这些问题，找到态度改变的模式和规律，研究者们开展了大量此方面的研究。

关于态度改变的最著名的模式是由霍夫兰和贾尼斯（C. Hovland & I. Janis）所提出的“劝说情境模式”。该模式中揭示了引起态度改变（或不改变）的过程以及所涉及的主要因素和变量，如图 2-3 所示。

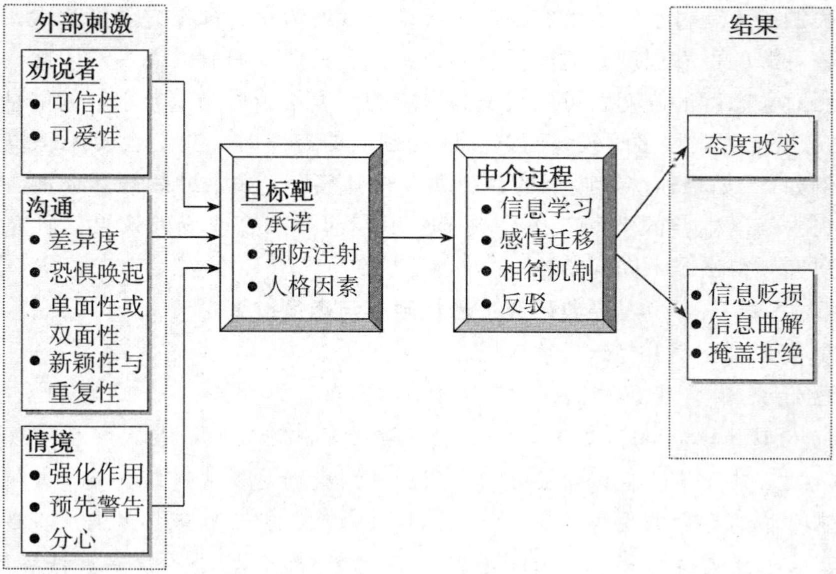

图 2-3　劝说情境模式

在这个模式中包括四个主要的部分：外部刺激、目标靶、中介过程和结果。

（1）外部刺激

外部刺激包括三方面的因素：劝说者、沟通和情境。

①劝说者。劝说者是指持有不同态度或见解并努力使别人接受这种见解或改变态度的人或群体。劝说者本身就是沟通的信息源。劝说者本身的一些特性会影响到劝说的效果。

劝说者与态度改变有关的特性主要有两大方面：一个方面是可信性。通常来说，如果劝说者是有关领域的专家或权威，那么他所表达的观点就比较容易让被说服的对象接受和改变态度；劝说者的可靠性对说服的效果也很重要，如果劝说者是公正、客观的，没有偏袒性，那么劝说对象就比较容易被说服。即使一个劝说者是专家，但如果人们发现他的见解太有偏袒性或是出于个人私利，他的说服影响力也会有显著的下降。

有关劝说者本身特性的另一个方面就是可爱性，即劝说者对劝说对象是否具有吸引力，是否被劝说对象所喜欢。人们往往因为喜欢某个劝说者，进而接纳他所提出的见解，改变自己的态度。造成一个人被其他人喜欢的因素有很多，例如他的外表有魅力、有能力、与劝说对象的相似性和熟悉性等。

②沟通。沟通本身是指劝说者传递信息的内容和方式。通过劝说引起对方态度改变，不仅依赖于劝说者的特性，沟通也起到很大的作用。有许多沟通变量影响劝说的效果，主要有以下几方面：

A. 信息源与目标靶原有态度的差异度：一般来说，信息源与目标靶原有态度的差异度在中等水平时最容易引起态度改变。因为如果差异度过小，目标靶所产生的认知失调压力就过小，不太容易产生改变态度的力量；如果差异度过大，目标靶会怀疑信息源的可靠程度，造成抵制，也不太容易改变原有的态度。因此，要想造成被说服对象态度的改变，可以根据其原有的态度给予适当差异水平的信息源。

B. 恐惧唤起：很多时候，当试图改变别人的态度时，我们会使用恐惧唤起的方法。例如，“如果你继续吸烟的话，就会得肺癌”“如果继续破坏环境，我们的后代将失去赖以生存的空间”等。关于恐惧唤起对态度改变的效果，研究者们做了很多研究，得出了不同的结论。

专栏2-3　　经典研究：恐惧唤起与态度改变

恐惧唤起是否会引起态度改变呢？

一些研究者发现恐惧唤起有助于引起态度的改变。戴伯斯和利文萨尔（J. Dabbs & H. Leventhal）曾经作了一个实验研究。他们向一些大学生进行有关注射破伤风疫苗的劝说，被试者被分为三组：一组是高恐惧唤起组，被告知破伤风是一种非常可怕的致命的疾病；一组是低恐惧唤起组，被告知破伤风的严重性，但不像高恐惧唤起组所说的那么可怕；还有一组是控制组，几乎不唤起被试者的恐惧。结果一个月之后高恐惧组有22%的人去注射了疫苗，低恐惧组有13%的人注射，控制组只有6%的人进行了注射。由此可见，唤起的恐惧水平越高，就越容易引起态度改变。

也有一些研究者发现低度恐惧甚至是无恐惧唤起的情况对被劝说者更有说服力。例如，贾尼斯（I. Janis）等人做了一个研究，通过一场电影劝说被试者一天刷三次牙的重要性。被试者被分为三组：一组是高恐惧唤起组，被试者会看到严重龋齿、牙龈溃烂等恐怖的画面；一组是中恐惧唤起组，被试者被告知牙病的严重性，但没有看到恐怖的画面；还有一组是无恐惧组，被试者看到的是健康牙齿的画面。结果发现，高恐惧组对呈现的画面留下很深刻的印象，并赞同影片中的观点，但一周之后，无恐惧组的行为改变最明显。研究者认为，恐惧唤起对态度改变的作用还与其他因素有关，例如问题性质、目标靶卷入水平等。当目标靶卷入水平较浅时，较大的恐惧唤起能引起较大的态度改变；但如果卷入水平较深，有时反而会引起目标靶的逆反心理，抵制劝说。

于是另外一些研究者试图发现恐惧唤起与态度改变之间的影响因素。罗杰斯（R. Rogers）通过研究得出结论，恐惧唤起是否能引起态度改变，与三个方面的因素有关：事件的有害性；事件发生的可能性；处理的有效性。这三个因素越高，越容易引起态度改变。

C. 单面性或双面性论述：假如你是一家公司的招聘人员，当你向一群大学生做招聘宣传时，你是会仅仅告诉他们有利的方面，例如公司有优厚的待遇、丰富的发展机会，还是同时也告诉他们工作很辛苦、压力很大呢？这就涉及沟通的时候是进行单面性论述还是进行双面性论述的问题。所谓单面性论述，就是只向目标靶沟通对其有利方面的观点或证据；双面性论述就是从正反两方面向目标靶沟通，既告诉他积极的有利的方面，也告诉他潜在的不利影响。有研究表明：当目标靶与劝说者所传达的观点一致或者对问题不熟悉时，进行单面论述比较有效；如果目标靶与劝说者所传达的观点不一致，或者对问题熟悉，或考受过良好的教育，那么进行双面论述比较有效。双面性的论述常常被人看作是更客观的、更公正的、更少偏见的，因此会引起较少的抵御或防卫心理，容易引起态度改变。

D. 新颖性与重复性：新颖性的观点往往对目标靶具有较大的吸引力，更能说服目标靶。另外，人们往往不会在第一次听到一个新颖的观点时就被说服，反而是重复性的接触这个观点之后，更容易被说服。

③情境。情境指的是在劝说过程中起影响作用的周围环境因素。情境因素虽然与劝说过程不直接相关，但也会影响劝说的效果。影响劝说效果的重要情境因素有：

A. 强化作用：在劝说者对目标靶进行劝说时，采用一些令人愉快的环境刺激作为强化物，会对劝说起到积极的影响作用。贾尼斯等人在研究中曾发现，在劝说的过程中，提供给被劝说对象一些食品和饮料，被劝说者能够发生更有效的态度改变。这就不难解释组织中某些传达新的政策、新的观点的会议都是采取比较令人愉快的方式进行的，例如选择某个环境优美、舒适的会议地点，会议中有茶点，会后有娱乐活动等。

B. 预先警告：所谓预先警告就是指在劝说之前向目标靶透露与劝说有关的内容。实验表明，预先警告会产生两种截然相反的效果。当目标靶对所要劝说的内容处于低卷入状态时，也就是与劝说内容关联性不很密切时，预先警告能起到促进态度改变的作用。当目标靶对所要劝说的内容处于高卷入状态时，预先警告使得目标靶有机会做出抵制准备，就好像被注射了疫苗一样对新观点有更强烈的抵抗作用，更不容易改变态度。这给我们的启示就是要根据目标靶的不同状况决定在什么情况下给予预先警告。

C. 分心：环境中的一些干扰性刺激会使得目标靶注意力分散，影响劝说的效果。例如，在开会的时候，本来是想劝说与会者接受某种观点，但是由于会上讲了很多与之不相干的内容，目标靶就不知道到底该注意哪些信息，因此原有的劝说目的就无法达到。

（2）目标靶

目标靶是劝说者劝说的对象，劝说的目的也就是要设法使目标靶改变态度。处在目标靶地位的人本身有很多因素会影响态度的改变。下面就是研究中发现的几个重要因素：

①对原有态度的承诺：如果一个人对原有的态度拥有很高的承诺，那么他会倾向于强烈坚持原有的观点，外部的劝说将很难使其改变态度。研究者进行了很多关于承诺对态度改变的影响的研究，发现人们坚持某种态度的程度和改变态度的可能性主要取决于两种因素：一是他是否为此进行了公开的表态，即做出正式的承诺，例如宣誓、书面保证等；二是他是否在该态度的基础上采取了行动。比如，当一个人在街头的一个有关环境保护的宣传活动中在环保宣言上签上了自己的名字，他会倾向于在公开的场合中不乱丢杂物、不随地吐痰等，因为他已经公开地做出了承诺，这种公开表明的态度将促使他尽量去恪守自己的承诺。

专栏 2-4　　经典研究：承诺与态度改变

社会心理学家多伊奇和杰勒德（M. Deutsch & H. Gerard）做了一个非常著名的实验。他们首先要求被试者对某件事情做出自己的判断，形成自己最初的态度。这些被试者分别面对四种不同的情况：第一种情况，被试者只需要做出自己的判断，不用通过任何方式将自己的判断表达出来，称为“无承诺组”；第二种情况，要求被试者把自己的意见写在一块儿童玩具写字板上，这种写字板上面是一层透明纸，揭起来之后写在上面的字就会消失，这组称为“弱私下承诺组”；第三种情况，要求被试者把自己的意见写在一张纸上，并告知他们这张纸是要被收上去的，但他们不必签名，这组称为“强私下承诺组”；第四种情况，要求被试者将自己的意见写在一张纸上，并签上名字，而且告知他们这张纸是要被收上去的，这组称为“公开承诺组”。然后请代表群体压力的许多假被试者发表一致的意见，再由这些真正的被试者发表意见。四组被试者改变自己最初态度的百分比如下：

无承诺组：24.7%；

弱私下承诺组（写字板）：16.3%；

强私下承诺组（写字纸）：5.7%；

公开承诺组：5.7%。

从上面的结果中可以看出，没有将自己的意见表明出来，即没有做出承诺的一组受到群体压力的影响而改变自己最初态度的百分比最高；在写字板上写下自己意见的一组虽然知道不会留下任何痕迹，但还是由于做出了一定的承诺而使得受群体压力改变自己最初态度的百分比减小；而做出了公开承诺或比较强的私下承诺的两组，非常倾向于坚持自己最初的意见，较少做出态度改变。

承诺对态度的影响在组织管理中有很多应用。例如，在进行员工绩效管理的时候，在绩效计划阶段，让员工参与计划的制订，并且签订非正规的绩效契约，也是让员工感到自己对绩效计划中的内容是做了很强的公开承诺的，这样他们就会更加倾向于坚持这些承诺，履行自己的绩效计划。如果员工没有参与到绩效计划的制订过程中，仅仅是由主管人员强加给他们的计划，或者他们的计划只是口头确定的，没有进行公开的签字，那么就很难保证他们坚持这些承诺的计划。

②预防注射：如果一个人形成了态度之后从来没有接触过相反的观点，那么他就容易被说服改变态度；如果一个人的态度曾经受过轻度的攻击，并且他驳倒了对方的攻击，那么他的态度就会变得更不易改变。让目标靶接触少量的轻度的反面意见就是一种预防注射，就像注射了疫苗一样使之具有对劝说的防御能力。实验表明，预防注射在某些情况下甚至比给目标靶正面支持更能巩固他的态度。因此，如果我们想要让目标靶形成某种新的态度或者巩固自己的态度，不仅要对他进行正面的灌输，还可以设法对其他反对观点进行反驳，在他战胜反面观点的过程中，态度也就得到了加强。

③人格因素：研究者发现具有某些人格特征的人更容易改变态度，而具有某些人格特征的人则不容易被说服改变态度。例如，低自尊心的人比高自尊心的人更容易被说服；智力高的人比智力低的人更难以被说服改变态度等。

（3）中介过程

中介过程是指目标靶在外部劝说和内部因素交互作用下发生态度改变过程的心理机制。与态度改变有关的心理机制主要有以下几种：

①信息学习：目标靶对新的信息的学习情况如何会对他是否改变原有的态度起很大的影响作用。如果一个人学习了某些信息，那么随着他认知的改变也会带来态度的改变。为了改变人的态度，应该让他们学习那些容易记住的东西，因此简明的信息比繁杂的信息学习效果要好，劝说效果也更好。例如，要想说服人们使用一套新的计算机化办公系统，实现无纸化办公。如果向被说服对象简明扼要地介绍这套系统的好处、操作的简便性等，那么被说服对象就容易改变原有的态度而支持使用这套系统。但是，如果向被说服对象介绍复杂的计算机原理，就会使其望而生畏，不愿使用这套系统。

②感情迁移：由于态度的核心成分是情感，因此形成了某种情感就意味着某种态度的形成。设法将目标靶对一个态度对象的情感转移到另一个态度对象上，就会引起对后者态度的改变。例如，要想劝说某人 X 加入一个项目小组，告诉他另外一个人 Y 已经加入了这个小组，由于 X 一向很欣赏 Y，对 Y 有积极的情感，因此他就会将对 Y 的积极情感转移到对项目小组上，从而产生了对项目小组的积极情感，就会倾向于改变原有的态度，加入项目小组。感情迁移的方法在广告说服中经常出现。例如，电视广告中为了说服人们接受某种产品，常常使用可爱的女孩或英俊的先生，甚至是一些明星人物，目的就是将人们对这些人物的积极情感转移到产品上，对产品产生积极的情感和态度。

③相符机制：这就是认知相符理论所倡导的观点，即人们总是倾向于使得对一个事物的各种认知是相符的，如果不相符，就会感到不舒服，就会设法通过改变得

到相符。例如，某人X对某人Y一向怀有敬佩的感情，对他持积极的态度，一次在会上，X听到Y所提出的管理建议是自己所不赞同的，这时在X的内心中就产生了认知不相符，感到很不舒服。在这种情况下，X或者可以通过改变对Y的态度实现相符，或者可以改变对Y所提出的管理建议的态度，变得支持Y所提出的管理建议，来达到认知相符。

④反驳：当人们面对与自己原有态度不同的观点时，常常会首先想办法去辩驳，如果发现很难驳倒时，很多情况下就会选择改变态度接受新的观点。

(4) 结果

劝说的结果无非有两种，第一种情况是目标靶改变了态度，第二种情况是目标靶没有改变态度。在第二种情况下，目标靶可能采取各种方法去抵制外部的说服。常见的有：

信息贬损：贬低劝说者观点的价值，甚至对劝说者进行人身攻击。

信息曲解：故意歪曲劝说者的观点，或者将其观点绝对化或极端化，使其看上去很荒谬；或者将与自己的观点实质上不同的观点说成是相同的。

掩盖拒绝：文饰美化自己的观点或者对劝说者的观点不予理睬、无理拒绝。

从态度改变的模式中，我们可以看到影响态度的因素很多，因此在实际应用时，首先要对各种因素做出分析，再决定以什么样的方法改变态度或者巩固态度。

2.4 价值观

专栏2-5　　强生公司的信条

我们相信我们首先应对医生、护士和患者，对母亲和父亲及所有使用我们产品和服务的人负责，为了满足他们的要求，我们所做的每一件事都必须具有很高的质量。

我们必须不断努力地降低成本，以保持合理的价格。

我们必须迅速而准确地提供客户的订货。

我们的供应商和经销商必须获得合理的利润。

我们要对我们的员工，以及遍布在全世界与我们一同共事的男女同事负责。

我们要对全体员工一视同仁。

我们必须尊重他们的人格和尊严，赏识他们的才干，使他们对工作产生安全感。

我们要为他们提供公平和优厚的报酬，以及整洁和安全的工作环境。

我们必须全力以赴帮助我们的员工解除家庭的后顾之忧。

我们的员工必须能够随时提供建议和批评。

合格的员工必须有公平的就业、发展和升迁的机会。

我们必须拥有称职的管理人员，他们行事必须公正与道德。

我们要对我们为之工作和生活的社会以至全世界负责。

我们必须做好市民——支持一切有意义的工作和慈善事业，并缴纳我们应缴的税款。

我们必须鼓励全民进步与更好的健康和教育。

我们必须维护我们有权享有的资产，保护环境和自然资源。

我们最后要对我们的股东负责。

生产经营必须获得丰厚的利润。

我们必须实践新的构思，必须不断进行研究、开发革新项目，敢于承担错误并加以改正。

我们必须购置新设备，提供新设施，推出新产品。

我们必须设立储备基金以备不时之需。

如果我们依照上述各项原则经营业务，股东们就能获得合理的回报。

每一个曾经到过强生公司（Johnson & Johnson）的人对上述内容一定不会感到陌生，因为你会在公司的显著位置上看到它。很多见过强生信条的人都会对它留下深刻的印象，为之打动，为之感染。这其中表达的是强生公司的一些基本的信念，是他们认为有价值的东西，即价值观。

2.4.1　价值观的基本概念

价值观，顾名思义就是关于事物的价值的看法，它代表了一系列基本的信念，是关于客观事物的意义、重要性、价值的总的评价和看法。从个人、组织或社会的角度来看，某些行为或存在状态比与之相反的一些行为和存在状态更为可取，因此这些行为和存在状态就被认为是最有意义、最重要的，也就是最有价值的。由此可见价值观包含了判断和取舍的问题，被判断为有价值的就取，反之就舍。一个人价值观中不同内容具有不同重要程度，具有层次性，形成一个人的价值系统。

研究价值观对于理解组织行为是非常重要的。价值观是个体态度和行为动机的基础。我们知道态度是带有评价性的，而评价的标准就是来自于价值观。态度是以认知为基础的。价值观决定了一个人的思维框架，即个体对是非善恶的判断，个体会认为某些行为比另外一些行为更可取。价值观对行为动机的影响即促使人们努力趋近某些事物而尽量回避某些事物。对于那些对价值观相符合的事物，个体就会努力去接近；对于那些与价值观不相符合的甚至是相违背的事物，个体就会努力去回避。组织管理中很大程度上是追求组织的价值观与组织成员的价值观相一致。组织会向其成员表明组织的核心价值观，并努力使得组织的价值观在其成员身上得到认同和内化。组织在选择其成员的时候常常也会努力选择拥有与自己的核心价值观相一致或相近的价值观的个体。

2.4.2　价值观的形成

我们的价值观来自哪里呢？价值观主要有以下几个方面的来源：

第一，来自于人类社会历史文化中积淀下来的一些被证明合理或有用的信念。

我们可能会发现，在不同的国家、不同的民族、不同社会经济地位的群体中有一些共同的价值观。例如诚信、自由、公正、合作、勤劳、尊严、正直等，一直是人们所崇尚的。

第二，来自于个体在现实社会中生活的经验。个体的价值观很大一部分是在早期的社会经验中习得的。在个体价值观形成中扮演重要角色的是父母、教师、同伴、媒体等。例如，个体从小就被父母告知“撒谎是不对的，好孩子应该诚实”。随着个体的成长，价值观也会发生一定程度上的改变。例如，个体加入了一个组织，这个组织信奉的是金钱至上的价值观，于是个体受到周围人的影响也接纳了这样的价值观。当价值观是相对稳定和持久的，也就是说价值观一旦形成可能会对个体造成终生的影响。

个体形成价值观的内在心理机制主要是强化、认同、模仿和观察学习。个体从家庭、学校、同伴、媒体中都可以获得这些学习。因此，组织如果想要让个体形成与组织一致的价值观，也要设法为个体创造类似的学习条件。

2.4.3 价值观的基本理论

1）斯普兰格对价值观的分类

不同的个体具有不同的价值观，很多价值观的研究者都试图对价值观进行分类。其中有代表性的一种有关价值观类型的理论是由斯普兰格（E. Spranger）提出来的。该理论将人的社会生活分为六个领域，即经济的、政治的、宗教的、艺术的、社会的和理论的，并且认为人们对上述六个领域中哪一方面感兴趣就是拥有哪方面价值观的表现。斯普兰格的六种价值观类型的具体描述见表2-6。

表2-6 **斯普兰格的六种价值观类型**

类型	描述
经济型	追求实用价值，关心生产商品、提供服务和积累财富
政治型	对权力感兴趣，喜欢支配和控制他人，强调权力的获取和影响力
宗教型	最高价值是整体性，相信命运，注重超自然的力量和感觉的东西，设法将自己与对宇宙整体的信仰联系起来
艺术型	追求形式与和谐，主要兴趣在于审美和对美的追求
社会型	以爱护和关心他人为中心，热心社会活动，喜欢与人交往，能为他人牺牲自己
理论型	追求知识和真理，求知欲强，富于幻想，重视用批判和理性的方法寻求真理

奥尔波特（G. Allport）通过编制问卷的方法对人们的这六种价值观进行调查，发现不同职业的人对这六种价值观的排序是不同的，形成了不同的价值观系统。

2）终极价值观与工具价值观

罗克奇（M. Rokeach）将人们各种价值观分为两大类别：一种是终极价值观，即一个期望的终极状态，通过一生而实现的目标；另一种叫工具价值观，是指人们偏爱的行为方式或实现终极价值观的手段。他设计了价值观调查问卷进行调查(见表 2-7)，每一个类别都有 18 个具体的项目。

表 2-7　　终极价值观与工具价值观调查问卷

终极价值观	工具价值观
舒适的生活（富足的生活）	雄心勃勃（辛勤工作、奋发向上）
振奋的生活（积极、刺激的生活）	心胸开阔（开放）
成就感（持续的贡献）	能干（有能力、有效率）
和平的世界（没有冲突和战争）	欢乐（轻松愉快）
美丽的世界（艺术与自然的美）	清洁（卫生、整洁）
平等（兄弟情谊、机会均等）	勇敢（坚持自己的信仰）
家庭安全（照顾自己所爱的人）	宽容（谅解他人）
自由（独立、自主选择）	助人为乐（为他人的福利工作）
幸福（满足）	正直（真挚、诚实）
内在和谐（没有内心冲突）	富于想象（大胆、有创造性）
成熟的爱（性和精神上的亲密）	独立（自力更生、自给自足）
国家的安全（免遭攻击）	智慧（有知识的、善思考的）
快乐（快乐的、闲暇的生活）	符合逻辑（理性的）
救世（救世的、永恒的生活）	博爱（温情的、温柔的）
自尊（自重）	顺从（有责任感、尊重的）
社会承认（尊重、赞赏）	礼貌（有礼的、性情好）
真挚的友谊（亲密关系）	负责（可靠的）
睿智（对生活有成熟的理解）	自我控制（自律的、约束的）

2.4.4　价值观对组织行为的影响

价值观在组织中的影响主要表现在以下几方面：

影响对他人及群体的看法，从而影响人际关系；

影响个人所选择的决策和解决问题的方法；

影响个人对所面临的形势和问题的看法；

影响确定有关行为的道德标准；

影响个人接受或抵制组织目标和组织压力的程度；

影响个人对组织成功和成就的看法；

影响对个人目标和组织目标的选择；

影响管理和控制组织中人力资源的手段。

重视价值观的管理是很多组织成功的经验。例如，IBM 公司董事长兼总经理托马斯·沃森总结企业成功的经验时认为：第一，任何组织要生存和取得成功，必须有一套健全的理念，作为该企业一切政策和行动的出发点；第二，公司成功的唯一最重要的因素是严守这一套信念；第三，一个企业在其生命的过程中，为了适应不断改变的世界，必须准备改变自己的一切，但不能改变自己的信念。正是由于该公司严守自己的为客户提供最佳服务、追求卓越和尊重员工的信念，才在市场的竞争中取得了成功。

2.5 学习与行为塑造

2.5.1 个体行为的概念与特征

我们能观察到的是人的外显行为。所谓行为，就是指个体所表现出来的一切有目的的活动，也就是个体的所作所为。个体的行为具有以下几个基本特征：

个体的行为具有目的性；

个体行为受到意识的调节；

不同个体的行为具有差异性；

个体行为具有可塑性，可以学习和改变。

2.5.2 学习

个体行为的一个很重要的特点就是具有可塑性，而学习则是个体行为改变的一个主要的途径。

1）学习的定义

在组织行为学领域中，学习被定义为由于经验造成的个体相对持久的行为改变。因此，学习的定义主要包括三个要点：

学习意味着某种改变。如果个体的行为没有发生改变，那么就不是学习。行为的改变可以是向着好的积极的方面改变，也可以是向着不好的消极的方面改变。

行为的改变是相对持久的。一时性的行为改变不被认为是学习的结果。例如由于个体一时的情绪状态而造成的工作绩效变化就不是学习的结果。

行为的改变来自于经验，即来自于对于外部世界的不断接触。经验可以是直接经验也可以是间接经验。

2）关于学习的理论

学习理论主要研究的是人们是怎样学习的，人们是怎样通过经验获得行为改变的。在组织行为领域中，最有应用价值的学习理论主要有两种：一种是操作性条件反射理论，一种是社会学习理论。

(1）操作性条件反射理论

某个公司开会的时候迟到、手机响的现象严重，于是总经理就发布了一个命令，以后开会的时候迟到 1 分钟罚 10 元钱，手机响一次罚 10 元钱，作为公共基金，大家一起吃饭用。后来，迟到和手机响的现象明显减少了，甚至几乎不出现了。这就是操作性条件反射的效果。

所谓操作性条件反射，就是指人们习惯于将行为与行为的结果联系起来，如果某种行为的结果是积极的或是令人愉快的，那么人们就倾向于保持或加强这种行为；如果某种行为的结果是消极的或是令人不愉快的，那么这种行为就倾向于减少或消退。操作性条件反射最早是由著名心理学家斯金纳（B. Skinner）提出的。斯金纳认为人的行为不是由先天或反射决定的，而是可以后天习得的。因此如果在行为之后创设令人满意的结果，行为出现的频率就会增加；如果行为不被奖励或者受到惩罚，就不太可能被重复。

（2）社会学习理论

社会学习理论是在 20 世纪 60 年代由班图拉（A. Bandura）等人提出并发展的。社会学习理论认为，个体不仅可以通过直接经验进行学习，还可以通过观察示范行为进行学习。观察学习，也叫榜样学习，是社会学习理论的核心。观察学习主要经历以下四个步骤：

学习者首先要注意到榜样。对榜样的注意程度越高，观察学习的效果就越好。

学习者必须在记忆中保持榜样的行为。榜样的影响取决于当榜样不出现在学习者眼前时，学习者对榜样行为的记忆程度。

学习者对榜样的行为进行复制和重复再现，包括即时性的再现和延迟性的再现。

学习者形成重复榜样行为的动机。学习者通过行为结果反馈，获得行为与结果之间因果关系的认知和经验，形成具有自我评价、预期和自我调节功能的动机系统。

2.5.3　强化：行为塑造的工具

强化（reinforcement）是操作性条件反射的理论用于行为塑造的方法。所谓强化，就是指对一种行为的肯定或否定的结果，至少在一定程度上决定该行为在今后重复发生的情况。

1）强化的策略

强化有四种基本的策略：正强化、负强化、惩罚和消退。

（1）正强化：也叫积极强化，是指为了增加某个期望行为，当个体做出了某个符合期望的行为之后，会伴随着一个愉快的行为事件，个体通过这个过程学会了重复地表现出符合期望的行为。正强化的过程如图 2-4 所示。

（2）负强化：也叫消极强化，是指为了增加某个期望行为，当个体做出了某个符合期望的行为之后，会伴随着一个不愉快的行为事件的撤销或者避免这个不愉快的行为事件，通过这个过程个体学会了重复地表现出符合期望的行为。负强化的

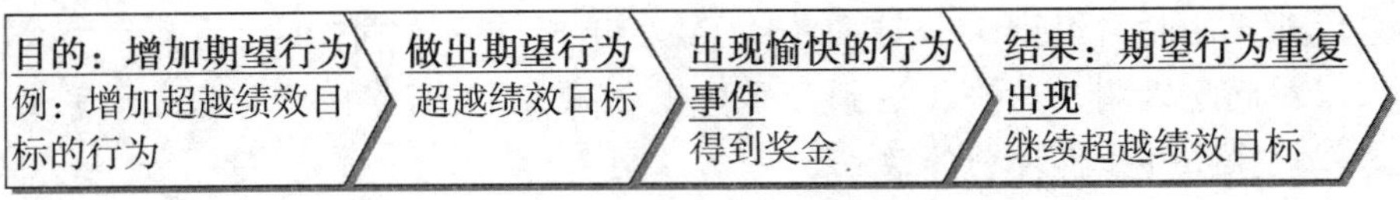

图 2-4　正强化的过程

过程如图 2-5 所示。

图 2-5　负强化的过程

（3）惩罚：是指为了减少某个不期望的行为，当个体表现出某个不符合期望的行为时，就会伴随着一个不愉快的行为事件或者撤销愉快的行为事件，个体通过这个过程学会了减少或者不表现那个不符合期望的行为。惩罚的过程如图 2-6 所示。

图 2-6　惩罚的过程

（4）消退：是指为了减少某个不期望的行为，当个体表现出某个不符合期望的行为时，不会伴随有令人愉快的行为事件出现，个体通过这个过程学会了减少或者不表现那个不符合期望的行为。消退的过程如图 2-7 所示。

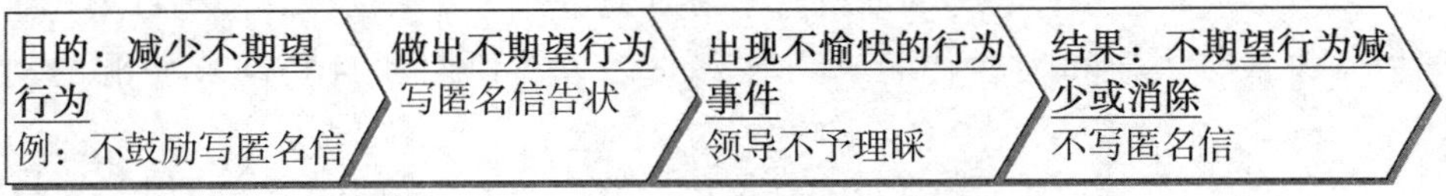

图 2-7　消退的过程

运用强化策略应注意下列问题：

正强化与负强化都是为了促进期望行为的重复出现，但相比较来说，正强化的效果更好。

应该强化那些值得强化的行为。例如，只有超越了一定标准的行为才得到强化，而本来就是分内职责的行为则不宜进行强化，否则一旦不给予强化，连最低的行为标准都无法维持了。

不给予强化也不给予惩罚，行为就会消退。但是，不符合期望行为的消退并不能自动带来符合期望行为的产生和增加。因此，消退策略最好配合正强化的策略一同使用，一边消除不符合期望的行为，一边建立起符合期望的行为。

出现符合期望的行为后应该及时强化。延缓强化的时间越长，强化的效果就越差。

惩罚能够抑制不符合期望的行为，但也存在较多的副作用，例如，不符合期望的行为暂时得到抑制，惩罚停止时该行为又会重新出现；被惩罚者会产生不良的情绪反应，甚至有侵犯性、破坏性的行为；抑制了积极性和创造性等。因此，使用惩罚策略时要慎重。

2）强化的程序

强化程序主要是指实施强化在时间上和频率上的规则。强化程序大体上可以分成两种：连续强化和间歇强化。连续强化是指对每一次出现的期望行为都给予强化；间歇强化是指期望行为重复出现一定数量或经历一定时间才给予强化。研究表明，间歇强化比连续强化更容易巩固期望行为。下面我们就重点介绍一下间歇强化。

间歇强化按照时间和频率的特点可以分为四种类型：固定时间间歇强化、可变时间间歇强化、固定比率强化和可变比率强化，如图 2-8 所示。

	固定	可变
时间间隔	固定时间间歇强化	可变时间间歇强化
比率	固定比率强化	可变比率强化

图 2-8　间歇强化的类型

（1）固定时间间歇强化：每间隔一定的固定时间就对期望行为给予一次强化。例如，每月 20 日发工资，每年 12 月份发双薪等，都属于固定时间间歇强化。

（2）可变时间间歇强化：与固定时间间歇强化相同的是，也是每间隔一段时间就对期望行为给予一次强化，所不同的是，可变时间间歇强化间隔的时间不是固定不变的。例如，不定期地奖励，领导不定期地对员工进行表扬等都属于可变时间间歇强化。

（3）固定比率强化：符合期望的行为每重复出现一定固定数量时就给予一次强化。典型的固定比率强化就是计件工资，即每生产特定数量的符合质量标准的产品就付给一定的报酬。

（4）可变比率强化：符合期望的行为重复出现若干次以后，就给予一次强化。在这种强化程序中，行为出现的次数是不固定的。例如，可能是期望行为出现了 3 次就给予一次表扬，也可能是期望行为出现了 5 次才给予一次表扬。

可变程序比固定程序更容易巩固期望的行为。在固定程序中，如果到了该给予强化的时候没有给予强化，例如，到了该发工资的日子没发工资，员工的情绪就会低落，生产率就会下降，期望的努力工作行为就容易消退。而在可变程序中，员工有一种期待，例如出现了 3 次期望行为后没有得到强化，员工就会继续做出期望行为，期待着做出第 4 次期望行为后能得到强化，因此期望行为不易消退。

个案分析

总经理秘书的人选

天星公司是一家从事计算机产品生产与销售的公司。公司规模不大，有70～80人。由于总经理的秘书一个月以后就要到国外去留学，现在已经提出离职，因此留下了这个职位的空缺。这个职位对总经理来说非常重要。总经理非常急于找到这个职位的人选，于是就让人力资源部赶快去招聘候选人。

总经理秘书的主要职责是帮助总经理处理一些日常事务。总经理每天要与很多人会面，包括客户、供应商、媒体、工商管理部门等的人士，并且总经理的公务电话也非常多，还要参加大量的会议。秘书必须要帮他管理各种事务的排程，具体的做法就是将总经理已经约定好的会议或约会记录下来，并在会议或约会之前提醒总经理。如果临时有别人提出会议或约会的请求，秘书要先征询总经理的意见，确定总经理的时间，然后再与提出会议或约会的人商量。总经理所有的公务电话都是由秘书首先接听，然后再转给总经理，这样可以避免一些误打的或者无须总经理亲自解决的电话打扰总经理的工作。秘书经常会接到一些愤怒的投诉者的电话，还会有一些人非要纠缠着找总经理。时间上的冲突是难免的，因此秘书有时需要灵活处理这些问题。当有客人来访时，秘书要帮助迎接客人，为客人倒水。如果总经理需要召集会议，秘书则要帮助预定会议室并准备会议所需的设备和资料。有些会议，例如每周一的例会，秘书还要在现场做会议记录，并在会议之后一个工作日内整理出会议纪要发给与会者。

总经理的各种邮件也特别多，包括电子邮件和一些传真等。秘书要帮助总经理收发这些邮件，对邮件进行分类存档、复印、打印等。公司的电子邮件系统和办公自动化系统采用的是 Lotus Notes 系统，因此秘书必须要能够熟练使用这个系统。秘书也经常会帮助总经理起草一些信函和常规的文件，所以必须要有一定的文字功底，还要擅长电脑中的录入和排版。总经理有时会让秘书帮助录入一些文件，或者做一些幻灯片和电子表格，因此秘书必须熟练运用 MS-OFFICE 中的各种软件，并且打字的速度要在每分钟70字以上。

总经理收到的文件和发出的文件都要做系统的归档，秘书必须保证当需要用到一份过去的文件时能够迅速找到这份文件。因为总经理是一个不愿意为琐碎细节分心的人，因此秘书必须要对这些细节谙熟于胸。这些文件中有些是英文的。

作为总经理的秘书，经常需要与其他部门的人交往，也会与外部的客户或政府部门、媒体等打交道，因此这个秘书必须非常善于处理各种人际关系。各个部门都有不少人想要讨好总经理，因此很多人都试图通过讨好总经理秘书来得到一些重要的信息。而秘书所掌握的很多信息属于公司机密，是不可以随意泄露给别人的。另外，总经理不可能有很多时间直接与各部门的员工交流，所以在秘书与公司内其他部门的员工交往过程中所获得的关于员工的信息将会对总经理很有帮助。公司与外部其他单位之间存在着密切的依存关系，与总经理打交道的也都是对公司业务非常重要的人物，这些人物有些不同的个性，而且与总经理的关系极其微妙。

另外由于秘书所要管理的文件中有大量的与业务有关的文件，因此她最好能懂得一些商务的和技术的知识。现在的秘书是商务英语本科毕业的，能够很好地胜任工作。

秘书所要做的工作是琐碎的，也是很繁重的，而且由于情况经常发生变化，工作节奏常被打乱，很多突发事件常常令人措手不及。由于总经理的工作时间没有规律，秘书有时也要随之在晚上或周末加班。总经理经常要去香港的总部或者到其他地方出差，在总经理出差期间，秘书应该能够独立完成自己的工作。总经理的工作压力很大，因此有时难免会发脾气，或者也有错怪别人的时候，作为秘书，挨骂或者受到冤枉也是常有的事情。

问题：

如果你是人力资源部的招聘负责人，现在总经理让你负责这个秘书职位的招聘。你认为作为该职位的人选，应该具备怎样的能力特征和人格特征呢？

本章小结

社会知觉是指对人、人际关系、社会事件等的知觉。社会知觉是一个寻找意义的过程，遵循图形-背景原则，倾向于对信息进行归类，善于运用图式。归因是指观察者为了预测和评价人们的行为并对环境和行为加以控制而对他人或自己的行为过程所进行的因果解释和推论。

能力是一种内在的心理品质，是完成某种活动、解决某个问题所必须具备的条件。与工作相关的能力主要有各种职业能力倾向、实践智力、情绪智力、管理能力和创造力。人格是指人们所具有的个体独特的、稳定的对待现实的态度和习惯化了的行为方式，它是一个人区分于其他人的稳定的心理特征，是由先后天的交互作用而形成的。与工作相关的人格理论与研究包括“大五”人格模型、心理类型的测量、自我效能感、控制点、自我监控、成就动机和职业人格理论。

态度是指个体对客观事物、人或事件以一定方式做出反应时所持的评价性的、较稳定的内部心理倾向。态度主要包括三种构成成分：情感成分、认知成分和行为意向成分。价值观代表了一系列基本的信念，是关于客观事物的意义、重要性、价值的总的评价和看法。

学习是指由于经验造成的个体相对持久的行为改变。最有应用价值的两种学习理论是操作性条件反射理论和社会学习理论。操作性条件反射理论对行为的塑造主要是利用强化的方法。观察学习，也叫榜样学习，是社会学习理论的核心。

关键概念

社会知觉　归因　能力　人格　态度　价值观　学习

复习思考题

1. 个体的社会知觉过程有什么特点？
2. 知觉和归因中有哪些偏差？
3. 凯利的三维归因理论和维纳的成败归因理论主要的观点是什么？
4. 什么是情绪智力？
5. 不同层次的管理者在能力结构上有哪些差异？
6. 自我效能感、控制点、自我监控是如何影响人的组织行为的？
7. 影响态度改变的因素有哪些？
8. 什么是价值观？对组织行为有怎样的影响？
9. 强化的四种策略是什么？举例说明。
10. 什么是观察学习？主要过程是怎样的？

第3章 / 组织中的个体心理与行为

学习目标

本章重点讨论在组织情境中研究个体的心理与行为的一些关键课题。通过学习，了解和掌握有关员工与组织关系的三个理论，即心理契约理论、激励贡献模型和个人-组织契合度理论；了解工作满意感、组织承诺、组织公平感、组织支持感知的概念，重点掌握工作满意感和组织承诺；了解和掌握组织社会化的含义、内容与策略；了解和掌握组织公民行为的含义、作用和影响因素。

引例：毕业后的第一年

小王和小林是一所名牌大学的同班同学，大学毕业后，两个人分别去了两家公司工作。一年过后，两个同学聚会的时候，互相发现对方都已经从公司离职了。于是两个人就交流了一下各自的经历：

小王一开始时满怀憧憬地去了一家著名的大公司，他满以为公司会对自己委以重任，可谁知道领导只是让他做一些很简单的工作。他认为自己在那里没有受到足够的重视，于是工作积极性不高，后来实在不想再干下去了。

小林是一个踏踏实实、认真敬业的人。他虽然在一家规模不是很大、也不太有名气的公司里，但是公司的业务还是非常繁忙的。他投入地工作，一年下来，取得了非常优秀的业绩，比自己原定的业绩目标超出了一倍，成为同事中的佼佼者。但是到了发奖金的时候，他才发现自己并没有得到相应的奖金，而且有些绩效不如自己的人反而得到了比自己更多的报酬。于是，小林就愤然辞职了。

从上面的例子中，我们可以发现，当一个新员工进入到公司里的时候，他们往往怀有某种期望，例如小王期望得到有挑战性的工作，小林期望自己的努力工作能够得到回报。这些期望有的时候与组织对他们的期望可能是不一致的。很多公司的管理人员都认为新毕业的大学生刚进入公司工作的时候往往对自己有过高的期望，总认为自己能够做很重要的事情。组织和员工各自的期望之间的一致程度，员工的期望在组织中是否能得到满足，对员工在组织中的行为起到很大的影响。如何有效地把握个体与组织之间这种微妙的关系，对于个体有效地在组织中发挥作用有很重要的意义。

3.1 个体与组织的关系

3.1.1 心理契约

1）心理契约的概念

心理契约的概念最早是在20世纪60年代提出的，而有关心理契约问题的研究在20世纪80年代中期以后蓬勃兴起。最早使用“心理契约”这一术语的是阿吉里斯（Argyris）。他在1960年出版的《理解组织行为》一书中，用“心理契约”来刻画下属与主管之间的一种关系：如果主管采取一种积极的领导方式，雇员就会产生乐观的表现；如果主管保证和尊重雇员的非正式规范（如让雇员有自主权，确保雇员有足够的工资，有稳定的工作等），雇员就会减少抱怨，而维持高的生产力。1962年，莱文森等人深化和发展了心理契约的概念，认为心理契约是雇主与雇员之间事先约定好的没有明确说出的双方各自对对方的期望。

后来还有很多学者提出心理契约的定义，这些定义大体分两类。一类定义认为心理契约有个体的心理契约和组织的心理契约两个层次。例如沙因（Schein）认为，在组织中，每个成员与管理者之间，以及与其他成员之间，任何时候都存在没有明文规定的一整套期望，这就是心理契约。另一类定义认为心理契约只是体现在个体层次。例如卢梭（Rousseau）认为组织本身不会有心理契约，组织只是为心理契约提供背景。她认为心理契约是指雇员个人以雇佣关系为背景，以承诺、信任和感知为基础而形成的关于个人与组织双方责任的信念。

结合不同学者提出的各种定义，我们将心理契约定义为：个体与组织之间隐含的没有明文规定的双方各自的责任以及对对方的期望，包括员工期望组织为自己提供什么即组织对员工的责任，以及组织对员工的期望即员工对组织的责任。

2）心理契约的作用和影响

心理契约在组织中的作用主要有三个方面：

第一，可以减少雇佣双方的不安全感，因为正式协议不可能涉及雇佣关系的方方面面，而心理契约可以填补正式协议留下的空白；

第二，可以规范组织成员的行为，组织成员以自己对组织所负的责任来衡量自己对待组织的每一行为，以其作为调节自己行为的标准；

第三，心理契约也可以使组织不断地审视自己对员工所承担的责任和自己满足员工需要的程度，更好地提高组织对员工的吸引力。

虽然心理契约与正式的员工雇佣契约不同，它并没有被正式地通过文件表达出来，但它确确实实存在着并且对个体与组织的关系产生明显可见的影响。契约双方中任何一方的期望没有实现，就会产生不满、怨恨、气愤等情绪反应，信任与真诚将被打破，而且很难重建。心理契约的破坏或违背将降低个体的工作满意度、生产力和继续留在组织中的愿望，同时也影响组织的绩效。

3）心理契约的内容

心理契约的具体内容千差万别。图 3-1 提供了一个心理契约内容的例子。

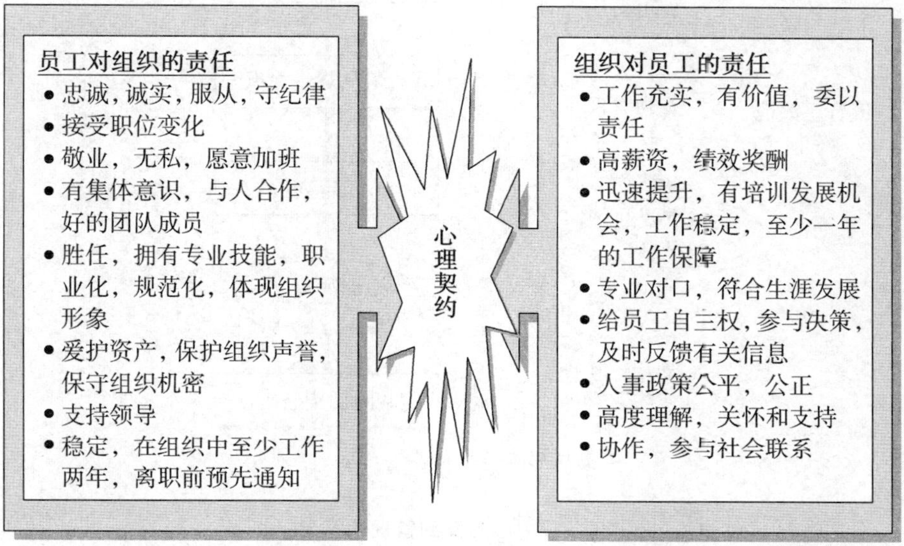

图 3-1　心理契约内容示例

员工与组织之间的心理契约体现在双方在心理上的卷入与互动，心理契约对双方的影响是相互的。例如，公司期待员工为公司做出更大的贡献，不断提高个人绩效；反过来，当个体做出高的绩效表现时，他们会期待着得到更多的回报，包括薪水、工作安全感、尊重、挑战性的工作机会以及培训发展等。有效的管理者都知道心理契约是至关重要的，因为它联系着组织与组织中的个体，只有双方互相理解对方的期望并且努力使期望得以实现才能使个体与组织的关系得以健康的维系。

在不同的时代背景和雇佣关系中，心理契约有着不同的内容。例如在过去相对稳定的组织环境中，员工期望组织能够为自己提供稳定的工作机会，组织则期望员工的忠诚，希望员工长期保留在组织中。在当今充满变化的组织环境中，员工和组织之间对稳定和忠诚的期望不再是心理契约中的主要内容，员工不再期望工作稳定，组织也不再期望员工一辈子为自己服务。

4）心理契约的动态发展过程

舍伍德和格莱德威尔（Sherwood & Glidewell）曾经提出了一个有关组织与个体之间心理契约的模型。这个模型描述了心理契约的动态性特征，并且提出了如何减少由于期待发生变化而导致的不良结果的建议。它也提供了一个在日常工作情境中持续不断地对心理契约进行管理的框架，如图 3-2 所示。

（1）共同沟通协商：组织与个体之间建立心理契约的第一个阶段是共同沟通，了解相互之间的期望，进行协商。如果在这个阶段，组织的期望和员工的期望能够达成一致，就可以基于共同的期望建立心理契约；反之，则无法建立起心理契约，组织与员工的关系就会有计划的终止。

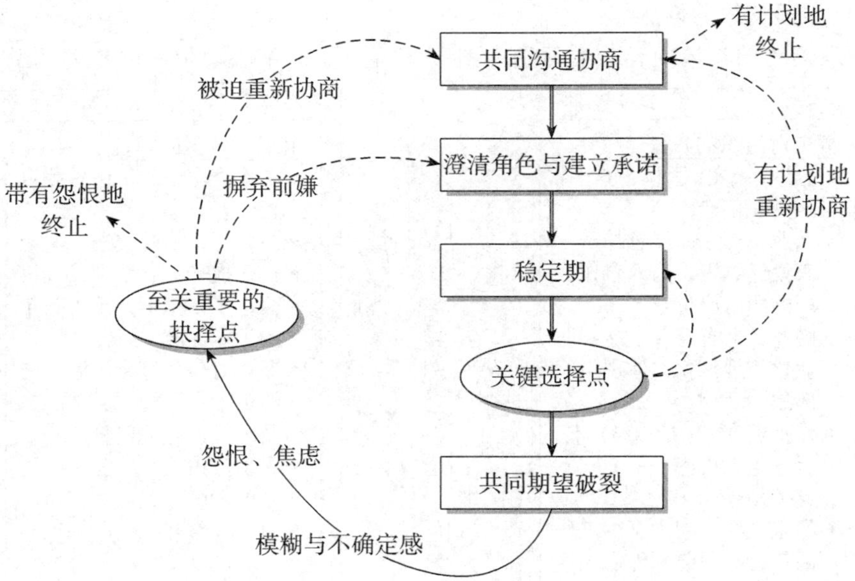

图 3-2　心理契约管理的框架

（2）澄清角色与建立承诺：员工和代表组织的管理者都分别认清自己的角色所应该承担的责任和拥有的权利，并且相互理解和接纳对方的角色。双方都有一种愿意履行自己的义务和认为双方能够实现期望的信念。

（3）稳定期：稳定期是一个组织和员工都各自遵守业已建立的心理契约履行各自职责的阶段。双方的观念和行为是协调一致的，较少发生冲突，而且表现出较高的生产力和效率。

（4）关键选择点：当环境中一些因素发生变化，组织与个体原有的期望也会发生变化，当期望变化所产生的差异达到一定程度时，组织与员工都面临着一次选择，这就是一个关键选择点。这个关键选择点是心理契约管理过程中一个早期的警告信号。当面临关键选择点的时候，有几种可能的发展情况。一种情况就是自动恢复到稳定期，另一种情况是员工与管理者进行沟通，将自己的困难告诉管理者，双方重新建立期望，对心理契约进行调整，还有一种情况就是员工没有和管理者进行很好的沟通或者管理者拒绝对员工的工作进行调整，这样双方的心理契约就会受到威胁，也就是问题升级，进入下一个阶段。

（5）共同期望破裂：如果关键选择点的问题不能得到有效的解决，组织和员工双方的共同期望就会破裂，双方都会产生模糊和不确定感，产生怨恨和焦虑。

（6）至关重要的抉择点：由于一些先前积累下来的矛盾冲突没有得到很好地解决，组织和员工双方的对立情绪不断发展，而且往往是由于出现了某个更为严峻的问题，组织与个体的心理契约处于一个存亡攸关的抉择点。如果在这个时候双方期望的冲突没有得到解决，心理契约就将会崩溃，没有任何挽回的余地。

在这个至关重要的抉择点，组织和个体双方面临着三种选择。第一种情况双方经过沟通了解了事情的本来面目，各自承担起对问题的责任，客观理智地解决问题，在原有的心理契约基础上形成新的心理契约。第二种情况双方被迫进行重新协商，重新沟通双方的期望，例如可能是在更高管理层的要求下进行的。第三种情况问题没有得到解决，双方带着怨恨终止了关系，例如员工离职。

3.1.2 激励-贡献模型

徐淑英（Anne Tsui）等人在 1997 年提出了一种新的描述员工与组织关系的理论模型。这种理论基于员工对组织所做出的贡献和组织用来获取员工贡献所做出的激励，将员工与组织的关系概括成四种形态。按照员工与组织之间贡献与激励的交换的平衡性程度，这四种关系形态中有两种表现的是员工与组织之间平衡的交换关系，另外两种表现的是员工与组织之间不平衡的交换关系。

1）平衡的交换关系

（1）“现货交易”式关系

员工与组织之间的关系基本是一种经济交换关系，即组织为员工提供短期的经济性的激励，员工为组织做出特定的贡献。在这种情况下，员工的职责和组织的报酬都有些清晰的界定，员工不必做出额外的贡献，组织也不用提供额外的回报。这种员工-组织关系被称为“现货交易（quasi spot contract）”式的关系。这种员工与组织关系主要适用于那些员工的贡献能够清晰地界定和衡量的工作，但是不适用于环境的不确定性比较高并且内容经常发生变化的工作。

（2）相互投资关系

由于工作变得越来越复杂，工作职责很难清晰界定，而且组织为了适应外部环境需要，对员工的工作内容也经常要进行一些调整。在这种情况下，员工与组织相互之间的责任和义务中有些内容没有清晰地界定，员工与组织之间的交换关系不是单纯的经济交换关系，而是经济交换和社会交换的结合。社会交换与经济交换不同的是，社会交换是一种非清晰界定的、更宽泛的、开放性的交换。在社会关系的条件下，组织为员工提供的报酬不仅仅是短期的金钱报酬，还包括一些内在激励以及对员工职业生涯的投资。而组织期望员工做出的贡献也超越了基本的工作职责，例如帮助初级员工、接受组织安排的工作调动、主动为部门或组织的利益着想等。这样的员工-组织关系被称为“相互投资（mutual investment）”关系。

2）不平衡的交换关系

（1）投资不足型关系

在这种雇佣关系下，组织期望员工承担广泛的长期的义务，但是组织并不对员工进行长期投资，例如在培训和职业生涯开发方面进行投资，而是仅仅采用短期的金钱的方式对员工进行回报。这种员工-组织关系被称为“投资不足型（underinvestment）”关系。这种雇佣关系通常是对雇主一方更为有利的，因为组织要求员工做出全身心的承诺，却不能对员工的发展做出足够的投入，而且保留了任意解雇员工的灵活性。

(2) 投资过度型关系

在某些组织中，组织仅仅期望员工完成界定清晰的工作任务，但是却为员工提供广泛长期的回报，例如对员工进行培训，或者做出提供职业发展机会的承诺。这种员工-组织关系被称为“投资过度型（overinvestment）”关系。这种雇佣关系似乎对员工一方更为有利，因为组织为他们提供工作的稳定性和培训发展机会，而他们只需要做好分内工作即可，无须做出额外的贡献。

不同的员工与组织关系可能会对员工在组织中的工作表现和态度产生不同的影响。例如，在现货交易式的关系中，员工仅仅将注意力集中在与报酬直接相关的界定清晰的工作任务上。现货交易式的员工与组织关系能够促使员工较好地完成分内的工作任务，但是不能激励他们主动做一些职责之外的事情。而在相互投资型关系下，员工则愿意为组织做出一些额外的工作贡献，比如说表现出组织公民行为。徐淑英等人的研究表明，在相互投资型和投资过度型的员工-组织关系下，员工的任务绩效、组织公民行为和组织承诺水平均高于在另外两种员工-组织关系下的表现。

3.1.3 个人-组织契合度

个人-组织契合度（person-organization fit）的概念主要是用来描述员工个人与整个组织的相容性程度（compatibility）。组织中的个人具有不同的个性特征，对环境有不同的偏好，而组织也具有不同的文化和气氛，个人与组织的契合主要就是指员工个人的特征或偏好与组织的文化和气氛是否相一致，也就是个体人格和组织人格之间是否协调一致。

1）个人-组织契合度理论的管理实践意义

从个人-组织契合度理论出发，在管理实践中有以下值得注意的问题：

(1) 不同类型的个体会被不同类型的组织所吸引。个体在寻找工作机会的时候会主动选择那些具有与自己的价值观和行为风格相一致的组织文化的组织。例如，一个组织具有较强的论资排辈的文化，而且为员工提供一种工作稳定感，另外一个组织则强调的是绩效导向的价值理念，根据竞争进行优胜劣汰。有的员工偏好第一种类型的组织，因为他们偏好这种较为稳定、风险较小的环境；而有的员工则偏好第二种类型的组织。因此，个体在选择工作机会时会尽可能的获取关于组织文化的信息，从而争取进入那些与自己在文化上有契合度的组织。

(2) 组织在选择新成员时所要考虑的一个重要因素也是该员工与组织在文化或价值观方面的契合度。实际上，大多数组织在招募和甄选新员工时都会将个人-组织契合度的问题考虑在内。招聘者不仅仅要考察职位候选人在工作能力、工作经验等方面与工作职位的相符合程度，而且更重要的是考察职位候选人是否与组织文化具有较高的契合度。选择那些个人-组织契合度高的员工，更容易使他们与现有的组织成员融合起来，也能更好地使他们的行动与组织的目标相统一。

(3) 个人-组织契合度对员工个人在组织中的态度和行为有重要影响。如果员工与组织之间具有较高的个人-组织契合度，那么员工往往倾向于具有更加积极的态度和行为。许多研究都表明，个人-组织契合度高的员工具有更高的工作满意度和组织承诺，他们表现出的组织公民行为也较多，而且离职的可能性更低。

（4）在一个组织中，个人-组织契合度并不是一成不变的，而是可以培养或改变的。一个员工刚刚加入一个组织时，并不一定具有很高的个人-组织契合度。而员工在组织社会化的过程中，不断了解组织文化，熟悉组织环境，个人-组织契合度不断提高。组织文化建设就是一种常用的培养个人-组织契合度的活动，在这种活动中员工了解和学习组织的价值观和行为方式。在有些情况下，个人-组织契合度也可能降低，例如，在组织变革的情况下，组织的文化发生变化，员工原有的价值观与组织中新的价值观不能很好地契合。

2）个人-组织契合度的测量

测量个人-组织契合度的方法通常是测量个人所偏好的价值观与组织价值观的一致性程度。最著名的个人-组织契合度的测量方法是由 O'Reilly 和 Chatman 开发的方法。该方法采用的是 Q 分类技术，将一些代表价值观的条目按照一定的模式进行分类。具体的操作方法是：共有 54 条代表价值观的条目，首先要求被调查者按照这些条目是否能够代表组织的价值观的程度，从最能代表组织的价值观到最不能代表组织的价值观分成 9 个类别，并保证每个类别依次有 2、4、6、9、12、9、6、4、2 个条目，也就是越是极端的情况条目越少；再采用同样的方法要求被调查者对这些条目是否能够代表自己的价值观的程度分成这 9 个类别；然后通过计算个人价值观与组织价值观的相关程度得出个人与组织的契合度。

3.2　员工在组织中的态度

3.2.1　工作满意度

1）工作满意度的概念

工作满意度（job satisfaction）是指个体对他所从事的工作的态度。洛克（E. Locke）把工作满意度定义为来自于个体对工作或者工作经历评估的一种快乐或积极的情绪状态。工作满意度通常被视为一个多维度的概念，因为一个人可能对工作的某些方面感到满意，而对另外一些方面感到不满意。

洛克通过对工作满意度的研究，提出工作满意度可以用表 3-1 的维度进行测量。

2）工作满意度对员工行为的影响

（1）工作满意度与工作绩效

波特与劳勒（L. W. Porter & E. Lawler）提出工作满意度与工作绩效之间的关系应该是：高工作绩效导致了高工作满意度。工作满意度与工作绩效的关系如图 3-3所示。

表 3-1 **工作满意度的维度**

维度名称	描　述
工作本身	工作是否有趣、工作的多样性、学习的机会、困难程度、工作量、对工作节奏和工作方法的控制等
报酬	数量、公平性、报酬方式等
晋升	晋升机会、公平性、晋升的标准等
认可	对工作成就的赞赏、得到的荣誉、批评等
福利	养老金、医疗保险、年假、带薪假期、伙食等
工作条件	工作时间、休息、设备、温度、湿度、通风性、地点、身体消耗等
上司	领导风格类型、技术水平、人际关系、管理技能等
同事	信任、友谊、帮助等
公司与管理	员工关系、薪酬福利政策等

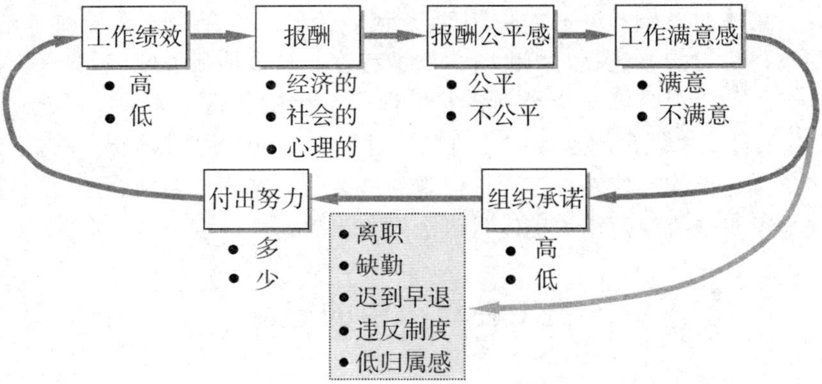

图 3-3　工作满意度与工作绩效的关系

从图 3-3 中可以看出，当个体做出高工作绩效时，往往会得到相应的报酬，这些报酬包括经济的（工资、奖金）、社会的（他人的尊重）和心理的（自信心的提高、自我满足感）。如果这些报酬是公平、公正的，即个体感到得到了自己应该得到的报酬，个体就会产生工作满意感。这种工作满意感会促使个体做出更高的组织承诺，在工作中付出更多的努力，因此会继续取得高绩效。相反，如果个体做出低工作绩效时，他得到的报酬也相对较少，这时如果他认为报酬不够公平，就会产生对工作的不满意，对工作的不满使他降低组织承诺水平，在工作中付出较少的努力，因此会继续取得低绩效。当员工对工作不满时，他往往会做出一些不符合组织期望的行为表现，例如，离职、旷工、违反公司的纪律等。

（2）工作满意度与消极行为

组织中的一些消极行为例如离职、缺勤、迟到、侵犯性行为等都与工作满意度有关。高工作满意度常常是与低离职率密切相联的。很显然，员工对目前的工作越满意，他就会越倾向于继续从事这份工作，较少可能离开这份工作去寻找新的工作机会。工作满意度低的员工往往有更高的缺勤率。图 3-4 中显示的是员工工作满意度与离职率和缺勤率的关系。

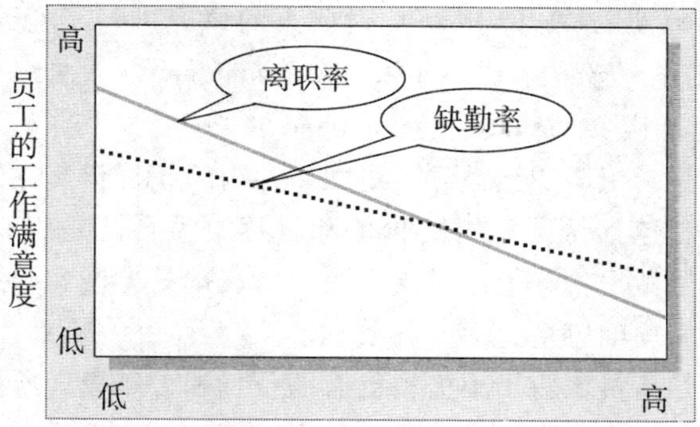

图 3-4　员工工作满意度与离职率和缺勤率的关系

从图 3-4 中可以看出，员工满意度水平与离职率之间的相关度更大一些，与缺勤率之间的相关度则不那么大，可能的原因就是即便是满意度高的员工，也不可避免地由于生理原因造成一些合理的缺勤。研究中发现，工作满意度低的员工更倾向于将公司中规定的带薪假期（带薪病假、带薪年假等）视作是自己应该享受的待遇，他们会想方设法利用这些假期。例如，有的公司里规定员工一年可以有 12 天的带薪病假，于是很多员工即使没有生病也趁机休假。因此有人认为带薪病假在一定程度上强化了员工撒谎称病的行为。现在有的公司已经采取措施强化员工不休病假或少休病假的行为，例如设立身体健康奖，奖励那些在一年或半年内没有休病假的员工，这样员工的出勤率大大提高了。

员工的迟到和早退也是工作满意度低的一种表现。迟到和早退从某种意义上讲，也是一种缺勤，只不过是一种短时间的缺勤，是一种退缩和缺乏投入的表现。这种态度和行为会使那些有时间限制的工作任务被耽搁，而且会影响组织中的工作关系和社会关系。

3.2.2　组织承诺

1）组织承诺的概念

组织承诺通常是指员工对组织及其目标的认同感，以及对组织的归属感。美国社会学家贝克（H. Becker）在 1960 年最早提出组织承诺的概念。他认为组织承诺是指员工随着对组织的“单方投入”的增加而产生的一种甘愿全身心地参加组织各项工作的感情。他的概念只是强调了物质利益方面的承诺。后来，组织行为学家布坎南（B. Buchanan）和波特（L. W. Porter）等人重新定义了组织承诺，更多强调了员工对组织的一种感情依赖。社会学家威纳（Y. Wiener）认为员工对组织的承诺完全是由于个人对组织的一种责任感，这实际上是一种“内化的行为规范”。组织承诺代表了员工对组织的忠诚度。高组织承诺意味着员工希望保持组织成员的身份；低组织承诺的员工则倾向于与组织隔离。

2）组织承诺的内容维度

（1）三因素模型

阿伦和梅耶（N. Allen & J. Meyer）对前人的研究进行了总结，提出组织承诺包含三种主要的成分：感情承诺（affective commitment）、继续承诺（continuance commitment）、规范承诺（normative commitment）。

①感情承诺：是指组织成员被卷入组织、参与组织社会交往的程度，是指个体对组织的积极情感，包括认同组织的价值和目标、为自己是组织的一员而感到自豪、愿意为组织利益做出牺牲等。员工对组织所表现的忠诚和为组织努力工作，主要是由于对组织有深厚的感情，而非物质利益。

②继续承诺：是指员工为了不失去已有的位置和多年投入所换来的福利待遇而不得不继续留在该组织内的一种承诺。这种承诺是建立在物质利益基础上的，具有浓厚交易色彩。员工进入一家组织，有着维持生活、发展自我等方面的期望和需要。员工通过为组织努力工作，这些需要得到满足，例如得到良好的报酬和退休金、掌握特定于该组织的技术和技巧、在组织中形成的人际关系和所具有的资历地位等。如果员工离职，所有这一切都将丧失，员工为了保持住这一切而愿意留在组织中。

③规范承诺：是指由于个体受长期社会规范和社会价值观的影响形成的社会责任而留在组织内的承诺。个体在社会化的过程中，不断地被灌输和强调这样一种观念或规范，即忠诚于组织是会得到赞赏和鼓励的一种恰当行为，以至于在个体内心中产生顺从这种规范的倾向。

（2）五因素模型

我国学者凌文辁、张治灿等人通过对中国企业员工的组织承诺进行研究，发现我国员工的组织承诺包括五方面内容，形成一个五因素模型（见表3-2）。

3）影响组织承诺形成与发展的因素

很多研究都表明以下一些因素可能会影响组织承诺的形成与发展：

（1）员工期望的满足：当员工进入组织后的工作经历与他们进入组织前的期望相匹配时，员工对组织具有更高的承诺。很多研究者都认为，员工进入组织的最初一段时间是组织承诺形成发展最重要的时期。在这一时期，员工希望从组织中得到的和组织实际可提供的越匹配，他们就会越满意，也就会在后来形成越高的组织承诺。另外，员工从组织中得到更多的工资报酬、地位和晋升的机会等，也会使他们有更高的组织承诺。

（2）愉快的工作经历：大量研究证明，组织承诺和员工在组织中积极、愉快的工作经历有关。如果员工在组织中有较多愉快的工作经历，例如受到老板的表扬、获得奖金、与同事形成融洽的关系等，这些经历都有可能使员工产生对组织的情感依附。反之，如果员工在组织中的工作经历不愉快，他们就不会形成高的组织承诺，而是倾向于与组织分离。人们也常常会根据他们是否受到公平的待遇，或组织对员工的福利是否关心来评估他们的工作经历。因此，组织中的公平性和支持性是影响组织承诺产生的重要原因。

表 3-2　　　　　　　　　**我国员工组织承诺的五因素模型**

因素	包含内容	影响因素
感情承诺	• 对组织认同，感情深厚 • 愿意为组织的生存与发展做出贡献，甚至不计较报酬 • 在任何诱惑下都不会离职跳槽	• 对领导的信任度 • 来自组织的生活支持 • 领导的团体维系行为 • 组织的可依赖性
理想承诺	• 重视个人的成长，追求理想的实现 • 关注个人的专长在该组织中能否得到发挥 • 组织能否提供各项工作条件和学习提高及晋升机会，以利于实现理想	• 员工的社会公平交换水平 • 员工对同事的满意程度 • 员工所处团体的集体工作精神
规范承诺	• 对组织的态度和行为表现均以社会规范、职业道德为准则 • 对组织有责任感，对工作、对组织尽自己应尽的责任和义务	• 对领导的信任度 • 来自组织的工作支持 • 受教育程度 • 职位 • 领导的工作导向行为 • 晋升制度 • 对工作的满意度
经济承诺	• 因担心离开组织会蒙受经济损失，所以才留在该单位	• 工龄 • 对领导的信任度 • 员工的社会公平交换水平
机会承诺	• 留在这个组织的根本原因是找不到其他更满意的组织 • 因自己技术水平低，没有另找工作的机会	• 对报酬的满意度 • 来自组织的生活支持 • 组织的可依赖性 • 员工的社会公平交换水平 • 对组织的总体满意度 • 受教育程度 • 年龄 • 改行的可能性

(3) 员工在组织中投入的多少：一般来说，员工在组织中投入的时间和精力越多，对组织的承诺就越高，因此，工作年限长的员工倾向于有更高的组织承诺。

4) 职业承诺与组织承诺

近 20 年来，出现了一个与组织承诺有关的概念——职业承诺（professional commitment)。职业承诺或者叫专业承诺是指由于个体对特定职业或专业的认同和情感依赖、对职业或专业的投入和对社会规范的内化而导致的不愿变更职业或专业的程度。简单的理解，职业承诺表示的是一个人对职业的忠诚，组织承诺表示的是一个人对组织的忠诚。

职业承诺和组织承诺有时是一致的。当某个组织能够提供员工所需的职业发展条件的时候，职业承诺与组织承诺通常表现为一致。例如，某个员工对于软件工程师这个职业有强烈的偏好，他有着很高的职业承诺，而在一家公司里他可以得到非常好的从事这种职业的条件，例如最先进的电脑和工具、宽松的鼓励创造力的环境等，因此他对这家公司形成了很高的组织承诺，他的职业承诺和组织承诺就表现出一致性。但在有的情况下，在某个组织环境中并不能为一个人提供从事某种职业的最好的条件，这时高职业承诺的人可能就会有较低的组织承诺，倾向于离开这个组织去寻找更适合自己职业发展的环境。

在一个组织中，个体在职业承诺和组织承诺上表现出不同的特点。有的个体职业承诺很高，而组织承诺较低；有的个体职业承诺较低，而组织承诺较高。这在个体对外表述自己身份的方式上就有一定的体现。例如，一个员工习惯于说："我是一名软件工程师。"这个员工的职业承诺比较高。另一个员工可能习惯于说："我是微软的员工。"这个员工的组织承诺比较高。那么，作为组织的管理者，到底应该鼓励较高的职业承诺，还是较高的组织承诺呢？职业承诺高的员工喜欢钻研一定的专业工作，通常会在某个专业领域中为组织做出突出的贡献，他们会在这个专业领域中做出超出领导期望的结果，主动做一些未做要求的工作，常常有创造性的成果；但是他们可能对那些与自己的职业兴趣无关的事物不感兴趣，不愿承担组织中非专业性的工作，并且一旦组织环境不能满足他们的职业发展需要，或者发现更好的职业发展机会时，他们会离开组织。而组织承诺高的员工会积极承担组织中的工作，无论是否符合自己的职业兴趣，他们对组织很忠诚，不愿离开组织，他们虽然也很敬业，但是专业工作领域所做出的贡献和创造性成就往往不如职业承诺高的员工。这显然为管理者提出了一个两难的问题。比较适宜的办法可能是识别出不同员工的职业承诺和组织承诺特点，分别对待。关于职业承诺目前的研究还不是很多，特别是在国内，因此很多问题还有待于进一步探讨。

3.2.3 组织公平感

1）组织公平感的概念与维度结构

组织公平感（organizational justice）是组织中的个体对组织中的制度、政策和管理活动的公平性的感知。组织中的公平有两层含义：一方面是客观的公平状态，组织会采取各种管理制度和管理措施尽可能地维护公平；另一方面是每个人主观感受到的公平，对于同样的管理制度或措施有的人会感到比较公平，而有的人则会感到不那么公平。在组织行为学中，更重要的是主观感受到的公平。目前，组织公平感的研究主要关注的是三方面的公平感，即分配公平、程序公平和互动公平。

（1）分配公平（distributive justice）。分配公平也叫做结果公平，主要指的是人们对组织中的资源分配的结果的公平性的感知。人们对分配的结果是否公平的感知包括两个方面：一方面是自己所得到的收益与自己的付出相比是否合理，另一方面是自己的收益与其他人相比是否公平。

（2）程序公平（procedural justice）。程序公平主要是指人们对组织中分配资源时所采用的程序或过程是否公平的感受。Leventhal 提出了程序公平的六个标准：①一致性规则，即分配程序对不同的人或在不同的时间应该维持一致性；②避免偏见规则，即在分配过程中应该摒弃个人的私利和偏见；③准确性规则，即决策应该依据正确的信息；④可修正规则，即决策应该有可修正的机会；⑤代表性规则，即分配程序能代表各类相关人员的利益；⑥道德与伦理规则，即分配程序必须符合一般能够接受的道德与伦理标准。

（3）互动公平（interactional justice）。互动公平主要是指人们对在组织中执行一些程序或开展管理活动时，人际处理的方式是否公平的感知。互动公平又被划分为人际公平和信息公平。人际公平是指在执行程序或决定分配结果时，领导者或上司对下属是否尊重，是否考虑到对方的尊严等。信息公平指的是执行程序时是否给当事人传达了应有的信息，即给当事人提供一些解释，如为什么要采用某种形式的程序或为什么要用特定的方式分配结果。

2）组织公平感对员工心理行为的影响

组织公平感近年来成为组织行为学研究者关注的一个重要课题。研究者们发现组织公平感与一些主要的员工心理行为变量之间具有密切的相关性。

（1）组织公平感与工作满意度。组织公平感与总体的工作满意度、对薪酬的满意度、对晋升的满意度等具有较强的关系。

（2）组织公平感与组织承诺。组织公平感与情感承诺之间的关系比较密切，因为如果员工认为自己在组织中受到了公平的待遇，那么他们更倾向于认同自己的组织并以组织的目标作为自己的目标。

（3）组织公平感与信任。与公平的感知密切相联的一个结果就是信任。在分配方面、程序方面和互动方面的公平感，容易使员工产生对组织和对主管的信任，而缺少公平感则会造成缺乏信任。

（4）组织公平感与组织公民行为。组织公平感对员工行为的重要影响就是对组织公民行为的影响。一般认为，具有较高组织公平感的员工更愿意为组织做出超越基本工作职责的额外努力。

（5）组织公平感与消极行为。缺乏组织公平感的员工往往容易表现出一些消极的行为，例如缺勤、离职、迟到、早退甚至一些破坏性的行为。

3.2.4　组织支持感知

1）组织支持感知的概念

组织支持感知（perceived organizational support）是组织支持理论中的重要概念。组织支持感知是员工对于组织重视其贡献和关心其幸福感的一般感受。

组织支持理论和组织支持感知的概念是 20 世纪 80 年代由 Eisenberger 提出的，

其理论基础是社会交换理论。按照社会交换理论的观点，当一个人善待另一个人的时候，根据互惠的原则，他也期望得到另一个人的善待。这种思想在组织与员工之间也是同样适用的。员工通过自己的贡献和忠诚换取组织提供给自己的利益和认可。当员工感知到组织对自己的关心和支持时，他们会做出一些积极的工作表现进行回报。对于员工来说，他们在这种社会交换中得到了积极的情绪体验和满足感；对于组织来说，它们在这种社会交换中得到了员工的忠诚和贡献。组织支持感知概念的意义在于强调组织对员工的关心和支持是对员工重要的激励因素。组织支持理论认为员工对组织赋予了人性化的特征，根据组织重视他们贡献和关心他们利益的程度表现出他们对组织不同程度的承诺、忠诚和绩效。

2）组织支持感知的影响因素

研究表明，组织支持感知主要受到三方面因素影响：组织公平感（特别是程序公平）、来自上司的支持、来自组织的认可和工作条件。

（1）组织公平感。程序公平主要是对组织中政策、制度和资源分配程序等的公平性的感知。员工往往通过对具体的管理过程例如薪资调整、职位晋升等体验到公平感，而这种公平感则形成了员工对组织支持的感知。组织通过在制定决策时让员工参与以及广泛吸取员工的意见和建议，从而让员工感知到程序的公平性，也就是让员工感知到组织对自己的重视和支持。互动公平也对员工的组织支持感知有很大影响。互动公平的感知使员工感受到在人际交往中受到尊重，有尊严感，从而提高了组织支持感知。

（2）来自上司的支持。组织支持理论对组织进行了拟人化的比喻，事实上，组织对员工的关心和支持是通过组织中的人来实现的。上司是组织的代理人，有责任指导和评估下属的表现，并且传递组织中的政策，员工对于组织是否关心和支持自己的感受往往是通过上司的行为体现出来的，因此来自上司的支持是组织支持感知的重要来源。

（3）来自组织的认可和工作条件。员工对组织支持感知的另一个重要来源是组织对自己的工作成就是否认可以及是否为自己提供了具有支持性的工作条件。研究中发现的对组织支持感知有影响的工作条件主要包括：①工作自主性：员工在工作中能够自己决定工作方式方法，有作决策的自由度，这样能够让员工感受到自己受到重视；②工作认可：员工在工作中的成就和好的表现是否能够得到及时的认可，会使员工感受到组织是否关心自己；③工作保障：特别是在失业率比较高的时期，组织为员工提供工作的稳定性能够提高他们的组织支持感知；④组织规模：在那些等级森严的大型企业中，每个人受到关注的程度有所下降，员工感觉到自己像一颗渺小的螺丝钉一样，这样的感受会降低员工的组织支持感知。

3.3 组织社会化

在员工与组织的关系中，一个很重要的问题就是员工是否能够有效地融入组织当中。因此，组织不仅要通过有效的招聘选拔手段选择适合的人选，而且要使员工从“组织外的人”发展成为真正意义上的“组织内的人”，其中最重要的就是员工要与组织的文化和价值观相融合。这就是组织社会化（organizational socialization）所要解决的问题。有的员工在组织中工作很长时间了，仍然与组织貌合神离，格格不入，其原因就是没能很好地完成组织社会化。

3.3.1　组织社会化的基本含义

组织社会化指的是员工学会组织中的价值观、规范和行为方式，从而成为真正的组织成员的过程。在组织社会化过程中，新员工获取作为组织成员所需的任务知识、社会知识和行为。组织社会化也是员工适应组织环境和工作角色的一种调试过程。组织社会化不仅针对新员工或者刚刚开始职业生涯的员工，员工在组织内部转换工作角色时也需要进行社会化过程，如发生组织变革或职位变化的情况。

组织社会化实质是员工个体融入组织内部的过程。此过程中个人与组织发生一系列交互影响，结果通常是员工个人调节自己的期望、价值观和行为方式，逐渐适应组织文化和氛围，内化组织的价值取向和目标。这个过程对于组织和个人都是至关重要的。组织通过对其中的成员进行社会化，使得组织文化得以传递，而个人则通过组织社会化有效适应环境，获得职业生涯的发展。

3.3.2　组织社会化的内容

Morrison 认为员工组织社会化的内容主要包括四个方面，即工作掌握、角色澄清、文化调适和社会整合。这四个方面包含了员工在组织生活中的主要内容，新进组织的员工必须要学习掌握工作所需的技能以胜任工作，还要弄清楚自己在组织中的角色，要调整自己的行为方式以适应组织文化的需要，此外还要与组织中其他成员建立适当的社会关系，这样才表明员工真正融入组织。

Chao 等人建立和验证的组织社会化六因素模型是引起最多关注的关于员工组织社会化内容的模型。这六个维度包括工作掌握、人的方面、政治方面、组织内语言、组织目标和价值观、组织历史。

（1）工作掌握主要指员工学习和掌握工作所需的知识、技能和能力。

（2）人的方面主要是指新员工与组织中其他成员建立成功和满意的人际关系。研究表明是否能从组织中找到合适的人并与之学习有关组织、工作群体和工作的信息对于成功的社会化非常重要。

（3）政治方面的社会化是指员工成功地获取关于组织中正式和非正式的工作关系以及权力结构的信息。

（4）组织内语言的社会化是指员工掌握组织中所特有的专业技术语言和约定俗成的简称、俚语等。只有掌握了组织中所特有的语言，才能够与组织中其他成员有效地交流。

（5）组织的目标和价值观方面的社会化主要指员工学习组织中的目标和价值

观，特别是了解那些没有写在书面上的隐含的目标和价值观。

（6）组织历史的社会化是指员工获取关于组织的传统、风俗、仪式和特殊人物背景的信息，从而建立适宜的行为方式。

3.3.3 组织社会化的组织策略

组织社会化的组织策略主要是指组织采取某些策略和方法来促进员工的社会化进程，使员工从组织外部的个体发展成组织所期望的角色。Jones 将组织社会化的组织策略归纳为三个类别的六个两极化的维度，见表 3-3。

表 3-3 组织社会化的组织策略分类

类别	制度化的	个体化的
情境相关的	集体的	个别的
	正式的	非正式的
内容相关的	固定的	变动的
	有序的	随机的
社会相关的	系列的	分散的
	保留的	剥夺的

情境相关的（context-related）组织社会化策略是指组织为员工的社会化过程提供了怎样的环境条件，包括两个维度：集体/个别（collective-individual）维度和正式/非正式（formal-informal）维度。集体/个别维度是指组织是将新员工集中到一起进行统一的培训或教育使他们获取共同的经验，还是对他们分别进行不同的培训或教育使每个员工获得独特的经验。正式/非正式维度是指在新员工社会化的过程中是将他们与其他有经验的员工分开，还是让他们与其他有经验的员工一起工作。正式的组织社会化策略往往是为新员工提供一套专门的培训课程，在工作岗位之外的情境中进行社会化；而非正式的组织社会化策略则没有专门的培训课程，让员工直接在工作岗位上熟悉工作环境以适应组织。

内容相关的（content-related）组织社会化策略是指组织为员工的社会化过程提供了怎样的内容，包括两个维度：固定/变动（fixed-variable）维度和有序/随机（sequential-random）维度。固定/变动维度是指组织是否为员工制定了社会化过程的明确的时间表。有序/随机维度是指组织是否为员工提供了一系列明确的社会化步骤，使员工知道在什么阶段应该完成怎样的社会化内容。

社会相关的（social-related）组织社会化策略是指组织所采取的社会化策略在人际或社会心理层面上有所不同，包括两个维度：系列/分散（serial-disjuctive）维度和保留/剥夺（investiture-divestiture）维度。系列的社会化策略主要是指员工由组织中有经验者伴随完成社会化过程；分散的社会化策略则是员工在没有他人带领的情况下独自探索完成社会化过程。保留的社会化策略是指认可员工原有的个性特征和行为方式而不是一味要求员工做出改变；剥夺的社会化策略则是指组织试图将员工原有的个性特征和行为方式去除掉而形成目前组织所需要的新的态度和行为方式。

所有这六个组织社会化策略的维度都是两极化的，即制度化（institutionalized）和个体化（individualized）这两极。其中集体、正式、固定、有序、系列和保留的策略代表的是制度化的策略，个别、非正式、变动、随机、分散和剥夺的策略代表的是个体化的策略。总的来说，采取制度化的组织社会化策略的组织倾向于对新员工进行集体的导向活动，提供确定的职业发展序列，通过有经验的老员工以角色榜样的形式加以引导，为新员工提供人际支持和接纳，从而使他们理解和接受组织的价值观；而采取个体化的组织社会化策略的组织则倾向于对员工进行个别引导，提供可变的职业发展进程，给员工施加压力使他们改变自我，从而培养出有创造力的、较少安于现状的员工。组织所采用的每一项具体的组织社会化措施可能是介于这两极之间的某种形式，而且通过六个维度的不同组合形成每个组织特有的社会化策略特点。

3.3.4　组织社会化的个人策略

组织社会化的个人策略，或者叫新员工的组织社会化策略，是指在新员工社会化过程中，积极主动地采取一些策略使自己尽快融入组织，获得组织成员的认同，成为组织中的一员。组织社会化的个人策略是一个主动的过程，而不是仅仅对组织社会化的组织策略做出被动的反应。组织社会化的个人策略主要包括下列一些形式：

（1）反馈和信息搜集。员工在社会化过程中，为了降低环境的不确定性，通常采用的积极主动的应对方式就是获取更多的信息。信息搜集也是在组织社会化的个人策略中被研究得最多的方面。员工所要搜集的信息包括组织性信息、技术性信息、行为规范、社会性信息、政治性信息等多种形式的信息。信息搜集的方式主要包括从反馈中搜集信息、从技术来源搜集信息、从同事处搜集信息和从上级处搜集信息。

（2）关系构建。关系构建主要指新员工与组织中同事、上级和导师建立非正式的关系，这是员工成功实现社会化的一种重要方式。这些关系能够帮助新员工获取信息、建议和社会支持以及缓解工作压力，得到技能和角色行为的指导，从而有助于新员工的社会化进程。

（3）非正式的导师关系。这主要是指新员工主动与组织中其他有经验的员工形成非正式的导师关系。这种非正式的导师关系与组织通过制度形式使员工建立起的正式的导师关系有所不同。员工从非正式的导师那里更能够根据自己的需要获得工作或职业上的指导，从某种意义上来讲，可能比从正式的导师关系那里获取的益处更多。

（4）工作改变谈判。这是员工在组织社会化过程中增加控制感和降低不确定感的一种方式。员工通常采用积极主动的行动改变工作职责或者开展工作的方式方法。例如，新员工通常喜欢做那些容易产生业绩并且有较多发展机会的工作。从这样的工作出发，新员工容易获得积极的工作体验，从而更好地适应新组织中的生活。

(5) 积极构想。这是员工的组织社会化的一种认知导向的手段。员工在新的、不确定的、有压力的环境中，进行积极的心理调节，努力控制对各种情境的认知和解释，从而提高自信心和自我效能感。

(6) 参与工作相关的活动。新员工通过参与一些职责范围之外的工作相关活动，能够了解更多的与组织有关的信息，并且有更多的与组织中其他成员交往的机会，有利于员工的社会化。

(7) 行为的自我管理。行为的自我管理指的是新员工采用某些行为或策略来提高绩效和增进学习效果。员工的行为自我管理包括四种方式，即自我观察、目标设定、自我奖励和惩罚以及工作预演，研究结果表明这些行为自我管理方法有助于减少新员工的早期焦虑。

(8) 观察和模仿。这是一种基于社会学习理论的社会化策略。员工通过观察和模仿其他人的正确行为得到学习而实现社会化。研究表明，观察与模仿是员工普遍采用的一种主动的掌握组织所需的知识、技能和行为方式的过程。

3.4 组织公民行为

在管理实践中常常会发现这样一些员工的行为：当面临不理想甚至是艰苦的工作环境条件时，有的员工从不抱怨，依然保持积极的工作情绪和高质量的工作产出；有的员工主动承担自己工作职责之外的工作内容，为他人的工作提供便利和帮助；有的员工能主动发现当前工作中的问题，积极提出创造性的想法和改进建议。员工的这些行为有一些共同的特点，即这些行为是员工自愿做出的，没有任何正式的规定强制他们这样做，而他们这些行为带来的则是对组织有益的结果。组织行为学家将类似这样的一些行为称为组织公民行为（organizational citizenship behavior）。

3.4.1 组织公民行为的概念

著名管理学家卡兹和卡恩（Katz & Kahn）曾经提出有效运作的组织需要组织成员做出下列三种行为：①留任在组织中；②可靠地完成角色要求的职责；③做出角色要求之外的创新的和主动的行为。员工忠诚于组织，愿意留任在组织中，这对组织的持续稳定运作固然是有益的，因此研究者和实践工作者都关注员工离职的问题，把离职当作一种负面的现象。但是，员工仅仅留任而没有为组织做出贡献，这是远远不够的，人们还很关心员工是否履行了角色要求的职责，因此目前的人力资源管理活动中工作分析、绩效评估等都主要关注的是上述的第二种行为。如果组织只依靠其成员的前两种行为运作的话，这个组织将是一个脆弱的社会系统，一个有效的组织必然需要第三种行为。

20 世纪 80 年代，美国印第安纳大学的 Organ 教授等人基于上述的第三种行为提出了“组织公民行为”的概念。组织公民行为是指组织成员自愿做出的行为，这些行为没有得到正式的报酬系统直接而明确的认可，但从整体上有助于提高组织的效能。如果一个员工能够可靠地完成角色要求的职责，那么他应该是一名合格的员工。而组织中的明星员工是那些不仅完成了角色内的工作，而且还做出了角色要求之外的有益于组织的事情的员工，他们为组织所创造的价值超出了组织对他们的要求。

理解组织公民行为的概念应强调三方面含义：第一，“自愿的”，是指组织公民行为不是由个体的角色或工作描述所强制要求的，通常不做出这样的行为也不会受到惩罚。第二，没有得到组织中正式的报酬系统直接或明确的回报，Organ 认为个体在工作职责范围内的任务上出色的表现不算作组织公民行为，例如销售员取得高的销售额，邮件投递员取得高的准确率和及时送达率，都不在组织公民行为的范畴内，因为这些行为能够得到正式的报酬系统直接明确的回报。尽管组织公民行为并非永远得不到回报，一个组织成员长期稳定地表现出某些组织公民行为会决定其留给上司或同事的印象，从而会影响加薪或晋升等报酬决策，但是这种回报并没有得到正式的合同、政策、程序等的保证，从本质上讲是一种具有可能性的、不确定的回报。第三，从总体上提升了组织的有效运作，是指在一个群体或组织当中，个体的组织公民行为跨时间的累积或者多个个体的组织公民行为的累计有助于提升组织的整体绩效，而单独的一次性的组织公民行为很难对组织的整体绩效产生较大的影响。因此，这也是组织公民行为的一个特点，单个的行为作用可能是微乎其微的，但是行为的总和却可以产生很大的作用。

3.4.2 组织公民行为的维度

Organ 等人最早提出的是组织公民行为的二因素模型，一个因素是利他（altruism），指的是直接帮助面对面情景下的他人，包括帮助缺席的同事、自愿做一些未被要求的事情、帮助新人适应环境、帮助任务负担重的同事等；另一个因素是遵从（generalized compliance），主要指遵守“好员工”的行为规范，例如守时、不无故缺勤、避免工作时间闲聊等。Organ 后来又将这个模型发展成五因素模型：①利他（altruism），主要是指助人行为；②责任感（conscientiousness），类似于早期提出的“遵从”维度，但是“遵从”带有更多的服从权威色彩，不能完全体现出自觉自愿的行为，责任感主要指员工超越最低工作要求的尽职尽责行为，例如守时、坚持出勤、保持工作场所整洁、节省资源等；③运动员精神（sportsmanship），主要是指在非理想化的工作环境中不抱怨，仍然保持积极的态度，为团体利益牺牲一些个人的兴趣和喜好；④善意知会（courtesy），主要是指将可能发生的对工作造成不利影响的因素善意地告知相关的同事或上司，避免灾难和损失的发生；⑤公民美德（civic virtue），主要是指有责任感地参与组织中的“政治”生活，例如参加一些非强制性的会议了解组织的相关信息，关心并参与组织中的活动等。

经过十余年的研究，不同的研究者提出了大约30种不同形式的组织公民行为，Podsakoff（2000）在一个元分析中将这些行为归纳为7个类别。①助人行为（helping behavior）：自愿帮助他人解决或者预防工作中的问题。包括Altruism和Courtesy，几乎所有的组织公民行为研究者都会涉及这个领域。②运动员精神（sportsmanship）：包括对不便环境的宽容，还应包括在事情没有按照自己的意愿发展时或当别人没有接纳自己的建议或者自己的意见被拒绝时保持积极的态度，为群体利益牺牲个人利益等。③组织忠诚（organizational loyalty）：主要指向外界传播组织的声誉，当组织受到外部威胁时捍卫组织的利益，在不利的条件下保持对组织的承诺。④组织服从（organizational compliance）：对组织中的规则、程序的内化和接纳，在无人监督的情况下也自觉遵守。⑤个体主动性（individual initiative）：在工作任务上自觉地达到远超出最低标准的水平，包括自觉表现出创造性的行为，表现出格外高度的热情和努力，自觉承担额外的工作责任，并鼓励组织中他人也这样做。⑥公民美德（civic virtue）：对组织整体的责任感，表现出参与组织管理活动的意愿，例如参加会议、发表对组织政策方针的意见，监控环境中的机遇和威胁，例如跟踪可能影响组织的行业信息，为组织的利益保持警惕等。⑦自我发展（self development）：自觉提升自己的知识、技能、能力，如主动寻找和参加培训课程，拓展和更新自己领域的知识，学习新的技能，以增加对组织的贡献。

华人学者樊景立（Farh）教授等人在研究中还发现了中国文化背景下组织公民行为的特有的表现形式，如维护人际和谐、保护和节约公司资源、参与社会公益活动等。他们还将组织公民行为多种表现形式按照其发生的不同层面构建成一个同心圆状模型，如图3-5所示。

3.4.3 组织公民行为的作用

Podsakoff等人将组织公民行为对组织有效运行的作用总结为以下几方面：

（1）组织公民行为充当了组织运行的润滑剂，减少人际矛盾冲突。例如，利他和助人行为就起到了这方面作用，主动为他人提供方便，帮助他人，维护人际和谐，从而保证了工作关系的顺畅。

（2）能提升同事和管理者的生产力。例如，通过帮助有困难的同事就提高了同事的生产力；另外，员工主动协调人际关系、主动承担工作，减少管理者在冲突协调、工作分派方面耗费不必要的精力，从而使管理者的精力能够放在更重要的事情上；员工积极为工作献计献策也更有利于管理者工作的开展。

（3）自愿合作行为能使组织更有效率地利用资源，减少不必要的资源争夺，特别是能更有效地利用稀缺资源。

（4）促进团队成员之间以及跨团队的工作协调。组织公民行为的一个核心特点就是组织成员能够从组织的大局出发考虑问题，这样会使组织中的群体利益和个体利益都得到有效的协调。

（5）通过创造一个使人更加愉快工作的环境，从而吸引和保留高素质的员工。

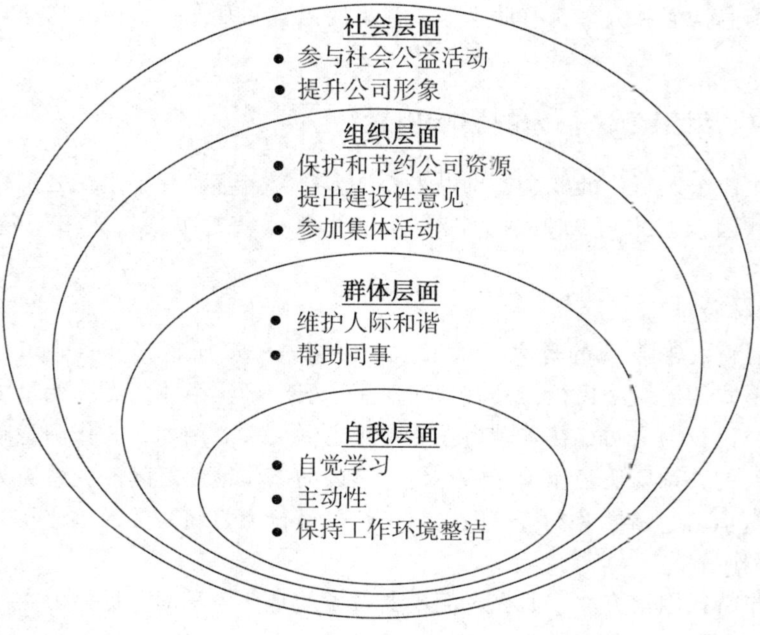

图 3-5　组织公民行为的同心圆状模型

组织成员做出较多组织公民行为的环境是一个充满互相合作、互相支持的环境，这样的环境一定是一个非常适合工作的有吸引力的环境。

（6）提升组织绩效的稳定性。例如，组织成员在任何时候，包括组织面临困难和危机的时候，都能够全身心地投入，这样会减少导致绩效波动的可能性。

（7）增强对环境变化的适应能力。环境变化过程中伴随组织转型带来的职责真空很快被组织公民行为所弥补。

Bolino 教授在 2002 年提出一个新的理论观点，认为组织公民行为有助于创造组织的社会资本（social capital）。社会资本是嵌入在社会结构中的资源，是通过人与人之间的密切关系体现出来的。社会资本可以划分为结构维度、关系维度和认知维度这三个维度。结构维度主要指的是群体中人与人之间相互联系的程度；关系维度主要指群体中人际关系的质量，即人与人之间是否相互信任、喜欢的程度等；认知维度主要指群体成员拥有共享观念的程度，例如是否有共同的价值观、是否有共同语言等。研究者们认为社会资本能有效地解决组织中的协调问题，降低组织中的交易成本，促进组织成员之间的信息沟通，因此是一种对组织有价值的资本。而组织公民行为有可能在上述三个维度上增加组织的社会资本，例如，员工积极参加组织中的活动就是一种组织公民行为的表现，通过参加组织中的各种活动使得在原有的工作关系中很少联络的组织成员之间形成新的网络链接，从而使整个组织形成更密切的网络关系，这样也就增加了社会资本的结构维度；通过员工忠诚于组织的行为、积极参加组织活动的行为以及助人利他的行为，增加了人际之间相互喜爱、信任和认同，即增加了社会资本的关系维度；通过员工积极提出建设性意见等行为进行充分的信息沟通和分享，有助于形成共享的语言和观念，从而增加社会资本的认知维度。

3.4.4 组织公民行为的影响因素

自从组织公民行为的概念提出以来，许多研究者都研究了组织公民行为的影响因素。这些因素基本可以归纳为四类：个体特征、工作特征、组织特征、领导特征。

1）个体特征

研究者们普遍发现的是大五人格中的因素——责任感（conscientiousness）因素对某些形式的组织公民行为具有预测作用。研究证实个体的态度变量中有一些变量与组织公民行为之间存在着较为强烈和稳定的关系。例如，工作满意感与组织公民行为之间的关系要比工作满意感与角色之内的工作绩效之间的关系更为强烈。公平感、组织承诺、领导者支持等因素与组织公民行为之间的关系也比较强烈。

2）工作特征

在工作特征因素方面，研究者们主要发现的是任务反馈、提供内在满意感的工作任务与组织公民行为之间存在正向关系，工作任务的重复单调性与组织公民行为之间存在负向关系。

3）组织特征

有研究表明，组织凝聚力与组织公民行为之间存在正向关系。此外员工感知到工作情境中具有符合社会期望的价值观以及激励性的工作特性与组织公民行为之间存在正向关系，这些组织价值观包括尊重员工、注重质量、提倡参与、鼓励创新和重视合作。

4）领导特征

支持型领导、变革型领导特征与组织公民行为之间存在正向关系。此外，领导-下属交换（leader-member exchange，LMX）也与组织公民行为存在相关关系。领导者的率先垂范作用对下属的组织公民行为表现也十分重要。

个案分析

现代城跳槽事件

“现代城的4个销售副总监被高薪挖跑了！”1999年8月20日，潘石屹领导的现代城包括4位销售副总监在内的36名销售人员被邓智仁领导的中国第一商城挖走，由于现代城项目在北京房地产业界的影响很大，因此这件事也就引起了普遍关注。

中国第一商城已经成为现代城的第一号竞争对手是不争的事实。首先，中国第一商城距离现代城极近；其次，两者的总面积相似（中国第一商城50万平方米，现代城40万平方米）；最后，价格和客户定位基本相同。所以，可以推断，现代城现有的客户群对中国第一商城是非常有吸引力的。而房地产销售人员的价值很大程度上就在于他们可以将自己的客户带入到新公司中来。

现代城给予销售人员的佣金并不低，为什么会有这么多员工跳槽呢？

原现代城销售部副总监李彦荣是 36 名跳槽员工之一，她说："现代城管理采用硬性淘汰制，6 名销售副总监每 3 个月就必须淘汰掉一名，哪怕最后一名的销售业绩与倒数第二名只相差一分钱。普通销售人员每 3 个月必须卖掉 6 套房子，做不到的也会被开除。这种做法使员工精神处于高度紧张状态，逼得大家不得不考虑如果哪天被公司炒掉，自己的工作问题怎么解决。在这种情况下，别的公司的招聘我们当然会考虑。"原现代城副总监徐丹说："跟着潘总（潘石屹）很累，很多问题总要自己想，有一种从里到外都被榨干的感觉，而跟着邓总（邓智仁）很轻松，因为他在销售的不同阶段总有一些让人叫绝的好主意，下面的人只要照着去做就行了。"

然而，潘石屹则有着自己的看法："当然这个制度可能有不完善的地方，但是不能否认这个制度的大的方向是正确的，我们的每一个项目、我们的分配制度都是按照市场的要求来做的，我们走掉的这 4 个销售副总监有 2 个干的时间长一点，另外 2 个却是刚刚从销售人员的岗位上提上来的，他们也是得益于这个制度。你说这个副总监算得了多大的官，就这么一个小的官都不愿意干下去的话，那说明心理承受能力太有限了。"

在"哗变"之前，现代城的销售副总监除了负责管理手下六七名销售员的销售任务外，还有招聘本部门销售员的权力。据介绍，由于过去招聘方式上的原因，销售副总监所招聘的销售员多是其亲朋好友，裙带关系复杂。这也就不难解释为什么跳槽的 4 位销售副总监能把手底下的销售员带走，号召力就在于此。"这种制度等于在公司与销售员之间制造了一堵墙，销售副总监在其中起了管理层无法控制的作用。"现代城董事张欣认为这一制度必须改进。在后来的招聘工作中，现代城已经采取了整体招聘、整体培训的新办法。除此之外，管理层还考虑在销售部门实行轮换制，不论经理还是员工，都要定期在部门之间进行流动，以保证部门之间的开放性，增强团队精神。

对于相对严格的末位淘汰制度，张欣认为并没有错。压力、竞争使现代城的销售额已达到 13 亿元人民币。很多房地产公司的销售员都承受着没有业绩、没有高薪的压力。社会上也有很多人承受着失业、贫困的压力。在现代城工作的压力中，本身就有希望，员工在这种压力中受益。一个在现代城工作不满一年的员工，到了其他公司就会变成"大拿"，他们的身价和压力是成正比的。

"跳槽人员中有的现在年薪达到 50 万元，难道他不该感谢这个制度吗？"张欣言语中略带一丝困惑。现代城的管理层意识到，销售副总监与销售员之间的淘汰与晋升对于员工的心理压力和落差可能过大，考虑在这两级之间增加一个高级销售员的职位。不知道这一改革是只治标还是能治本。

与一些企业充满人情、理念，甚至是很难揣摩的企业文化相比，现代城的企业文化似乎过于理性而简单。"专业化就是我们的企业文化"，张欣只补充了一句，

"在我们这里，不相信关系，不相信权威，只相信专业化和市场化"。

现代城的员工平均年龄在35岁以下，是一个年轻化的集体。相对来说受教育程度比较好，尤其是部门经理级的员工，都是名牌大学的本科生或研究生。大家在这个集体中，就是要学到专业知识、做专业人才。现代城部门经理以上的员工基本没有人员流动，除了销售以外的工程、广告等方面的员工也很稳定。"这表明很多员工对我们的企业文化还是认同的"。张欣欣慰地说，"认同的就留下来了"。

张欣赞同"金钱关系最纯洁"的观点，认为人情关系最复杂，说不清有什么肮脏的东西在里边。在市场经济中"人"也是商品，人才是企业的资源，更是市场的资源。企业用高薪来不断吸引和留住人才是明智的做法，人才在提高自身素质的同时不断提高自身的市场价值也是正确的选择。当然这一切要依赖于从业人员职业道德水平的提高和市场机制的不断完善。

问题：

1. 在组织与员工的心理契约中，现代城的管理层与员工之间存在哪些可能的差异？

2. 哪些原因导致了员工的低组织承诺以至于做出跳槽行为？事件发生后管理层的态度和改革措施对员工的组织承诺会产生怎样的影响？

本章小结

心理契约是个体与组织之间隐含的没有明文规定的双方各自的责任以及对对方的期望，包括员工期望组织为自己提供什么即组织对员工的责任，以及组织对员工的期望即员工对组织的责任。员工与组织之间的心理契约体现在双方在心理上的卷入与互动，心理契约对双方的影响是相互的。激励-贡献模型是基于员工对组织所做出的贡献和组织用来获取员工贡献所做出的激励，将员工与组织的关系概括成四种形态，其中两种是员工与组织之间平衡的交换关系，另外两种是不平衡的交换关系。个人-组织契合度主要是描述员工个人与整个组织的相容性程度。

有关员工在组织中的态度的几个重要变量是工作满意度、组织承诺、组织公平感和组织支持感知。工作满意度是来自于个体对工作或者工作经历评估的一种快乐或积极的情绪状态。组织承诺通常是指员工对组织及其目标的认同感，以及对组织的归属感；组织承诺可以解释员工为什么要留在某个组织，代表了员工对组织的忠诚度；组织承诺也是员工与组织之间心理契约的一种体现。组织公平感是组织中的个体对组织中的制度、政策和管理活动的公平性的感知，通常包括分配公平、程序公平和互动公平。组织支持感知是员工对于组织重视其贡献和关心其幸福感的一般感受。

组织社会化指的是员工学会组织中的价值观、规范和行为方式，从而成为真正的组织成员的过程。组织社会化实质是员工个体融入组织内部的过程。为实现员工的组织社会化，组织和员工个人都需要采取一定的策略。

组织公民行为是指组织成员自愿做出的行为，这些行为没有得到正式的报酬系统直接而明确的认可，但从整体上有助于提高组织的效能。组织公民行为对组织有效运行具有多种作用，包括充当组织运行的润滑剂、提升同事和管理者的生产力等。组织公民行为的影响因素主要包括个体特征、任务特征、组织特征、领导特征。

关键概念

心理契约　激励-贡献模型　个人-组织契合度　工作满意感　组织承诺　组织公平感　组织支持感知　组织社会化　组织公民行为

复习思考题

1. 什么是组织与员工的心理契约？心理契约是如何建立和发展的？
2. 激励-贡献模型描述了哪几种员工与组织关系？各有什么特点？
3. 什么是个人-组织契合度？可以怎样测量？
4. 工作满意度对组织行为有哪些影响？
5. 组织承诺的三种成分感情承诺、继续承诺和规范承诺各指什么？
6. 组织公平感和组织支持感知各指什么？
7. 组织社会化的内容和策略有哪些？
8. 什么是组织公民行为？有哪些表现形式？
9. 组织公民行为的作用和影响因素有哪些？

第4章 /激励理论及其应用

学习目标

对于什么叫激励，读者首先要有个基本概念，然后对各种激励理论学说的各自特点和相互联系有个比较透彻的了解，清楚激励一般原则，了解激励的主要方法。

引例：王思成的烦恼

王思成是一位北京某老牌国有企业的领导，如何留住员工并激发他们的工作积极性对他来说已是一个越来越难的问题。原因之一就是：北京是一个开放城市，各种外企以及高科技公司很多，它们能提供相对较高的待遇，对本企业员工的想法和观念影响很大。实际上，王总所遇到的问题在我国很多国有企业中具有一定的普遍性。如何激励员工的工作潜能，并最大限度地留住优秀员工是每个管理者要思考的问题。

4.1 基本概念

为了弄清行为产生的原因，首先我们要研究动机与行为的关系，在此基础上我们再研究激励的问题。

4.1.1 需要、动机与行为

凡人类有意识的活动均称为行为。而行为产生的原因是心理学家争论的焦点。

第一种观点认为人与其他动物没有什么差别，人类行为的原因在于人的本能。这种本能是从人的动物祖先那里遗传下来的，主要表现为自我保存和性的本能，只是这种本能不能像动物那样自由地表现出来，而是受着社会条件和道德观念的限制，通过各种伪装形式表现出来。此种观点认为人的行为完全是由人的自然性质决定的。

第二种是社会学化的观点。此种观点认为人的行为是社会环境将自己的特征投射到人体上的结果，因此人的行为完全是外力推动的。例如，有人认为权力欲是推动人们行为的主要力量，也有人认为金钱、地位或对权威的顺从是决定人们行为的主要力量。总之，他们认为人的行为完全是由社会性质决定的。

第三种是相互作用的观点。这种观点认为前面两种主张都是片面的，要么强调人的生物本能对个人行为的影响，要么强调社会环境对个人行为的影响。而实际上，人们的行为是环境与个体相互作用的结果。最具有代表性的是卢因的“场”理论。

大部分心理学家持第三种观点。根据这种观点他们认为，人的行为是由动机决定的，而动机是由需要支配的。

所谓需要是客观的刺激作用于人们的大脑所引起的个体缺乏某种东西的状态。这里所说客观的刺激不只是指身体外部的，也包括身体内部的。例如人饿了想进食，这是由于人饿时体内血糖成分降低，血液成分失去了平衡就产生了刺激，这种刺激通过神经系统反映到人脑的下丘部分传到大脑皮层，产生了饥饿的感觉和进食的需要。客观的刺激可以是物质的，也可以是精神的，例如雷锋精神对人们的影响。

动机是人们行为产生的直接原因，它引起行为、维持行为并指引行为去满足某种需要。动机是由需要产生的。当人们产生某种需要，而又未能满足时，心理上便产生了一种不安和紧张，这种不安和紧张成为一种内在的驱动力，促使个体采取某种行动。心理学把这种现象称为动机。当人有了动机以后就要寻找、选择和接近目标。找到目标后，就进行满足需要的活动。需要满足后，紧张消除，然后又有了新的需要。在整个过程中，寻找、选择和接近目标的行为，被称为目标导向行为；满足需要自身的活动被称为目标行为。上述的行为循环可用图 4-1 表示。

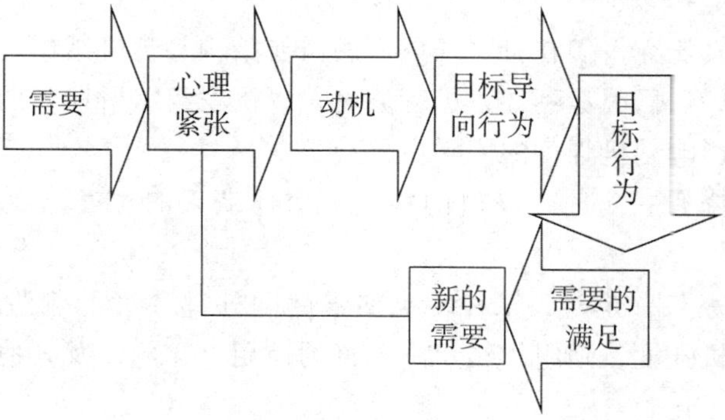

图 4-1　人的行为循环

动机是由需要支配的，有需要才可能产生动机。但是动机和需要有时是很难区别的，有时也不必严格区分。可以总括为一句话：需要带有较强的客观性，而动机则是纯主观的。例如同样需要钱，为什么有人通过辛勤劳动获得，有人则通过投机倒把获得，又有人去偷去抢呢？这只能说明动机不同。需要是侧重于缺乏某种东西的客观状态，而动机总是和具体的目标以及一定的行为方式相联系的，因而动机更多的受社会、文化、意识、道德和个人品质的影响，它经过了更多的思维加工。所以在一些情况下，内在的需要和外界的刺激不等于就是动机，能不能成为动机还要受个体的人格系统和社会心理环境的影响。

4.1.2 需要结构与动机结构

行为是由动机决定的，动机来自需要。但是这句话不能反过来理解；有某种需要，就有某种动机，有某种动机就有某种行为。

事实上有某种需要不一定就会产生某种动机，有某种动机不一定就会引发某种行动。因为一个人同时可以有许多种需要和动机。一般而言，人们同时存在着生存、安全、社交、自尊和自我实现等多种需要，但在特定的时间和空间内，其中一种需要是最强的，被称为主导需要。在这种主导需要驱使下会出现多种动机，但只有一种最强的动机（称为优势动机）实际产生行为。这就形成了具体的需要结构和动机结构，如图 4-2 和图 4-3 所示。

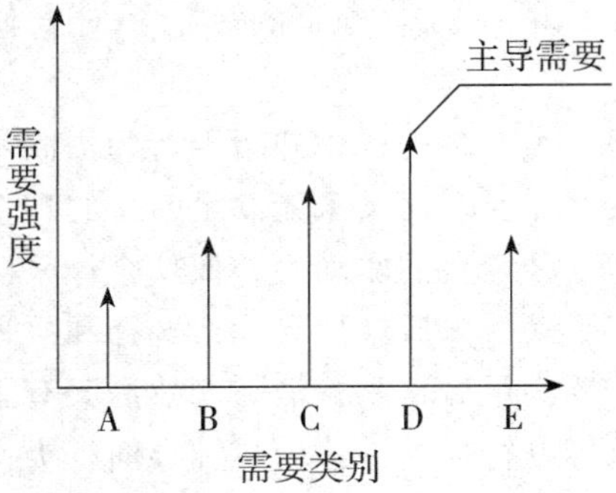

图 4-2　需要结构

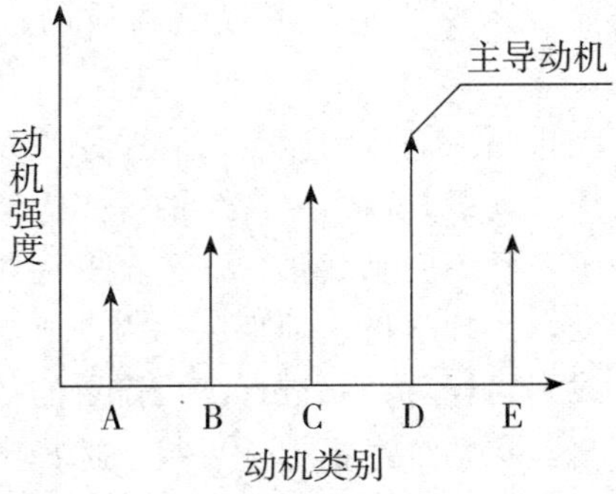

图 4-3　动机结构

我们应该认真研究人们在特定环境下的需要结构、动机结构，以及各种动机之间的矛盾和斗争，然后因势利导，进行激励，以诱发组织所期望的行为。

一般而言，影响动机强度的因素主要有：

（1）在外界条件一定时，动机的强度与个体缺乏的程度以及个人的个性直接有关。

（2）在内部条件一定时，某种动机的强度随外部环境的刺激而变化。例如某人想涨工资的动机强度，随组织当年涨工资的计划、比例以及其他单位同类人员工资涨幅的情况而变化。

（3）某种动机的强度还取决于这种动机的过去是否得到强化，如果过去这种动机引发的行为曾取得良好的结果，这个动机就会得到强化，该行为会重复出现。如果这种动机过去曾取得坏的结果，该动机因此削弱或消失，从而使该行为不再出现。

（4）动机强度随着行为进行的过程而有所改变。同一动机随着目标导向行为的进行，越接近目标，动机强度越大；而随着目标行为的进行，需要逐渐得到满足，其强度逐渐减弱。例如，饥饿时越接近食堂和自己喜爱的食物，食欲越旺盛；而在进食过程中，食欲越来越低。

4.1.3　激励

一个人可能同时有许多需要和动机，但是人的行为却是由最强烈的动机引发和决定的。因此，要使职工产生组织所期望的行为，可以根据职工的需要设置某些目标，并通过目标导向使职工出现有利于组织目标的优势动机并按组织所需要的方式行动，这就是激励的实质。

所谓激励，就是创设满足职工各种需要的条件，激发职工的工作动机，使之产生实现组织目标的特定行为的过程。

为了达到激励的目的，设置目标时必须符合下列条件：

（1）设置目标的目的，不仅是为了满足组织成员的个人需要，最终还是为了有利于完成组织目标。因此在设置目标时，必须将组织目标纳入其中或将组织上所希望出现的行为列为目标导向行动，使成员只能在完成组织目标后才能达到个人的目标。激励过程的简单表达式如图 4-4 所示。

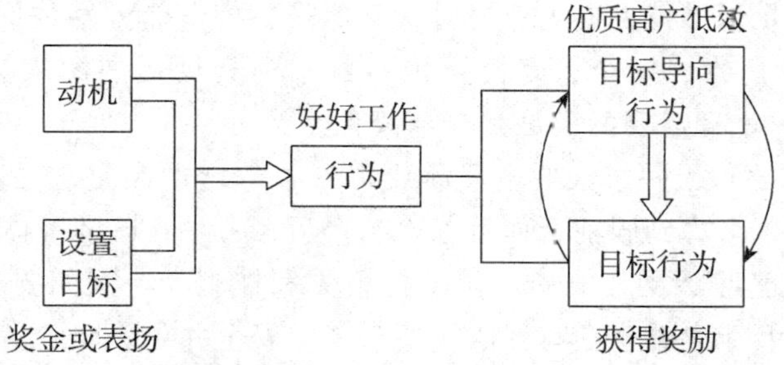

图 4-4　激励过程的简单表达式

如果没有组织目标，没有目标导向行动，尽管满足了成员的需要也不能称为激励。那种认为满足了个人目标就会带来满意和积极性，就自然能完成组织目标的想法是不符合实际的。

（2）目标的设置必须是受激励者所迫切需要的。已经满足了的需要不可能激发动机或激发出来的动机强度不高。例如好好干可以分一套住房，这样的目标对已经住上套房的人是没有吸引力的。

（3）目标的设置要适当，既不能俯手而拾，又不能高不可攀，应是通过努力可以达到，而不努力则达不到的。例如诺贝尔奖金对一般人来讲就没什么吸引力，因为获得诺贝尔奖金这种目标对常人来说是不可能达到的。

（4）设置目标最好让下级参与讨论，这样不仅可以使目标定得合理，还有助于对目标导向行动的深刻理解，同时满足了职工参与感，使职工工作更努力。

4.2　马斯洛的需要层次论

既然激励的实质在于满足人们的需要，促使其按组织所需要的方式行事，因此要激发动机，调动人们的积极性，就必须研究人们的需要。需要有多少种？人们需要的一般规律是什么？许多人曾对此进行过研究。有人将需要分为存在需要、关系需要和成长需要；还有的人按需要的起源把它分为自然需要与文化需要，按对象把它分为物质需要和精神需要。但是影响最大的还是马斯洛（A. H. Maslow）1954 年在他的代表作《动机与个性》里提出的需要层次理论。这一理论，几十年来流传甚广，是行为科学家试图揭示需要规律的主要理论。

4.2.1 需要层次论的内容

马斯洛的需要层次论有三个要点：

1）人类的多种需要分为五个层级

（1）生理需要。这是人类为了维持其生命最基本的需要，也是需要层次的基础。若衣食住行、空气和水等这类要求得不到满足，人类的生存就成了问题。从这个意义上来说，这些基本的物质条件是人们行为最强大的动力。马斯洛认为，当这些需要还未达到足以维持人们生命之时，其他需要将不能激励他们。他说："一个人如果同时缺少食物、安全、爱情及价值等，则其最强烈渴求当推对食物的需要。"一般说来，生理需要的满足都与金钱有关。

（2）安全需要。当一个人的生理需要得到了一定的满足之后，他就想满足安全的需要，即不仅考虑到眼前，而且考虑到今后，考虑自己的身体免遭危险，考虑已获得的基本生理需要及其他的一切不再丧失和被剥夺。例如要求摆脱失业的威胁，要求在生病及年老时生活有保障，要求工作安全并免除职业病的危害，希望解除严格的监督以及不公正的待遇，希望干净和有秩序的环境，希望免除战争和意外的灾害等。

（3）社交需要。当生理及安全的需要得到相当的满足后，社交的需要便占据主导地位。因为人类是有感情的动物，他希望与别人进行交往，避免孤独，希望与伙伴和同事之间和睦相处，关系融洽。他们希望归属于一个团体以得到关心、爱护、支持、友谊和忠诚。人为什么要归属于一个团体？因为人们有一种把与自己信念相同的人找出来的倾向，以此来肯定自己的信念，特别是当一种信念岌岌可危时尤为如此，这时他们便聚在一起，并试图对所发生的事态及他们的信仰达成一个共同的认识。爱是较高级的社交需要，它既包括男女之间的爱，也包括父母与子女间的爱、兄弟姊妹之间的爱。而为了爱情，人们甚至可以舍弃一切。社交需要比生理和安全需要来得细致，个人之间的差别性也比较大，它和一个人的性格、经历、教育、信仰都有关系。

（4）尊重需要。当一个人开始满足归属感的需要以后，他通常不只是满足做群体中的一员，而且要产生自尊的需要，即希望别人尊重自己的人格和劳动，对自己的工作、人品、能力和才干给予承认并得到公正的评价。希望自己在同事之间有较高的地位、声誉和威望，从而得到别人的尊重并发挥一定的影响力。

（5）自我实现需要。马斯洛认为这是最高层次的需要，当尊重的需要得到满足以后，自我实现的需要就成为第一需要。自我实现的需要就是要实现个人理想和抱负、最大限度地发挥个人潜力并获得成就，实现自我价值。它是一种“希望能成就他独特性的自我的欲望，希望能成就其本人所希望成就的欲望”。这种需要往往是通过胜任感和成就感来获得满足的。

所谓胜任感是指希望自己担当的工作与自己的知识能力相适应，工作带有挑战性，负有更多的责任，工作能取得好的结果，自己的知识在工作中得到增长，能力在工作中也能得到提高。

所谓成就感表现为进行创造性的活动并取得成功。具有这种特点的人一般给自己设立相当困难但可以达成的目标，而且往往把工作中取得的成就本身看得比成功以后所得到的报酬更为重要。

以上五种需要的关系可以用图 4-5 表示。

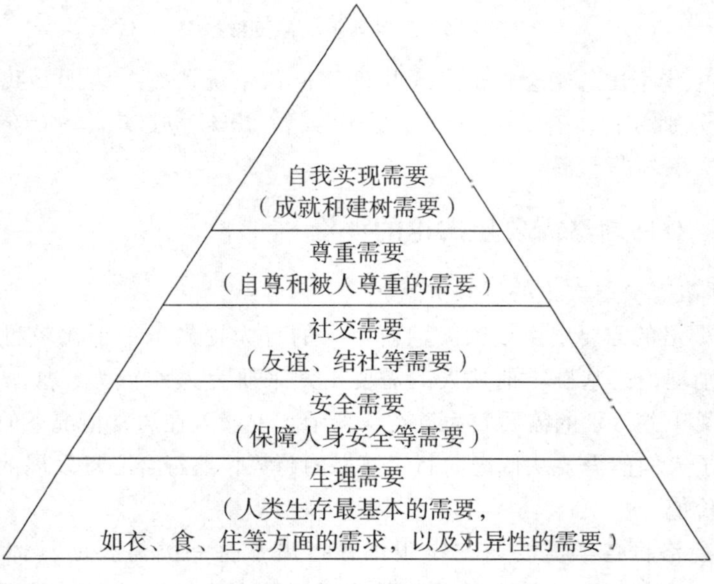

图 4-5　人的五种需要层次图

2）五种需要之间的递进规律

一般而言，生理和安全需要属于较低层次的、物质方面的需要；社交、尊重和自我实现的需要，则属于较高层次的、精神方面的需要。马斯洛认为，人的需要遵循递进规律，在较低层次的需要得到满足之前，较高层次需要的强度不会很大，更不会成为主导的需要。当低层次的需要获得相对的满足后，下一个较高层次的需要就占据了主导地位，成了驱动行为的主要动力。

3）人的需要的个体差异性

马斯洛认为，由于各人的需要结构发展的状况不同，这五种需要在心理形成的优势位置也就不同，但是任何一种需要并不因为高层次的要求获得满足而自行消失，只是对行为的影响比重减轻而已。此外，当一个人的高级需要和低级需要都能满足时，他往往追求高级需要，因为高级需要更有价值，只有当高级需要得到满足时，才具有更深刻的幸福感和满足感。但是如果满足了高级需要，却没有满足低级需要时，有些人可能牺牲高级需要而去谋取低级需要，还有些人可能为了实现高级需要而舍弃低级需要。

人们常常是五种需要同时存在，只是各自的需要强度不同，呈现出不同的需要结构。若用横坐标长短表示需要强度，则可将人们区分为五种典型的需要结构，如图 4-6 所示。

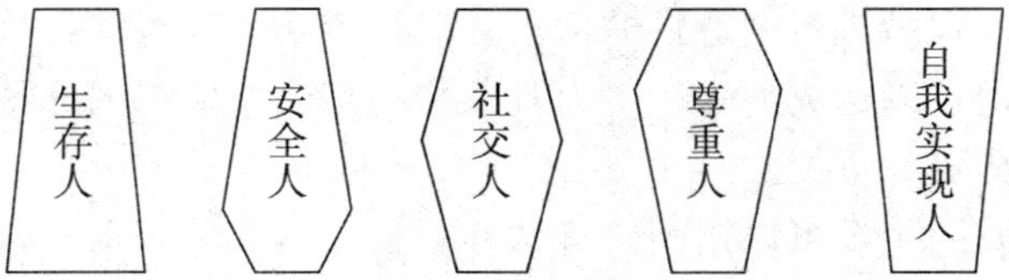

图 4-6　五种典型的需要结构

1986 年中华全国总工会作的“全国职工队伍情况调查”表明，我国职工队伍中需要结构分别为：生存人占 33%，安全人占 20%，社交人占 7%，尊重人占 20%，自我实现人占 15%。

4.2.2　对马斯洛需要层次论的评价

1）马斯洛需要层次论的巨大贡献

（1）马斯洛的需要层次论为我们研究人的行为提供了一个比较科学的理论框架，成为激励理论的基础。他从人的需要出发来研究人的行为，这个思路是正确的。他将人类千差万别的需要归为五类，揭示了一般人在通常情况下的需要与行为规律，指出了人们的需要从低级向高级发展的趋势，这符合心理发展的过程，对我们很有实用价值。

（2）马斯洛将各类需要研究得很细，指出了每一类需要的具体内容，这对我们很有用处。它告诉我们人的需要是多种多样的，激励方式也是多种多样的，不仅要给人以物质的满足，而且要给人以精神的满足。特别是基本生理需要得到一定的满足以后，精神需要更为重要。因为，满足人的高级需要将具有更持久的动力。

（3）马斯洛将自我实现作为人的需要的最高层次对我国的管理者同样具有积极的意义。

第一，人有自我实现的需要，这是一种客观的事实，应当承认我们过去对这种需要的认识、研究、重视、开发和利用不够。

第二，自我实现的需要有其一定的含义和积极的一面。不要将自我实现和组织目标简单地对立起来，自我实现应当理解为充分发挥潜力、实现理想、多做贡献的愿望。但个人的理想不一定就是以个人为中心，更不等于个人主义。只要这种理想有利于社会进步和国家发展，我们应当鼓励支持。在我们国家中具有自我实现需要的人即希望发挥自己潜力取得成就的人越多，对社会主义建设越有利。国外一些专家认为，一个国家有成就感的人越多，这个国家越兴旺。据他们统计，英国 1925 年国民经济情况很好，当时英国有高度成就需要的人数在 25 个国家中名列第 5。第二次世界大战后，英国经济走下坡路，到 1950 年再作调查，英国在 39 个国家中名列第 27 名。在我们国家如果能够为更多的人开辟通往理想的道路，发挥他们的聪明才智，并使他们取得成就，中国经济的持续高速成长就会更有把握。

2）马斯洛需要层次论的缺陷

对于马斯洛的需要层次论国内外都有不同的意见。这些意见大致可以归纳为以下几种：

（1）对需要层次的分析简单、机械。人类需要的发展不带有自然成熟的色彩，往往不是非经过某一层次需要才能有更高一层的需要，而是随着环境和个体情况的变化同时存在着若干种需要。在顺序上，特别是在后三种需要顺序上，有些人看重社会需要，有些人自我实现的需要最强烈，有些人则只停留在前两种需要上，而后三种需要很少。实际上人同时存在几种需要，这几种需要同时产生动机，动机之间不仅有强弱之分，而且是相互斗争的，不讲多种需要和动机之间的斗争是一个缺陷。中国古代流传至今的名句，如“贫贱不能移，富贵不能淫，威武不能屈”“不为五斗米折腰”等，都是“递进规律”所无法解释的。

（2）马斯洛需要层次论的理论前提——人都是自私的，不是一种科学的假设。需要层次论是以人本主义为其理论基础的。他认为人的需要都是本能的活动，都是生而具有的，生理需要是为了维护自己的生存，安全需要是出于趋利避害的本能，社交需要是为了自己享受生活的乐趣，尊重和自我实现需要是为了出人头地。总之，人的一切行为都是出于人的利己本能。马斯洛把无私解释成“以健康的方式自私”，否认无私行为的真实性，这种看法不符合社会实际，是十分有害的。

（3）把人的基本需要归结为五个层次，也不尽完善。事实上，马斯洛越研究越发现五个层次不够，诸如爱美的需要、求知的需要、劳动的需要等，都是人的普通需要。最后，他把需要层次归结为 13 层，但都无法得到世人的认同。我们认为，图 4-5 需要层次图中的五个层次统统是“我”的需要，而人都有一种“超越自我”的需要，亦即人们往往追求高尚的社会理想，愿意为民族、为国家牺牲个人的一切，这种需要层次远远超出了“自我实现”的境界。各个民族、各个国家都有自己的英雄和伟人，他们都是“超越自我”需要占主导的人。我们不妨在自我实现之上，加一个“超越自我”的层次。这个六层次论，也许可以克服五层次论的不足（如图 4-7 所示）。

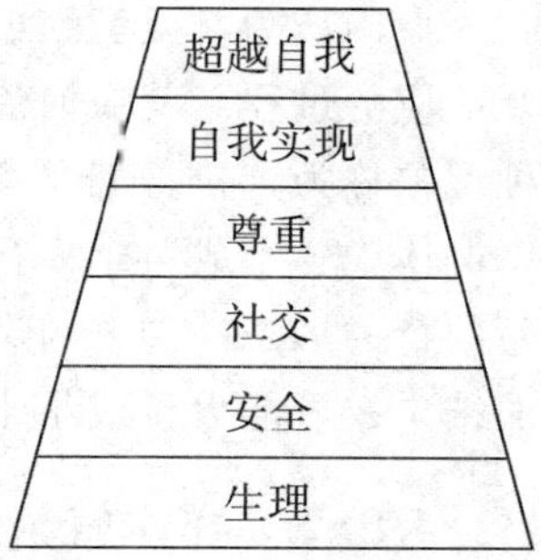

图 4-7　六层次论图

4.3 卢因的群体动力论

4.3.1 群体动力论公式

群体动力论的创始人是德国社会心理学家卢因。他借用物理学中“磁场”的概念，提出了“场”理论，以说明群体中成员之间各种力量相互依存和相互作用的关系，说明群体中个人的行为。他认为，人的行为动向取决于内部力场与情景力场（即情景因素）的相互作用，即一个人的行为是个体与环境中各种有关力量相互作用的函数，这可以用下面公式来表示：

$$B=f(P, E)$$

其中：B——个人行为的方向和强度；P——个人的内部动力、内部特征；E——个体所处的群体环境。

也就是说，群体中个人行为的方向和强度决定于个人现存需要的紧张程度和情景力场的相互作用关系。群体动力论研究群体的行为就是研究群体中支配行为的各种力量对个体的作用与影响。

卢因的“场”理论最初只用于研究个体行为。1933 年他将“场”理论用于研究群体行为，提出了“群体动力”的概念。所谓“群体动力”就是指群体活动的动向，而研究“群体动力”就是要研究影响群体活动动向和效率的各种因素、这些因素之间的相互作用以及群体成员之间关系的变化和协调过程。卢因之所以运用其“场”理论来研究群体行为，是因为群体行为同个人行为一样，同样也取决于内部力场与情景力场的相互作用。也就是说，同样可以用公式 $B=f(P, E)$ 来描述群体行为。只不过，B 是群体行为的方向和强度，P 是群体的内部动力、内部特征，E 是群体所处的环境。

卢因认为，人们结成的群体不是静止不变的，而是一直处于不断相互作用和相互适应的过程。就像河流一样，表面上似乎平静，实际上却不断地在流动。他把这种现象称为“准停滞平衡”（quasi-stationary equilibrium）。因此，群体的行为不等于群体中各个成员个人行为简单的算术和，它包含有集体智慧，因而可能会产生出新的行为形态。群体与个体的关系是：总体不是部分的总和，因为各部分相互作用的结果，可能大于或小于总和。

4.3.2 群体气氛对群体成员的影响

根据卢因的群体动力论，群体中各成员的行为是由其所处环境与其个性两者之间相互作用的结果。因此，为了使员工形成有利于组织目标的行为，达到激励的目的，管理者一方面要选拔合适的员工，了解员工的需要、能力和特长，通过安排合适的岗位、加强培训、建立各种内在和外在的奖励措施，以此来激发员工的积极性和创造性；另一方面管理者还要在组织中创造良好的群体环境，这其中既包括物质和技术环境，还包括群体的精神环境即群体的气氛。良好的群体气氛对员工的行为有重要的影响。

群体气氛主要包括群体的风气、群体的领导方式、群体中成员间相互作用关系等方面。

1）群体的风气

群体的风气是群体在工作生活中逐步形成的、约定俗成的行为习惯和精神风貌，是一种非正式的、非强制性的行为标准。不同的群体有不同的风气。例如，人们经常讨论大学的风气，某大学学生的学习风气好，某大学学生考 TOEFL 和 GRE 出国的风气盛，某大学学生谈恋爱的多等。对于公司，有的是创新的风气盛，如惠普公司和 3M 公司，它们从不扼杀员工的任何一个好主意。有的公司里合作的风气好，不同部门、群体和员工之间很乐于互相合作，如美国通用电气公司（GE）就提出了建立无边界组织（boundless organization）的口号，意即打破传统的部门和分工界限，倡导相互合作。组织的一些座右铭和口号就是这种气氛的反映。

群体的风气对成员行为有重要的影响。第一，成员置身于群体中，总会受到整个群体风气潜移默化的影响，长期耳濡目染就会形成与群体一致的行为方式，群体风气对行为有规范作用。这就是人们常说的“近朱者赤、近墨者黑”的道理。第二，人在不同风气的群体中会产生不同的行为。例如，在一个相互合作帮助的群体中，成员所表现出的往往是友好、倾听、耐心以及建设性的讨论、批评和建议。而在一个相互恶性竞争的群体中，群体成员之间所表现出来的则是互相争斗、缺乏耐心、攻击性的批评、互相拆台等。

2）群体的领导方式

群体中领导者行使权力与发挥领导作用的方式（如民主或独裁）也是群体气氛的重要方面，会对成员的行为产生重要影响。

卢因和怀特等人曾经进行过一个著名的试验。他们将若干 11 岁的男孩分成两组，每一组均由一个成人来领导，领导的方式分为专制型和民主型两种。专制型领导特点是：所有方案由领导者一人决定；工作的方法和程序由领导者一步一步作指示，成员无法知道下一步骤及整个目标；个人工作的分配及分组时的人选均由领导者指定；领导者对成员的表扬和批评，不以客观事实为根据，全凭其个人主观好恶来决定。民主型领导特点是：所有方针均由全体成员讨论决定，领导者只是在旁鼓励与支持；成员工作的程序与目标，在讨论时可获得了解；在技术上需要建议时，领导则提出两个以上的方案，由成员自己决定选择；分组时，个人可以自由选择同伴，工作的分配也由群体自己决定；领导者以客观事实根据来表扬和批评成员；领导者尽量不代替成员工作，而努力在精神上成为他们之中的一员。

整个试验的结果如下：在专制型群体中，各个成员的攻击性言行要比民主型群体中多得多，尤其是直接指向成员的攻击性行为要比指向领导者的多。在专制型群体中，成员还表现出对领导者服从、喜欢表现自我。而在民主型群体中，成员彼此友好，以工作为中心的接触多。在民主型群体中，“我”字使用的频率低，而“我们”使用得多。专制型群体多以“我”字为中心。在引入试验性的“挫折”时，民主型群体的各成员团结一致解决问题，在专制型群体中则彼此推卸责任并进行人身攻击。领导者不在场时，民主型群体的成员仍能主动自发地继续工作。而专制型群体的成员工作动机大大减低。民主型群体的成员对群体活动的满足感较高。

研究指出，要形成良好的群体气氛，领导的行为应该具有以下一些特点：①沟通。向群体成员解释有关决策和政策，使他们知晓；及时提供反馈；坦率承认自己的缺点和不足。②支持下属。对群体成员和蔼可亲，平易近人，鼓励和支持他们的意见与建议。③尊重下属。真正授权给群体成员，认真倾听他们的想法。④公正无偏，恪守信用。在绩效评估时能做到客观公正，应予以表扬的尽量表扬。⑤行为一贯。处理日常事务应有一贯性，明确承诺并能及时兑现。⑥展示能力。通过展示自己的工作技术、办事能力和良好的职业意识，培养下属对自己的钦佩与尊敬之情。

3）群体中成员间相互作用关系

群体中成员间相互作用关系主要体现于两种类型的行为中：一类是群体成员对工作任务的行为，称为工作任务型；另一类是群体成员对个人的行为，称为人际关系型。这些行为有时会起正的、积极促进作用，而有时则起负的、消极的作用。

正的工作任务型行为包括：①乐于向别人提供信息以及利用他人的信息；②真诚地提供和接受有益的建议、感想和指导；③利用所有人的智慧、考虑所有人的意见进行决策；④细致耐心地交流和讨论、反复说明以澄清观点等。

负的工作任务型行为包括：①对有关信息保密，也不乐于采用他人的信息；②批评、指责、挑毛病；③只从自己的意见出发考虑问题、争吵不休、群体很难达成决议；④缺乏耐心、粗枝大叶、草率做出决定等。

正的人际关系型行为包括：①互相团结、帮助、鼓励；②相处轻松、和谐自然、没有紧张感；③相互谅解、真诚相待、赞同和遵从正确的意见；④耐心、宽容等。

负的人际关系型行为包括：①太多的意见分歧、即使正确也不赞同、消极地拒绝对方；②情绪紧张、相处不自然；③喜欢对抗、为自己辩护；④烦躁、不容忍对方的失误等。

显然，在群体中这两种相互作用关系都是十分重要的。群体成员间如果能形成一种相互尊重、团结合作、情谊深厚的人际关系，这对大家的工作成绩和心理健康都是十分有利的。在工作上，如果能形成相互间良好的信息共享和沟通、真诚提供看法和建议、平等民主型的工作关系，显然就能产生更好的工作绩效。在群体成员间的相互作用关系中，人际关系是工作关系的基础，而好的工作关系也会促进良好人际关系的形成。

4.4 赫兹伯格的双因素理论

双因素理论是由美国心理学家赫兹伯格首先提出的，他在20世纪50年代后期对一些企业进行了调查。调查时，他设计了许多问题，如什么时候你对工作特别满意，什么时候你对工作特别不满意等。然后，他向一批工程师和会计师征询意见。赫兹伯格在研究了调查结果后提出了激励的双因素理论。

4.4.1　双因素理论的内容

赫兹伯格认为，使职工感到满意的因素与使职工感到不满意的因素是大不相同的。使职工感到不满意的因素往往是由外界环境引起的，使职工感到满意的因素通常是由工作本身产生的。赫兹伯格发现造成职工非常不满的原因有：公司政策、行为管理和监督方式、工作条件、人际关系、地位、安全和生活条件。这些因素改善了，只能消除职工的不满、怠工与对抗，但不能使职工变得非常满意，也不能激发他们工作的积极性，促使生产增长。赫兹伯格把这一类因素称为保健因素，即只能防止疾病，治疗创伤，但不能提高体质。赫兹伯格还发现使职工感到满意的原因有：工作富有成就感、工作成绩能得到认可、工作本身具有挑战性、负有较大的责任、在职业上能得到发展等。这类因素的改善，能够激励职工的工作热情，从而提高生产率。如果处理不好，也能引起职工不满，但影响不是很大，赫兹伯格把这类因素称为激励因素。这两类因素见表 4-1。

表 4-1　**保健因素与激励因素**

保健因素（环境）	激励因素（工作本身）	保健因素（环境）	激励因素（工作本身）
金钱	工作本身	工作环境	责任
监督	赏识	政策与行动	成就
地位	进步	人际关系	
安全	成长的可能性		

赫兹伯格认为，传统的满意与不满意的观点是不正确的。满意的对立面应当是没有满意，不满意的对立面应该是没有不满意。在图 4-8 中，（a）图为传统观点；（b）图为赫兹伯格的观点。

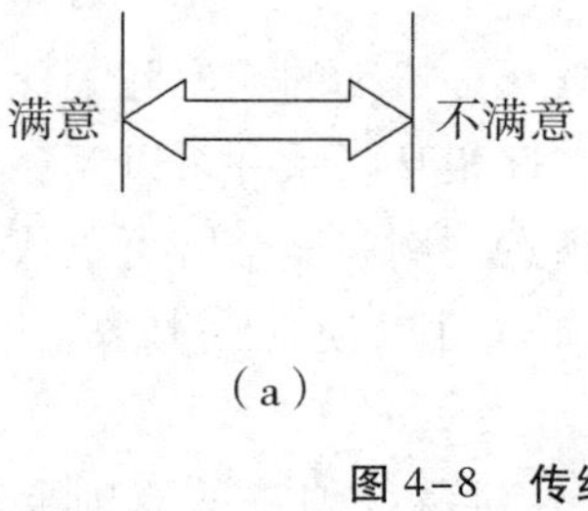

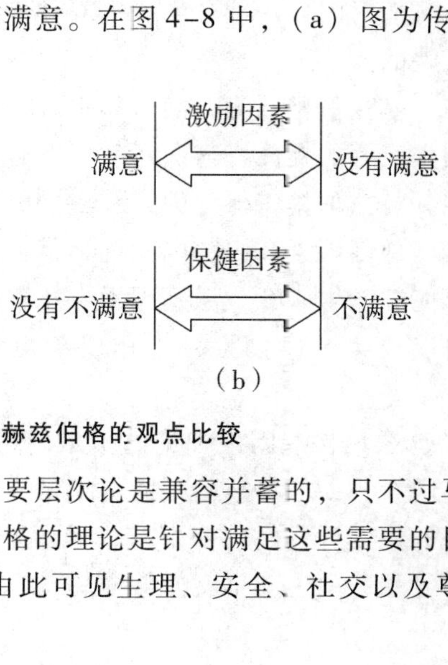

图 4-8　传统观点与赫兹伯格的观点比较

赫兹伯格的双因素理论和马斯洛的需要层次论是兼容并蓄的，只不过马斯洛的理论是针对需要和动机而言的，而赫兹伯格的理论是针对满足这些需要的目标和诱因而言的。两者的关系如图 4-9 所示。由此可见生理、安全、社交以及尊重需要中的地位为保健因素，而尊重中的晋升、褒奖和自我实现需要为激励因素。

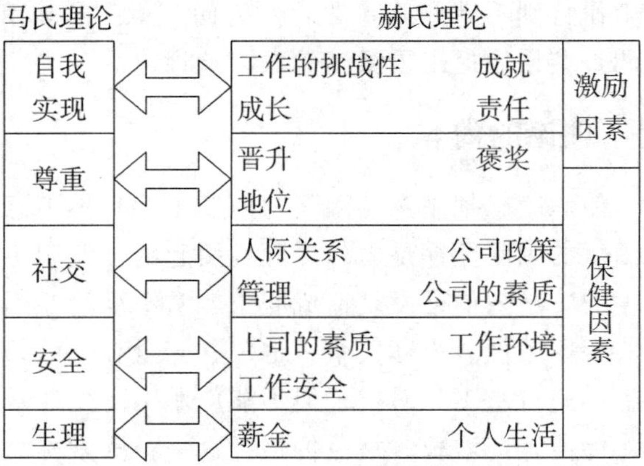

图 4–9　马斯洛的需要层次论与赫兹伯格的双因素理论的关系

4.4.2　对双因素理论的评价

（1）赫兹伯格的双因素理论虽然在国内外有很大影响，但也有人对它提出了批评，主要有四点：

第一，赫兹伯格调查取样的数量和对象缺乏代表性。样本仅有 203 人，数量较少。而且对象是工程师、会计师，他们在工资、安全、工作条件等方面都比较好，因此，这些因素对他们自然不会起激励作用，但不能代表一般职工的情况。

第二，赫兹伯格在调查时，问卷的方法和题目有缺陷。首先，把好的结果归结于自己的努力，而把不好的结果归罪于客观的条件或他人身上，这是人们一般的心理状态，人们的这种心理特征在他的问题上无法反映出来。其次，赫兹伯格没有使用满意尺度的概念。人们对任何事物都不是那么绝对的，要么满意，要么不满意，一个人很可能对工作一部分满意一部分不满意，或者比较满意，这在他的问题中也是无法反映的。

第三，赫兹伯格认为，满意和生产率的提高有必然的联系，而实际上满意并不等于劳动生产率的提高，这两者并没有必然的联系。

第四，赫兹伯格将保健因素和激励因素截然分开是不妥的。实际上保健因素和激励因素、外部因素和内部因素都不是孤立的，它们相互联系并可以互相转化。保健因素也能够产生满意，激励因素也能够产生不满意，例如奖金既可以成为保健因素，也可以成为激励因素，工作成绩得不到承认也可以使人闹情绪，以致消极怠工。

（2）赫兹伯格双因素理论的贡献。尽管有些人对赫兹伯格的双因素理论提出了一些不同看法，但赫兹伯格的贡献是显而易见的。

第一，他告诉我们一个事实，采取了某项激励措施以后并不一定就能带来满意，更不等于劳动生产率就能够提高。

第二，满足各种需要所引起的激励深度和效果是不一样的。物质需求的满足是必要的，没有它会导致不满，但是即使获得满足，它的作用也往往是很有限的，不能持久的。

第三，要调动人的积极性，不仅要注意物质利益和工作条件等外部因素，更重要的是要注意工作的安排，量才录用，各得其所，注意对人进行精神鼓励，给予表扬和认可，注意给人以成才、发展、晋升的机会。用这些内在因素来调动人的积极性，才能起更大的激励作用并维持更长的时间。

4.4.3 双因素理论的应用

双因素理论值得我们借鉴，但必须结合中国特殊的国情。

(1) 我们在实施激励时，应注意区别保健因素和激励因素，前者的满足可以消除不满，后者的满足可以产生满意。

(2) 双因素理论诞生在温饱问题已经解决的美国。在当前，中国的一些地区经济仍十分落后，因此，工资和奖金并不仅仅是保健因素，如果运用恰当，也能表现出显著的激励作用。关键在于工资和奖金的发放方法。如果发放方法不当（如搞大锅饭、平均主义），那么工资、奖金顶多是一种保健因素，即可以消除不满，但不能产生满意。

(3) 应注意激励深度问题。上级的赏识、荣誉感和成就感的满足，使当事人得到深刻的激励，因为它来自工作本身，被称作内在激励。而工资、奖金、福利、工作条件、人际关系的改善，属于工作的外部条件的改进，即使有一些激励作用，也缺乏深度，持续时间也短暂，这被称作外在激励。

(4) 随着温饱问题的解决，内在激励的重要性越来越明显。无怪乎发达国家的企业经理们挖空心思地寻找内激的良方：如何增加工作本身的吸引力？如何使员工在工作中感受到无穷的乐趣？如何使工作更具挑战性，工作胜任后有更大的成就感？其中最重要的应用是“工作丰富化”。

随着工业技术的发展，工厂规模的扩大，工人分工越来越细，为了提高劳动生产率普遍采用流水线生产，工人只能在某一固定岗位上从事简单、重复、单调的劳动，工作非常乏味并且易于引起疲劳，从而引起工人的不满，生产积极性不高，出勤率下降，离职率增高。为了解决这种问题，有人根据双因素理论，提出了工作丰富化这样一种新的劳动组织方式。它的中心思想是扩大工作内容，将工人由从事单一的工作变为从事几种工作，由完成部分工作变为完成整体工作，增加工作中的自主性和独立性，减少外部的监督，并自行评价工作状况；分担责任和管理，让工人分担一部分计划工作、组织工作和设计工作等。从理论上说，这种让工人从工作本身获取最大满足的办法是好的，但是实现上效果有限。通常的反应是工作丰富化使工人的工作兴趣增加，旷工减少，但在生产率和成本这个关键问题上，效果极不稳定，有的下降，有的上升。所以目前国外对工作丰富化的反应极不一样。

为了说明这个情况举两个例子。一个是瑞典的沃尔沃汽车公司的卡尔马工厂，原来采用流水线装配，每3分钟装配一辆汽车，由于工作单调乏味，加上瑞典法律规定，工人不来工作，工厂必须照付工资，所以工人离职率高，出勤率低。为了提高汽车装配工的兴趣，工厂将流水线装配改为小组装配，每组由15～29人组成，承担小汽车部件或小汽车某生产过程的全部责任。车间可同时容纳6辆小汽车车体，每个工作小组在自己工作地域内18分钟装配完即可。小组内部的工作分配和轮换均自行负责。除此之外，还进一步改善了工作条件，整个车间光线明亮，空气清新，噪音很低，并配备铺有地毯的咖啡角。结果，工人与工头、工程师关系得到改善，离职率减少，工人比较满意。另一个例子是美国通用食品公司托披卡厂建立的基层小组，这种小组权力很大，可以自行接收成员、自行分配工作和自定休息时间，甚至自己决定成员的工资调整。1973年开始试验时效果很好，工人工作情绪高涨，雇用人员比同类工厂少35%。试验中产量增加，浪费减少，停工、旷工和补缺的现象也减少了。但到1977年，情况开始逆转，这种方法走向没落，连通用食品公司也不宣传这种方法了。有的工厂在试验工作丰富化时发现决策缓慢，产量、质量都受到损失，甚至被迫停业。据分析，这种方法只对具有强烈成就感的人才有积极的效果。

我国沿海地区企业，特别是一些高技术企业、效益较好的企业，一是员工收入水平较高，二是员工知识水平较高，如何加强内在激励，已逐步提到议事日程上来。工作重新设计是一条路，鼓励员工参与决策是一条路，强化精神激励是一条路，加强人员培训也是一条路。“路漫漫其修远兮，吾将上下而求索。”这是企业经营管理者面临的新课题。

4.5 弗隆的期望理论

1964年，美国心理学家弗隆（Victor H. Vroom）在他的著作《工作与激励》一书中，首先提出了期望理论，这种理论一出现，就受到了国外管理学家和实际管理工作者的普遍重视。目前，人们已经把期望理论看作最主要的激励理论之一。

4.5.1 期望理论的内容

期望理论的基础是：人之所以能够从事某项工作并达成组织目标，是因为这些工作和组织目标会帮助他们达成自己的目标、满足自己某方面的需要。

弗隆认为，某一活动对某人的激发力量取决于他所能得到结果的全部预期价值乘以他认为达成该结果的期望概率。用公式可表示为：

$$M = V \cdot E$$

其中：M——激发力量，是指调动一个人的积极性，激发出人的内部潜力的强度；V——目标效价，是指达成目标后对于满足个人需要其价值的大小；E——期望值，是指根据以往的经验进行的主观判断，达成目标并能导致某种结果的概率。

这个公式实际上提出了在进行激励时要处理好三方面的关系，这些也是调动人们工作积极性的三个条件。

第一，努力与绩效的关系。人总是希望通过一定的努力能够达到预期的目标，如果个人主观认为通过自己的努力达到预期目标的概率较高，就会有信心，就可能激发出很强的工作力量。但是如果他认为目标太高，通过努力也不会有很好的绩效时，就失去了内在的动力，导致工作消极。这种关系可在公式的期望值这个变量中反映出来。

第二，绩效与奖励的关系。人总是希望取得成绩后能够得到奖励，这种奖励是广义的，既包括提高工资、多发奖金等物质方面的奖励，也包括表扬、自我成就感、得到同事们的信赖、提高个人威望等精神方面的奖励，还包括像提拔到较重要的工作岗位上去等物质与精神兼而有之的奖励。如果他认为取得绩效后能够获得合理的奖励，就有可能产生工作热情，否则就可能没有积极性。

第三，奖励与满足个人需要的关系。人总是希望自己所获得的奖励能满足自己某方面的需要。然而由于人们在年龄、性别、资历、社会地位和经济条件等方面都存在着差异，他们对各种需要要求得到满足的程度就不同。因而对于不同的人，采用同一种办法给予奖励能满足的需要程度不同，能激发出来的工作动力也就不同。

后两方面关系可以在弗隆公式中的效价这个变量上体现出来。弗隆把这三方面关系用框图表示出来，如图4-10所示。

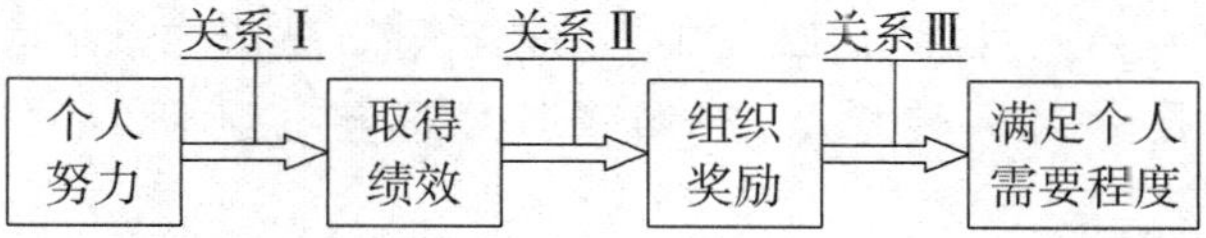

图4-10　期望理论三方面的关系

4.5.2　期望理论对我们的启示

马斯洛的需要层次论将人们的需要分成了高层次和低层次，赫兹伯格的双因素理论将各种因素截然地分为保健因素和激励因素，它们都很有用。而期望理论则存在着辩证的思想，具有较大的综合性和适用性。具体分析可以归纳为四条：

（1）对于其中效价应当理解为综合性的。它可以是精神的，也可以是物质的；既可以是正的，也可以是负的，也可以为零；它不仅包含了某一结果的绝对值，而且包含了相对值；它不是指某一单项效价，而是指各种效价的总和。

（2）同一项活动和同一个激励目标对不同的人效价是不一样的，即使对同一个人，在不同的时候效价也是不一样的。

（3）期望概率不是指客观的平均概率而是指当事人主观判断的概率，它与个人的能力、经验以及愿意做出的努力程度有直接关系。

（4）效价和大家平均的个人期望概率相互影响。平均概率小，效价相对增大；平均概率大，效价相对减小。

期望理论给我们实施激励提供了有益的启示：

（1）管理者不要泛泛地抓一般的激励措施，而应当抓多数组织成员认为效价最大的激励措施。

(2) 设置某一激励目标时应尽可能加大其效价的综合值，如果每月的奖金多少不仅意味着当月的收入状况，而且与年终分配、工资调级和获得先进工作者称号挂钩，则将大大增大效价的综合值。

(3) 适当加大不同人实际所得效价的差值，加大组织期望行为与非期望行为之间的效价差值。例如奖金平均分发与分成等级，并拉开距离，其激励效果很不一样，只奖不罚与奖罚分明其激励效果也大不一样。

(4) 适当控制期望概率和实际概率。期望概率既不是越大越好，也不是越小越好，关键要适当。当一个人的期望概率远高于实际情况时可能产生挫折，而期望概率太小又会减小某一目标的激发力量。因此，当一个人期望概率太大时，我们应劝其冷静，适当减小。当一个人期望概率太小时，我们则应给予鼓励，让其增加信心，适当加大。但期望概率并不完全由个人决定，它与组织设置激励目标的实际概率有关，实际概率应使大多数人受益，最好实际概率大于平均的个人期望概率，让人喜出望外，而不要让人大失所望。但实际概率应与效价相适应，效价大，实际概率可小些；效价小，实际概率可大些。

(5) 期望心理的疏导。在激励过程中，经常会发生员工期望心理过强的情况，及时地疏导其期望心理，以防止出现强烈的挫折感，就成为领导者的难题。疏导的方法，最常用的是“目标转移”，亦即将其目标转移到新的领域和下一轮竞赛中去。

4.6 亚当斯的公平理论

公平理论又称社会比较理论，它是由美国的亚当斯（J. S. Adams）于 20 世纪 60 年代首先提出来的。该理论侧重于报酬对人们工作积极性的影响。

4.6.1 公平理论的内容

公平理论的基本观点是，当一个人做出了成绩并取得了报酬以后，他不仅关心自己所得报酬的绝对量，而且关心自己所得报酬的相对量。因此，他要进行种种比较来确定自己所获报酬是否合理，比较的结果将直接影响今后工作的积极性。

一种比较称为横向比较，即他要将自己获得的“报偿”（包括金钱、工作安排以及获得的赏识等）与自己的“投入”（包括教育、努力及耗用在职务上的时间等）的比值与组织内其他人作比较，只有相等时，他才认为公平。可以用下列公式表示：

$$\frac{O_P}{I_P}=\frac{O_C}{I_C}$$

其中：O_P——自己对所获报酬的感觉；O_C——自己对他人所获报酬的感觉；I_P——自己对个人所作投入的感觉；I_C——自己对他人所作投入的感觉。

当上式为不等式时可能出现以下两种情况，第一种情况是：

$$\frac{O_P}{I_P}<\frac{O_C}{I_C}$$

在这种情况下，第一种方法是他可能要求增加自己的收入或减小自己今后的努力程度，以使左方增大，趋于相等；第二种方法是他可能要求组织减少比较对象的收入或者让其今后增大努力程度以使右方减小，趋于相等。此外，他还可能另外找人作为比较对象，以达到心理上的平衡。

第二种情况是：

$$\frac{O_P}{I_P}>\frac{O_C}{I_C}$$

在这种情况下，他可能要求减少收入或在开始时自动多做些工作，但久而久之，他会重新估计自己的技术和工作情况，终于觉得他确实应当得到那么高的待遇，于是产量便又会回到过去的水平了。

除了横向比较之外，人们也经常做纵向比较，即把自己目前投入的努力与目前所获得报偿的比值，同自己过去投入的努力与过去所获报偿的比值进行比较。只有相等时他才认为公平，如下式所示：

$$\frac{O_{PP}}{I_{PP}}=\frac{O_{CI}}{I_{CI}}$$

其中：O_{PP}——自己对现在所获报酬的感觉；O_{CI}——自己对过去所获报酬的感觉；I_{PP}——自己对个人现在投入的感觉；I_{CI}——自己对个人过去投入的感觉。

当上式为不等式时，也可能出现以下两种情况，第一种情况是：

$$\frac{O_{PP}}{I_{PP}}<\frac{O_{CI}}{I_{CI}}$$

当出现这种情况时，人也会有不公平的感觉，这可能导致工作积极性下降。

第二种情况是：

$$\frac{O_{PP}}{I_{PP}}>\frac{O_{CI}}{I_{CI}}$$

当出现这种情况时，人不会因此产生不公平的感觉，但也不会觉得自己多拿了报偿，从而主动多做些工作。

4.6.2　对公平理论的分析

公平理论提出的基本观点是客观存在的，但公平本身却是一个相当复杂的问题，这主要是由于下面几个原因：

第一，它与个人的主观判断有关。上面公式中无论是自己的或他人的投入和报偿都是个人感觉，而一般人总是对自己的投入估计过高，对别人的投入估计过低。

第二，它与个人所持的公平标准有关。上面的公平标准是采取贡献率，也有采取需要率、平均率的。例如有人认为助学金应改为奖学金才合理，有人认为应平均分配才公平，也有人认为按经济困难程度分配才适当。

第三，它与绩效的评定有关。我们主张按绩效付报酬，并且各人之间应相对均衡。但如何评定绩效？是以工作成果的数量和质量，还是按工作中的努力程度和付出的劳动量？是按工作的复杂、困难程度还是按工作能力、技能、资历和学历？不同的评定办法会得到不同的结果。最好是按工作成果的数量和质量，用明确、客观、易于核实的标准来度量，但这在实际工作中往往难以做到，有时不得不采用其他的方法。

第四，它与评定人有关。绩效由谁来评定，是领导者评定还是群众评定或自我评定？不同的评定人会得出不同的结果。由于同一组织内往往不是由同一个人评定，因此会出现松紧不一、回避矛盾、姑息迁就、抱有成见等现象。

4.6.3 公平理论对我们的启示

（1）影响激励效果的不仅有报酬的绝对值，还有报酬的相对值。

（2）激励时应力求公正，使等式在客观上成立，尽管有主观判断的误差，也不致造成严重的不公平感。

（3）在激励过程中应注意对被激励者公平心理的疏导，引导其树立正确的公平观：第一，使大家认识到绝对的公平是没有的。第二，不要盲目攀比。所谓盲目性起源于纯主观的比较。多听听别人的看法，也许会客观一些。第三，不要按酬付劳，按酬付劳是在公平问题上造成恶性循环的主要杀手。

4.7 斯金纳的强化理论

强化理论是由美国心理学家斯金纳（B. F. Skinner）提出的。这个理论是从动物的实验中得出来的。开始，斯金纳也只将强化理论用于训练动物，如训练军犬和马戏团的动物。以后，斯金纳又将强化理论进一步发展，并用于人的学习上，发明了程序教学法和教学机。他强调在学习中应遵循小步子和及时反馈的原则，将大问题分成许多小问题，循序渐进；他还将编好的教学程序放在机器里对人进行教学，收到了很好的效果。现在，强化理论被广泛地应用在激励和人的行为改造上。斯金纳的强化理论和弗隆的期望理论都强调行为同其后果之间关系的重要性，但弗隆的期望理论较多地涉及主观判断等内部心理过程，而强化理论只讨论刺激和行为的关系。

4.7.1 强化理论的内容

斯金纳认为，无论是人还是动物，为了达到某种目的，都会采取一定的行为，这种行为将作用于环境，当行为的结果对他或它有利时，这种行为就会重复出现；当行为的结果不利时，这种行为就会减少重复出现的可能。这就是环境对行为强化的结果。

在管理中，应用强化理论改造行为一般有以下四种方式：

（1）正强化（positive reinforcement）。这是指用某种有吸引力的结果，使得员工好的行为重新出现。强化物包括组织中的各种奖酬，如认可、赞赏、增加工资、提升以及创造令人满意的工作环境等。

（2）负强化（negative reinforcement）或回避（avoidance）。这是指预先告诉某种不符合要求的行为或不良绩效可能引起的不良后果，从而让员工通过按组织所要求的方式行事或避免不符合要求的行为来回避这些令人不愉快的后果。

（3）自然消退（extinction）。这是指对员工的某种行为不予理睬，以表示对该行为的轻视或某种程度的否定，从而减少员工的某种行为。

（4）惩罚（punishment）。这是指以某种带有强制性和威胁性的结果（例如批评、降薪、降职、罚款、开除等）来创造一种令人不快甚至痛苦的环境，以表示对某些不符合要求行为的否定，从而消除这种行为重复发生的可能性。

从强化的时间安排上有以下两种方法会影响强化的效果：

（1）连续强化。这是指行为每出现一次就给予强化。例如，流水作业线上的装配工人，在其产品通过质量控制检查仪时，就能得知自己的工作情况如何。

（2）间隙强化。这是指在行为出现若干次后才给予一次强化。间隙强化既可按一定时间间隔给予强化，也可在行为出现到一定数量后给予强化。

间隙强化还可按强化时间间隔的稳定性分为固定时间间隔强化和变动时间间隔强化，前者如职工每月定期发放工资或学生定期考试，后者如职工不定期升级和学生不定期的抽查考试。间隙强化按反应比例又可分为固定比例强化和变动比例强化。前者如计件工资，后者如按销售货物的难易对销售人员进行奖励。

4.7.2　强化理论对我们的启示

强化理论较多地强调外部因素或环境刺激对行为的影响，忽略人的内在因素和主观能动性对环境的反作用，具有机械论的色彩。但是强化理论的一些具体做法对我们是有用的。强化理论的应用原则可以归纳为以下几条：

（1）要依照强化对象的不同需要采用不同的强化措施。人们的年龄、性别、职业和文化不同，需要就不同，强化方式也应不一样。对一部分人有效的，对另一部分人不一定有效。

（2）小步子前进，分阶段设立目标。在鼓励人前进时，不仅要设立一个鼓舞人心而又切实可行的总目标，而且要将总目标分成许多小目标、小步子。完成每个小目标都及时给予强化，不仅易于目标的实现，而且通过不断的激励可以增强信心。有一本书叫《一分钟经理》，书中举了一个很好的例子来说明大目标、小步子的必要性。人们在动物园或电视里可能看到过这样的节目，海豚在池子里游泳，训练人员高高举起一个横杆置于水面以上，海豚能够一跃而起跨过两米多高的横杆，这不能不使人惊叹。海豚能够有如此出色的表演，就是因为训练人员刚开始训练海豚时，只是把横杆放在水下，一旦海豚从横杆上游过，就给予奖励，靠这种办法不断对海豚进行强化，并逐渐提高横杆的高度，最后海豚能够跃出水面高达数米。

人也有类似情况，如果目标一次定得太高，会使人感到不易达到或者说能够达到的期望很小，就很难充分调动他为达到目标而做出努力的积极性。

(3) 及时反馈。所谓及时反馈就是通过某种形式和途径，及时将工作结果告诉行动者。无论结果好与坏，对行为都具有强化的作用，好的结果能鼓舞人心，使人继续努力，坏的结果能促使其分析原因，及时纠正。例如，让工人知道每天干了多少活，特别是在劳动竞赛中公布相互之间的进度和成绩，能起到很好的激励作用。因此抓好信息反馈是激励和改变行为的重要环节。

(4) 强化理论告诉我们，表彰奖励（正强化）和惩罚预期（负强化）都有激励作用，但应以正激励为主，负激励为辅，才会收到更好的效果。

4.8 麦克利兰的需求理论

成就激励理论是美国哈佛大学教授戴维·麦克利兰（David C. McClelland）通过对人的需求和动机进行研究，于20世纪50年代在一系列文章中提出的。麦克利兰把人的高层次需求归纳为三种：成就、权力和归属。成就需求（need for achievement）指员工追求卓越，实现目标，争取成功的内驱力；权力需求（need for power）指塑造和控制他人的行为，追求影响力的欲望；归属需求（need for affiliation）指追求友谊和亲密的人际关系，是让别人喜欢和接受的欲望。麦克利兰对这三种需求，特别是成就需求做了深入的研究。

4.8.1 麦克利兰的需求理论的内容

1）成就需求

麦克利兰认为，具有强烈的成就需求的人渴望将事情做得更为完美，提高工作效率，获得更大的成功，他们追求的是在争取成功的过程中克服困难、解决难题、努力奋斗的乐趣，以及成功之后的个人的成就感，他们并不看重成功所带来的物质奖励。个体的成就需求与他们所处的经济、文化、社会、政府的发展程度有关，社会风气也制约着人们的成就需求。

麦克利兰发现高成就需求者有三个主要特点：

(1) 高成就需求者喜欢设立具有适度挑战性的目标，不喜欢凭运气获得的成功，不喜欢接受那些在他们看来特别容易或特别困难的工作任务。他们不满足于漫无目的地随波逐流和随遇而安，而总是想有所作为。他们总是精心选择自己的目标，因此，他们很少自动地接受别人——包括上司——为其选定目标。除了请教能提供所需技术的专家外，他们不喜欢寻求别人的帮助或忠告。他们要是赢了，会要求应得的荣誉；要是输了，也勇于承担责任。

(2) 高成就需求者在选择目标时会回避过分的难度。他们喜欢中等难度的目标，既不是唾手可得没有一点成就感，也不是难得只能凭运气。他们会揣度可能办到的程度，然后再选定一个难度力所能及的目标——也就是会选择能够取胜的最艰巨的挑战。对他们而言，当成败可能性均等时，才是一种能从自身的奋斗中体验成功的喜悦与满足的最佳机会。

（3）高成就需求者喜欢多少能立即给予反馈的任务。目标对于他们非常重要，所以他们希望得到有关工作绩效的及时明确的反馈信息，从而了解自己是否有所进步。这就是高成就需求者往往选择专业性职业，或从事销售，或者参与经营活动的原因之一。

2）权力需求

权力需求是指影响和控制别人的一种愿望或驱动力。不同人对权力的渴望程度也有所不同。权力需求较高的人对影响和控制别人表现出很大的兴趣，喜欢对别人“发号施令”，注重争取地位和影响力。他们常常表现出喜欢争辩、健谈、直率和头脑冷静；善于提出问题和要求；喜欢教训别人、并乐于演讲。他们喜欢具有竞争性和能体现较高地位的场合或情境，他们也会追求出色的成绩，但他们这样做并不像高成就需求的人那样是为了个人的成就感，而是为了获得地位和权力或与自己已具有的权力和地位相称。权力需求是管理成功的基本要素之一。

3）归属需求

归属需求就是寻求被他人喜爱和接纳的一种愿望。高亲和动机的人更倾向于与他人进行交往，至少是为他人着想，这种交往会给他带来愉快。高归属需求者渴望亲和，喜欢合作而不是竞争的工作环境，希望彼此之间的沟通与理解，他们对环境中的人际关系更为敏感。有时，归属需求也表现为对失去某些亲密关系的恐惧和对人际冲突的回避。归属需求是保持社会交往和人际关系和谐的重要条件。

麦克利兰的归属需求与马斯洛的感情上的需求基本相同。麦克利兰指出，注重归属需求的管理者容易因为讲究交情和义气而违背或不重视管理工作原则，从而会导致组织效率下降。

4）成就需求与工作绩效的关系

在大量研究的基础上，麦克利兰对成就需求与工作绩效的关系进行了十分有说服力的推断。

首先，高成就需求者喜欢能独立负责、可以获得信息反馈和中度冒险的工作环境。他们会从这种环境中获得高度的激励。麦克利兰发现，在小企业的经理人员和在企业中独立负责一个部门的管理者中，高成就需求者往往会取得成功。

其次，在大型企业或其他组织中，高成就需求者并不一定就是一个优秀的管理者，原因是高成就需求者往往只对自己的工作绩效感兴趣，并不关心如何影响别人去做好工作。

再次，归属需求与权力需求和管理的成功密切相关。麦克利兰发现，最优秀的管理者往往是权力需求很高而归属需求很低的人。如果一个大企业的经理的权力需求与责任感和自我控制相结合，那么他就很有可能成功。

最后，可以通过对员工进行训练来激发他们的成就需求。如果某项工作要求高成就需求者，那么，管理者可以通过直接选拔的方式找到一名高成就需求者，或者通过培训的方式培养自己原有的下属。

4.8.2 麦克利兰需求理论对我们的启示

麦克利兰的需求理论在企业管理中很有应用价值。

（1）麦克利兰的需求理论相当于马斯洛的五层次理论的上面三层——自我实现、尊重和社交需求。麦克利兰的观点实质上是强调满足人的这三个层次的非物质需求的重要性，在人的激励问题上，主要取决于精神需要的满足程度。

（2）在人员的选拔和安置上，通过测量和评价一个人动机体系的特征进行分派工作和安排职位。

（3）对不同需求的人采取不同的激励方式，可以取得更好的激励效果。

（4）可以通过训练提高员工的成就动机，以提高生产率。

4.9 波特和劳勒的综合激励模式

波特（L. W. Porter）和劳勒（E. Lawler）以期望理论为基础导出了更完备的激励模式，该理论建立在期望理论、公平理论、强化理论、双因素理论和需要层次理论的基础上，较好地说明了整个激励过程，如图 4-11 所示。

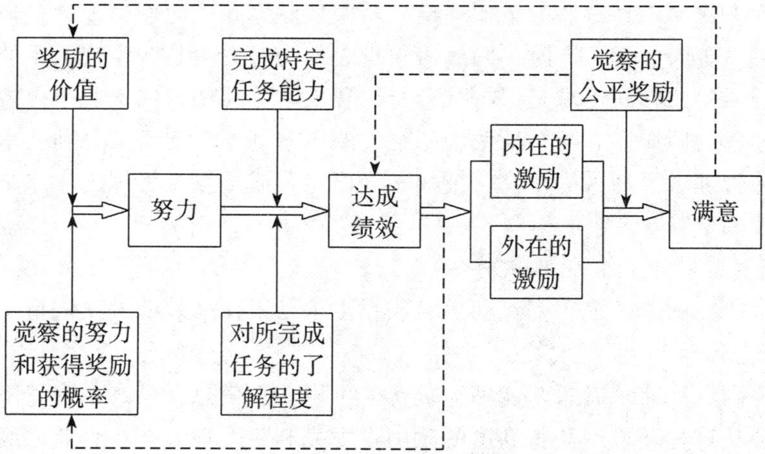

图 4-11 波特和劳勒的综合激励模式

分析这个模式可以得出这样几点：

（1）努力来自于报酬、奖励的价值，个人认为需要付出的努力和受到奖励的概率，而觉察出来的努力和奖励的概率也受到过去经验和实际绩效的影响。如果人们确切知道，他有把握完成任务或者过去曾经完成的话，他将乐意做出努力并对奖励的概率更加清楚。

（2）工作的实际绩效取决于能力的大小、努力程度以及对所需完成任务理解的深度，如对完成目标所需从事的活动，以及影响任务完成的其他因素的理解和掌握。

（3）奖励要以绩效为前提，不是先有奖励后有绩效，而是必须先完成组织任务才能导致精神的、物质的奖励。当职工看到他们的奖励与成绩很少有关系时，这样的奖励将不能成为提高绩效的刺激物。

（4）激励措施是否会产生满意，取决于受激励者认为获得的报偿是否公平。

（5）满意将导致进一步的努力。

波特和劳勒的激励模式是激励系统一个比较恰当的描述，告诉我们激励并不是简单的因果关系。不要以为设置了激励目标就一定能获得所需的行动和努力，并使员工满意。要形成奖励目标→努力→绩效→奖励→满意以及从满意反馈回努力这样的良性循环，取决于奖励内容、奖励制度、组织分工、目标导向行动的设置、管理水平、公平的考核和领导作风等综合性的因素。

4.10　激励的一般原则和方法

4.10.1　人员激励的原则

激励是一门科学，其理论基础是马斯洛的需要层次论。正确的激励应遵循以下原则：

1）目标结合原则

在激励机制中，设置目标是一个关键环节。目标设置必须体现组织目标的要求，否则激励将偏离实现组织目标的方向。目标设置还必须能满足职工个人的需要，否则无法提高职工的目标效价，达不到满意的激励强度。只有将组织目标与个人目标结合好，使组织目标包含较多的个人目标，使个人目标的实现离不开为实现组织目标所做的努力，这样才会收到良好的激励效果。激励过程如图4-12所示。

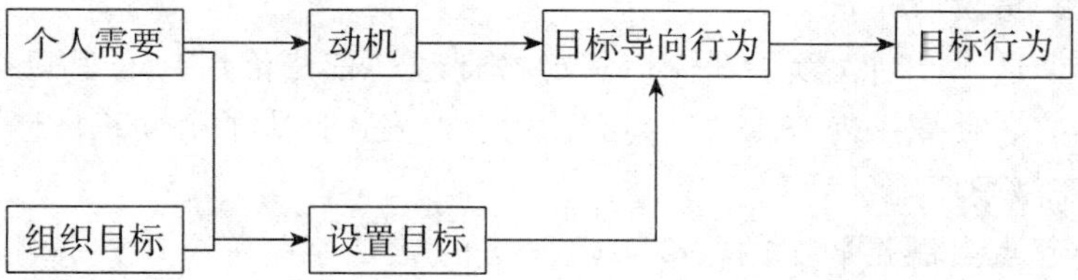

图4-12　激励过程示意图

2）物质激励与精神激励相结合原则

职工存在着物质需要和精神需要，相应地，激励方式也应该是物质激励与精神激励相结合。鉴于物质需要是人类最基础的需要，但层次也最低，物质激励的作用是表面的，激励深度有限。因此，随着生产力水平和人员素质的提高，应该把重心转移到以满足较高层次需要即社交、自尊、自我实现需要的精神激励上去。换句话说，物质激励是基础，精神激励是根本，在两者结合的基础上，逐步过渡到以精神激励为主。在这个问题上应该避免走极端，迷信物质激励则导致拜金主义，迷信精神激励又导致唯意志论或精神万能论，事实证明两者都是片面的、有害的。

3）外激与内激相结合原则

根据美国学者赫兹伯格的“双因素理论”，在激励中可区分两种因素——保健因素和激励因素。凡是满足职工生存、安全和社交需要的因素都属于保健因素，其作用只是消除不满，但不会产生满意，这类因素如工资、奖金、福利、人际关系等，均属于创造工作环境方面，也叫做外在激励，简称外激。满足职工自尊和自我实现需要，最具有激发力量，可以产生满意，从而使职工更积极地工作，这些激励因素往往不是外在激励因素，而是内在激励因素，即使员工从工作本身（而非工作环境）取得很大的满足感，或工作中充满了兴趣、乐趣和挑战性、新鲜感，或工作本身意义重大、崇高，激发出光荣感、自豪感，或在工作中取得成就、发挥了个人潜力、实现了个人价值时所出现的成就感、自我实现感。这一切所产生的工作动力远比外激要深刻和持久。因此，在激励中，领导者应善于将外激与内激相结合，而以内激为主，力求收到事半功倍的效果。

4）正激与负激相结合原则

根据美国心理学家斯金纳的强化理论，可把强化（即激励）划分为正强化和负强化。所谓正激（正强化）就是对职工的符合组织目标的期望行为进行奖励，以使得这种行为更多的出现，即职工积极性更高；所谓负激（负强化）就是对职工的违背组织目的的非期望行为进行惩罚，以使得这种行为不再发生，即犯错误职工弃恶从善，积极性向正确方向转移。显然正激与负激都是必要而有效的，不仅作用于当事人，而且会间接地影响周围其他人。通过树立正面的榜样和反面的典型，扶正祛邪，形成一种好的风气，产生无形的压力，使整个群体和组织的行为更积极、更富有生气。但鉴于负激具有一定的消极作用，容易产生挫折心理和挫折行为，应该慎用。因此，领导者在激励时应该把正激与负激巧妙地结合起来，而坚持以正激为主，负激为辅。

为了贯彻这一原则，领导者应该把严格管理（依法治厂）与思想工作（文化管理）相结合，使职工外有压力，内有动力，焕发出巨大的劳动积极性。

5）按需激励原则

激励的起点是满足职工的需要，但职工的需要存在着个体差异性和动态性，因人而异，因时而异，并且只有满足最迫切需要（主导需要）的措施，其效价才高，其激励强度才大。因此，领导者在进行激励时，切不可犯经验主义错误，搞 30 年一贯制。须知，在激励上不存在一劳永逸的解决办法，更没有放之四海而皆准的法宝。领导者必须深入地进行调查研究，不断了解职工需要层次和需要结构的变化趋势，有针对性地采取激励措施，才能收到实效。一些单位出现奖金越发越多，而职工出勤率越来越低的现象，这正是领导者违背按需激励原则而尝到的苦果。

6）民主公正原则

公正是激励的一个基本原则。如果不公正，奖不当奖，罚不当罚，不仅收不到预期的效果，反而会造成许多消极后果。公正就是赏罚严明，并且赏罚适度。赏罚严明就是铁面无私，不论亲疏，不分远近，一视同仁。正如韩非子所说："诚有功，则虽疏贱必赏；诚有过，则虽近爱必诛。"赏罚适度就是从实际出发，赏与功相匹配，罚与罪相对应，既不能小功重奖，也不能大过轻罚，正如徐翰在《中论·赏罚》中所说："赏轻则民不劝，罚轻则民亡惧，赏重则民侥幸，罚重则民不聊生。"

民主是公正的保证，也是社会主义激励的本质特征。我国是社会主义国家，人民当家做主，人与人之间完全平等。职工是企业的主人，他们通过职代会行使自己的民主权利。职代会对奖惩制度具有决定权，对厂长、书记等企业负责人的奖惩具有建议权。至于一般职工的奖励和惩罚方案，一般也经由工会组织的充分参与，包括职工的民主评议环节。这是防止奖惩上的不正之风，确保公正的有力措施。

4.10.2　精神激励的方法

精神激励是十分重要的激励手段，它通过满足职工的社交、自尊、自我发展和自我实现的需要，在较高的层次上调动职工的工作积极性，其激励深度大，维持时间长。

国内外的先进企业在这方面积累了丰富的经验，大体上有如下行之有效的方法：

1）目标激励

企业目标是一面号召和指引千军万马的旗帜，是企业凝聚力的核心。它体现了职工工作的意义，预示着企业光辉的未来，能够在理想和信念的层次上激励全体职工。韩国现代集团创始人郑周永说："没有目标信念的人是经不起风浪的。由许多人组成的一个企业更是如此，以谋生为目的而结成的团体或企业是没有前途的。"职工的理想和信念应该通过企业目标来激发并使两者融为一体。企业应该将自己的长远目标、近期目标大张旗鼓地进行宣传，做到家喻户晓，让全体职工看到自己工作的巨大社会意义和光明的前途，从而激发大家强烈的事业心和使命感。

在进行目标激励时，还应注意把组织目标与个人目标结合起来，宣传企业目标与个人目标的一致性，企业目标中包含着职工的个人目标，职工只有在完成企业目标的过程中才能实现其个人目标。使大家具体地了解：企业的事业会有多大发展，企业的效益会有多大提高，相应地，职工的工资奖金、福利待遇会有多大改善，个人活动的舞台会有多少扩大，使大家真正感受到"厂兴我富，厂兴我荣"的道理，从而激发出强烈的归属意识和巨大的劳动热情。

美国IBM公司、日本松下公司、丰田公司、中国二汽等企业，在目标激励方面都是卓有成效的。

2）内在激励

日本著名企业家稻山嘉宽在回答“工作的报酬是什么”时说：“工作的报酬就是工作本身!”深刻地指出内在激励的无比重要性。特别在解决了温饱问题之后，职工更关注工作本身是否有吸引力——在工作中是否有无穷的乐趣，在工作中是否会感受到生活的意义；工作是否具有创造性、挑战性；工作内容是否丰富多彩、引人入胜；在工作中能否取得成就，获得自尊，实现自我价值等。

为了搞好内在激励，发达国家花费许多时间和精力进行“工作设计”，使工作内容丰富化和扩大化，用来提高工人的劳动积极性。

我国许多企业也想了许多办法，如厂内双向选择，选择自己满意的工作；根据职工兴趣爱好，为其调整工作岗位；在厂内设立“操作师”“助理操作师”工人技术职称等，均收到了较好的激励效果。

3）形象激励

一个人通过视觉感受到的信息，占全部信息量的80%，因此充分利用视觉形象的作用，激发职工的荣誉感、光荣感、成就感、自豪感，也是一种行之有效的激励方法。

最常用的方法是照片上光荣榜，借以表彰本企业的标兵、模范。每天上班大家都从光荣榜前经过，不仅先进者本人深受鼓舞，而且更多的职工受到激励，心想：争取我的照片也上光荣榜。

现在，许多大型企业都安装了闭路电视系统，并开设了“厂内新闻”等电视节目，使形象激励又多了一个更有效、内容更丰富、更灵活多样的手段。厂内的新人、新事、五好青工、优秀党员、模范家属、劳动模范、技术能手、爱厂标兵等，都在“厂内新闻”中成为新闻人物，立即通过视觉形象传遍千家万户，不仅本人感到光荣，而且全家引以自豪，这种激励效果是强有力的。

还有些企业通过举办“厂史展览”“摄影大赛”等形式，收到了形象激励的显著效果，这些经验均可借鉴。

4）荣誉激励

荣誉是众人或组织对个体或群体的崇高评价，是满足人们自尊需要、激发人们奋力进取的重要手段。特别是在中国，自古以来就重视名节，珍视荣誉，这个环节尤为重要。

给予“先进生产者”“生产能手”“五好标兵”“青年突击队”“优秀共产党员”“红旗车间”“三八红旗手”等荣誉称号，激励了成千上万的先进个人、先进集体，也激励了更多的有进取心的人。

在实际工作中，可以灵活地运用荣誉激励手段。例如，某轴承厂职工多住在郊区农村，家里有农田，每到周末职工回家都要忙农活。为了赶一批出口生产任务，工厂决定装配车间加班突击，连续几个星期天不休息。一开始，职工家属意见很大，说：“耽误了农时谁负责?”厂领导在下一星期天，将职工家属请到工厂，请他们参观职工加班现场，并再三解释出口任务遵守交货期的重要性，耽误交货期造成的损失，按期交货带来的收益。然后召开了加班工人及其家属的全体会，工厂领导亲自把大红花挂在每位家属胸前，每朵红花下面的红纸条上写有“好后勤”三个大字，厂长代表全厂职工衷心感谢好后勤们的支持。在欢腾的锣鼓声中家属们走出工厂大门，从此再没有人提意见。每当碰到困难，想发牢骚时，就咬咬牙坚持住了。这个成功的事例值得我们效法。

5）兴趣激励

兴趣对人们的工作态度、钻研程度、创造精神的影响很大，往往与求知、求美和自我实现密切相联。在管理中重视兴趣因素会取得很好的激励效果。

国内外都有一些企业允许甚至鼓励职工在企业内部“双向选择，合理流动”，让职工找到自己最感兴趣的工作。兴趣可以导致专注，甚至于入迷，而这正是获得突出成就的重要动力。宝山钢铁厂对一位精简下来的职工进行考察，发现他没什么大毛病，只是喜欢文娱活动，吹拉弹唱样样通，由于在文艺活动上花费精力过多，影响了工人岗位的本职工作，人事部门大胆地将他调到厂文艺宣传队任副队长，结果干得非常出色。

吸收一些喜欢钻研有关操作技术、热心于技术革新活动的职工，到“技改小组”“TQC小组”中来，不仅使他们的兴趣爱好有用武之地，而且还可激发出参与感、归属感，增加其主人翁责任感。

业余文化活动是职工兴趣得以施展的另一个舞台。许多企业由工会出面，组织了摄影、戏剧、舞蹈、棋类、书画、集邮、歌咏等兴趣小组或兴趣协会，使职工的业余爱好得到满足，增进了职工之间的感情交流，使他们感受到企业的温暖和生活的丰富多彩，大大增加了职工的归属感，满足了社交需要，有效地提高了企业的凝聚力。

兴趣活动往往是帮助后进职工、启发其觉悟、变后进为先进的转化器。某国有大企业，有一个外号叫“打架大王”的后进职工，整天游游逛逛，不好好工作。但他有集邮爱好，并到了入迷的程度，顺便也搞一点倒卖邮票的活动，捞点外快。工会成立了工厂集邮协会，出人意料地请他担任副会长。他觉得“既然工会看得起我，我就要干出点样子来”。他充分地发挥了个人特长，举办集邮讲座、邮票展览，把全厂集邮爱好者的业余生活搞得有滋有味，大家对他的看法和态度也有改善。他个人深藏在内心的归属需要、自尊需要、自我实现需要也开始苏醒，在8小时本职岗位上，一改过去的散漫不负责的态度，最后成为生产能手。这个事例值得我们深思。

6）参与激励

现在常常听到企业负责人埋怨工人缺乏主人翁精神，也常常听到职工发牢骚，说：“我们工人只是听喝（斥）的。”也有的职工讽刺说：“我们厂的职代会就像是兵马俑——看上去威武雄壮，实际上一点也不起作用。”

怎样激发职工的主人翁精神？办法只有一个，就是厂长如实地把职工摆在主人的位置上，尊重他们，信任他们，把企业的底牌交给他们，让他们在不同层次和不同深度上参与决策，吸收他们中的正确意见，全心全意地依靠他们办好企业。这在管理学中叫“参与激励”。通过参与，形成职工对企业的归属感、认同感，进一步满足自尊和自我实现的需要。

职工通过“全面质量控制小组（TQC）”，参与班组民主管理，通过“职代会”“企业管理委员会”中的代表参与企业重大决策，这是目前我国职工参与企业决策和企业管理的主要渠道。其他常见的参与激励形式还有家庭访问、“诸葛亮会”“花钱买批评”等。在国内外企业中普遍采用的“奖励职工合理化建议”制度，是行之有效的职工参与形式。

7）感情激励

人与动物的基本区别是人有思想有感情。感情因素对人的工作积极性有重大影响。感情激励就是加强与职工的感情沟通，尊重职工、关心职工，与职工之间建立平等和亲切的感情，让职工体会到领导的关心、企业的温暖，从而激发出主人翁责任感和爱厂如家的精神。

常见的感情激励形式有“三必访”“五必访”“让工人坐头排”制度，生日祝贺礼仪（领导亲自祝贺，送生日蛋糕、生日卡，举办生日晚会、生日舞会等），每天上班时经理人员迎接职工上班，为职工排忧解难，办实事，送温暖活动等。

感情激励的技巧在于“真诚”二字。白云山制药厂的老厂长贝兆汉说得好：“你若要求工人以厂为家，就应该把工厂办得像家一样温暖。”

8）榜样激励

模仿和学习也是一种普遍存在的需要，其实质是完善自己的需要，这种需要对青年尤为强烈，最典型的表现是“明星效应”。榜样激励是通过满足职工的模仿和学习的需要，引导职工的行为到组织目标所期望的方向。

榜样激励的方法是树立企业内的英雄模范人物的形象，号召和引导职工模仿学习。像王进喜、张秉贵、焦裕禄等英雄模范人物，曾在全中国起了很好的榜样作用。树立和宣传劳动模范时，切忌拔高、理想化，搞成“高、大、全”；也不要躲躲闪闪，不敢充分肯定，使英模身上的光彩人为地淡化。这两种倾向都违背了实事求是的原则，因而都缺乏号召力、感染力。

榜样激励的一个重要方面是领导者本人的身先士卒，率先垂范，正如一些企业负责人所说：“喊破嗓子，不如做出样子。”领导的一个模范行动，胜过十次一般号召。山东的一个水泥厂曾经是个老大难企业，连续换了8位厂长也没能扭转局面。新厂长上任伊始，充分发挥各级干部的榜样作用，“一级干给一级看，一级带着一级干”。盛夏时节打窑皮，冒着70℃～80℃的高温，干部党员带头干，而干部的奖金却只拿工人的1/3。领导者的模范行动，像无声的命令，激发出工人的主人翁精神和向干部学习的热情，终于打破了工作的僵局，摘掉了“老大难”的帽子。像这样的事例，在企业中可以说是成千上万。

以上只是精神激励的常见做法。在实际工作中，应该针对不同情况，从实际出发，综合地运用一种或多种激励手段，以求收到事半功倍的效果。这种权变的、综合运用不同手段的思想是精神激励的基本技巧。

个案分析

悟空要走，怎么办

凭着严格的军事化管理，智明集团走出了因公司快速发展而混乱的泥沼，但也带来如何管理“悟空型”人才的问题。典型的“悟空”代表Tim，因不堪忍受统一严格的管理风格而提交了辞呈。是否该让他离开？智明老总姜东涛一时间没了主意。

阳光、海滩、儿子初次下海的欣喜与惊慌，在智明集团总裁姜东涛的眼中形成了人间绝美的画面。正在海南享受假期的姜东涛不禁感慨：10年了，为了公司的发展与妻儿聚少离多，身体也每况愈下，幸得公司如今终于在国内成功上市，进入正轨，成为信息服务行业的老大。如果没有其他硬性法律规定，智明的海外上市也应该没什么大问题。想到这些，姜东涛不禁笑出声来。

智明集团是一家成立于1995年以提供信息服务为主的行业网络媒介，初期注册资本20万元人民币，2004年上市IPO价格超过上亿美元。如今智明正在从一个传统的信息服务商向网上服务商转型，员工也由原来的20多人增加到2 000多人，其中研发部门知识员工占20%以上。

一阵急促的电话铃声把姜东涛从惬意的展望中惊醒：“姜总，Tim昨天提交了辞呈，公司上下关于他的议论沸沸扬扬，还有传言说他可能会去杉沐。”智明运营总监赵冉看似平和的语气下面隐藏着强烈的不安与不满。

杉沐集团与智明一样同属信息服务行业，但管理风格却截然不同。智明以军事化管理著称，杉沐以人性化管理见长。当然也各自取得了成效：军事化管理使智明能够迅速、高效、保质地完成各种任务目标，统一运用、调配资源；人性化管理给杉沐营造了轻松、愉快的工作氛围，“笼络”了一批有性格、有技术的知识员工，进而在研发、创新方面有了长足的发展。这几年杉沐紧咬着智明不放，大有赶超智明之势。

“Tim？技术开发部的Tim？他为什么要走？他负责的‘急速火龙’不是进行得很顺利吗？好吧，先这样，我回去处理。”姜东涛郁闷地挂掉电话，兴致勃勃的旅行就这样结束了。

5年前，Tim从清华大学获得软件工程博士学位后加入智明集团技术开发部，现在已成为公司的技术骨干。他提议并且正在主持建设的“急速火龙”扩容项目，对于公司的转型意义非凡。在信息服务这个行业，“快”就是制胜法宝，项目一旦搁置，对智明的损失就将难以估量；而如果Tim再跳到杉沐，损失就更是无法计算。

第二天中午，一下飞机，姜东涛就急忙打了一个电话给李晓波。李晓波和赵冉都是跟随他开疆辟土的元老，现在是智明的技术总监。Tim也是他在一次高学历人才招聘会上“相”来的“良马”。

“晓波呀，我才走了几天公司就出了这么件事。Tim 是你的人，现在‘急速火龙’正在进行，可容不得有什么闪失。我真不明白，5 年前 Tim 是个毛头小子，是我们让他成长为今天的行业‘大牛’，去年公司还给他配了股，他还有什么不满意?”姜东涛越说声调越高。“姜总，我看这事儿还是见面再谈，中午我们碰个面，边吃边聊吧。”放下电话，李晓波通知秘书在饭店订了位子。姜东涛刚下飞机，赶过来怎么也要下午 1 点。李晓波打算趁这段时间梳理一下思路，想想最近发生的事情。

Tim 确实是个才子，也许正因为是才子，才有才子的通病：桀骜不驯，纪律性差，当公司的规章制度是透明的，对公司其他部门的活动也漠不关心。用“孙悟空”来形容他再形象不过。不过 Tim 对李晓波还是非常尊敬的，大家同是搞技术出身，李晓波对 Tim 的工作方式又从不干涉，还经常为他闯下的“祸”善后。

上周因为技术测试，Tim 与组员连续工作 30 多个小时，他让组员们回家睡觉，第二天就不用来了，他会给大家请假。疲惫至极的 Tim 回家倒头就睡，早就把请假的事儿抛到了九霄云外。第三天一进公司，Tim 就看到了人力资源部的通报：因无故旷工，Tim 小组本月奖金全部扣罚，并且全公司通报批评。Tim 看后气冲冲地闯进了张军的办公室喊道：“是我让他们不用来的，要罚罚我自己好了，奖金没了无所谓，可是全公司通报批评是对他们人格的一种伤害。你最好马上道歉。还有，你以为你管理的都是机器吗?”

“罚你一个人好了？你当公司是什么地方？你当你自己是谁？是梁山的好汉吗？讲义气讲人情就可以管理好公司？公司的规定不是你能改的，更不是什么摆设。还有，我不用你来教我怎么工作。”张军看着眼前这个头发蓬乱、胡子拉碴的男人大声回应道。“都给我住嘴!”李晓波的到来停止了他们的争执，他正想叫 Tim 去他的办公室，可一转眼 Tim 已经走了。

张军，35 岁，著名商学院 MBA 毕业后供职于以军事化管理闻名的远恒公司，主管人力资源。前几年，智明曾一度出现困惑：随着公司的发展，员工越来越多，岗位要求不同造成员工素质也参差不齐。员工随意性大，工作积极性差，上班迟到、早退、请假时有发生，懒散混乱的气氛弥漫于公司上下。公司虽然没有大的“病灶”，但按现在的说法也是处于“亚健康”状态。于是张军被请进来。他一上任，就对公司进行了一系列改革：

严格实行考勤制度；上班统一着装，佩证上岗；新员工必须参加严格的军训；万事以部门为单位，强调统一、整体，不允许张扬个性；定期组织员工参加拓展训练，增强团队精神；编写流程文件，各事务按照文件、流程执行。各项措施制定后严格执行，即使是领导也一视同仁。

2 年下来，一系列的改革让公司焕然一新，员工的团队意识大大增加，懒散的风气在公司一扫而空，智明也因张军的军事化管理而闻名业界。

但 Tim 这样的技术员工，大都不喜欢受约束，随意性大，就像我们从来不会看到悟空踏着正步规规矩矩走在唐僧边上一样。按时上下班，对于作息时间不规律的技术人员来说是一种痛苦，要是再让他们穿西服打领带长时间地坐在电脑前，那简直就是被压在了五行山下。

一方面，张军坚持严格管理，不允许出现例外；另一方面，Tim 依然我行我素。他们的矛盾愈演愈烈，直至上周公开激化。张军也曾向上级反映过，但上级领导总是认为这是“人民内部矛盾”，大家私下协调解决就好。

“反映情况，真实地反映下属的心声，也只能这样了。”李晓波喃喃自语，看了看表已是 12 点 40 分，走到饭店时间也差不多了。深吸一口气，李晓波向门外走去。

进了饭店，姜东涛已先到一步，运营总监赵冉也在。招呼李晓波坐下后，赵冉说道：“Tim 真要走就让他走好了，正好给那些自以为是的人一个警告。像我们这样知识密集型公司多的就是人才，我就不信没有他 Tim，公司还不发展了。”赵冉的不悦全写在了脸上。

“对！像我们这样知识密集型公司多的就是人才，一个 Tim 走了，对我们这样的大公司确实不会造成非常大的损失。问题是，下一个 Tim 要走，我们也让他走吗？Tim 在我们公司不是一个人，而是一类人，他们有技术、有才能，只是不遵守制度。我认为他的离开不是那么简单的一件事，这引发了一个根本性问题：整齐划一的军事化管理到底适不适合 Tim 这样的知识员工？怎么管理他们？”李晓波也是技术出身，他打心眼里理解“Tim 们”。他也曾经是“Tim”，只是多年的职业生涯早已磨损了当年的锐气。

“难道公司的制度是摆设吗？张军的成果大家有目共睹。”赵冉用手指戳了戳桌子，“无规矩不成方圆。现在公司越来越大，2 000 多人都讲个性，公司怎么治理？华为、长虹、春兰不都是以军事化管理闻名吗？究其原因，军事化管理下会形成很多优秀的品质，比如使命感、荣誉感、责任感等，而这些正是 Tim 他们所缺乏的。”

“你说的都对，可是人毕竟是有差异的，工作内容也各不相同。这是 Tim 写给我的信，其实我们从来都没有了解过他们的需求，倾听过他们的心声。”李晓波低沉的声音传递着淡淡的忧伤，听得出 Tim 的离开让他感到不舍。

等菜上齐了，Tim 写给李晓波的信大家都传阅了一遍。

李总：

您好！当您看到这封信时，我即将带着深深的眷恋与不舍离开智明。请您原谅我的选择，我的离开也许会让您感到伤心并且为难，但我还能怎样？

这几年来公司给我加了薪、升了职，我万分感激，不仅因为金钱和名誉，更是为自己能够得到公司的认可。去年公司给我配了股，让我找到了许久没有的归属感，这种归属感没有任何强加之意，完全由心而生。我们这类人的职业特征与性格决定了我们不愿意像小学生一样处处被人管着。但是，在工作中我们凡事都要打报告、填表格，出一次差，差不多要填 60 多种表格，几乎细致到每半个小时的工作进展。每份表格又有不同的填表方法、传递方式、批准程序、执行要求。这些表格让我抓狂，根本无法工作。

编程是一项连续性工作，需要不间断的时间和自由的空间。但在公司我找不到完整的东西，包括时间、空间和自我。公司总在一味地追求制度面前人人平等，而简单一刀切的平等对于我们而言是最大的不公平。研发是自下而上的，环境不平等、心情不愉快，就没有人会心无杂念、全身心地投入到工作中。下层创新动力不足，上层的业绩也不会有突破。公司需要成绩来发展，我们同样需要成绩来肯定自己。

5 年的时间，与智明一同前行，我甚至熟悉里面的每一张桌椅，带着无限的眷恋，我即将离开。写这封信我完全没有怨恨或者辩解的意思，只是在临走之前让您听到我的心声，希望您可以透过它，了解像我一样的人。最后，感谢您对我的提携之恩以及这些年来对我的照顾与帮助。日后有用的着我 Tim 的地方，我定当尽力。

此致！

Tim

20××年×月×日

“但是，文件体系是公司制度的具体表现形式，文件能使员工的工作差错最少、效率最高，成为企业生存和持续发展的首要保证。”赵冉依然执着。

该不该让 Tim 走？姜东涛突然间没了主意……

资料来源　党永嘉．悟空要走，怎么办［J］．北大商业评论，2006（3）．

问题：

你认为智明集团的管理模式是否合理？这种管理模式对“悟空型”人才有什么影响？

本章小结

需要是人类行为的原动力，因此马斯洛的需要层次论、赫兹伯格的双因素论，以及麦克利兰的激励需要理论，都是围绕着满足人的需要进行激励的。

而弗隆的期望理论、亚当斯的公平理论，着重研究人从动机产生到采取行动的心理过程。卢因的群体动力论则是从人与环境的交互作用角度，来分析激励问题。

强化理论的主要代表人物是斯金纳。他着重研究人的行为的结果对其行为的反作用。在管理中，应用强化理论主要有两个方式：正强化、负强化。

对于现实中复杂的激励问题，应该从各个方面综合地加以考虑。波特和劳勒的综合激励模式是一种有代表性的综合激励理论。

激励的一般原则：目标结合原则，物质激励与精神激励相结合原则，外激与内激相结合原则，正激与负激相结合原则，按需激励原则，民主公正原则。

精神激励的主要方法：目标激励、内在激励、形象激励、荣誉激励、兴趣激励、参与激励、感情激励、榜样激励。

关键概念

需要理论　期望理论　公平理论　群体动力论　强化理论　综合激励理论

复习思考题

1. 产生行为的原因是什么?
2. 解释人的行为来源于动机，而动机又来源于需要。
3. 人的行为是如何循环的?
4. 哪些因素影响人的动机强度?
5. 何谓优势动机?
6. 何谓主导需要?
7. 什么是激励?激励的实质是什么?
8. 简述激励的过程。
9. 马斯洛需要层次论的主要内容是什么?
10. 马斯洛需要层次论对管理有哪些贡献，我们应该如何扬弃?
11. 马斯洛需要层次论有哪些不足?
12. 双因素理论的主要内容是什么?在我国现有状况下奖金是激励因素，还是保健因素?
13. 双因素理论有哪些优缺点，我们如何借鉴?
14. 卢因的群体动力论对我们有什么启示?
15. 以你周围的一个群体为例，描述它的目标、结构、领导者、群体凝聚力及士气如何。
16. 你所处群体中的气氛如何?对群体成员产生着怎样的影响?
17. 期望理论的基本内容是什么?
18. 期望理论提出在进行激励时要处理好哪些因素?
19. 解释波特和劳勒的激励模式。
20. 公平理论有什么实际意义?
21. 强化理论的主要内容是什么?
22. 如何应用强化理论?
23. 为什么强调正激与负激相结合，但应以正激为主?试举例说明。
24. 人员激励应遵循哪些原则?
25. 精神激励有哪些常用的方法?
26. 为什么说物质激励是基础，精神激励是根本?

第 5 章 / 工作压力

学习目标

本章主要讨论工作压力的来源、影响以及压力管理的方法。在学习压力管理之前，首先了解压力的概念与来源、压力的影响、压力的个体差异，重点掌握工作压力的主要来源和工作倦怠的概念。在此基础上，掌握个体和组织应对压力的策略和方法。了解和掌握员工帮助计划的概念、内容和实施方法。

引例：王奇的一天

早上6：00，当王奇还在睡梦中的时候，那该死的闹钟就响了。王奇无奈地挣扎着起来，洗漱、穿戴妥当，6：30冲出家门。早餐？王奇已经很久不知道早餐的味道了。不过，如果到得早，抽屉里还有饼干和咖啡供享用。

到了公共汽车站，真不巧，一辆车刚走，只能等下一班了。今天路上堵车格外严重，王奇到办公室的时候，刚好8：30。急忙冲到打卡机前，万幸！再晚一分钟就迟到了。

整个上午，王奇像只陀螺一样忙个不停。一会儿电话响了，一会儿前台的小姐说约好的客户来了。刚与客户会谈完回到座位上，老板就在里面喊："那份××报告准备好了吗？"咦？老板不是说明天才要吗？可能是自己记错了，因为老板怎么会错呢？只好匆忙在电脑里将那份自己都觉得不太满意的报告作了点简单的加工，硬着头皮拿给老板。老板看了看，皱着眉头说："王奇，你太让我失望了！这件事情不用你做了，我自己做吧。"

中午，王奇在楼下食堂里吃午饭，脑子里还想着老板的"你太让我失望了"，忽然手机响了，同事说一个重要的项目出了问题，王奇的脸色马上就变了，饭也没吃完，就忙着去处理问题。项目问题处理完了，已经是下班时间了。可是王奇还不能走，因为明天要交的月报还没做完，本来打算今天下午做的，结果耽误了，只好加班完成了。

晚上，王奇只简单吃了个麦当劳的汉堡，其余的时间都用来做月报。等他到家的时候，已经是晚上11点了。

现代社会，每个上班族都可能经常像王奇这样度过一天。缺乏充足的睡眠、不健康的饮食、交通堵塞、紧张的工作节奏和过长的工作时间、人际冲突、突发事件……这一切都会给人们带来压力。压力无时无刻不在威胁着人们的身心健康，也影响人们在组织中的工作。本章中我们将要讨论的就是工作压力的形成与影响，以及如何应对压力。

5.1　工作压力：成因与影响

随着就业竞争的加剧、工作节奏的加快，工作压力问题已经越来越成为工作组织中所面临的问题。压力可能造成情绪问题或生理问题，这些问题可能是暂时的也可能是持久的，压力产生的原因可能来自于工作场合也可能来自于工作场合之外。任何人都不可能对压力具有免疫作用。压力造成的影响可能会涉及组织行为的各个层面，包括个体的、群体的和整个组织的。当压力过强或持续的时间过长的时候，会给组织中的个体及组织带来很多负面影响。

5.1.1　压力的基本概念

1）什么是压力

每个人都可以感受到周围压力的存在。例如，接受了一份具有挑战性的工作，老板对工作的期望值很高；公司决定裁员，自己可能有失业的可能；明天就是该交报告的期限了；与部门主管闹了别扭；项目谈判进行得一筹莫展等。在很多人心目中，压力往往是与困难的、挫折的、不愉快的体验紧密相连的。这些人往往是将压力视为使人感到紧张的事件或环境刺激，也就是说压力对人来说是外部的。

现在更多的压力研究者认为压力（stress）是个体对需要或外部紧张刺激的生理或心理反应。因此，国内有学者建议将“压力”一词翻译为“应激”。不过，在本书中，我们继续使用压力的译法，因为这种译法更为国内的读者所熟悉。压力的生理反应可能包括交感神经系统的唤醒和肾上腺分泌激素等。哈佛大学著名的生理学家坎农（W. Cannon）提出机体在面临外部紧张刺激时会试图维持体内环境的平衡，因此会提高体内的生理唤醒水平，也就是机体在受到外力作用时会“反弹”或“防止变形”。压力的心理反应也表现为一种心理唤醒状态，个体内部会出现一种解释性的、情感性的、防御性的反应。可见，压力是当个体面临紧张刺激时所产生的内部的一种生理和心理准备状态，使得个体随时准备对刺激做出反应。

2）压力的基本模式

压力的基本模式如图 5-1 所示。

从图 5-1 中可以看出，压力是个体对各种刺激做出生理、心理和行为反应的综合模式。与压力相关的几种主要因素是压力源、个体对压力源的认知、紧张状态。各种有可能使个体产生压力的刺激都是压力源（stressor）。例如，繁重的工作负担、紧张的人际关系、一次即将到来的考试都会成为压力源。有压力源只是意味着有产生压力的可能性，到底是不是真的产生压力，还要受个体对压力源的解释和评价的影响。只有当个体认为压力源对自己构成威胁时，或者用自己现有的能力难以应付时，才会产生压力。紧张（strain）是指个体在持续的压力作用下所产生的

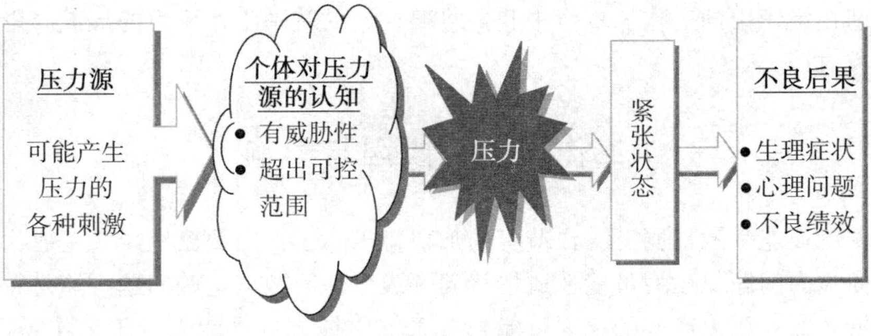

图 5-1 压力的基本模式

生理、心理偏离正常水平的状态。在压力影响下的紧张状态可能会带来各种生理和心理症状以及绩效水平低下等行为后果。

5.1.2 工作压力及其来源

1）什么是工作压力

工作压力通常被定义为由于工作特征和个体特征交互作用的影响而使个体产生生理上和心理上的反应。某些工作特征可能给个体带来紧张和威胁，主要表现在工作中的过分要求，如要在短时间内完成大量的工作而出现的工作超负荷状态，以及工作中的供给不充足，不能满足工作者的需要，如工资过低、缺乏晋升和成长机会等。工作压力有时可以提高工作绩效，但是如果工作压力超出了个体所能承受的范围，就会造成不良影响。

2）工作压力的来源

由于工作压力是工作环境与个体特征交互作用的产物，因此，造成工作压力的因素可以简单地分为两大类：一类是与工作或工作组织有关的因素，如客观的工作环境因素等；另一类是与工作中的个体本身有关的因素，如个体对客观工作环境的认知、个体所具备的应对工作环境要求的能力与个性特征、家庭等工作以外的环境等。

工作压力在不同的工作之间是有差异的。有些工作比另外一些工作更加具有压力。例如，像消防队员、外交官、外科医生等这些工作通常被人们认为是更有压力的，而像会计、办公室文员这样的工作则通常被人们认为是较少压力的。为什么某些类型的工作压力更大呢？研究者发现高压力的工作至少具有以下方面的一种或几种特点：

这些工作要求人们做出决策。例如，高层管理人员经常要做出一些举足轻重的决策。

这些工作要求人们持久地集中精力才能完成。例如，外科医生在做一个神经外科手术的时候，注意力要高度集中，有时要持续几个或十几个小时。

这些工作要求人们不断与他人交流信息。例如，股票市场的交易员需要不断与客户交换信息。

这些工作所包含的任务是非结构化的。例如，当一个作曲家要创作一首新的曲子的时候，他面对的是一张白纸，没有什么可依据的结构。

这些工作需要与公众打交道。例如，一个大型晚会的现场主持人，他所面对的不仅是现场的几千名观众，还包括电视机前的几亿观众。

这些工作需要接触不愉快的或危险的物理环境。例如，那些经常在有毒有害气体环境中工作的人，或者在很强的噪声下工作的人。

库珀（C. Cooper）对工作压力的来源做了一个简明的总结，他认为产生工作压力的因素主要包括工作条件、角色压力、人际关系、职业发展、组织系统及家庭工作交互影响。我们在库珀的基础上，对工作压力的主要来源总结见表5-1。

表5-1　**工作压力的主要来源**

压力源	主要因素	可能后果
工作条件	• 工作超负荷或负荷不足 • 工作的复杂性及技术压力 • 工作决策与责任 • 紧急或突发事件 • 物理危险 • 时间变化	• 生产线歇斯底里症 • 精疲力尽 • 生物钟紊乱 • 健康受到威胁 • 烦恼和紧张增加
角色压力	• 角色模糊 • 角色冲突	• 焦虑和紧张增加 • 低工作满意度与低绩效 • 过于敏感
人际关系	• 缺乏接纳与支持 • 勾心斗角、不合作 • 领导对员工不关心	• 孤独、抑郁 • 敏感 • 人际退缩
职业发展	• 升职或降职 • 工作安全性与稳定性 • 抱负受挫	• 失去自信 • 焦虑增加 • 工作满意度与生产力降低
组织系统	• 结构不合理，制度不健全 • 派系斗争 • 员工无参与决策权	• 动机和生产力低下 • 挫折感 • 对工作不满意
组织系统及家庭工作交互影响	• 引起压力的生活事件 （例如婚姻家庭问题等）	• 紧张和焦虑增加 • 身心疲惫

（1）产生压力的工作条件

一些特定的工作条件会导致从事该工作的个体产生压力。设想老板让你在很短的时间内完成大量的工作，或者当你面临以前从未做过的复杂工作任务时，你通常会感到有压力。一般来说，与压力有关的工作条件因素有以下几种：

①工作负担过重：工作负担过重也叫做工作超负荷或工作超载，包括数量上的超载和质量上的超载。数量上的超载是指要完成的工作量过大，设定了过高的定额。工作量过大很容易造成工作者的疲劳和精神紧张。质量上的超载是指对工作结果的质量要求过于严格，例如规定非常低的差错率等。为了达到过于精细的质量要求，工作者必须格外集中注意力，处于高度紧张状态。

②工作负荷不足：人们在外界刺激过于强烈时容易产生压力，而在刺激不足或缺乏刺激时也同样会产生压力。工作负荷不足的一种表现就是工作枯燥乏味。随着工作中的分工专业化，很多生产线上的工人或者从事其他一些工作的人，他们的工作性质是简单、枯燥、重复性的，或者是缺乏社会交往的，这样的工作常常让人感到头痛、眼花、恶心或者其他身体不适，情绪上易烦躁，对工作的满意度下降。有人将类似这样的工作导致的压力症状称为“生产线歇斯底里症”。工作负荷不足还有另外一些表现。当一个人工作量太少的时候，特别是看到周围其他人忙忙碌碌而自己无所事事的时候，会感到有压力，他往往会产生一种被抛弃、被孤立的感觉。当一个具有某些能力或技能的人没有得到能够发挥自己技能的工作时也会产生压力。例如，一个博士毕业的人被老板安排做一些不能发挥自己特长的工作，他会感到很郁闷。

③工作的复杂性：当工作需要大量的信息并且情境模糊的时候，或者不确定性特别强、现有的方法难以解决问题的时候，人们也会感到压力的存在。这种压力如果过大，也会导致人们过于紧张、焦虑，引起各种生理和心理反应。当工作中出现技术变革、新方法或新工具应用的时候，很多人会感到有压力，特别是对技术、方法不熟悉的人或者能力水平较低的人。

④工作决策与责任：当工作需要做非常重要的或风险很大的决策时，工作压力相应增加。如果一个人的决策中涉及对人的责任，而不仅是对事的责任时，工作压力比较大。例如，一个主管人员不仅要做产品计划决策，还需要对如何安排员工工作、如何评价员工以及员工的招聘和解聘做出决策，他的工作压力就会比只要求他做对事的决策时要大得多。当一个人独立承担某种决策责任时，他所感受到的压力比由一个团队来进行决策要大。

⑤紧急或突发事件：有些人的工作基本上是按计划进行的，也就是对将要发生的事情有良好的预期。而有些人的工作则总是会遇到突发事件，或者整天就是跟紧急突发事件打交道，如消防队员、刑警、飞行员等。由于对将要发生的情况无法预期，会使人长期处于高度的唤起和应对准备状态。而一旦突发事件发生了，又往往要求工作者在极短的时间内加以妥善处理，个体必然需要调集大量的机体能量来进行应对。长期处在这样的状态下，个体会产生肾上腺激素等应激激素过度分泌、血压上升、心率加快等生理反应以及高度紧张、焦虑等心理反应。

⑥环境的物理危险：物理危险也是工作压力的潜在来源。有些工作者经常面临

潜在的威胁，如井下的矿工、刑警等。他们为了应对将要发生的危险，心理上和生理上必须处于高度的应激状态。

⑦时间变化：如果一份工作的时间节奏经常发生变化，会对人的神经生理节奏、新陈代谢率产生影响，导致生物钟紊乱。这种情况一般出现在经常需要倒班的工作中，在国际航线上工作的飞行员与乘务员也会面临这样的问题。长期在这种状况下工作容易使人感到疲惫、烦躁。

（2）角色压力

①角色模糊：很多人在组织中都会产生这样的疑问："我在这里到底干什么？"随着现代组织的发展，组织系统越来越灵活多变，员工的角色也不像以前那样有着特别清晰的界定，因此有些员工会感到对自己所承担的角色的期待不够清楚，不知道自己到底该做哪些工作。角色模糊会降低工作的有效性，产生低的工作满意度和低的绩效水平，出现较高的焦虑，以及对周围环境过于敏感。

②角色冲突：人们在社会生活中往往需要扮演不止一种角色，例如家庭中的父亲和丈夫、公司里的主管、桥牌协会的会长等。不同角色对人们的期待往往是不同的，因此人们经常处于角色的冲突之中。例如，家庭中对丈夫和父亲的期待与公司里老板和同事的期待常常是不同的，而在公司里老板的期待与同事和下属的期待常常也是不同的。这样一个人在不同的角色期待中，常常处于不知所措的境地，因为他遵从了某一方的期待常常会引起另一方的不愉快。这种角色冲突常常给人带来压力。

（3）人际关系压力

人们在组织中工作，某种程度上是想要使自己的交往需要与归属需要得到满足。人们希望自己能够被他人关心和接纳。因此，如果一个人在组织中得不到他人的关心，包括来自上级和同事的关心，当需要帮助的时候无法得到他人的支持，他就会产生压力。如果组织中的人际关系紧张，充满不合作的气氛，彼此勾心斗角，那么人们就会感到更大的压力。人际关系的压力会导致人们孤独、抑郁、苦恼、敏感，甚至会表现出人际退缩，不愿与任何人交往，这样反过来就更加剧了人际关系的压力。

（4）职业发展的压力

每一个在组织中工作的个体都有对自己职业生涯的设想和期望。例如，期望职位的晋升，期望工资的增长，期望在工作中有更大的自由，期望学到新的技能和新的工作内容，期望工作的稳定与安全感等。当员工对职业生涯的这些期望和需要无法得到实现或满足时，比如迟迟没有得到晋升，自己的雄心壮志受挫等，员工会感到有很大的心理压力，感到缺乏成就感，丧失自信，对工作的满意度下降。

（5）组织系统的压力

组织系统本身存在的问题也会给员工带来压力。例如，组织结构不合理，制度不健全，组织中的派系斗争等。如果员工在组织中没有机会参与决策，并且他们的创新行为不能得到认可和鼓励，他们就会产生压力，变得烦恼，工作满意度降低。

（6）家庭工作的交互作用

对员工造成压力的因素可能来自工作之内，也可能来自工作之外，这些因素之间存在着交互作用，共同对员工造成影响。家庭对员工的影响与工作同样重要。针对压力而言，家庭可以成为员工的避难所，一个温馨的充满支持性的家庭环境可以缓解员工在工作中产生的压力，使他能够在家庭中重新建构自我，充满信心地回到工作中去。同时，工作中的压力也可能继续蔓延到家庭中，不良的情绪状态或行为会对家庭成员以及自己与家庭成员的关系造成不良的影响。如果家庭环境中存在着消极事件，例如离婚、矛盾冲突等，这些家庭事件所造成的压力同样也会被带到工作中去，成为工作压力的一种来源。

一些特定的生活事件可能引起压力。亲人的生病或亡故、离婚、个人在股票市场投资中的失败……这些生活事件都会给个体带来压力。生活事件所引起的压力很早就引起了研究者的注意。20世纪60年代，华盛顿大学的赫姆斯（T. Holmes）和美国海军医药神经精神病研究所的瑞（R. Rahe）开始研究生活事件对压力的影响。他们编制了一个社会再适应量表对生活事件压力进行评定。在这个量表中包括43种常见的引起压力的生活事件，每个生活事件所引起的压力值称为生活变化单元（LCU），一个人在特定时期所经历的各种生活事件的压力值可以用LCU的值相加得到。社会再适应量表见表5-2。

表5-2　**社会再适应量表**

排序	生活事件	压力值（LCU）	排序	生活事件	压力值（LCU）
1	配偶死亡	100	23	子女离开家庭	29
2	离婚	73	24	和儿媳或女婿相处困难	29
3	夫妻分居	65	25	杰出的个人成就	28
4	被判入狱	63	26	配偶开始或停止工作	26
5	家中亲人死亡	63	27	学业开始或结束	26
6	个人受伤或生病	53	28	生活环境变化	25
7	结婚	50	29	生活习惯改变	24
8	被解雇	47	30	和老板相处困难	23
9	复婚	45	31	工作时间或环境改变	20
10	退休	45	32	搬家	20
11	家庭成员患病	44	33	转学	20
12	怀孕	40	34	娱乐方式变化	19
13	性生活问题	39	35	宗教活动改变	19
14	子女出生	39	36	社交活动变化	18
15	生意上的变化	39	37	小额贷款或抵押	17
16	经济状况变化	38	38	睡眠习惯改变	16
17	好友去世	37	39	家庭成员数量改变	15
18	工作性质改变	36	40	饮食习惯改变	13
19	与配偶争吵	35	41	休假	13
20	中等数额贷款抵押	31	42	过圣诞节	12
21	贷款或抵押品赎取权取消	30	43	轻微触犯法律	11
22	工作职责变化	29			

从表 5-2 中可以看出，压力最高的 3 个生活事件分别是配偶死亡、离婚和夫妻分居，都是与婚姻状态有关的。而排在前 10 位的生活事件中有 8 件都是和家庭生活有关的。可见，家庭生活特别是婚姻生活与个体的压力关系十分密切。在这些生活事件中，有很多是令人愉快的事件，例如结婚、子女出生、过圣诞节等，但是这些兴奋的事情仍可以使人产生压力。因此，压力并不一定是坏事情、是消极的。

在赫姆斯和瑞的研究中，LCU 低于 150 分的人在以后的生活中健康状况良好，而 LCU 分数高于 300 分的人以后经常有疾病发生。经过他们的进一步研究，对生活事件压力程度进行了分类。LCU 在 150～199 分之间为轻度的生活危机，200～299 分为中度生活危机，300 分以上为高度生活危机。

5.1.3　压力的影响

1）有利的压力

人们通常将压力视作是有害的和破坏性的。然而科学家认为，压力并不完全是不好的。有些良性的压力对身心健康和工作成就是一种良好的刺激。压力研究的大师汉斯·薛利（Hans Selye）就提出生活中有些压力是积极的压力，这样的压力可以加深我们的意识水平，增加我们的心理警觉程度，还经常导致一些高级的认知和行为表现。很多创造性的艺术成就、重大的科学发现，都是在这样的压力下实现的。可以说，压力是一种挑战，它引发了人们的应激反应，并促进了个人的成长和职业的发展。

压力在有些情况下确实能够促使人们表现出更高的工作效率和工作绩效。很多研究者试图发现压力或者唤醒水平与工作绩效之间的关系。耶基斯-多德森定律（Yerkes-Dodson law）就是描述压力与绩效水平之间关系的一个著名的法则。该定律认为：在唤醒水平达到一个最优点之前，工作绩效是随着唤醒水平的提高而提高的；当唤醒水平超过了这个最优点之后，工作绩效会逐渐下降。唤醒水平是由压力引起的。完全没有压力或者极高的压力都不利于人们取得高的绩效，而处于中等水平的某种适度的压力则会使人表现出最高的绩效水平。因此，压力或者唤醒水平与工作绩效的关系基本上呈现出一个倒“U”形曲线，如图 5-2 所示。

从图 5-2 中我们可以看出，对于复杂任务而言，达到最高绩效水平所需的最佳压力或唤醒水平比简单任务要低一些，因为复杂任务本身可能就意味着一种压力。

2）工作压力对个体的不良影响

工作压力给个体带来的不良影响主要包括三方面：心理健康问题、生理健康问题和行为问题，见表 5-3。

5.1.4　工作倦怠：压力带来的严重后果

1）工作倦怠的概念

工作倦怠（job burnout）是近年来组织行为学领域有关工作压力研究中关注的

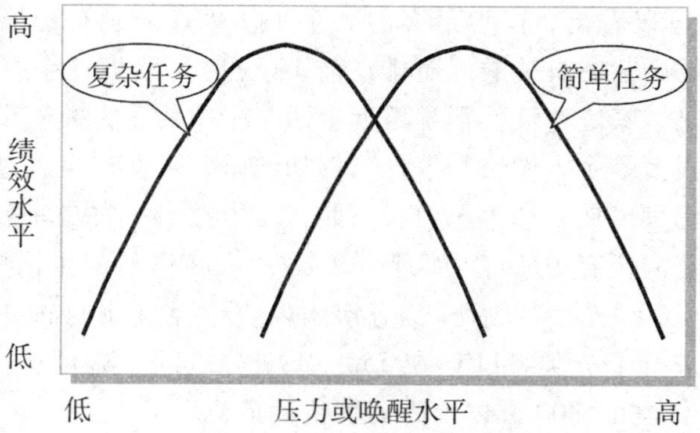

图 5-2　压力或唤醒水平与工作绩效的关系

一个重要课题。工作倦怠的概念最早是由精神病学家 Freudenberger 于 1974 年提出的。早期的研究主要是基于那些从事医护工作或服务业工作的人员的工作经历，他们的工作属于情绪性工作，经常面临精神和人际压力，因而容易产生一些筋疲力尽、工作热情降低、对人冷漠等负性症状。工作倦怠就是用来描述工作中的个体所体验到的这些负性的症状。产生工作倦怠的个体通常会产生三大类典型症状：情感耗竭（emotional exhaustion）、人格解体（depersonalization）和个人成就感降低（diminished personal accomplishment）。

表 5-3　　工作压力对个体的不良影响

心理健康问题	生理健康问题	行为问题
• 焦虑、紧张 • 急躁、易怒 • 感情压抑、忧郁 • 情绪过于敏感 • 孤独感和疏远感 • 自卑感 • 退缩、不愿与人交流 • 厌烦、缺乏耐心 • 对工作不满 • 悲观 • 注意力分散 • 记忆力下降 • 缺乏主动性和创造力	• 心率加快，血压升高，心脏疾病 • 肾上腺激素和去甲肾上腺激素分泌增加 • 消化功能失调，溃疡 • 疲劳 • 头痛 • 汗流量增加，皮肤功能失调 • 肌肉紧张 • 失眠 • 疾病抵抗力差 • 癌症	• 工作效率降低 • 拖延或避免工作 • 工作失误增多 • 冒险行为增加，不顾后果 • 饮食过度或过少 • 去医院次数增多 • 缺勤次数增多 • 侵犯他人 • 偷窃或破坏行为 • 与他人关系恶化 • 漠不关心身边事件 • 自杀或试图自杀

（1）情感耗竭

情感耗竭是工作倦怠症状的一个最主要的表现。它是指个体产生一种心力交瘁的感觉，感到自己的心理资源过度透支，过度疲劳，疲惫不堪。

（2）人格解体

这是工作倦怠在人际交往方面的表现。主要是对他人（通常是工作中的服务和交往对象）表现出冷淡、疏离、刻薄甚至冷漠的态度，而且情绪容易激动、易怒、对人不耐烦或缺乏情感投入。最初对工作倦怠这一现象的关注主要是在那些从事需要与人交往的服务性工作的人群中发现的，但后来的研究者认为工作倦怠不仅适用于这一人群，也适合于其他人群。

（3）个人成就感降低

这是工作倦怠者对自我评价方面的特点。工作倦怠的个体往往对自己产生消极评价，通常是在工作方面，认为自己能力低下，一事无成。因此，工作倦怠者对环境的应对能力大大降低。

工作倦怠不但会影响到个体的身心健康、人际关系，而且还会使个体对工作产生消极情绪，造成工作绩效低下，与他人关系恶化，从而对组织造成不良后果。

2）工作倦怠的成因与形成过程

工作倦怠主要是由于个体长期处在我们前面提到的那些压力源之中，如工作的过高要求、接连不断的压力生活事件等。另外这种状态还与个体对他所经历的事件的认知和解释有关，个体感到自己失去了有价值的事物，并且无法满足环境所提出的要求。例如，个体感到失去的有价值的事物包括社会支持系统、参与决策的机会、工作自主性、工作提升的机会等。另外工作倦怠还与个体的习得无助感有关。习得无助的概念最早是由塞利格曼（M. Seligman）提出的，主要是指如果某种厌恶刺激以令人无法预测的方式出现并且个体多次试图摆脱该厌恶刺激都以失败告终，也就是个体感到自己所付出的努力都是在做无用功时，个体就会放弃努力，丧失动机。压力造成疲劳过度也是由于个体多次试图减轻或避免压力源的行为都没有得到成功，因此丧失信心，产生无助感。

压力的研究者维尼格和斯普瑞德利（R. Veniga & J. Spradley）经过研究发现，工作压力导致员工工作倦怠的过程分为五个阶段：

阶段一：蜜月阶段，刚刚进入某个工作环境的员工怀着年轻的理想，充满热情和抱负。如果在这个阶段员工的期待得到了满意的解决，就会产生满意感；否则就会有压力产生，进入应激状态。

阶段二：燃料短缺阶段，持续一段时间的应激状态使员工开始产生疲劳感，并随着时间的推移而加重。

阶段三：慢性阶段，疲劳症状加重，产生疾病，并出现抑郁、焦躁等心理反应。

阶段四：危机阶段，个体的疲劳症状继续加重，直到崩溃的边缘。

阶段五：崩溃阶段，个体无法承受压力，无法继续工作，出现严重的生理和心理问题，身心崩溃。

5.1.5　压力的个体差异

针对同样的压力源，每个人感受到的压力程度是不同的，应对压力的能力也是不同的。我们通常会看到，同样的紧张刺激发生在不同人身上，有些人能够承受，而有些人则被压垮。每个人就好像是载重量不同的桥梁，当同样一辆卡车驶过的时候，有的桥梁完好无损，有的桥梁则会断裂或者坍塌。

研究发现，与个体感受和应对压力有关的个体差异因素主要有个体的认知与归因、人格特征、经验和能力、社会支持系统等。

1）个体的认知与归因

在有关个体心理过程的讨论中，我们已经知道，个体对现实的反应时基于他们对现实的认知，而不是基于现实本身。因此，个体是否产生压力反应取决于他们是否将压力源知觉为对自己是一种威胁。例如，面对同样一份困难而复杂的工作，有的人将它知觉为无法逾越的障碍，自己如果做不好就会被别人笑话，被老板炒鱿鱼；而另外一个人则可能认为这是对自己的挑战，是一个使自己成长或学习的机会。与此同时，个体对外部压力源的归因也是影响他们感受和处理压力的重要原因。这里很重要的一点就是他们将压力源归因于可控的因素还是不可控的因素。如果归因于可控的因素，他们会认为自己拥有战胜它的主动权，可以积极地采取行动；如果归因于不可控的因素，则只会屈服于压力，消极地听天由命。

2）人格特征

研究证明具有人格特征的人比其他人更容易产生压力感。通常认为，具有 A 型人格的个体更容易产生压力感。A 型人格是一种行为模式，主要有以下表现：

非常强烈的时间紧迫感，总是驱使自己在最短的时间内干最多的事情；

具有攻击性，好斗，对阻碍自己的人或事物进行攻击；

急躁，缺乏耐心，对很多事情的进展速度感到不耐烦；

总是试图同时做两件以上的事情；

情绪波动，易产生愤怒情绪和敌意感等。

具有 A 型人格的人无论在工作中还是在工作之外都容易产生压力感。有证据表明 A 型人格的人更容易得心脏病，这与他们的过度紧张、敌意和易怒有关。而具有 B 型人格的人患心脏病的可能性则比 A 型人格的人要小得多。B 型人格的突出特征是从容、随和，不太有时间紧迫感，也很少产生敌意和攻击性行为。

自我功效表示的是一个人对自己的自信程度，即认为自己能够胜利完成某项工作。高自我功效的人面对压力时对自己更加自信，能以积极的方式应对压力；而低自我功效的人则容易悲观、自卑和消极。

刚强人格是指人格特征中有效抵御压力的部分。刚强的特征包括有责任感，视困难为挑战和机会，认为自己能掌握自己的生活等。比较刚强的人只把很少的刺激当作压力源，而比较脆弱的人则认为更多的刺激是压力源。而且，具有刚强人格的人不会被困难和挫折所吓倒，会积极寻找解决的办法。

自我吹毛求疵是另一个与压力有关的人格特征。这种人往往对自己有过高的要求，希望自己取得较高的绩效。但他们往往在认知模式中过分看到消极的不利的方面，具有绝对化的观念，经常从偶然事件中做出过分概括化的结论，将自己的缺点放大，并做出情绪化的推理，他们也经常给自己贴上消极的标签。由于他们的这种人格特征，使得他们比其他人更容易感受到压力，并且常常夸大压力的强度。

3）经验和能力

经验和能力都是个体应对压力的资源。当个体有征服某种困难情境的经验之后，以后再遇到类似的情境，他就不会再感到有压力或者感到压力减小。原因是人们通常认为新的或不确定性的情境更加具有压力。另外，个体能力的强弱也会影响他们应对压力。能力强的人能够利用自己的能力有效地分析压力情境，找出解决办法。能力弱的人则常常在压力面前不知所措。这种能力的强弱其实还取决于人们对自己能力的认知，关键在于是否认为自己具有应付压力的能力。

4）社会支持系统

社会支持系统主要是指个体周围的他人对其应对压力的支持力量。良好的社会支持系统会帮助个体减轻压力，增强应对压力的信心。有的人与周围他人有着良好的关系，当他们遇到压力的时候，他可以向其他人倾诉、咨询或者寻求他人的直接帮助，因此他们所感受到的压力会小一些。而有些人则身边没有人可以支持他，感到孤独无助，因此会觉得压力更大一些。

5.2　压力管理

工作压力是涉及员工个人和组织的问题，它不仅仅是个人的问题，有时也很难单独靠员工个人解决。各种压力源之间可能会相互影响。员工可能会把个人家庭中所遭遇的问题比如离婚所产生的压力带到工作中来，也可能将工作中的压力带到家庭中去，例如由于工作的不顺心而与家人发生冲突。

工作压力会引起员工的身体健康问题、情绪困扰问题和行为问题，这些问题可能会降低组织中的工作效率，威胁组织中的人际关系，给组织带来消极的影响。

解决工作压力问题需要组织和员工共同努力。由于有些工作压力来自于员工个人的不合理想法，而有些压力则来自于环境，特别是组织环境，因此组织应该采取一定的措施。

5.2.1　个人应对压力的方法

当你面对压力的时候，你是回避它呢，还是主动出击，与玉力进行抗争？你是自己一个人与压力作斗争呢，还是请求亲人或朋友的帮助呢？看来，人们应对压力有不同的策略和方法。在这些策略和方法中，有的是积极的，有的是消极的。而且，不同的方法可能适用于不同的压力情境。

1）什么是应对压力

所谓应对压力，通常就是指任何预防、减弱或消除压力源的努力，包括积极的和消极的，有意识的和无意识的，也包括以最小的痛苦方式对压力的影响进行忍受。通常人们应对压力时希望得到两种结果中的一种或两种，即改变自我与环境的关系，或者减少情绪上的痛苦与紧张。有些方法是改变自我与不境的关系，如改变认知评价、对造成压力的问题予以解决等；有些方法则是倾向于调整情绪，如向朋友倾诉等。

2）应对压力的策略与方法的分类

比灵斯和莫斯（Billings & Moos）曾经对应对压力的策略与方法进行了一个简单的分类。这种分类方式主要是根据应对压力的焦点进行分类的，认为应对压力的焦点一种是倾向于问题，一种是倾向于情绪。在每种焦点之中又可以分为认知方法和行为方法。这些方法有积极的和消极的之分。

关于应对压力的策略和方法的较为全面的分类来自于马塞尼（K. Matheny）和他的同事组成的压力研究小组。马塞尼小组首先将应对压力的策略和方法从本质差异上分为两大类：一类叫做预防策略，也就是想方设法防止压力源的出现或者增加抵御压力的资源；另一类是抗争策略，即设法减轻或者消除已经存在的压力源。预防策略主要用于个体只是感知到有潜在的压力源存在，并没有实际引起压力反应时，而抗争策略则是用于压力源已经引起压力反应时。每种策略中又包含多种应对方法，应对压力的预防与抗争策略见表5-4。

表5-4 **应对压力的预防与抗争策略**

预防策略	抗争策略
1. 调整生活，避开压力源	1. 监视压力源和症状
2. 调整要求水平	2. 集中资源
3. 改变引起压力的行为方式	3. 攻击压力源
4. 扩展应对资源	a. 解决问题
a. 身体优势	b. 坚定
b. 人格因素	c. 脱敏
控制感	4. 容忍压力源
自我功效	a. 认知重建
c. 能力因素	b. 否认
时间管理技巧	5. 降低唤起水平
专业能力	a. 放松
d. 社会支持优势	b. 倾诉或宣泄
e. 经济优势	c. 服药

（1）预防策略

从表中我们可以看出，预防主要有四种基本的策略。

①调整生活，避开压力源，主要是指采取措施躲避可能引起压力的人、事物或事件，例如做好工作计划使自己有足够的时间完成工作不至于产生时间压力，拒绝接受一份有挑战性的工作等。

调整生活中很重要的一点就是进行有效的时间管理。有时，人们觉得有很多事情做不完往往是由于没有安排好时间。有效的时间管理方法中重要的有：

为所要做的事情设定轻重缓急次序；

分配较多的时间做那些最重要的事情；

学会对自己说“不”，放弃一些次要的事情；

积极采取行动，改变拖延的习惯；

完成工作的时候集中精力；

学会利用一些提示时间和计划的外部手段，如记事贴、日历、提醒器等；

学会利用别人的时间完成一些事情；

利用零星的时间做一些事情；

给自己留下休息和放松的时间等。

②调整要求水平主要是指做与自己所拥有的资源相符的事情。例如如果自己的资源有限，那么就不做成本很高的生意，不去借有可能无法偿还的贷款等。

③改变引起压力的行为方式是指改变自己易于产生压力的行为方式。例如改变A型行为方式，采取B型行为方式等。

④扩展应对资源是指增加有助于应对压力的各种资源。扩展应对资源是一种使自己有备无患的做法，使自己在一旦面临压力时有足够的资源可以应对。需要扩展的资源包括身体的优势（使自己保持良好的健康状况）、人格因素（建立自我功效和控制感）、能力优势（提高能力水平）、培养社会支持网络、增强经济基础等。

社会支持系统是一种重要的应对压力的资源，它可以成为一种屏障，使个体免受不良压力的消极影响，同时它也能使个体在面临压力时起到直接的影响。例如，如果一个人周围有很多朋友支持，就不易产生孤独感和恐惧感，于是他对一些潜在的压力源也就不感到有压力了。有研究者认为社会支持重要的是质量，而不是数量。如果一个人拥有大范围的低质量的支持，即他的朋友数量很多但都不是至深的交往，那么他在面对压力源的时候也会感到孤独和恐惧。相反，如果一个人有较少数量的高质量的社会支持，他也不容易感到压力。社会支持系统也是个体在与压力抗争时一种有效的资源，他可以在社会支持系统的帮助下找到积极的解决问题的策略或者进行认知重建，或者向社会支持系统倾诉。因此，社会支持系统无论在预防策略还是抗争策略中都非常重要。

我们已经了解到，个体的人格因素在很大程度上导致了感受压力的个体差异，因此某些人格因素也是应对压力的有效资源。在人格因素中，非常重要的是自我功效和控制感。班图拉所提出的自我功效是关于个体控制情境和应对压力的信心的一种信念，它是个体对压力所提出来的需求与自己应对压力能力之间差距的感知。拥有较高自我功效的人较少感受到压力。马塞尼曾经做了一个形象的比喻，自我功效就好像是在用一个双面的放大镜在看待事物，当用其中的一面看事物的时候，事物会变大变近；而用另一面看事物时，事物会变小变远。自我功效低的人总是用放大的一面来看压力源，而用缩小的一面来看待自己所拥有的应对压力的资源。自我功效较低能够产生较大的主观压力，并使生理唤起水平增加，引起焦虑反应。而提高自我功效则会产生积极的效果，增强机体的免疫力，提高自尊水平。

（2）抗争策略

抗争策略主要包括五种类型的典型策略。

①监视压力源和症状是使用其他应对策略的基础。监视压力源可以使我们认清引起压力的刺激，以便采取有效的应对策略。另外监督还包括注意到自己产生了哪些生理紧张信号，如肌肉紧张、心率加快等，这样可以在使用放松练习时有效地针对自己的紧张症状。

②集中资源是为了采取积极的应对努力而进行的准备、组织与安排。通过对压力源和压力反应的监督，个体会决定采取什么样的方法应对。在这种情况下，个体就需要保证自己拥有所必需的资源，并使这些资源处于随时可以被调用的状态。同时，在应对的过程中，还需要及时组织和安排资源的使用。

③攻击压力源是最为积极主动的一种策略，包括积极地寻求信息和支持来解决问题，改变认知结构建立起坚定的信念，防止自我限制的假设出现，消除自我击败的思想，对压力源进行系统脱敏等。马塞尼小组非常强调这样的策略，因为他们是支持消除压力比忍耐压力更好这样一个观点的。

许多引起压力的事件都是可以解决的，只是我们暂时不具备解决问题的能力所以才感到是一种压力。然而，个体可以学习解决问题的策略。科克汉姆（M. Kirkham）等人提出了一种叫做 SODAS 的解决问题模式来帮助人们应对压力。SODAS 是指停止（stop）、选择（options）、决定（decision）、行动（action）和自我表扬（self-appraisal）。首先停下来确定问题，接下来列出各种可能的选择，然后决定哪个选择最好，下一步就是做出执行计划开始行动，最后通过自我表扬作为解决问题的奖励。通过这种方式，个体学会了解决问题。

寻求信息是帮助解决问题、消除压力的一个良好途径。很多时候我们感受到压力都是由于面对不确定性的情境，拥有的信息不够充分。如果能够设法得到一些信息，降低情境的不确定性程度，对人们减少压力是有益的。

④容忍压力源主要是指当压力源无法通过直接的行动努力予以消除的时候，通过改变对压力源的认知来减轻或消除压力。认知重建是一种主要的改变认知的策略，改变认知包括改变对一个事件的意义的认知，也包括改变个体对情境控制能力的认知。例如，一个人将要上台发言之前有很多焦虑感，生怕自己讲得不好。他可能采取的积极的认知重建策略包括停止思想（不去想这件令人焦虑的事情）、对情绪控制的认知（不要害怕）、积极的自我暗示（我一定会讲好的）。临床上最常用的认知重建方法是合理情绪疗法。另外还可以通过幽默的方式进行认知重建。有一些认知重建是相对比较消极的一种应对策略，因为这些认知重建往往是歪曲了事物的本来面目，例如通过认知重建使压力源合理化或否认压力源等，自我防御机制在其中起到主要的作用。

⑤降低唤起水平则是使由于压力引起的生理和心理的紧张状态得到缓解，例如进行放松练习、向他人倾诉或自我宣泄、服用一些降低紧张的药物等。

紧张状态是对出现问题的一种警告，通常意味着环境中的一个刺激或者某个未解决的内部冲突引起生理唤起的增加和不舒适感。有些紧张会随着压力源的消失而消失，而有些紧张会持续到压力源消失以后，因此有效地降低紧张是非常重要的。包括马塞尼小组在内的很多压力研究专家都认为放松法是一种有效的治疗方法。降低唤起水平、消除紧张是一种最常用的压力应对方法。

向他人倾诉自己所感受到的压力也是一种有效的策略。研究证明，那些自我封闭的人比能够开放地与他人交流思想和情感的人在压力面前更加痛苦。宣泄是指采取一些释放情感的方式，如可以大哭一场。有些宣泄可能是带有破坏性的，如以摔东西的行为作为宣泄的途径。

另外，从事一些自己感兴趣的活动将注意力从引起压力的事件中转移出来也是消除紧张的一种良好方法，如可以参加体育运动、听听音乐等。

使用药物是一种消极的应对方法。有些人在面临压力的时候喜欢使用酒精、镇痛药，甚至毒品，这些物质会在应对压力的同时对个体健康产生不良的影响。

5.2.2 组织在员工压力管理中可采取的措施

由于很多引起压力的因素都与组织中的工作条件和组织系统中的问题有关，因此从组织的层面采取一些措施将有助于减轻员工的压力感。组织可以采取的方法主要有：

1）工作条件的改变或人员的重新安排

工作本身的一些因素是造成工作压力的主要因素。因此可以设法对工作做一些改变。例如，可以对工作进行重新设计和安排，将负担过重的工作适当减轻负担，将过于枯燥的工作进行扩大化和丰富化，增加其趣味性和有意义性；改善一些工作的物理条件，增加安全性和舒适性；实行灵活的工作时间和休假制度，使员工有机会得到放松。

由于不同的个体对挑战性的偏爱程度不同，有些人喜欢高挑战性的工作，如果挑战性过低，他会感到工作枯燥而产生压力，而有些人则不喜欢那么高的挑战性，他们将工作中的挑战性视为一种压力，因此可以根据员工不同的特点和偏好进行工作安置。

2）运用目标管理

员工的角色压力很大程度上是来自于对目标和情境的不清晰，他们不了解自己的工作目标，不了解上司的期望和评价，这种不确定感带来了压力。进行有效的目标管理，使员工设定既具有挑战性又具体的工作目标可以使他们减轻角色模糊感。目标的实现，对员工也是一种有效的强化，减轻他们的受挫感。另外，在目标管理过程中，主管人员与员工进行持续不断的沟通以及员工的参与，都会使员工更清楚地认识目标和环境，降低压力。

3）改良组织系统

不合理的组织结构、员工缺乏参与决策的机会和工作中的自主权都会被他们感受为压力。因此，可以对组织中僵化的、不合理的结构和制度进行调整，同时增加员工参与决策的机会，这样员工可以增强控制感，而控制感是抵御压力非常重要的因素。

4）员工的心理咨询

由于压力经常会使员工的心理健康受到伤害，因此有时可以利用心理咨询的方法帮助员工减轻压力。心理咨询主要是通过交流的方式，运用人际影响和心理学的知识与方法，帮助个体解决情绪困扰，增强生活适应能力。心理咨询在应对压力中至少可以达到以下一些目的：

建议：给员工提供应对压力的建议；

信心重建：使员工建立起应对压力的信心；

沟通：提供给员工信息和理解；

消除情绪紧张：帮助员工放松紧张情绪；

澄清思维：帮助员工澄清认知，放弃非理性的信念，建立理性的信念；

重新定向：帮助员工重新确定目标和价值。

心理咨询主要应该由专业人员进行，管理者也可以经过一定的训练掌握基本的心理咨询技术，在组织中承担其解决员工心理问题的责任。

5）员工帮助计划

很多公司，特别是世界500强中的一些著名的公司，都采用员工帮助计划（employee assistance program，EAP）进行员工的压力管理。员工帮助计划是一种综合性的压力管理方法，包括为员工提供压力管理方面的培训、对员工提供个人的咨询和指导、在组织内部建立和发展一些能使员工保持轻松和新鲜感的服务项目、组织各种健身项目、营养项目、家庭援助项目等。员工帮助计划通常需要请一些外部的员工帮助专家与组织内部人员共同完成。

5.3 员工帮助计划

压力不仅困扰员工自身的身心健康，而且组织的生产力和竞争力也会因此受到影响。每个组织都希望员工能够排除压力的困扰，全身心地投入到工作中去。然而单纯依靠员工个人的力量对抗压力或者组织采取一些权宜的压力管理措施，效果都不够好，因此组织必须要以长远的眼光看待员工的压力管理问题，采用系统性的方法进行员工的压力管理。员工帮助计划是在西方国家的企业和其他组织中流行的系统性的压力管理方法，并且在几十年的实践中取得了较好的效果。近年来，我国的一些企业也开始实施员工帮助计划。

5.3.1 员工帮助计划的概念与起源

员工帮助计划是由组织（如企业、政府部门、医院等）为员工设置的一套系统的、长期的福利与支持项目。通过专业人员对组织的诊断、建议和对员工及其亲属提供的专业指导、培训和咨询，旨在帮助解决员工的各种心理和行为问题，维护员工的心理健康，提高员工在企业中的工作绩效以及改善组织气氛及管理。

员工帮助计划最早起源于20世纪二三十年代的美国，当时美国的一些企业注意到员工的酗酒、吸毒和药物滥用等问题影响到员工的健康和企业的绩效，因此许多企业就设立一些专门的项目帮助员工解决这些问题。到了20世纪60年代，美国社会剧烈动荡，工作压力、家庭暴力、离婚、法律纠纷等问题常常困扰员工，成为巨大的压力源，影响员工的情绪和工作表现。因此企业就采用员工帮助计划应对这些问题。近几十年来，西方企业和其他类型的组织越来越多地采用员工帮助计划。现在，员工帮助计划已经发展到关注员工在工作中的心理和行为健康的方方面面的问题。员工帮助计划的职能与人力资源管理中的员工关系职能有着密切的关系，因此在许多组织中，员工帮助计划是由人力资源部门牵头实施的，并且是与员工关系管理工作结合进行的。

5.3.2　员工帮助计划的分类与内容

1）员工帮助计划的分类

根据实施时间长短来划分，员工帮助计划可分为长期和短期两种。长期的员工帮助计划是作为组织中一种常设的职能或者一个系统项目来实施的。短期的员工帮助计划是组织在某种特定状况下才实施的，比如并购、裁员或高失业率时期，在相对较短的时间内帮助员工解决一些特殊问题，或者帮助组织顺利度过一些特殊阶段。

根据服务提供者来划分，可分为内部员工帮助计划和外部员工帮助计划。内部员工帮助计划是建立在组织内部，配置专门机构或人员，为员工提供服务。比较大型的和管理水平较先进的组织会建立内部员工帮助计划，内部员工帮助计划更贴近和了解组织及员工的情况，因而更能及时有效地发现和解决问题。外部员工帮助计划是由外部的专业机构进行运作的。专业服务机构往往能很好地满足员工的心理敏感和保密需求，容易使员工建立信任，而且这些服务机构在专业技能和经验方面也比较有优势。此外，在没有实施经验以及专业机构指导、帮助下，组织想马上建立内部员工帮助计划会很困难，所以绝大多数组织都是先实施外部员工帮助计划，最后建立内部的、长期的员工帮助计划。

2）员工帮助计划的内容

（1）专业的员工职业心理健康问题评估：由专业人员采用专业的心理健康评估方法评估员工心理生活质量现状，及导致问题产生的原因。

（2）职业心理健康宣传：利用海报、小册子、网站、健康知识讲座等多种形式树立员工对心理健康的正确认识，鼓励遇到心理困扰问题时积极寻求帮助。

（3）工作环境设计与改善：一方面，改善工作硬环境，即物理环境；另一方面，通过组织结构变革、领导力培训、团队建设、工作轮换、职业生涯规划等手段改善工作的软环境，在企业内部建立支持性的工作环境，丰富员工的工作内容，指明员工的发展方向，消除问题的诱因。

(4) 员工和管理者培训：通过压力管理、挫折应对、保持积极情绪、咨询式的管理者等一系列培训，帮助员工掌握提高心理素质的基本方法，增强对心理问题的抵抗力。管理者掌握员工心理管理的技术，能在员工出现心理困扰问题时，很快找到适当的解决方法。

(5) 多种形式的员工心理咨询：对于受心理问题困扰的员工，提供咨询热线、网上咨询、团体辅导、面谈咨询等丰富的形式，充分解决员工心理困扰问题。

5.3.3 实施员工帮助计划的步骤

一般来说，组织实施员工帮助计划需要经过下列步骤：

第一步：调查研究。对组织中员工的工作压力状况的调查研究是有效开展员工帮助计划的前提。通过调查研究，旨在发现和诊断员工所面临的工作压力和职业心理健康问题及导致这些问题的因素。这些调查研究结果一方面可以为实施具体的员工帮助计划措施提供参考依据，另一方面也可以为组织的管理者提出相关的管理建议，以便组织的管理者减少或消除不良的组织管理因素。

第二步：宣传教育。在这一阶段，应该在组织内部采取多种方式宣传员工帮助计划，例如采用海报、网站、讲座、小册子等媒介进行宣传，主要是提高管理者和员工对员工帮助计划的关注和重视，以及了解心理健康知识，保持员工心理健康和提高自我保健意识。

第三步：针对管理者开展培训。管理者在帮助员工应对工作压力方面具有重要的不可替代的作用。通过对管理者开展培训，让管理者学会帮助员工进行压力管理的方法和技巧，在工作中预防和解决员工的心理问题。

第四步：对员工进行培训和咨询。可以对员工开展压力应对、积极情绪、工作与生活平衡、自我成长等专题的培训或小组咨询。另外通过开通热线电话、设立信箱、建立网上沟通渠道、开辟咨询室等途径，员工能够顺利、及时地获得帮助和服务。

5.3.4 员工帮助计划在中国的应用与问题

在中国，员工帮助计划的概念和相关活动最早是由跨国公司和心理学专家从西方引入的。国内早期与员工帮助计划相关的活动，有的是某些企业与医院合作开展的，但是由于医院的心理、精神专科医生更关注比较严重的心理、精神疾病，加上他们对企业的具体情况不熟悉，所以提供的帮助和服务不能全面、有效地解决企业的实际问题。也有一些企业将心理学专家引入企业，开展心理培训，为员工提供心理帮助和精神福利的活动。虽然它与完整的员工帮助计划概念尚有区别，但毕竟企业已经懂得借助心理学家的专业特长帮助企业研究和解决员工的各种心理问题，而且企业也逐渐认识到这是企业进行员工压力管理的一条有效的新途径。

(1) 中国组织的员工帮助计划与西方国家有着不同的焦点。中国有着独特的文化传统和社会、经济现实。西方国家的员工帮助计划中着重解决的问题在我国可能并不是主要问题。例如在中国，员工酗酒、吸毒、滥用药物、艾滋病、性骚扰等问题并不特别突出，而我国员工个人的压力、情绪以及心理健康状况却不容乐观，对个人和组织都有较大的负面影响。因此，在我国实施员工帮助计划应该首先准确识别出员工面临的压力、情绪和心理问题。

（2）中国员工对心理问题的关注以及心理健康意识都还比较欠缺。在大多数中国人心目中，寻求心理学专家的帮助应该是那些心理有毛病或者不正常的人才去做的事情。当心理学专家进入企业实施员工帮助计划时，许多面临压力困扰的员工并不愿主动从他们那里求得帮助。因此，在中国的组织中实施员工帮助计划不应当也不可能仅仅只是解决具体的、现实的个人问题，还应当帮助员工提高心理健康意识，帮助企业消除或减少导致心理问题的原因，预防心理问题的产生。而且员工帮助计划应当从更全面的角度来设计，包括发现、预防和解决问题的整个过程，主要针对正常的人而不是出问题的人。

（3）在中国推广员工帮助计划时，往往面临着管理层的接受和员工的接受两方面问题。管理层的接受主要在于他们是否愿意为这个项目付费，愿不愿意去买。因此，一定要让管理者认识到员工帮助计划对员工、对组织以及对管理者自身的好处。而员工的接受，主要是要特别注意在实际操作过程中保护员工的隐私性的问题。在西方国家，保护隐私是一个非常普及的概念，员工帮助计划的实施者和管理者在这方面都有很好的意识，都能很好地去遵守。但在中国，即使企业已经为员工帮助计划付了费，员工也不一定愿意享用，因为他会担心个人的想法被高层知道了，甚至会很荒谬地认为是管理层雇人来打探他的消息。

个案分析

富士康8员工跳楼自杀

富士康科技集团创立于1974年，是专业从事电脑、通信、消费电子、数位内容、汽车零组件、通路6C产业的高新科技企业。1988年投资中国大陆，凭借扎根科技、专业制造和前瞻决策，富士康迅速发展壮大，已拥有60余万员工及全球顶尖IT客户群，为全球最大的电子产业专业制造商。目前，富士康在中国大陆、中国台湾以及美洲、欧洲和日本等地拥有数十家子公司，并在大陆华南、华东、华北等地创建了8大主力科技工业园区。

2010年上半年，富士康集团在深圳的基地已有8起跳楼自杀事件。这使得富士康站立于“跳楼门”的风口浪尖当中。

富士康员工八连跳

2010年1月23日，凌晨4时许，富士康19岁员工马向前死亡。警方调查，马向前系“生前高坠死亡”。

2010年3月17日，富士康龙华园区，新进女员工从3楼宿舍跳下，跌落在一楼受伤。

2010年3月29日，龙华厂区，一男性员工从宿舍楼上坠下，当场死亡，

23 岁。

2010 年 4 月 6 日，观澜 C8 栋宿舍饶姓女工坠楼，仍在医院治疗，18 岁。

2010 年 4 月 7 日，观澜厂区外宿舍，宁姓女员工坠楼身亡，18 岁。

2010 年 4 月 7 日，观澜樟阁村，富士康男员工坠亡，22 岁。

2010 年 5 月 6 日，龙华厂区男工卢新从阳台纵身跳下身亡，24 岁。

2010 年 5 月 11 日，来自河南许昌的 24 岁女工祝晨玲，在厂区外宿舍顶楼跃下身亡，警方调查称系感情问题自杀。

据了解，这几起跳楼事件共同的特征是，死者年龄在 18 ~ 24 岁，都入职富士康不久。

前员工口中的富士康

据某些富士康前员工介绍，富士康的基层员工很辛苦，每天就像机器一样做来做去，可以说被训练成了一台机器。另外可以说基层干部不尊重基层员工的自尊心，有时候骂你都很正常。富士康的员工手册，还有企业管理方法，是很好的。但是基层很乱，基层管理很乱。

每个月初，员工就要签一个加班同意契约书，当月愿意加班的就签名，一旦签约，这个月每次都得来加班。但要是不签，这个月一次加班都没有，一个小时都没有，工资被扣去社保，只有 800 多块钱。而如果加班，一个月可以拿到一千六七。

对于代工大王富士康来说，成本控制是重要的考验。从 2008 年起，深圳市最低工资标准从 750 元增长到 900 元，这就给富士康带来成本上的压力。为此，它的手机生产基地转移到了河北廊坊等地区，因为廊坊开发区的最低工资标准目前仍是 750 元。

此外，武汉、重庆等广大中西部地区，都已经有竣工的富士康企业园区，但是这样的工资水平并没有妨碍招工的顺利进行。

请来高僧作法

据了解，为了超度跳楼身亡的员工，并平息公司中已逐渐弥漫的紧张情绪，富士康特地请来了五台山的高僧来作法事，祈求公司能够平静下来。

富士康新闻发言人刘坤介绍：公司的出发点是给员工祈福，不过外界可能有不同的想法，但我们确实是想尽一切办法来做这事，并不是用做法事来回避责任问题。

刘坤表示，富士康计划用宗教的形式给员工们祈福，且已经考虑了很久。

“我们这样做的初衷是什么呢？我们发现在员工中弥漫着一种不好的氛围，毕竟发生跳楼的时间点很密集，根据社会学上的说法，自杀是有心理传染的，我们将通过宗教的东西给大家一种心灵上的慰藉，而且我们集团在广东，这里民间也有这样一种风俗习惯。”刘坤介绍，员工曾提出过这个问题，跳楼的员工家属也希望富士康能够做出这种安排。

刘坤说，富士康集团现在最重要的是改善和检讨自身管理，但同时其实并不排斥任何能够帮助员工稳定情绪的做法。

富士康的反思

纵观连续发生的这 8 起富士康员工跳楼事件，刘坤还表示，富士康已经全面展开调查，对情况也有所了解，但实际上，发现这些事件与企业的生产经营管理方式没有直接关系。

刘坤说："我们集团将会借此进行反思，更多地去关注员工的心理状态，避免悲剧再次上演。但我们也承认，毕竟深圳地区有 42 万名员工，工作中有些地方可能没做得那么细。"

刘坤称，根据观察，发生的多起跳楼自杀事件集中在三大类人身上。一是个人情感出现问题的人，二是有生理疾病问题的人，三是社会防范意识不够的人。"他们有事不敢说出来，不去求助，但自己有压力却没办法承担。我们发现，这已不单是富士康集团的问题，而是全社会的问题。"刘坤解释说，因此公司希望厂里的其他人都能关注身边的人，大家多点接触，多些关心。

刘坤表示，首先，富士康已建立有效、有偿的信息通报机制，使员工能够互相发现各自的情绪问题，然后向上级汇报。有些人情绪非常反常，员工来反映，我们成功控制了，将奖励 200～500 元不等。刘坤说："仅四月份，通过这个信息通报机制，我们就有效防止了 20 多起可能发生的自杀突发事件。"

此外，刘坤还介绍，富士康已整合了集团资源，建立员工关爱中心，利用 24 小时的值班热线 78585（请帮我帮我），让员工及时打电话咨询和求助。"现在集团各部门都联动起来，共同解决基层员工生活上或精神上的问题，我们还配有多个心理咨询师，与领导层一起来开解员工，防患未然。"

刘坤说，希望能借着这一系列措施，避免以后再有类似的事故发生。

资料来源　佚名．富士康今年 8 员工跳楼自杀，建员工关爱中心［N］．京华时报，2010-05-13.

问题：

1. 你认为富士康员工连续跳楼有哪些原因？

2. 如果你是富士康的高层管理者，为了减少员工跳楼事件，你会采取哪些措施？为什么？

3. 富士康请来高僧做法事，你觉得有利于减少员工跳楼事件吗？为什么？

本章小结

压力是指个体对需要或外部紧张刺激的生理或心理反应，是当个体面临紧张刺激时所产生的内部的一种生理和心理准备状态，使得个体随时准备对刺激做出反应。

工作压力通常被定义为由于工作特征和个体特征交互作用的影响而使个体产生生理上和心理上的反应。工作压力主要来源有：工作条件、角色压力、人际关系压力、职业发展压力以及引起压力的生活事件。

工作倦怠用来描述工作中的个体所体验到的负性的症状。产生工作倦怠的个体通常会产生三大类典型症状：情感耗竭、人格解体和个人成就感降低。

解决工作压力问题需要组织和员工共同努力。应对压力的个体策略和方法包括两大类：一类是预防策略，包括调整生活避开压力源、调整要求水平、改变引起压力的行为方式、扩展应对资源等；另一类是抗争策略，包括监视压力源和症状、集中资源、攻击压力源、容忍压力源、降低唤起水平等。组织的层面采取的应对压力措施主要有工作条件的改变或人员的重新安排、运用目标管理、改良组织系统、员工的心理咨询和员工帮助计划等。

员工帮助计划是由组织（如企业、政府部门、医院等）为员工设置的一套系统的、长期的福利与支持项目。通过专业人员对组织的诊断、建议和对员工及其亲属提供的专业指导、培训和咨询，旨在帮助解决员工的各种心理和行为问题，维护员工的心理健康，提高员工在企业中的工作绩效以及改善组织气氛及管理。

关键概念

压力　压力源　管理压力的方法　工作倦怠　员工帮助计划

复习思考题

1. 如何理解压力的概念？
2. 什么是工作压力？有哪些主要来源？
3. 什么是工作倦怠？
4. 压力的个体差异因素有哪些？
5. 个体应对压力的策略和方法主要有哪些？
6. 组织应对压力的措施有哪些？
7. 什么是员工帮助计划？有哪些内容？如何实施？

第6章 /群体心理与群体行为

学习目标

本章重点讨论群体心理与群体行为的基本原理以及团队建设的有关内容。首先，学习和掌握群体的概念、特征、类型、发展；其次，了解群体的主要结构变量（角色、规范、地位、凝聚力等）；再次，掌握群体行为特征（社会助长、社会懈怠、从众行为、去个性化）；最后，了解团队的概念、类型、团队有效性模型及其影响因素。

引例：群体，无处不在

小张是一家公司的中小企业客户部主管，他领导着8名客户代表，他和这8个人就组成了工作中的一个群体；公司正在准备上一套新的客户关系管理系统，因此成立了一个项目组，这个项目组由不同部门的人员组成，小张是这个项目组中的成员；中午吃饭的时候，小张和采购部的小李、市场部的小何、大企业客户部的小杜总是相约着一起去吃饭，时间长了大家也就知道了到中午吃饭的时候他们几个准在一起；小张爱好体育运动，他参加了工会组织的足球俱乐部，每个周末大家都在一起活动。

不难发现，个体在组织中工作和生活时，在很多情况下都是以群体的方式从事各种活动的，而且同一个个体还可能同时处在不同的群体中。可见群体在组织中是一种如此普遍存在的现象。因此要想成功管理一个组织，必须要很好地理解人们在群体中的心理与行为的特定规律和特点，理解群体是我们有效地理解组织行为的重要内容。

6.1 群体的基本问题

6.1.1 群体的概念

1）群体的定义

在社会生活中，我们经常会看到各种各样的人群。例如，一辆公共汽车上的乘客，街上围观吵架的人们等。这些是群体吗？在组织行为学的意义上，这些并不是群体，群体不是简单的一群人的集合。

群体（group）通常被定义为，由两个或两个以上相互作用、相互依赖的个体组成的具有相对稳定的关系模式的集合体，这些个体拥有共同的利益或目标，他们自认为自己属于这个群体并与群体之外的其他个体相区别。

例如，一个大型企业的董事会，一个社区的老年业余秧歌队，一个保护环境的志愿者小组，这些都是群体。

2）群体的关键特征

（1）群体中的个体之间存在着社会交往行为，这是群体最明显的特征之一。也就是说，群体的成员之间是相互作用、相互影响的，他们之间存在着信息的沟通。而“人群”则不具备这样的特点，他们仅仅是在特定的时间和空间上处在一起，相互之间不一定有社会交往行为。

（2）群体往往有相对稳定的结构。尽管群体也在经常发生变化，但群体中必然存在着某种稳定的关系将群体的成员维系在一起。例如，一个经常在一起打球的同事组成的群体，当群体中的一个成员在一次活动中缺席时，其他人就会关注到这一事实并且询问他为什么没来，说明他们在维系着一个稳定的群体。但是，在一辆公共汽车上的乘客则不具有这样的行为，有的人在中途上车，有的人下车，不断在发生变化，但大家往往并不关注其中每个个体的行为。

（3）群体成员有共同的利益或目标。例如，一个车间中的某个班组的成员，他们共同的目标就是取得好的业绩，这样才能获得更多的奖金，使他们的共同利益得到满足。

（4）群体中的成员认为他们是属于这个群体的。一个群体之所以成为一个群体，很重要的一点就是群体的成员认为他们自己构成了一个群体，群体中的成员与群体之外的成员是能够区分开来的。换句话说，我们能够比较容易地判断出一个人是否属于这个群体。而普通的人群则不具有这种特点。例如，在超市收银台排队的人们，虽然他们可能发生社会交往（在等待的时候聊天），也有共同的目标（尽快到达收银台），但他们并没有认为自己是属于一个群体的。

6.1.2 群体的类型

群体可以被分成两种最基本的类型：正式群体与非正式群体。

1）正式群体

正式群体是由组织正式确定的具有明确的组织方式、任务目标的群体。正式群体中的成员有明确的分工、职责、权利和义务，他们要遵守统一的规章制度。

通常有两种最主要的正式群体，即命令型群体和任务型群体。命令型群体是由在组织结构中有直接汇报关系的主管和下属人员构成的群体。例如，一个销售部经理和他下属的6名销售人员所构成的群体，一个班长和他下属的12名战士所构成的群体，都属于命令型群体。另外一种正式群体是任务型群体。任务型群体的建立也是由组织决定的，但与命令型群体不同的是这种群体中的成员不一定具有组织结构上的直接汇报关系，而是围绕特定的工作任务而建立起来的。例如，为了保证公司产品和服务的质量，公司决定由各个不同的部门的人员组成全面质量控制小组（TQC小组），这个小组中的人员只是为了质量管理这个任务而形成这个群体的，除此之外他们还要承担自己在原来的工作岗位上的工作。

2）非正式群体

非正式群体不是由于组织的规定而形成的，而是组织中的成员出于某种需要自然而然地结合而成的群体。非正式群体相对比较松散，没有正式的组织形式，对群体成员的责任、权利和义务也没有明确的规定，其发生作用是靠着大家约定俗成、心照不宣的一些行为规范，群体成员之间存在某种默契。非正式群体有各种各样的类型，比较典型的是利益型群体和友谊型群体。利益型群体中的成员是为了共同的利益而走到一起来的。例如，公司里的一些员工为了反对老板拒付加班费的行为，争取到自己的合法权益而走到一起，形成一个群体。友谊型群体则不是利益驱动的，而是由于群体的成员有着共同的爱好，或者性格相投，或者具有其他共同的特点而结合在一起的。例如，几个喜欢打桥牌的年轻人形成的群体，原来在同一所大学读书的校友组成的群体等。

概括起来，群体的基本类型如图6-1所示。

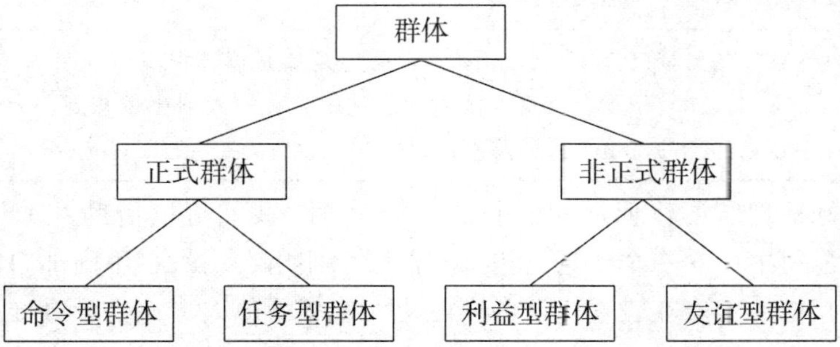

图6-1　群体的基本类型

6.1.3　群体的发展阶段

群体是怎样形成的？群体的发展要经历怎样的过程？这是多年以来学者们关心和研究的一个问题。如果我们对群体形成与发展的过程有所了解，就有利于我们理解和预测群体中人们的心理与行为。人们提出了许多关于群体形成与发展阶段的不同的观点，有人认为群体的形成与发展有着特定的过程和规律，而有人则认为群体的形成与发展没有什么特定的过程。尽管人们的观点不一，但有两种关于群体形成和发展的观点受到了比较多的重视，其中一种是群体发展的五阶段模型，另一种是间断-平衡模型。

1）五阶段模型

五阶段模型认为群体的形成与发展要经过五个特定的阶段，即形成阶段、震荡阶段、规范化阶段、执行任务阶段和终止阶段。这五个阶段的特点见表6-1。

表 6-1　　群体发展的五阶段模型

阶　段	特　点
阶段一 形成阶段	群体成员开始互相熟悉；探索群体可接受的行为，并形成最基本的群体行为规则；基本的人际关系开始建立，如确定领导者；当群体成员开始将自己看作是这个群体的一员时，这个阶段就结束了
阶段二 震荡阶段	群体内部存在着高度的冲突；群体成员常常抵制群体领导者的控制；群体成员之间也可能出现敌意；如果群体中的冲突不能得到解决，那么群体就面临着解散，相反，如果冲突得到解决并且群体的领导得以接受，群体就度过了这一阶段可以进入到下一个阶段了
阶段三 规范化阶段	群体变得更有凝聚力；群体成员的群体身份感也更加强烈；群体成员之间建立起亲密的关系，对群体活动的责任感也增强了；人们热切地寻找共同可接受的解决问题方案；当群体成员建立起一套共同接受的行为方式和形成共同的愿望时，这一阶段就结束了
阶段四 执行任务阶段	群体成员努力完成工作任务；群体成员之间良好的关系和对领导的接纳将有助于群体更好地发挥作用
阶段五 终止阶段	群体的目标已经实现；群体的成员将要离开群体；群体成员有不同的反应，有的人比较乐观，沉浸在群体的成就中，有的人则比较悲观，为失去群体中建立起来的友谊关系而感到惋惜

为了更好地理解群体形成和发展的五个阶段，我们可以借助一个例子进行分析。例如，公司中成立一个市场营销计划的项目小组，由来自不同部门的人员组成这个小组。起初，大家在表现自己的同时也在观望着他人，比如看看谁提出的点子最好，谁的观点获得了最广泛的接受，谁总是在试图组织和领导他人等。这就是处于第一个阶段——形成阶段。接下来，小组成员相互进行争论，大家在努力获得对他人、对小组的影响。这就是充满冲突的震荡阶段。然后这些冲突得到了解决，一个获得大家普遍接受的领导者出现了。小组成员开始合作，并且经常一起做一些事情，如大家一起出去吃饭等，这是群体在逐渐走向规范化。大家齐心合力地完成工作任务，这就是执行任务阶段。当市场营销计划完成并得到领导的批准之后，小组的目标也就实现了，这个小组也就走向了终结。

事实上，这种五个阶段的模型只是关于群体发展阶段的一般意义上的假设。群体在形成和发展的过程中受到诸多因素的影响，呈现出不一定完全符合标准模式的情况。例如，有的阶段可能会省略，阶段之间的界限变得不那么清晰，有些阶段合并到一起出现等。虽然这五个阶段是大多数群体发展过程中要经历的阶段，但在每个阶段上所花费的时间却是不一样的。例如，有的群体可能要经历很长的震荡期，有的群体由于时间的压力非常迅速地就进入了规范化运行的阶段。因此，有人对这个模型持批评意见，认为由于群体所处的环境十分复杂，经常发生剧烈的变化，大多数群体的发展都无法用这个模型来解释。

2）间断-平衡模型

有的研究者认为，群体发展的过程并不一定像五阶段模型中所描述的那样需要经过统一的一系列阶段，而是在群体如何形成和变化的方式上有一些明显一致的地方。这种模型认为，群体发展的过程中基本上以接近中间的某个时点作为分水岭划分成两个阶段，第一个阶段中群体运行的方式与第二个阶段有着明显的不同。

在第一个阶段中，群体首先界定任务、确定目标，并且这些在第一个阶段中不太容易发生改变。即使有的群体成员有新的想法提出，大多也不会被付诸实施。因此这个阶段群体的运行是处于一个平衡的阶段。

当群体发展到它的寿命周期的中间阶段时，就仿佛是拉响了警钟一样经历着一场危机。群体成员感到时间的压力和完成任务目标的紧迫，他们认识到必须迅速采取行动，必须对原有的运行方式做出某些改变。于是群体就放弃了旧的思维方式，采纳新的见解，进入到效率更高的第二阶段。群体的运行进入了新的平衡阶段。第二阶段发展到最后，以最后的冲刺迅速完成任务而宣告结束。

研究者们发现，无论对于寿命周期很短的如只有几个小时的群体，还是寿命周期较长的群体，其发展的过程都会遵循这样的规律。我们不妨想象一下，当自己在一个项目小组中时，如果完成项目的时间限制是 5 周，那么在前面两周会比较平静地度过，到了中间阶段，群体会采取积极的变革行动，后面的阶段表现出更好的绩效水平，而最后一次项目会议则往往会比其他几次会议时间更长，很多问题都得到了最后的解决。间断-平衡模型可以用图 6-2 来表示。

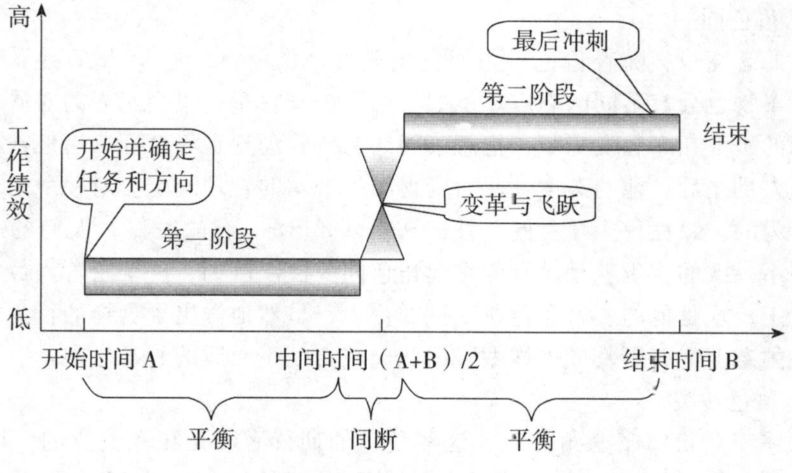

图 6-2　间断-平衡模型

6.1.4　群体结构变量

就像群体的定义中所说的那样，群体具有一个相对稳定的结构。那么什么是群体结构呢？组织行为学中对群体结构的定义是，群体结构是指构成群体的个体之间的相互关系以及使群体按照有序的、可预期的方式运转的一些特征。群体的一些重要结构变量主要包括：群体角色、群体规范、群体地位、群体凝聚力、群体规模、群体构成等。

1）群体角色

群体的一个重要结构要素就是群体成员所扮演的特定角色。所谓角色（role），就是人在某种社会情境中的一系列典型的行为特征。每个人都常常扮演不同的角色，如在公司里扮演的是部门主管的角色，在家庭中扮演的是丈夫和父亲的角色，在一个业余的登山协会中扮演会长的角色等。因此我们理解一个人在群体中的行为，很关键的一点就是要理解他在群体中扮演什么样的角色。接下去我们就可以思考，一个人的所作所为是否符合他所扮演的角色，他的角色行为对群体产生什么样的影响。

（1）角色期待与角色认知

对于扮演一定角色的人，人们总是期待他表现出某些行为反应，这就是所谓的角色期待（role expectation），也就是在一定的情境中某个角色应该做出什么样的行为。例如，一个领导者应该表现得果断、善于对别人施加命令和影响；一个法官应该表现得公正、严肃等。

一个人是否能做出符合角色期待的行为很大程度上取决于他对角色的认知（role perception）。有的时候，人们并不是很清楚对自己所从事的角色的期待，并不知道什么是自己应该表现出来的行为，这就出现了角色模糊（role ambiguity）的现象。一般来说，当一个人新加入到一个群体中时，很容易产生角色模糊。随着他对群体的逐渐了解以及在群体中其他成员的帮助下，对角色的认知会逐渐清晰。

（2）角色同一性

个体的态度也会随着角色行为而发生改变，也就是当一个人充当不同的角色时，他对事物也会有不同的态度。例如，当一个人在车间里当工人的时候，他经常与同车间的工人在一起发牢骚，抱怨公司的有些管理规定不合理；当他被提升为公司的管理人员之后，他的态度就开始变得维护公司的管理规定。对一种角色的态度和角色行为的一致性称为角色同一性（role identity）。有的时候，人们的态度与角色行为是不一致的，也就是没有建立起角色同一性。例如，一个主管人员不得不开除一名员工，这是他的主管角色所期待的行为，虽然他做出了这样的行为表现，但他在内心的态度上并不赞成这样做，因此他一直处于矛盾的心态之中。

（3）角色冲突

当个体需要扮演多个角色时，这些角色的期待有时是相互矛盾的，因此会产生角色冲突（role conflict）。这是指当个体行为符合一种角色的期待时，却很难符合另外一种角色的期待。例如，一个员工作为质量检查小组的成员，必须要如实向上级汇报另外几名员工的不符合公司质量管理标准的行为，但另外几名员工却是他非常要好的哥们儿，他在非正式群体中扮演着他们的好朋友的角色，而在正式的群体中这名员工又不得不扮演一个公正的检查者角色。如果他如实反映情况，几位好朋友就要受到惩罚，原来的友谊可能会受到影响；如果他隐瞒事实的话，又不能履行他作为检查者的职责。角色冲突容易造成角色扮演者的紧张感与挫折感。

2）群体规范

一个群体为什么能够有序的运行呢？很重要的一点就是有群体规范（group norms）的存在。群体规范通常被定义为群体成员共同接受和遵循的指导行为的规则。群体规范告诉群体成员在群体中应该做什么事情，不应该做什么事情。群体规范可以是成文的，也可以是不成文的。很多人认为提到群体规范，更多的是指那些不成文的、约定俗成的、潜移默化形成的群体中的行为准则。

专栏6-1　　经典发现：梅奥的霍桑实验与群体规范

20世纪30年代，梅奥等人在霍桑工厂进行了一系列著名的实验，其中有一个“电线安装工作组”的实验，发现工作条件的改变对工作效率不起任何作用。

经过调查发现，这14个人组成的工作组已经形成了一个紧密的群体，他们建立起了一套大家共同遵守的群体规范。这就是：

群体成员不应该完成太多的工作；

群体成员也不应该完成太少的工作；

群体成员不应向任何主管汇报任何可能使自己同时陷入麻烦的事情；

群体成员不应保持社会距离，或者试图在行动上对其他成员发号施令。

这四项群体规范使群体保持了稳定的生产率。

（1）群体规范的功能

费尔德曼（Feldman）认为，群体规范有四种主要的功能，其中每一种功能都有助于确保群体成员采取积极、一致的行动。

①群体规范具有表现群体最核心、最重要的价值观的作用，它使群体成员产生“我们的群体是什么样的”意识。

②群体规范有助于群体平稳的运行。群体规范建立起的共同基础使群体成员的行为变得更加可以预测。

③群体规范提供了评价和矫正行为的准则。群体成员利用群体规范对自己和其他成员的行为进行检查和评价，知道哪些是群体中适当的行为。这样群体就可以尽量避免可能威胁整个群体合作的事情发生，群体成员可以在相对安全的心理环境中活动。

④群体规范起到维系一个群体存在的作用。群体规范使一个群体保持鲜明的特性，使群体成员对群体本身更加自信。它形成一种内在的力量，维持着群体的有效运行。

（2）群体规范的形成

群体规范是怎样形成的呢？虽然说群体规范是在群体运作的过程中逐渐形成的，但是它的形成还是有一定的规律的。一般来说，群体规范形成的主要途径见表6-2。

3）群体地位

在“人们为什么加入群体”中，我们曾经提到某些群体是地位的标志，人们加入到这些群体中是为了获得地位。试想一下，在求职的时候，当薪水、职位等因素都同等的条件下，你是否更愿意加入一家有名气的公司，比如世界500强中排名在前列的公司？是不是有人经常在向你炫耀他是一个著名的俱乐部的会员？

表6-2 群体规范形成的主要途径

规范形成的途径	典型例子
①先例	群体乘车时每个群体成员的座位是固定的
②从其他情境借鉴过来的	某项工作的专业标准
③有影响力的成员的表述	新来的成员被告知："我们中午吃饭是轮流付钱的。"
④群体历史中的重要事件	一个群体由于机密被泄露而遭受了巨大损失，因此形成了保守机密的群体规则

（1）地位与地位符号

所谓地位（status）就是指人们对某个群体或群体成员的相对位置或等级的社会化界定。不但某些特定的群体意味着地位，即便在一个群体的内部，不同的群体成员也具有不同的地位。

地位有正式地位和非正式地位之分。正式地位是由群体正式赋予个体的地位，往往是由个体的职位、权力等决定的地位。人们感知到地位的存在往往是通过地位符号（status symbols）。所谓地位符号就是能够反映个体地位的标志性事物。如果你在一家处于高档写字楼中的公司上班，那么，在你的公司中，什么是地位符号呢？你可能会毫不费力地列举出很多答案：宽敞、不受干扰、有美丽饰物的办公间（这是部门经理的位置，普通员工只有很小的一张桌子而且处在开放的办公区）；使用笔记本电脑而不是台式机（主管以上的人员使用笔记本电脑）；名片上印有总经理、总监等头衔；有公司支付费用的停车位或公寓；负责公司的一些重要业务等。

地位符号常常使人感到等级的存在，但它们也确实在许多方面对群体和群体的成员有好处。首先，地位符号时刻在提醒群体成员注意自己的角色，避免角色模糊，使群体更加有序，例如，你的一张小办公桌提醒你自己只是一名初级员工，行为处事要与自己的身份相符。其次，地位符号也对群体成员起到激励作用，例如，你可能会期待自己有朝一日也可以拥有一间宽敞、漂亮的办公室，这样你就会加倍努力工作，争取得到提升。

除了正式的地位之外，还有非正式的地位。你可能会注意到，在一些群体中，有的成员正式的职位可能不高，并非是有权力的领导阶层，但他在群体中很有威望，做一些重要事情时总要请他给参谋参谋，他的意见也比较容易被他人接受，这些人就是拥有非正式地位的人。非正式地位通常与年龄、资历、技能等有关。例如，年长或经验较多的人常常被他的同伴认为是有更高的地位的；具有更高技能或独特技能的人被认为更有地位，如足球队中进球最多的球员看上去比其他球员更有地位。

（2）地位有关的群体行为

①在一个群体中，当从事一项工作时，如果是地位较高的人居于较主动的位置，由地位高的人向地位低的人发出要求时，工作会执行得较为顺利；相反，如果地位较低的人居于较主动的位置，由地位低的人向地位高的人发出要求，工作中就比较容易出现冲突。

②地位高的群体成员具有较大的偏离群体规范的自由度。当群体中地位高的成员违反群体规范时，群体给他的压力会小得多。

③当群体需要做出一个决策时，地位高的成员的意见比地位低的成员的意见更容易被采纳。

④在公众面前，群体需要展示与成员地位相符的影响。例如，地位低的成员不要抢了地位高的成员的风头。这就是为什么比较会跟领导相处的员工在他人面前尽量给领导表现能力的机会，自己即使有能力也会表现得非常低调，不喧宾夺主。

4）群体凝聚力

群体凝聚力（group cohesiveness）也是影响群体结构的一个重要因素。所谓群体凝聚力，就是一种吸引群体成员，使得他们愿意保留在群体内的力量。凝聚力是群体成员之间的“粘合剂”。凝聚力高的群体，群体成员之间相互吸引，共同接受群体的目标，并互相帮助实现目标。凝聚力低的群体，群体成员之间互相排斥，各自关心自己的目标。有人发现，凝聚力高的群体成员更多使用“我们”这个词，他们有一种群体的归属感。

（1）影响群体凝聚力的因素

很多因素影响着群体的凝聚力。最主要的有以下几个因素：

①加入一个群体的难度越大，群体的凝聚力越强。因为加入群体的难度越大，群体成员加入群体的主动性就越高，加入群体往往需要经过激烈的竞争，付出很多努力，这导致了群体成员有一些共同的经历，这种共同的经历增强了他们之间的凝聚力，也使群体成员倾向于与没有加入这个群体的人相区别。例如，进入一所竞争非常激烈的学院的人往往比进入一所比较普通的学院的人所组成的群体凝聚力更高。

②群体受到外部的威胁或压力越大，群体的凝聚力越强。当群体受到很大的外部威胁时，群体的凝聚力能够给其成员以安全感和保护，群体成员会更加密切地合作，调动群体的力量一致应对外部的压力，而群体内部的冲突则可以暂时放在一边。例如，当一个村庄的人们受到外敌入侵时，他们会暂时摒弃以前的恩怨，一致对付共同的敌人。

③群体的成员在一起的时间越多，群体的凝聚力就越强。如果群体的成员经常在一起，他们之间会有比较多的交流机会，也会更多地发现彼此之间的共同兴趣，相互之间吸引的纽带更加牢固。例如，经常在一起工作的小组成员之间凝聚力更强。

④群体的规模越小，凝聚力相对越强。随着群体规模的增大，群体成员之间的

交流也就越困难。就好像一个公司刚成立的时候，人数很少，互相间比较容易熟悉起来，凝聚力比较强；公司规模增大时，很多员工互相之间都不认识，整体的凝聚力相应就会减小。在一个规模较大的群体中，有时会出现一些内部小群体。这些小的群体自身凝聚力较强，但它们却降低了整个群体的凝聚力。

⑤群体越成功，凝聚力越强。人们都喜欢处在一个成功的群体之中，成功的群体中成员的忠诚度更高，更愿意留在群体之中。

（2）群体凝聚力的作用

群体凝聚力通常具有积极的作用。首先，群体凝聚力使群体成员产生群体意识，行动一致，共同朝向群体的目标努力；其次，群体凝聚力使群体成员在群体活动中获得更大的满意感，群体成员之间也能够更加充分地沟通，这种沟通反过来又促进了群体凝聚力的巩固和加强；最后，群体凝聚力有助于提高群体的生产率，促使群体产生高的绩效。

但是，在有的情况下，群体凝聚力也会带来一些问题。比如，群体凝聚力使得群体排外，对群体之外的文化和观念不能很好地接纳，阻碍了群体的成长；如果在组织中形成了一些凝聚力很高的小群体，而这些小群体的目标和行为方式与整个组织的目标和行为准则不一致，则会给组织带来消极的影响。

如此看来，群体凝聚力是一把“双刃剑”，我们应该充分利用其积极的方面，避免其消极影响。

5）群体规模

群体规模（group size）也是影响群体行为的一个重要的群体结构变量。所谓群体规模就是指群体中成员的数量。关于群体规模与群体行为的关系，研究者们有很多发现：

（1）小群体完成任务的速度更快一些。因为群体规模的扩大虽然增加了许多资源，但是群体成员的意见也不容易统一，成员之间出现冲突的可能性也会增大。但是也有人认为大群体更善于吸收各种不同的观点。因此，如果群体的目标是完成一些生产性的任务，那么小群体更有效些；如果群体的目标是发现一些信息，那么大群体更有效些。

（2）一般认为，随着群体规模的增大，群体的生产力是应该上升的。但是研究中发现了一个有趣的现象：群体生产力虽然是随着群体规模的增大而提高的，但并不是与群体的规模成正比的，群体规模与单位生产力的关系如图 6-3 所示。也就是说，群体总的生产力并不等于群体中每个人的生产力的总和。例如，人们原来以为，3 个人的群体的生产力应该是 1 个人的 3 倍，8 个人的群体的生产力应该是 1 个人的 8 倍。但实际研究结果表明，3 个人的群体的生产力是 1 个人的 2.5 倍，8 个人的群体的生产力不到 1 个人的 4 倍。一个通常的解释认为是出现了社会懈怠效应，我们将在后面对此作详细的解释。

（3）关于群体中人数的奇偶数问题，人们也有不同的见解。有的人认为群体的人数最好为奇数，这样在产生不同意见时可以用投票表决的方式来解决；有人认

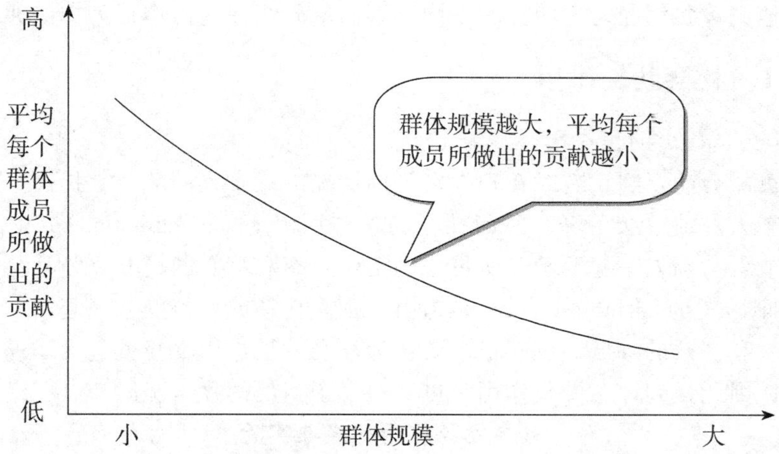

图6-3 群体规模与单位生产力的关系

为群体的人数应为偶数，因为投票表决并不是最好的解决方法，还是应该靠协商的办法来解决。

（4）再有，像前面提到的那样，小规模的群体凝聚力更强，群体成员有更多机会沟通和参与，群体成员也更能得到关注，满意感更强。

6）群体构成

所谓群体构成主要是指构成群体的成员在年龄、性别、教育背景、社会经验、能力、个性、价值观等方面具有共同性的程度。如果群体成员在上述一个或几个因素上具有很高的相似性，那么这个群体就趋向于同质性（homogeneous）；反之，如果群体成员在上述因素上差异性较大，呈现出多元化的局面，那么这个群体就趋向于异质性（heterogeneous）。

许多研究表明，同质性的群体在完成比较简单的、需要密切配合的常规性工作任务时，比较有效。由于同质性群体的成员在思想上比较统一，行为方式也比较相似，容易沟通和协调一致，因此能够较少产生矛盾冲突，决策的速度也比较快。但是，当同质性的群体处理开创性的问题时，由于他们的思想和行为方式过于一致，不太容易从不同的角度找到解决问题的方案，因此对解决这类问题不是很有效。与之相反的是，异质性群体在解决问题时则由于群体成员的经历、观点、行为方式等有较大的差异，比较容易促使创造性观点的产生，但却不利于解决简单的问题。因此，有时人们需要异质性的群体成员，以便在知识、经验、个性等方面形成互补。例如，有的公司招聘人员时不希望有太多来自同一所学校的人，有些大学时代的同班同学在一起创业其结果并不很理想等。而有时人们也需要同质性的群体，如完成一个紧急的常规性任务。

6.2 群体行为特征

当个体处在一个群体中时，他们的态度、行为表现、工作绩效都会出现一定的变化，与他们单独存在时有明显的不同。下面就介绍一些群体行为中的典型现象。

6.2.1 社会助长作用

1）什么是社会助长作用

我们可能会注意到，有时在别人在场的情况下，个人的绩效会提高，而有时在别人面前个人的绩效会下降。所谓社会助长作用（social facilitation），就是指由于别人在场或者与别人一起活动时所带来的工作效率和绩效的提升。与社会助长相对的是社会抑制（social inhibition），是指由于别人在场或者与别人一起活动时所带来的工作效率和绩效的降低。也有很多人认为社会助长作用本身就包括了助长和抑制两个方面，因此提到社会助长作用时也就包含了正反两种情况。

专栏 6-2　　社会助长作用的经典实验

最早用科学方法揭示社会助长作用的是美国心理学家特里普利特（Triplett）。他在 1897 年的研究中发现，别人在场或在群体中活动会促进人们的行为效率。他让被试在三种情况下骑车完成 25 英里的路程：第一种情况，单独骑行；第二种情况，让一个人跑步伴同；第三种情况，与其他人竞赛。结果发现，单独骑行平均时速为 24 英里，有人伴跑时速为 31 英里，竞争情境时速为 32.5 英里。

2）社会助长作用的机制

人们为什么在群体情境中会产生社会助长作用呢？一个比较著名的对社会助长作用机制的解释就是社会助长作用的内驱力理论。这个理论最早是由社会心理学家扎依斯（R. B. Zajonc）于 1965 年提出的，弗里德曼（J. L. Freedman）等人在 1981 年以后又进一步做出了研究和解释。内驱力通常被认为是机体内部的一种紧张状态，这种紧张会唤起个体比较高的兴奋状态，激发了人们的竞争和被评价意识。弗里德曼认为，人在社会化过程中，已经学会了将社会情境当作竞争情境看待。因此，当他人在场或与他们一起活动时，个体的行为变成了由高度自我意识支配的自我表现过程，个体希望获得积极的社会评价，在这种情况下个体就更容易表现出高绩效。这就是社会助长作用的原理。

但是，如果个体的内驱力过强，被评价的意识过强，就有可能激发起个体过高的焦虑水平，使个体正常的思维活动受到干扰，绩效水平下降，这就出现了社会抑制作用。例如，有的时候人在群体中发言时会怯场，原来准备好的一些话也忘记了，或者语无伦次。此外，社会抑制作用也与人的个性心理特征有关。有的人个性特点比较内向拘谨，在别人面前表现得不自在，行为效果下降，越是面对困难的工作任务时越是这样。这是一种社会顾虑倾向的表现。

有人研究发现，当个体面临的工作任务是简单的操作或者他对这项工作任务非常熟练时，群体背景对他起到的作用通常是社会助长作用。当个体面临一些需要复杂思维、判断的任务或者个体对这项任务不熟悉时，群体背景对他的影响通常表现为社会抑制作用。

6.2.2　社会懈怠作用

1）什么是社会懈怠作用

有一个非常经典的故事叫做“三个和尚没水喝”，这个故事中隐含了群体中一种较为普遍存在的倾向：当人们在群体中工作时不如单独工作时努力，而且随着群体规模的增大个人的努力会降低。

当人们从事可叠加性的工作任务（即个人的贡献可以互相累加增加群体的工作产出）时，随着群体规模的增大，个体的贡献倾向于下降的现象，叫做社会懈怠或社会懈怠作用（social loafing）。

专栏 6-3　　社会懈怠作用的经典实验

研究者们早已注意到了社会懈怠的现象，并用实验加以研究。1930 年，心理学家谢达尔用实验的方法研究发现，随着共同完成一件事情的人数增加，每个人所做的努力程度会逐步下降。拉力实验发现，如果一个人独自参加实验，平均拉力可达 63 千克；如果群体一起参加，则参加的人数越多，每个人贡献的平均拉力越小。例如，两个人参加时，平均拉力下降到了 59 千克，8 个人参加时，平均拉力下降到了 31 千克。

2）产生社会懈怠作用的原因

对于社会懈怠作用，一个解释就是群体责任的扩散。因为在一个群体工作任务中，是以群体的整体的工作绩效作为评价标准的，个人努力和群体绩效之间的关系不被衡量，在这种情况下，个人的努力程度就降低了。还有一种解释与社会助长作用的原理类似，即认为个人的评价焦虑降低，个体所付出的努力因此下降。

3）避免社会懈怠的策略

如何有效地避免社会懈怠现象呢?

（1）使群体中每个个体的贡献可识别化。社会懈怠的产生是由于群体中个体的贡献不可识别。南郭先生能够滥竽充数就是这个道理。而一旦让个体贡献变得可识别，比如让南郭先生单独演奏，他就吓得只好逃之夭夭了。当个体的贡献能够被识别出来时，个体就保持了足够的被评价焦虑，行为动机得到了激发。

（2）使工作任务变得更加重要和有意义。当人们从事非常重要的任务时，社会懈怠的可能性会减小。

（3）不但奖励群体的贡献，也奖励个体的贡献。这样既能促使人们一致为群体的目标努力，也能提高个体的努力程度。

（4）使用惩罚威胁措施。在进行群体工作之前，测定个体独立工作时的工作绩效水平，并宣布当群体工作时，个体的绩效水平低于某个限度时就要受到惩罚。研究表明，这种方法常常会奏效。

6.2.3 从众行为

1）什么是从众行为

从众行为（conformity behavior）就是个体在群体的引导或压力之下，观念或行为朝向与多数人相一致的方向变化。在社会生活中，我们经常会看到一些从众的现象，例如买东西时选择买的人多的品牌，在一个已经扔了很多垃圾的风景区继续扔更多的垃圾等。在组织中也有一些典型的从众行为，例如，开会举手表决时，跟随多数人一起举手；在一个办公室里很多人在聊天，原本埋头工作的人也加入到聊天者的行列等。

专栏 6-4　　从众行为的经典实验

研究从众行为的一个经典实验是美国心理学家阿什所做的线段实验。他将七八个被试编成一组，这里只有一个真正的不知情的被试，其他人都是虚假被试，虚假被试会按照主试事先的安排做出行为表现。被试的任务是判断一张卡片上的一条线段与另一张卡片上三条线段中的哪一条一样长，如图 6-4 所示。在正常情况下，人们都很容易判断出来，X=B。但是当虚假被试故意做出一致的错误判断时，真实被试中有 37% 的人放弃自己的正确判断而顺从群体的错误判断。

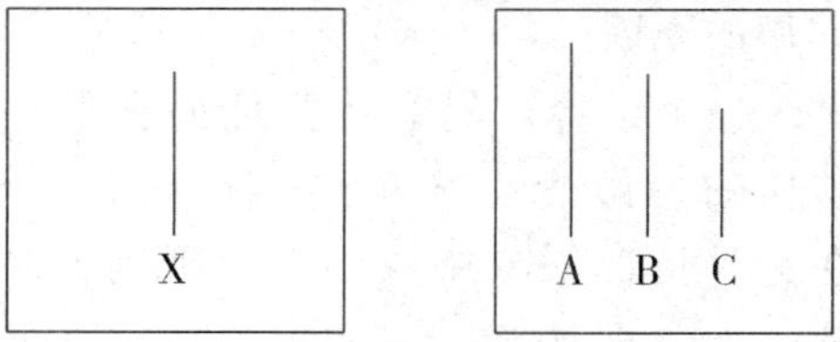

图 6-4　阿什从众实验卡片

2）产生从众行为的原因

人们为什么会产生从众行为呢？

对从众行为的一种解释是偏离焦虑。偏离群体、标新立异的做法常常会使人面临群体的压力甚至遭受惩罚。无论是文化观念还是历史上的先例都使人们认识到了这一点。因此当一个人的行为偏离群体时他常常会感到孤立、不安和恐惧，这就是偏离焦虑。为了克服偏离焦虑，个体就会倾向于做出与群体一致的行为反应。研究表明，群体总是喜欢和接受与群体一致的成员，厌恶、拒绝甚至制裁偏离群体的成员。在社会心理学家沙赫特（S. Schachater）的一个实验研究中，他故意安排了三名假被试加入一个 6 人群体，对某个事物表明态度。其中一名假被试采取与群体一致的态度；另一名假被试开始时态度偏离群体，后来取得一致；另一名假被试始终保持偏离群体的态度。之后让这几名假被试接受群体的评价。结果表明，群体喜欢和接受从众者，厌恶和拒绝偏离者，而对于开始偏离后来改变态度的成员，群体倾向于将他作为普通成员看待。

产生从众行为的另外一个原因是行为参照。根据社会比较理论，在情境不确定的情况下，其他人的行为最具有参照价值。多数人一致的行为往往构成了一个最可靠的参照系统，人们依据这个参照系统做出自己的行为表现，这就是从众。许多不法商贩雇佣“托儿”进行不正当促销使人上当就是利用了产生从众行为的行为参照作用。

3）影响从众行为的因素

（1）情境的确定性程度

当情境越明确的时候，个体越不容易从众。例如，当个体对标准答案非常肯定时，他就会更倾向于坚持自己的意见，不服从群体的错误结论。反之，如果问题情境比较模糊，没有明确的判断标准，个体对群体的依赖程度就会增加，就更容易表现出从众行为。

（2）个体公开自己意见的程度

如果一个人在了解群体意见之前已经有机会公开表达了自己的意见，那么当他的意见与群体意见不一致时，服从群体意见的可能性会降低。如果一个人在了解群体意见之前没有公开表达自己的意见，那么当他的意见与群体意见不一致时，更容易从众。

（3）个体的个性特征

一般认为，个体的以下个性特征会影响从众行为：个体的认知方式倾向于场依存性的人比场独立性的人更容易从众；自信心低的个体容易从众；能力低的个体容易从众；对人际关系敏感的个体容易从众等。

（4）群体的特征

群体的某些特征也会影响从众行为。如群体的凝聚力高、群体意见的一致性程度高时，容易从众。有人发现当群体中地位、能力、经验高的个体产生一致意见时，地位、能力、经验较低的个体容易从众。

6.2.4　去个性化

1）什么是去个性化

所谓去个性化（deindividuation），就是指在一个群体中，个体参与群体行为，其原有的个性特征完全埋没在群体之中，成为“没有个性”的“去个性化”个体。处于去个性化状态的个体，其行为较少受到个性的支配，而是追随群体的状态。

专栏6-5　　去个性化的经典实验

去个性化的概念最初是由社会心理学家费斯廷格于1952年提出的。社会心理学家津巴多（P. Zimbardo）对去个性化进行了实验研究。他在1969年做了一个经典的实验，表明个体在去个性化状态下攻击行为明显增强。津巴多选用纽约大学的女大学生作为被试，每4人分为一组。实验条件有两种：一种是让被试用大围巾将自己从头到腿围住，小组成员互相之间不知道姓名，在黑暗中进行实验；另一种是小组成员被介绍相互认识，并且每个人胸前都有一个大的姓名卡片。前者称为是去个性化组，后者为对照组。被试的实验任务是对一个实验对象进行电击。实验对象有两种情况：一种是令人喜欢的实验对象（如一个温柔的有献身精神的妇女）；另一种是令人讨厌的实验对象（如自私自利的妇女）。电击共有20次，分两个阶段进行。当电击进行到第10次时，实验对象异常痛苦，以致挣脱了电极带。然后继续进行后10次电击。被试可以自己控制按键决定给与电击的时间长短。实验的结果是显而易见的，无论是前10次电击还是后10次电击，无论是对令人讨厌的实验对象还是对令人喜欢的实验对象，去个性化组的电击持续时间都达到将近对照组持续时间的两倍。津巴多去个性化实验结果如图6-5所示。

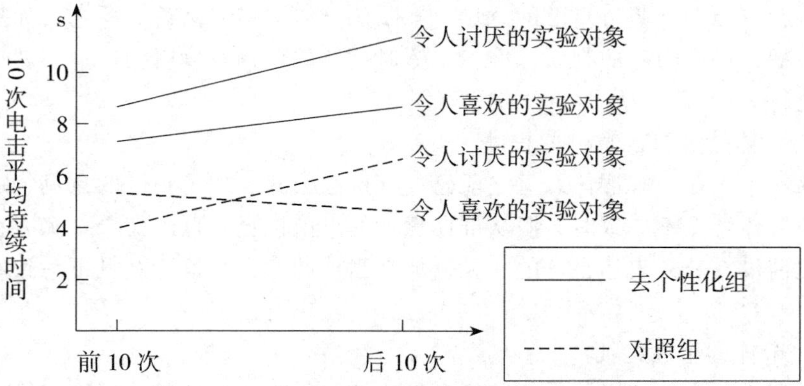

图6-5 津巴多去个性化实验结果

津巴多认为，去个性化状态使人降低了自我观察和评价意识，也降低了对社会评价的关注，对通常的内疚、羞愧、恐惧、承诺等行为的控制程度都降低了，压抑的负面行为容易表露出来，像攻击、侵犯等行为出现的频率和强度就增强了。

2）产生去个性化的原因

人们在群体中为什么会出现去个性化行为呢？首先一点就是群体成员的匿名性，也就是指个体在群体中无法被识别出其身份的状态，这种情况下，个体通常会认为即使自己做了不好的事情别人也不知道是谁做的。其次一点是群体中责任的模糊性和分散性，即使出了问题，个体也不必为群体承担受谴责的压力。群体规模越大，就越容易引发去个性化状态。大规模群体发生暴乱就是这个道理。

6.3 团队及团队建设

6.3.1 团队的概念

1）什么是团队

团队（team）是一种特殊类型的群体。团队是指在工作中相互依赖，为特定结果共同承担责任的个体的集合体，团队中的成员彼此承诺为他们共同负有责任的绩效目标而努力。

2）团队与群体的区别

团队和一般意义上的群体有着明显的区别，其主要表现如图6-6所示。

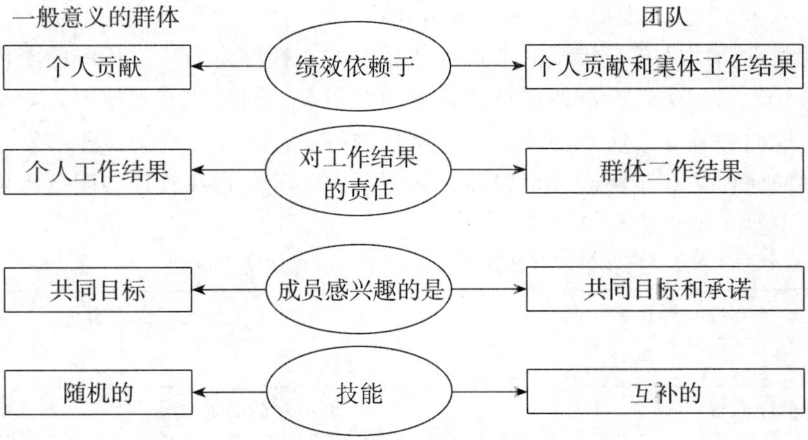

图 6-6　团队与群体的区别

可以看出，团队与一般意义的群体的明显区别在于：首先，群体的绩效依赖于群体中的每个成员，而团队的绩效不但取决于每个成员的贡献，还应该产生团队共同的工作成果。其次，在群体中，尽管群体成员将自己的资源聚集在一起实现目标，但一般来讲，个人只为个人的工作结果承担责任，也就是说群体不会为某个人承担责任，个人也不必为群体承担责任；而在团队中，工作结果的责任则被视为团队共同的责任。再次，团队不但像一般的群体一样有着共同目标，而且还要对这个目标做出承诺。最后，在群体中，群体成员的技能有时是相同的，有时是不同的；而在团队中，团队成员的技能通常是互补的，他们在各自擅长的领域发挥作用，共同实现团队的目标。

还有另外一种观点认为在组织行为学的研究中，“团队”和“群体”常常是两个可以互换使用的词。事实上，在组织行为学的学术文献中，这两个词也是通用的。有研究者认为当特指某种类型的团队时，例如自我管理团队、项目团队等，多使用“团队”；当描述团队的某种特性或过程时，多使用“群体”一词，例如群体凝聚力、群体动力、群体效能感等。

6.3.2　团队的类型

1）按照团队存在的目的和形态进行分类

如果按照团队存在的目的和形态进行分类，一般可以将团队划分成问题解决型团队、自我管理型团队和跨职能团队。

（1）问题解决型团队（problem-solving team）

这类团队常常是为了解决组织中的某些专门问题而设立的。团队的成员通常每周利用几个小时讨论改进工作程序和工作方法的问题并提出建议，例如，他们讨论如何提高产品质量、生产效率和改善工作环境等问题，但他们通常没有权力根据这些建议单方面地采取行动。20 世纪 80 年代，企业中非常流行的质量圈（quality circle），就是典型的问题解决型团队。

（2）自我管理型团队（self-managed team）

自我管理型团队是与传统的工作群体相对的一种群体形式。传统的工作群体通常是由领导者来作决策，群体成员遵循领导的指令。而自我管理型团队则承担了很多过去由他们的领导者所承担的职责，例如进行工作分配、决定工作节奏、决定团队的质量如何评估甚至决定谁可以加入到团队中来等。自我管理型团队与传统的工作群体的主要区别见表6-3。

表6-3　　自我管理型团队与传统的工作群体的主要区别

自我管理型团队	传统的工作群体
客户导向	管理导向
多种技能的团队成员	一群独立的专业人员
信息得到广泛分享	信息有限
很少的管理层次	管理层次多
覆盖完整的业务过程	覆盖整个业务过程中的一种功能
目标共享	目标割裂
看上去混乱	看上去组织有序
强调达成目标	强调问题解决
高员工承诺	高管理者承诺
自我控制	管理者控制
以价值观/原则为基础	以政策/程序为基础

自我管理型团队能够很好地提高员工的工作满意度，但是有人发现与传统组织比较起来，自我管理型团队的离职率和流动率偏高。

（3）跨职能团队（cross-functional team）

有的团队是由来自组织内部同一层次、不同部门或工作领域的员工组成的，他们合作完成包含多样化任务的一个大型项目，这样的团队就是跨职能团队。跨职能团队打破了部门之间的界限，使得来自不同领域的员工能够交流沟通，有利于激发出新的观点，协调解决复杂的问题。很多汽车和飞机制造业的公司利用跨职能的团队来解决复杂问题。例如，波音公司新型客机的设计和生产就是由设计人员、生产专家、维修人员、客户服务人员、财务人员甚至顾客组成的8～10人的跨职能团队来完成的。这样做不但提高了效率，降低了成本，还使得产品在设计时就能充分考虑来自客户的意见。

2）按照团队在组织中发挥的功能进行分类

按照团队在组织中发挥的功能进行划分，可以将团队分成生产/服务团队、行动/磋商团队、计划/发展团队、建议/参与团队。

（1）生产/服务团队通常是由专职工人组成的，从事的工作是按部就班的，很大程度上是自我管理的，如生产线上的装配团队、民航客机的机组人员、计算机数据处理团队等。

（2）行动/磋商团队由拥有较高技能的人组成，共同参与专门的活动，每个人的作用都有明确的界定。这些团队以任务为中心，具有不同专门技能的团队成员都对成功完成任务做出贡献。团队面临的任务十分复杂，有时是不可预测的，如医疗团队、运动团队、乐队、谈判团队。

（3）计划/发展团队是由技术十分娴熟的科技或专业人员组成的，并且包含不同的专业。这类团队的工作时间跨度一般比较长。有时他们可能需要很多年才能完成一项发展计划，如设计一种新型汽车。有的时候也可能是组织中承担研究工作的永久性团队。常见的计划/发展团队有科研团队、生产研发团队等。

（4）建议/参与团队主要是提供组织性建议和决策的团队。大多数建议/参与团队的工作范围都比较窄，不占用大量的工作时间，成员在该组织中还有其他任务，如董事会、人事或财务的专业顾问团队、质量控制小组等。

以上四种团队类型比较见表6-4。

表6-4　　四种团队类型比较

团队类型	成员差别度	一体化程度	工作周期	典型产出
生产/服务团队	低	高	重复性的或持久性的工作	制造、加工、零售、顾客服务、修理
行动/磋商团队	高	高	短期行动事件，往往在新的情况下才能重复进行	竞赛、探险、医疗手术、特殊任务
计划/发展团队	高	低	可变的，整个团队的寿命只有一个周期	计划、设计、调查、形成原始模型
建议/参与团队	低	低	可变的，或长或短	决策、选择、建议、推荐

6.3.3　团队角色

团队成员在团队中往往充当不同的角色。早在20世纪40年代，研究人员就对群体中的成员所担任的不同的角色感兴趣。他们提出了许多关于团队角色的理论，其中最有代表性的是贝尔宾（R. M. Belbin）提出的团队角色理论。贝尔宾是一个研究组织行为方面的心理学家。他通过一系列的模拟练习发现：任何成功的团队都是由不同性格的人组成的，团队中的每个成员具有不同的角色，也就是说成功的团队必须包含担任不同角色的人。他在1981年提出了团队角色理论，后来又经过了多次修改，但角色本身的意义基本未变。他所提出的八种团队角色见表6-5。

表 6-5　**贝尔宾的八种团队角色**

团队角色	在团队中的作用	特　征
主席 chairperson	阐明目标和目的，帮助分配角色、责任和义务，为群体做总结	稳重，公正，自律，自信且信任别人，略外向，积极思考且对人有控制力；对达成外在或组织的目标有强烈的内驱力；能做出坚定的决策
造型师 shaper	寻求群体进行讨论的模式，促使群体达成一致，并做出决策	有较高的成就动机，精力旺盛有干劲，具有煽动性，督促团队向前走；外向，好交际，喜欢辩论；急躁，易怒（易激动），无耐心
开拓者 plants	提出建议和新的观点，为行动过程提出新的视角	个性强，聪明，知识渊博，想象力丰富；但非正统，不实际，不善于具体操作，显得高高在上，有些孤独
监控者-评价者 monitor-evaluator	对问题和复杂事件进行分析，评估其他人的贡献	聪明，冷静，言行谨慎，公平客观，理智，好批评但不情绪化，不易激动；喜欢对事情反复考虑，做出决定慢但很少出错；缺少灵感，不能去激励别人
企业员工 company workers	把谈话和观念变成实际行动	勤勤恳恳、任劳任怨，实际；即使对工作没有兴趣也会认真完成它；信任他人且对他人宽容；守纪律，保守，不灵活
团队成员 team workers	为别人提供个人支持和帮助	敏感，喜欢社交，信任他人且对人有强烈的兴趣；以团队为导向，促进团队精神，减少团队成员间的摩擦，但不具决定作用，工作中优柔寡断
资源调查者 resource investigator	介绍外部信息，与外部人谈判	好奇心重，求知欲强，喜欢了解周围发生的事情，性格外向喜爱社交，直言不讳，多才多艺，具有创新精神
完成者-精作匠 completor-finisher	强调完成既定程序和目标的必要性，并且完成任务	对任何事情善始善终，坚持不懈，注意细节且有条不紊，是一个完美主义者；事事担忧，焦虑感强

贝尔宾认为，成功的团队是应该由具有不同性格、承担不同角色的人构成的。虽然某些人可能承担两种角色，但有效的管理需要确保某个特定团队中包含所有的这八种角色。如果有必要的话，要“引进”某个人去担任某个空缺的角色。

6.3.4　团队有效性模型及其影响因素

1）团队有效性模型

Gladstein 和 Hackman 提出团队有效性应该从三个维度进行衡量，即：

（1）团队的绩效：团队的工作产出在多大程度上满足接受、检查或使用该工作产出的人对数量、质量、时效性的要求。

（2）团队成员的满意度：团队成员在多大程度上从团队中体验到个人成长和幸福感。

（3）团队生命力：团队成员在多大程度上能持续不断地共同工作下去。

在组织行为学研究中，普遍采用的影响团队有效性的模型就是“输入-过程-输出（input-process-output，IPO）”模型。“输入”主要指的是团队的一些结构特征、团队成员特征、环境特征等。“过程”主要指的是团队中的人际互动的质量以及一些社会心理因素。“输出”则是指团队的有效性。不同学者提出的团队有效性模型尽管包含的具体变量不同，但基本上都可以纳入到 IPO 模型的框架中。图 6-7是 Gladstein 提出的 IPO 模型。

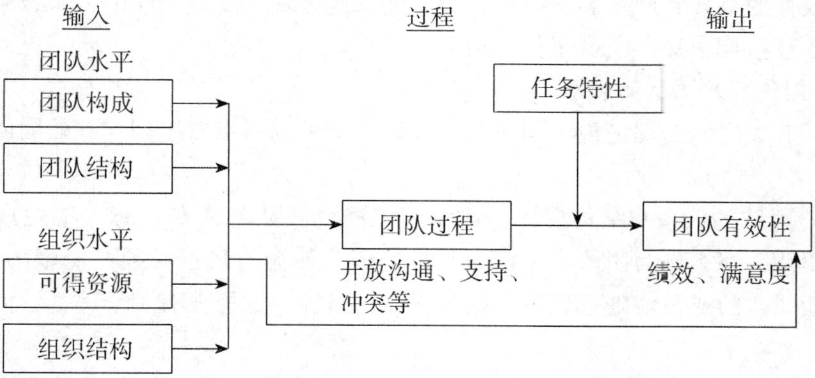

图 6-7　Gladstein 提出的 IPO 模型

从这个模型可以看出，影响团队有效性的“输入”方面因素主要包括团队水平的变量和组织水平的变量。团队水平的变量包括团队构成和团队结构。团队构成指的是团队成员的组成情况，如团队成员的异质性程度；团队结构主要是指团队设计方面的特征，如团队目标的清晰性、团队的规模、团队的正式领导等。组织水平的变量包括可得资源和组织结构。可得资源主要是指团队作为组织的一个组成部分可以从组织那里得到怎样的资源，如技术和市场方面的资源；组织结构是指组织设计方面对团队有影响的一些因素，如组织中的报酬系统是以团队为单位的报酬还是以个人为单位的报酬等。“输入”方面的因素既有可能通过“过程”因素对团队有效性产生影响，也可能直接对团队有效性产生影响。

Cohen 和 Bailey 对有关团队或群体有效性的研究进行分析，提出了一个新模型，如图 6-8 所示。该模型可以视作是对早期的 IPO 模型的一个发展。

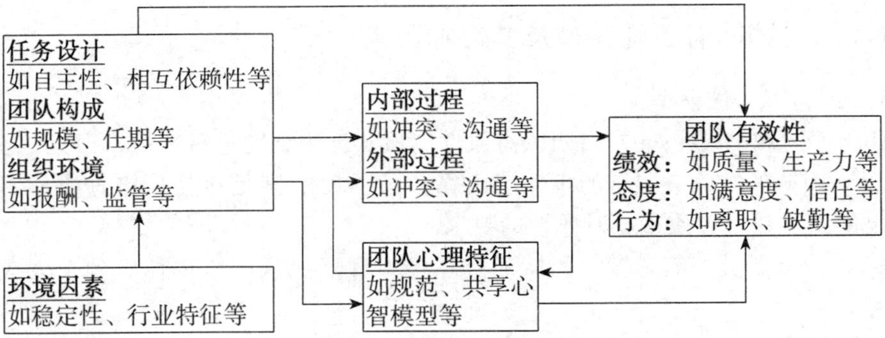

图 6-8 Cohen 和 Bailey 的团队有效性模型

Cohen 和 Bailey 并没有对这个模型进行实证的考察，而是在理论上阐述了这个模型并根据这个模型对前人的研究进行总结。就这个“启发式”模型而言，它在以下几个方面具有贡献：第一，对团队过程变量进行更深入的分析，将其分为内部过程和外部过程，并且将团队心理特征变量独立划分出来；第二，强调了外部环境对团队的影响，同时也强调了团队的外部沟通的重要性；第三，构造了各个变量对团队有效性的直接和间接影响路径，更为完整地体现了变量之间的关系；第四，在团队有效性指标中加入了员工行为指标。

2）创建有效团队的启示

基于有关团队的理论模型和研究，我们至少可以得出对于创建有效团队的以下启示：

（1）团队的任务和结构设计。首先应该澄清团队使命和目标。要想成为一个成功的团队，那么作为团队成员信念基础的团队使命与目标必须是清晰的。而且，还应该让团队的成员清晰地理解团队的使命与目标，这样才有利于建立共同的信念与承诺。

（2）从团队成员的构成方面来看，应该选择合适的团队成员。根据团队角色理论，团队成员应该是多元化的，一方面在技能上各有专长，形成互补；另一方面在个性特点上具备团队中不同角色的特点，如要有善于完成工作的人，也要有善于沟通协调的人。此外，团队成员不一定从一开始就完全具备团队工作所需的各项技能，因此需要对他们实施培训。例如，让团队成员学会如何在团队中沟通，如何与不同类型的人交往，如何解决冲突等。

（3）从组织支持的角度，组织中应该设置以团队为基础的奖酬体系。将团队成员的报酬与团队绩效联系起来，对于为团队做出重大贡献的行为，必须得到重奖。另外，团队还应该赢得外部环境包括管理层的支持，这样有利于取得必要的资源。

（4）从团队的运行过程来看，应该创造良好的团队氛围。首先应该提倡的是成员之间的相互信任，只有相互信任，才能关心共同的利益与目标。还应该促进团队成员的沟通与合作，鼓励团队成员参与团队活动，特别是一些重要的决策。另外，应该保持团队的开放和创新。一个良好的团队不是封闭的，它必须不断接受新的信息和经验，与团队周围的环境进行信息交流，它也必须不断产生新的观念和想法。

个案分析

联想电脑公司不许叫“总”

杨元庆，联想电脑公司总经理，以前大家见面时称他为“杨总”，如今你如果去联想就不会听到有人再叫“杨总”了，员工对他都是直呼其名。

联想电脑公司有三级总经理，称得上“总”的人数有200多人，以前大家见面时，你会听到一片叫“总”的声音，这一现象引起了总经理室（联想电脑公司最高决策机构）的注意。大家习惯叫“总”，这跟中国对领导长辈尊重的传统有关，员工也有反映不叫就会给人一种不尊重的感觉。如果从存在的现实看，叫“总”正面看来是表示一种尊重。但西方国家并没有这种习惯，这只是中国对领导的尊称，而中国公司在同事同级之间往往又不这么叫。这里面其实体现着不平等，只有下级对上级的尊重，而没有上级对下级的尊重。

总经理室还发现，有些领导很在乎这么叫，把其作为个人权威的体现。长期以来，员工就把这种称谓变成一种约束。称谓带“总”，还不利于干部的能上能下。一个人如果习惯被大家喊作“总”，一旦被撤换就会感到很难过，就可能有抵触情绪。大家见面也会感到不好称呼了。从这一点看，以前叫“总”大家感到很正常，不叫“总”就不正常了，这正说明叫“总”是不平等的。

联想作为一个年轻的企业，提倡的是对所有的人都尊重，尊重是没有差异的，员工要尊重领导，领导也要尊重员工。如果这个也叫“总”，那个也叫“总”，给人一种充满权力等级的感觉，会造成一种僵化的企业氛围，影响员工发挥创造力，影响企业的创新与发展。

这么看，员工称呼领导就没有必要带“总”。

说起来容易，做起来难。这件事在推进过程中也经过了反复的过程。

此事先从最高层推开，总经理室互相不能叫“总”了，后来在全公司明确规定不能称“总”。负责企业文化的部门策划了一系列办法，第一步先出了一个规定，详细说明该怎么怎么称谓，连总经理室的几个人怎么叫都有规定，比如杨元庆自己推荐了三种叫法：杨元庆、杨先生、元庆。规定还制定了违反规定进行罚款的办法。第二步，在联想电脑每月销售量如超过历史纪录，当月底就召开简单的庆功会，并专门设计现场请员工上台来对杨元庆直呼其名。这些做法可谓又详细又具操作性。但过了一周总经理室发现有的员工直呼其名就是开不了口，他们从心里感到很不习惯，叫“总”的现象又有“卷土重来”的倾向。经过分析原因，总经理室发现大家对直呼其名并没有从根本上理解，没有提出一种办法使大家感到不叫就舒服，这说明方法不够。最关键的是总经理室没把这件事看透：到底彼此直呼其名是干什么？这件事本来是给员工谋利，给员工创造一个人人平等的环境。但在某种程度上，员工叫错就要被罚款，感到有种被罚的感觉。这么做就是种倒错的做法，好像变成了领导要求员工做什么，“要求”就会使员工感到痛苦，人只有把做某件事当做追求快乐才能把它做好。

通过这件事，联想电脑总经理室认识到，光靠下一个文件规定怎么怎么做本身就体现着不平等。

认识到位就重新来第二轮。每天上班前总经理室所有成员就站在大门前，员工来时他们主动上前问好，胸前挂着“请叫我某某”的牌子。同时大办公地点的醒目处写上“称谓无‘总’，走进文明”的标语。在公司内部网上开设讨论区，每一个员工都可以对此发表议论，网上还随时发布活动消息。通过不断地重复来改变大家叫“总”的习惯。这一轮是总经理室真正参与进来实现的平等行动，这个过程领导和员工双方都有了新的感受，大家感到真正受到了尊重。

结果这一轮见效很快，叫“总”的现象基本不见了。虽然有人直呼其名时还张不了口，但大家明白再叫“总”是不行了。

联想电脑的称谓问题也是走过了一个过程，一开始大家互称“老师”，这跟联想是个学术味很浓的企业有关；第二阶段由于企业要大发展，必须强调组织性和纪律性，强化对权力的认可，这一阶段叫“总”又成为必然；取消叫“总”又是一种回归，是种上升式的回归，这也是社会竞争和企业发展的结果。

问题：

1. 结合案例分析地位与地位符号在群体中有怎样的影响。

2. 联想不许叫“总”这个群体规范是怎样形成的？对群体有怎样的影响？

本章小结

群体是指由两个或两个以上相互作用、相互依赖的个体组成的具有相对稳定的关系模式的集合体，这些个体拥有共同的利益或目标，他们自认为自己属于这个群体并与群体之外的其他个体相区别。群体可以被分成两种最基本的类型：正式群体与非正式群体。关于群体形成和发展的阶段，有两种主要的观点：一种是群体发展的五阶段模型，另一种是间断-平衡模型。

群体的一些重要结构变量主要包括：角色、规范、地位、凝聚力、规模、构成等。

群体行为中的典型特征有社会助长作用、社会懈怠作用、从众行为和去个性化。

团队是一种特殊类型的群体。团队是指在工作中相互依赖、为特定结果共同承担责任的个体的集合体，团队中的成员彼此承诺为他们共同负有责任的绩效目标而努力。团队角色理论认为成功的团队是应该由承担不同角色的人构成的。

在组织行为学研究中，普遍采用的影响团队有效性的模型就是“输入-过程-输出（IPO）”模型。创建有效的团队应从团队的任务和结构设计、团队成员的构成、组织支持和团队的运行过程几方面入手。

关键概念

群体　群体的发展阶段　角色　地位　规范　凝聚力　社会助长　社会懈怠　从众行为　去个性化　团队有效性模型

复习思考题

1. 一群人、群体、团队的区别与联系是什么？
2. 群体形成与发展阶段是怎样的？你认为哪种观点更符合实际情况？
3. 群体的主要结构变量是怎样影响群体行为的？
4. 什么是社会助长作用？其产生的机制是怎样的？
5. 如何有效避免社会懈怠现象？
6. 从众行为是怎样产生的？受哪些因素影响？
7. 列举并说明贝尔宾提出的团队中的八种角色。
8. 结合团队有效性模型谈谈如何创建成功的团队。

第7章 / 沟　通

学习目标

本章主要讨论沟通的原理和方法。通过学习，了解和掌握以下内容：沟通的概念、过程和基本要素；沟通的主要类型、人际沟通网络的类型；有效沟通的障碍及如何进行有效沟通；相互作用分析的原理与方法。

引例：结果为什么大相径庭

随着大华公司业务的迅速发展，预算增加的幅度也比较大，于是公司开始实施一些新的成本控制措施。其中一项措施就是要求每个作为成本中心的部门都要填写一份新的月成本控制报告，这个报告是为向会计中心提供信息和向各部门提供反馈信息而特别设计的。

这种报告已经使用了3个月。一些部门能够正确、完整地填写并且及时上交，进而能够使用这些信息有效地控制成本开支；但另外一些部门却似乎对这种报告迷惑不解，不知道如何填写，当然也就无法使用这些信息来控制成本了。

于是会计中心的负责人谈菲决定选取一个正确填写的部门和一个不能正确填写的部门了解一些情况，看看为什么结果会大相径庭。她所选取的正确填写的部门是由雷云雨管理的部门。通过与雷云雨及他的下属交谈后，谈菲发现雷云雨的下属熟悉这个报告的填写并且愿意填写，也知道这个报告的目的和意义所在。因为雷云雨曾经召开了一个会议与下属详细讨论了这个报告，并且在第一次填写时与每个下属单独交流了有关报告中的问题。而三次上交的报表都不及时、不正确的是贺曼管理的部门。据了解，她并没有在部门内与下属讨论这个报告，只是将空白表格的样式发给大家并宣布每月要汇总到秘书那里交到会计中心。难怪她的下属并不理解为什么要填写这个报告，有的人认为这个报告增加了自己的工作量而拒绝填写，有的人不知道报告中有些内容该如何填写因此只好按照自己的理解来填写了。

是什么原因导致了一项管理措施在不同部门的执行效果大相径庭呢？答案就是：沟通。在组织中，良好的沟通往往能使信息得到有效的传递，使工作得以有效地完成；而缺乏沟通或者无效的沟通，则常常妨碍组织的正常运行。因此，沟通对组织的重要意义是显而易见的。很多企业在招聘人员时都会将沟通技能作为一项重要的因素。本章将探讨沟通过程中的一些规律和特点，以及如何进行有效的沟通。

7.1 沟通的基本问题

7.1.1 沟通的概念

下面的这些事情可能会在不同的组织中发生：一名主管人员将一名员工叫到自己的办公室询问他最近一个项目的进展情况；总经理秘书发了一封电子邮件给各个部门经理通知他们开会的时间和地点；一位销售代表打电话给一个客户询问他对于新报价的意见；几名员工在下班的路上议论新上任的主管……这些似乎每天都在我们身边不经意地发生着的事情有些什么共同点呢？尽管我们现在还没有给沟通下一个确切的定义，但我们知道这些活动中都包含有某种形式的沟通。

在给沟通下定义之前，我们不妨先来分析一下刚刚提到的一些活动的共同特征。不难看出，这些活动中都包含有某些信息，例如，项目进展情况、会议通知、对某些人的评价、某种询问或意见等，而且这些信息是被传递的，从一个人传递给另一个人。我们也可以将人与人之间的信息传递扩展到人与群体之间、群体与群体之间、组织与组织之间等。于是我们就可以给沟通下这样的定义：

沟通是指某种信息从一个人、群体、组织传递到另一个人、群体、组织的过程。发出信息的人、群体、组织叫做信息的发送者，信息所到达的人、群体、组织叫做信息的接收者。

7.1.2 沟通的基本过程与要素

沟通的基本过程与要素可以用图 7-1 来表示。

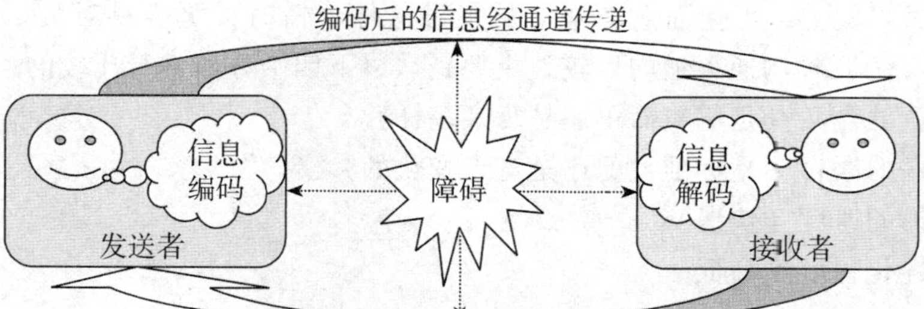

图 7-1 沟通的基本过程与要素

从图 7-1 可以看出，沟通的基本过程就是信息的发送者将信息进行编码，通过信息沟通的渠道传递给信息的接收者，信息接收者在接收信息时要对信息进行解码，而且往往要提供给发送者反馈。在信息沟通的各个环节中都可能遇到各种障碍，而且所有的这些活动一定是在特定的背景下进行的。这就是沟通的一般过程。

我们发现每个沟通过程一般都包括以下七个要素：发送者、接收者、信息及其编码和解码、通道、反馈、障碍、背景。

1）发送者

信息的发送者也就是信息源。发送者决定了一个信息沟通的过程何时开始、如何开始、信息传递给谁、信息传递的目的等。发送者在发送信息之前需要进行信息的提取、整理、组织等准备活动。

2）接收者

接收者是发送者发送信息的对象。接收者在接收信息的时候并不是完全被动的，他们会利用自己已有的经验对信息进行感知和理解。

3）信息及其编码和解码

信息就是发送者试图传递给接收者的一些有意义的内容，如观念、意见、态度、情感等。发送者在发送这些信息时通常要对信息进行编码，也就是将信息转换成某种接收者能够理解的形式。例如，发送者将信息转化成某种口头的或书面的语言，并且在语言中注意遣词造句以确保准确表达自己所要表达的意思，必要的时候还要利用某些非言语的方式进行信息的传递。发送者对信息的编码将严重影响信息传递的效果。接收者在接收信息的时候也需要对信息进行解码。由于在解码的时候，接收者加入了自己的知识和经验在其中，因此，接收者所理解的信息的含义不一定与发送者所发出的信息含义一致。

4）通道

通道就是指信息传递的途径或方式。信息除了可以通过面对面的方式直接进行传递之外，还可以借助某些媒体进行传递，如书面媒体、电话、电视等。心理学家的研究表明，面对面的沟通是影响力最大的沟通方式。因此，当需要增强沟通的影响力时，往往可以选择使用面对面的沟通方式。例如，一个主管人员要向员工传递某种信息时，他可以将员工叫到自己的办公室当面对员工讲，也可以给员工发一封电子邮件，事实上，当他面对面地对员工讲这件事情时，更容易对员工施加影响力。图 7-2 为几种沟通渠道的比较，主要是从以下四个方面进行比较的：

- 表达的含义（是比较简单还是复杂多样）。
- 使用的语言（是标准化的还是富于变化的）。
- 反馈的速度（快慢）。
- 个性化程度（高低）。

5）反馈

当信息从发送者传递到接收者时，接收者常常要将一个新的信息回传到发送者那里，这就是信息的反馈。信息的反馈使沟通成为一个交互作用的过程，发送者和接收者的角色也在不断地进行转换，接收者给发送者提供反馈信息时，他本身又成了新的信息的发送者。反馈使得信息的发送者能够及时调整发送的信息和发送信息的方式。

有时候，信息发送者所得到的反馈也可以来自自己的意识，例如，当一个人说出一句话之后自己就意识到说错了或说得不够清楚等，他就会自动对自己发送的信息进行调整。

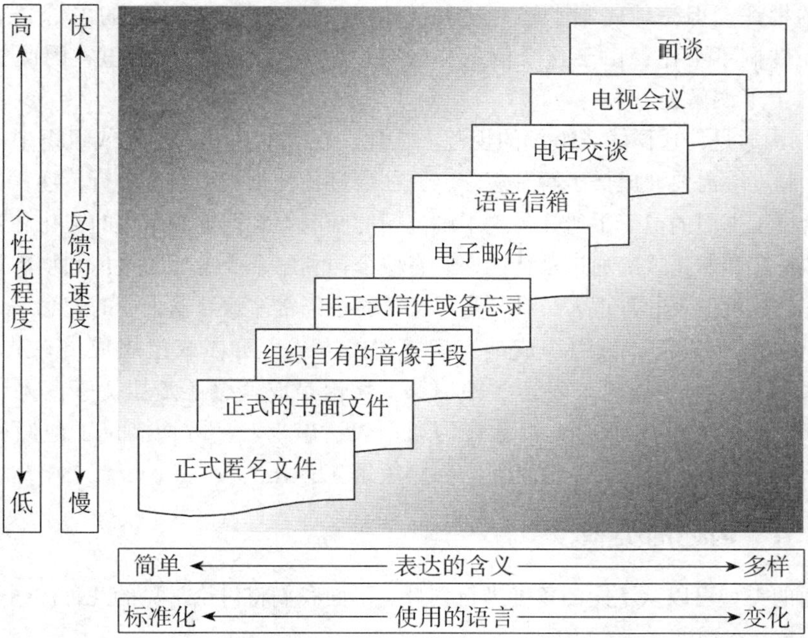

图 7-2 几种沟通渠道的比较

6）障碍

沟通中的障碍就是出现在沟通过程中的干扰因素，也被称为“噪音”。沟通中的干扰因素可能存在于沟通中的各个环节，例如，发送者对信息的编码、信息传递的通道、接收者对信息的解码等。这些障碍的存在影响着沟通的质量和效果。

7）背景

任何沟通都是在一定的情境下发生的，这就是沟通的背景。同样的信息在不同的背景下传递将被赋予不同的含义。例如，当一个人得到了同事的帮助时，他会发自内心地对对方说：“你可真是太好了！”而当一名员工得知另外一个同事在领导面前打了自己的小报告之后，他也可能对那位同事说：“你可真是太好了！”很显然，后者是在故意说反话。这些则需要我们根据具体的沟通背景进行判定。

7.1.3 沟通在群体或组织中的作用

一个群体或一个组织为什么需要沟通呢？沟通在群体或组织中的作用至少包括以下几个方面：

（1）使群体或组织成员获得必要的信息以完成工作目标。人们从事各种各样的活动是需要以一定的信息作为依据的。例如，做出一项决策，人们需要知道有关这个决策的一些信息，如果信息不足，可能就会造成失误。

（2）沟通也使得群体或组织成员之间相互理解，避免冲突。很多时候冲突的存在是由于信息不对称，也就是一方拥有某种信息，而另一方缺乏某种信息。例如，一个主管人员发现某个员工没有完成自己交给他的工作任务，就对该员工进行了严厉的批评，但是他并不了解，这名员工是由于完成更高一级的主管交给他的紧急任务而耽搁了工作，由于这个信息并没有被传递到这名主管那里，因此他就对这名员工产生了误解。

（3）沟通是传递群体或组织的规范、文化、观念的途径。群体或组织中一些正式的规则、制度等需要让成员了解并遵守，往往通过各种正式的通道进行传递，例如，公司下发给员工书面的员工手册让员工了解公司的制度等。群体或组织的文化和观念等也通过各种正式和非正式的通道进行传递。有些公司利用企业内部的宣传刊物向员工传递企业的理念、价值观，管理人员在与员工交谈时也经常注意灌输企业的理念。

（4）沟通也是群体或组织成员交流感情的方式。群体或组织成员在共同工作、生活的过程中，利用沟通来表达各种情感，无论是成就感还是挫折感，无论是满意还是不满，还有焦虑与压力，都会在沟通中表达出来。一方面满足了他们社会交往的需要，另一方面不良情绪的宣泄也可以缓解工作压力。

7.1.4 沟通的类型

沟通的类型可以从不同的角度进行划分。下面我们将讨论常见的几种沟通类型。

1）言语沟通与非言语沟通

按照沟通所使用的符号系统类型，可以将沟通分为言语沟通和非言语沟通。

言语沟通通常是指借助语言文字符号系统所进行的沟通。言语沟通大致可以分成两类：一类是口头沟通，即面谈、电话交谈、会议等运用口头语言所进行的沟通；另一类是书面沟通，即文件、信函、传真等借助书面语言进行的沟通。

非言语沟通是指借助语言文字之外的符号系统所进行的沟通。例如，运用目光、动作、手势、表情等进行沟通。表 7-1 中列出了一些常见的非言语信息及其典型含义。

表 7-1　**非言语信息及其典型含义**

非言语信息	典型含义
目光接触	友好、真诚、自信、果断
不做目光接触	冷淡、紧张、害怕、说谎、缺乏安全感
搔头	迷惑不解、不相信
咬嘴唇	紧张、害怕、焦虑
踮脚	紧张、不耐烦、自负
双臂交叉在胸前	生气、不同意、防卫、进攻
抬一下眉毛	怀疑、吃惊
眯眼睛	不同意、反感、生气
鼻孔张大	生气、受挫
手抖	紧张、焦虑、恐惧
身体前倾	感兴趣、注意
懒散地坐在椅子上	厌倦、放松
摇椅子	厌倦、自以为是、紧张
驼背坐着	缺乏安全感、消极

有时候沟通者之间的空间距离、沟通者的衣着打扮等也在传递一定的信息。例

如，发送信息时离对方很近可能表达了想要建立密切关系的意思，在开会的时候穿一件色彩艳丽的衣服可能表达了想要引人注意的意思。

2）正式沟通与非正式沟通

组织中的沟通可以分为正式沟通和非正式沟通两种。

正式沟通是指按照组织中正式的沟通渠道所进行的沟通。组织中的正式沟通渠道决定了组织中的沟通关系，即谁可以与谁进行沟通、谁不能与谁进行沟通等。

正式沟通按照其发生的方向可以分为垂直沟通、水平沟通和斜向沟通，其中垂直沟通又包括下行沟通和上行沟通。图7-3中显示了一个组织中的部分正式沟通路线。

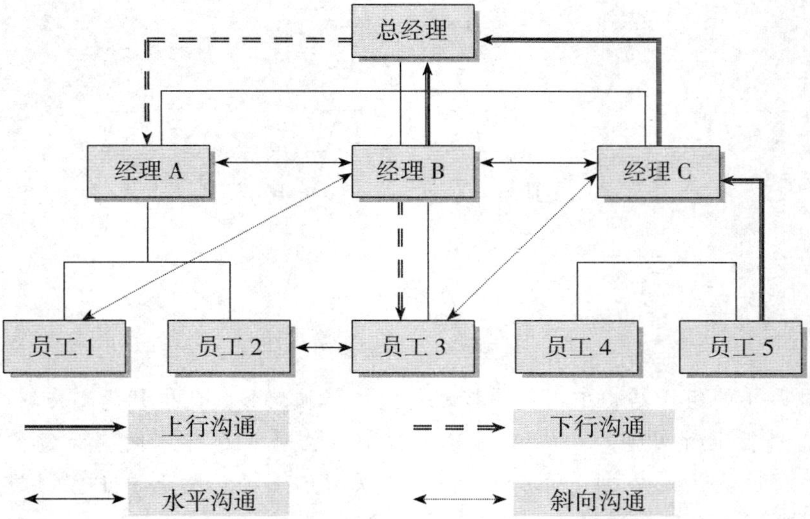

图7-3 正式沟通

下行沟通是指组织中的上级对下级进行的沟通，主要包括下达工作目标、布置工作任务、进行工作指导、反馈工作绩效等。上行沟通是指组织中下级对上级所进行的沟通，主要包括工作汇报、问题反映、请求支持等。一个健康组织的沟通体系中上行和下行沟通都应该是畅通的，一方面高层管理者要向下级传达命令指示，另一方面来自基层的信息也能反映到上级那里去。垂直沟通中如果中间的层次较多，信息在传递的过程中就会发生准确性降低的情况。

水平沟通就是处在同一组织层次上的人员之间进行沟通。水平沟通常见的是不同部门之间的工作协调。例如，市场部门的经理和生产部门的经理在一起讨论有关新产品的市场投放的问题。一般来说，当不同部门之间为了共同的利益进行沟通协调时，沟通起来比较容易；但如果双方需要维护各自的利益时，则比较容易发生冲突。斜向沟通也是发生在不同部门之间的，但与水平沟通不同的是，斜向沟通发生在不同层次的人员之间。例如，一个部门负责某项专门事务的人员可以直接与另一个部门的主管人员进行沟通而不必经过本部门的主管。水平和斜向的沟通使得组织中的沟通效率大大提高。

专栏 7-1　　　　　　　　沟通中的“跳板原则”

传统上，组织中的沟通是按照组织中的层次进行垂直沟通的，这样做虽然保证了命令的统一，但是可能会产生信息延误的现象。为了解决这个问题，19 世纪末 20 世纪初法国著名管理学家法约尔（H. Fayol）在他的《工业管理与一般管理》一书中提出了一个著名的对管理事件有着重大影响的原则——“跳板原则”（如图 7-4所示）。

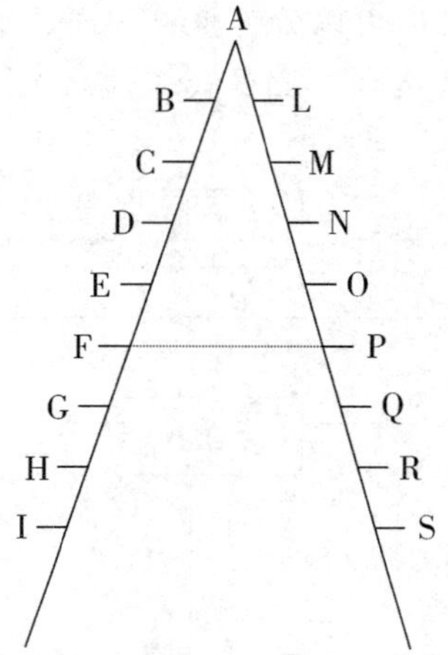

图 7-4　跳板原则

在图 7-4 的组织结构中，如果按照传统的沟通路线，F 和 P 想要沟通，必须先从 F 到 A 进行上行沟通，再从 A 到 P 进行下行沟通，这样中间要经过很多层次。但是如果通过从 F 到 P 的“跳板”（也叫“法约尔桥”），由 F 和 P 直接进行沟通，这样问题就简单多了，速度也快多了。

法约尔认为，如果领导人 E 和 O 允许他们各自的下属 F 和 P 直接沟通，如果 F 和 P 向他们各自的领导人汇报他们所商定的事情，那么整个情况就合乎规则。

跳板原则简单、迅速，既维护了统一指挥，又提高了组织中沟通的效率。

非正式沟通是指正式沟通渠道之外的信息传递和交流。例如，员工之间私下的交谈、小道消息的传播等。非正式沟通是在组织结构中没有正式规定的信息沟通，它是组织内的客观存在。其沟通对象、时间及内容等方面，无计划且难以辨别。任何部门及个人都可按任何方向进行非正式沟通，包含上行、下行、平行的沟通。非正式沟通方式灵活、速度快，但有时候信息容易失真。

3）单向沟通与双向沟通

从信息沟通的方向和发送者与接收者的地位是否互相转变的角度，可以将沟通分为单向沟通和双向沟通。

在单向沟通中，发送者始终是在发送信息，接收者始终在接收信息而不做出反馈，发送者和接收者的地位是固定不变的。例如，下达命令、做报告等都属于单向沟通。在双向沟通中，发送者和接收者的位置是在不断转换的，发送者将信息发送给接收者，接收者要给发送者以反馈。例如，交谈、谈判、讨论等都属于双向沟通。

单向沟通与双向沟通哪一种更有效呢？美国管理心理学家利维特（H. Leavitt）在1959年曾经设计实验研究这一问题。

专栏7-2　　经典研究：单向沟通与双句沟通

利维特通过让被试者在单向沟通和双向沟通两种不同的情境下画出一系列相连接的矩形的实验来进行研究。图7-5就是利维特的单向沟通与双向沟通实验所使用的材料。

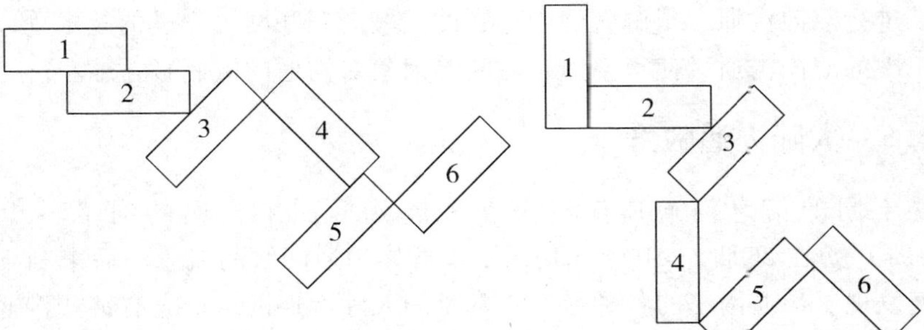

图7-5　利维特的单向沟通与双向沟通实验材料

图中这些矩形的连接点或者是顶点或者是边线的中点，两个矩形之间的夹角是90°或45°。发送者手中拿着这张图，向接收者描述图形，接收者根据发送者的描述在白纸上画下这个图形。实验分为两种情况：

第一种情况是单向沟通。发送者背对着接收者，避免有视觉上的沟通；用语言尽可能准确、尽可能快地描述上述图形；接收者不能用提问、发笑、叹气或其他形式就听到的信息与发送者沟通。

第二种情况是双向沟通。发送者面对着接收者；接收者可以随意打断发送者的陈述，提出任何问题。

实验的结果表明：

- 单向沟通的速度比双向沟通快。
- 双向沟通的准确性程度较高。
- 在双向沟通中，接收者对自己的判断比较自信，也清楚自己所画的图形是否正确；但发送者可能会有比较大的心理压力，因为他会随时受到接收者的发问、批评和挑剔。
- 单向沟通显得比较有秩序、有条理；双向沟通则显得混乱无序。

从利维特的实验结果中我们可以看到单向沟通和双向沟通各自的优劣。由于单向沟通的信息传递速度比较快，因此当需要完成紧急任务，或者工作任务比较简单，属于例行的事务时，可以采用单向沟通的方式。而双向沟通则是提高信息传递的准确性的一种好方法。利维特曾经举了这样一个例子来说明双向沟通的优点。假如一个炮手射击一个看不见的目标时，他无法了解自己是否击中了目标，在这种情况下，如果有一个观测员将每一发炮弹射击的结果反馈给炮手，那么炮手就会知道自己下一次射击该如何调整。这就是双向沟通的优越性，也就是发送者可以了解自己所发送信息的效果，及时对自己的行动加以修正。

现在很多组织中都采取了一些鼓励双向沟通的措施。例如，当组织做出一项决定时，不仅仅是高层管理者将决定向下传达给下属人员，而且也鼓励下属人员将自己的意见反馈上来，以便对不合理的地方进行调整；主管人员与员工进行绩效反馈面谈也是利用双向沟通向员工反馈他们的绩效情况，以便员工能够及时改进和提升自己的工作。一些企业实行的管理人员开放式办公、走动式办公，也是希望能够随时与员工进行双向沟通，了解管理中存在的问题。互联网等先进的技术手段更加方便了组织中的双向沟通，使得空间、时间等因素对沟通的限制日益缩小。

7.1.5　人际沟通网络

一些不同的信息沟通通道组合在一起就形成了沟通的网络。巴维拉斯（A. Bavelas）曾在20世纪50年代提出了小群体沟通网络的概念。后来利维特等人通过研究发现了沟通网络的各种形态。常见的人际沟通网络形态有链式沟通、轮式沟通、环式沟通、Y式沟通和全通道式沟通，如图7-6所示。

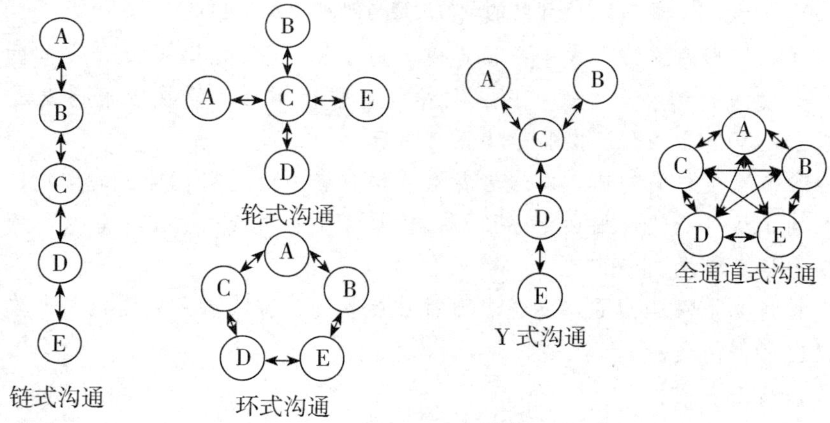

图7-6　人际沟通网络

链式沟通网络相当于组织中的垂直沟通系统。信息逐级传递，可以向上传递，也可以向下传递，每个人只和其上下级发生联系，但不了解信息来源和最终接受者。这种沟通网络直接、迅速，适合解决简单问题。

轮式沟通网络表示的是由一个处于核心地位的人分别与其他人进行沟通。典型的轮式沟通是传统组织中一个部门的内部沟通网络。主管人员同时与多个下属沟通，但下属之间没有沟通，即只有主管才了解全面情况，其他人员则信息闭塞。主管人员比较容易对下属进行直接控制，解决问题的速度快，适合解决简单、常规的问题，但下属的沟通需要无法得到满足，因此士气较低，不利于解决复杂的创造性问题。

环式沟通网络中每个成员仅与相邻者联系，而不能与更远的成员进行沟通。这种沟通的效率较低，但成员地位平等，因此获得的满意程度较高。

Y式沟通网络兼有链式沟通网络和轮式沟通网络的特点。在图7-6中的Y式沟通网络里，C是一个核心人物，起着信息枢纽的作用，因为有比较多的人是通过他进行沟通的。在一个组织中，C的位置可能会面临多头领导问题，有的时候来自A和B两个上级的指令不一致，会令C无所适从。

全通道式沟通网络是所有成员间的充分参与与信息沟通的一种形式。所有成员的地位是平等的，无核心人物。通常，任务小组、委员会或者非正式群体成员之间易形成此种网络。这种沟通具有很强的民主气氛与合作精神，成员的士气很高，创造性易于发挥，因此适合解决复杂的问题。

几种主要的沟通网络对群体行为的影响见表7-2。

表7-2 沟通网络对群体行为的影响

网络形式	信息传递速度	解决问题效率	群体作业组织化程度	领导的明确性	士气	对变化的弹性
链式	较快	简单问题效率较高	慢慢产生组织化并稳定	高	低	慢
轮式	很快	简单问题效率很高	迅速产生组织化并稳定	较高	低	慢
环式	慢	复杂问题有效	不易产生组织化	低	高	快
全通道式	较慢	复杂问题有效	不易产生组织化	低	高	快

7.2 有效的沟通

7.2.1 有效沟通的特征

要想了解如何进行有效的沟通，我们必须对什么是有效的沟通有个明确的认识。有效沟通主要有以下三个方面的特征：

1）信息的准确性

有效沟通必须保证信息在传递的过程中的准确性，能够准确地反映发送者的意图，同时也要保证接收者准确地理解信息。只有按照准确的、不失真的信息采取行动才能达到预期的结果，这是有效沟通的最基本要求。

2）信息的完整性

信息的发送者必须发送完整的信息，避免根据自己的意愿进行取舍，以偏概全。信息的接收者也不能断章取义，根据自己的兴趣进行选择性的接受。

3）信息沟通的及时性

有效的信息沟通必须是有时效性的。信息应该是被及时地、以尽量少的中间环节传递到接收者处的。及时性还表现在接收者及时地对信息进行反馈。另外，信息还应该及时地被利用，以免过期失效。

7.2.2 有效沟通的障碍

1）来自发送者的沟通障碍

发送者对信息进行编码和发送的过程其实就是表达信息。发送者表达信息的时候往往需要把一种形式的信息转化成另外一种形式的信息再发送出来，如将某种思想观念转化成具体的口头或书面语言。发送者在表达的时候不够清楚、有歧义或者使用了难以理解的术语、行话等，都会给沟通造成障碍。

2）来自接收者的沟通障碍

这是指接收者对信息的解码与发送者发送信息的原意不一致。由于信息在传递的过程中先经过发送者的编码，再经过接收者的解码，在这个转换的过程中会出现一些沟通障碍，也就是说，接收者所理解的信息含义并不是发送者所要表达的含义。很多人都遇到过这样的情况：甲和乙两个人相约一起去开会，甲对乙说："我去复印一份材料，你先走，一会儿我们在电梯门口见。"两人都等了好一阵子也不见对方，只好互相打手机，才知道原来甲在楼上的电梯门口等，乙在楼下的电梯门口等。

3）沟通双方的不同背景特征所导致的沟通障碍

沟通双方的社会政治经济地位、价值观、宗教信仰、种族、道德标准、职业、年龄等不同，都会导致对同一件事情的看法有差异。文化背景的差异是一种典型的沟通双方差异。处在不同文化背景下的人们，不仅在语言符号系统本身有一些不同的地方，更重要的是一些风俗习惯、规范甚至禁忌方面有很大差异，如不加注意，就很容易引起误解。

沟通双方的个性特征、沟通风格、情绪等方面的特点也是影响沟通有效性的重要因素。有的人具有较强的人际敏感性，在沟通中善于理解他人的意图，并对他人的情感给予较多的关注。而有的人则人际敏感性较差，对他人的潜在意图反应较为迟钝。有的人在沟通中习惯使用较为直接的方式，而有的人则习惯使用比较含蓄的方式。有的人情绪稳定，在沟通中表现得较为理智，而有的人则容易感情用事。

4）信息传递过程中的障碍

当信息在传递过程中经过多个环节时，常常会被曲解，删减某些细节或者增加某些细节，造成信息失真。一般来说，信息在传递的过程中所经过的环节越多，就越容易失真；口头沟通比书面沟通更容易失真；单向沟通比双向沟通更容易失真。下面就是一个信息在经过多个环节传递变得面目全非的例子。

一个上校向他的执行官发布命令："明晚8点左右我们会在这个地区看见哈雷彗星。这种现象大约75年才出现一次。让所有人身着军装在原地解散，我将向他们解释这种罕见的现象。如果下雨，我们什么都看不见，那就把大家集合在礼堂里，我给他们放映有关的影片。"

执行官对连长说："上校命令，明晚8点哈雷彗星将在营地上空出现，如果下雨，全体着装原地解散，然后列队去大礼堂，在那儿这种75年才发生一次的罕见现象将出现。”

连长对少尉说：“按上校的命令明晚8点着装，哈雷彗星将在礼堂出现，如果营地上下雨，上校将发布另一个命令，75年才会发生一次。”

少尉对上士说：“明晚8点上校将同75年才出现一次的哈雷彗星一起在礼堂出现。如果下雨，上校将命令彗星进入营地。”

上士对士兵说：“明晚8点下雨时，少见的75岁的哈雷将军将由上校陪同，驾驶他的彗星着装穿过礼堂营地。”

这是一个看起来比较夸张的例子，但事实上在我们的沟通过程中“以讹传讹”的现象也并不少见。

另外，在信息传递的过程中，人们在发送与接收信息时具有选择性。人的知觉具有选择性，在接收信息时往往会对有些信息给予较多的注意，而将另外一些信息忽视或屏蔽掉。有的时候，人们会有意识地选择接收信息。例如，在讨论会上，那些地位高、年长或有声望的人的意见往往会得到较多的重视，而地位低、年轻、影响力弱的人的意见就容易被忽视。人们在发送信息的时候，也会根据自己特有的发送目的或者根据发送对象的特点对信息进行选择。例如，下级向上级传递信息时，往往会考虑到上级喜欢接收什么样的信息而对信息进行改编或删减。我们常说的“报喜不报忧”指的就是下级向上级传递信息时有意将坏消息过滤掉。下面这个员工关于工资问题的意见反馈就体现了这方面的问题。

员工向主管人员反映的关于工资问题的意见是：“我们感到工作条件不好，工作任务不明确，保险计划很糟糕，然而我们确实喜欢竞争性的工资，我们认为公司有潜力解决这些问题。”

主管人员向经理反映的则是：“工资是好的，福利和工作条件勉强可以接受，员工认为应该更好一些。”

经理则向总经理反映：“工资是好的，福利和工作条件还可以，员工相信明年会进一步改善。”

总经理告诉副董事长的是：“员工非常喜欢这种工资结构，希望新的福利计划和工作条件将会改善，员工们也非常喜欢这里的管理工作。”

最后，董事长得到的信息是：“管理和工资结构是非常出色的，福利和工作条件是好的，而且会更好。”

5）沟通中的物理障碍

信息沟通的过程中还有可能遇到很多物理障碍的干扰。例如，在直接面对面的沟通中，人与人之间的距离过大，或听不清楚对方的声音，或看不清楚对方的表情、手势，导致影响沟通的效果。另外，当环境中存在较大的噪声干扰或者传递信息的载体本身存在问题，如通信信号受到干扰、通信设备本身的问题等，都会影响信息沟通的质量。

7.2.3 有效沟通应注意的问题

要想做到有效沟通，应该注意以下一些问题：

（1）发送信息者首先要清楚发送信息的目的，并对要沟通的内容进行系统的思考和分析。注意选择合适的沟通方式，完整、清晰、准确地表达所要表达的信息。

（2）发送信息者还应有效运用移情的技巧。所谓移情，就是指一个人假设自己处在对方的位置上，设身处地地从对方的角度出发考虑问题。成功的沟通者通常能够从接收者的角度来考虑如何对信息进行编码和发送信息才能更有利于接收者的理解，他会考虑自己所发送的信息对接收者会产生怎样的影响，他得到这个信息时会做出怎样的反应，我采取什么样的沟通方式才能更有助于对方的接收和理解等。

（3）尽可能采用双向沟通的方式。我们知道，双向沟通是比较能够确保信息沟通质量的一种沟通方式，因为它能够使发送者及时收集接收者的反馈信息，使发送者掌握接收者接收和理解信息的效果，了解沟通过程中遇到的障碍并设法克服，调整自己的行为以确保信息沟通的效果。因此，为了确保信息沟通达到预期的目的，应尽量采用双向沟通的方式。

（4）简单原则。信息越简单，就越容易被理解和执行。如果发送者在很短的时间内发送非常长的信息，一方面，由于人的注意广度和记忆容量有限，对于大量的信息可能难以准确、完整地接收，接收者可能会漏掉或忘记一些重要的内容；另一方面，较长的内容、较多的信息给接收者把握核心内容造成了较大的困难，出现理解偏差的可能性也随之增大。因此，发送者应尽量使发送的信息简洁。如果实在要发送大量的信息的话，那么最好分步骤发送，既让接收者有机会弄懂信息的含义，也使得发送者及时得到反馈，并且还应该扼要地重述部分关键的信息，帮助接收者掌握核心内容。

（5）发送者还应注意选择适当的沟通时机。发送者发送信息的时候，还应注意环境中的干扰、接收者正忙于做其他事情心不在焉或者情绪状态不好、有其他人在场等因素都会影响信息沟通的效果，因此，应该选择接收者更容易接受和理解信息的时机进行沟通。

（6）重视倾听。人的思考速度要远远大于讲话的速度，这就使得人们在沟通的过程中有充分的时间思考对方所讲的话。这有好的一面，但同时也有不利的一面。人们有的时候不是专心在听别人讲话，而是在考虑怎样对别人做出反应。因为很多人都将沟通中如何发送信息看得更为重要，而忽视如何接收信息。其实，有效接收信息是有效发送的基础，只有有效倾听对方的意图，才能够有效地与对方沟通。要做到有效倾听，应注意以下几方面的问题：

- 不要以个人的好恶影响倾听。有时候，你可能不喜欢某个发言者的表达方式，或者对他所表达的观点有不同见解，但也要相信其中会有一些对你有价值的东西。

• 不但要听清楚对方表达出来的语言，还要听出其中的含义，要听清楚讲话者是否表达了什么隐含的信息。

• 要做一个积极的倾听者。也就是说，听的时候不但要专心，还要有移情，并且鼓励说话者表达他们的意见，以目光、表情、动作等给予讲话者明确的反馈。倾听者还可以用复述、提问等方式检验自己所理解的信息是否准确。

（7）改善组织中的沟通系统。很多时候组织中存在的沟通问题并非个人问题，而是沟通系统的问题。组织中应尽可能减少管理层次，使得垂直沟通体系变得更加快捷、及时。另外，应加强横向和斜向的沟通。组织中还应该充分利用各种沟通媒体，如互联网、内部刊物、会议等。建立鼓励开放沟通的氛围，使得人们更加积极、主动地沟通也是非常重要的。

7.2.4 有效运用反馈

反馈是组织中沟通的重要形式。如果在沟通中能够有效运用反馈，就会改善沟通效果。管理者经常要对员工进行反馈，如关于员工工作绩效的反馈。有效运用反馈有下列一些注意事项：

（1）有效反馈的目的一定是希望帮助员工。首先要认识清楚反馈的目的是帮助员工改善工作绩效，使员工能够为组织做出更大贡献，而不是借反馈的机会批评员工。

（2）反馈时要提供具体的描述性的信息。在为员工提供反馈信息时，要注意提供的不是以评价性为主的信息，而是要以描述性的信息为主。例如，不能只是笼统地告诉员工他工作做得很好或很差，这是很粗略的信息，无法帮助员工改善自己的工作，而是应该给出具体的描述，使员工知道自己的工作什么地方做得好、什么地方做得不够好。

（3）反馈的信息应该准确、清晰。为了使反馈有效，反馈的信息必须是准确、可靠的。如果管理者反馈给员工的信息不准确，那么员工将会对上司抱有消极的态度。另外，反馈的信息必须清晰，不能模棱两可，这样员工才能很好地理解。

（4）反馈应该及时。一般来说，反馈得越及时，效果就越好。如果员工不能及时得到正确的反馈信息，他们就会产生猜疑，或者通过其他途径获取信息，而这些其他途径往往是一些小道消息，许多信息都是不准确的。

7.2.5 相互作用分析：改善沟通的技术

相互作用分析（transactional analysis）是一种用来分析人们在人际沟通与交往中的心理状态和沟通风格的理论和方法。了解这种分析方法，将有助于我们进行有效的沟通。

相互作用分析理论是由加拿大的精神科医生、心理学家贝恩（E. Berne）于1964年首先提出来的。后来又经过哈里斯（T. Harris）等人的发展，这种理论和方法得到广泛的传播和应用。

贝恩在弗洛伊德的精神分析学说的基础上，提出了人格结构的PAC分析，认为人在心理上有三种自我状态，即父母（parent）状态、成人（adult）状态和儿童（child）状态。相互作用分析其实就是分析人们在沟通中这三种状态的相互作用。

父母状态就是指类似于父母对子女沟通时所表现出来的态度和风格，如权威感、优越感、独断专行、训斥人等。成人状态的特征是站在客观的立场上根据事实进行理智的分析。儿童状态则表现得类似婴儿状态的冲动，例如情感冲动、无主见、服从、任人摆布。每个人的心理状态中都可能具有这三种成分，只是所占的比重不同而已。在每一次沟通过程中，一个人所表现出来的状态都会以这三种状态中的一种占主导。

在国外很多公司中，都将相互作用分析作为人员培训的一项重要内容。这类培训一般采用讲授、角色扮演、录像等方式让受训者了解自己和对方的沟通状态，并了解在管理中各种沟通状态有怎样的影响。例如，一个主管人员经常以父母状态对待下属会有哪些不利的地方，主管人员应该如何对待儿童状态的下属等。这种培训对于有效的沟通往往起到良好作用。

个案分析

“5-15 报告”法

如果一个企业的人员散布在不同的地区，而且常常是不同的时区，那么他们的工作时间就会迥然不同。如果在同一个地方工作，员工们总会在咖啡厅或饮水器前进行一些信息交流。然而，当同事之间不能经常见面时，这种交流机会也就荡然无存。在这种情况下，应该如何保证企业内部的沟通与联系呢？

麦克尼利斯集团（McNellis Group）行政总裁麦克尼利斯（Jerry McNellis）采用了一种叫做“5-15 报告”的工作程序。其方法是：每位职员每周须提交一份报告，报告必须在 15 分钟内写完，能够让读报告的人在 5 分钟内读完。报告共分三个部分：

1. 简要叙述本人一周以来的工作情况。
2. 坦率地叙述本人的精神面貌及周围同事的士气。
3. 一条针对本人工作、本部门或公司的改进建议。

使用这种工作程序一段时间之后，麦克尼利斯发现报告的第三部分中很少出现有益的建议，而往往充斥空洞无物的官样文章。因此，他删掉了这一部分，但却保留了这一基本程序作为企业内部沟通的主要手段。

“在一个像我们这样人员分散的企业中，这个工作方法大有裨益”。麦克尼利斯说，“从我得到的信息反馈看，实施‘5-15 报告’程序后，我们的许多驻外人员都觉得和公司更加形同一体。对于全职人员，报告每周一份；而对于兼职人员和咨询顾问，则要求每月一份。报告一般在周一中午之前递交。因为我们的人员较少，所以每人都能得到所有报告的全套复印件。我们还把它们抄送给我们公司的主要业务单位、合资企业和重要客户，作为加强联系的一种办法”。

“5-15报告”中主要汇报客户中出现的情况、正在起草中的提案、可圈可点的会议、出现的问题和新的计划等。这种工作程序为员工提供了一个论坛，人们可以在这里分享成功经验，对同事表示慰问，寻求帮助，提出建议，发泄愤怒或传递一些大家感兴趣的信息。

麦克尼利斯集团的内部报告中还有一个非常重要的内容，就是员工的个人生活，诸如孩子出生、亲属去世、同仁结婚等。这种内容每周都有，而且人人均可读到。

设计这种报告体系是用来通报大家共同感兴趣的情况的，但麦克尼利斯却注意到：这种报告常常能够促使员工进行深层次的个人交流。他补充道：“我非常仔细地阅读这些报告，尤其是有关精神面貌的部分。我经常会对报告中的某些内容做出批示，然后发还给报告提交人，这样就形成了一个快速、高效的反馈循环。”

问题：

根据沟通的原理分析麦克尼利斯集团的“5-15报告”法是怎样有效地消除沟通障碍、促进沟通的。

本章小结

沟通是指某种信息从一个人、群体、组织传递到另一个人、群体、组织的过程。沟通过程一般都包括以下七个要素：发送者、接收者、信息及其编码和解码、通道、反馈、障碍、背景。

沟通的类型可以从不同的角度划分为：言语沟通与非言语沟通、正式沟通与非正式沟通、单向沟通与双向沟通。

常见的人际沟通网络形态有链式沟通、轮式沟通、环式沟通、Y式沟通和全通道式沟通。

有效沟通受到多种障碍的影响。要想做到有效的沟通，应该注意信息发送、移情、沟通方式和时机选择、倾听、改善组织中的沟通系统等问题。相互作用分析是一种促进有效沟通的理论和方法。

关键概念

沟通　沟通的过程　沟通要素　沟通类型　人际沟通网络　沟通障碍　相互作用分析

复习思考题

1. 什么是沟通？它的基本过程和要素是怎样的？
2. 沟通有哪些基本的类型？各有什么特点？适用于什么情况？
3. 人际沟通的网络有哪几种主要的类型，各有什么特点？
4. 妨碍有效沟通的因素有哪些？
5. 进行有效沟通应注意哪些问题？
6. 什么是相互作用分析？有什么应用意义？

第 8 章 /领　导

学习目标

本章主要讲领导行为的各种理论，通过本章的学习，读者要能够认识到领导行为对于组织的重要性，对于东西方领导行为的理论框架、领导特质理论、领导方式理论、领导的权变理论有自己的看法，并且知道各个理论各自的特点和适用层面。

引例：IBM 公司通过工作模拟法的无首领小组选取领导人

美国 IBM 公司选择领导人的一种做法是：每一个参加无首领小组的成员先做一个 5 分钟左右的口头发言，介绍一位他认为合适的晋升候选人，然后在与其他五位成员进行讨论时为自己推举的候选人进行辩护。最后，由评审员根据每一个人的表现，从 8 个方面进行评价：主动性、说服力、兜售能力、口头表达能力、自信程度、抗拒压力的能力、精力以及人际交往。由此可见，他们对于领导者的考察是多方面的和慎重的，领导者的角色是异常重要的。

领导是管理的重要职能，领导水平的高低常常决定了组织的生死存亡。

领导的有效性是组织成败的关键，领导者身负组织领导的重任，其思想观念、心理素质和特殊心理机制，不仅影响到个人工作的成效，更影响到其部属和群体作用的发挥乃至整个组织的行为和绩效。

8.1　领导的内涵

领导的本质是影响力，即对一个组织、一个群体或一些个人的行为与观念施加影响的过程。

1）领导者影响力的来源

领导者的影响力主要来自两个方面：一是来自于职位权力，这种权力是由于领导者在组织中所处的位置由上级和组织赋予的，这样的权力随职务的变动而变动。在职就有权，不在职就无权。人们往往出于压力和习惯不得不服从这种职位权力。二是来自于个人权力。这种权力不是由于领导者在组织中的位置，而是由于自身的某些特殊条件才具有的。例如，领导者具有高尚的品德、丰富的经验、卓越的工作能力、良好的人际关系；领导者善于体贴、关心他人，令人感到可亲、可信、可敬，不仅能完成组织目标，而且善于创造一个激励的工作环境，以满足群众的需要等。这种权力不随着职位的消失而消失，而且对人的影响是发自内心的、长远的。

如果细加分析，可将权力的基础分为5类。

（1）惩罚权。它来自下级恐惧感，即下级感到领导者有能力惩罚他，使他痛苦，使他不能满足某些需求。

（2）奖赏权。它来自下级追求满足的欲望，即下级感到领导者有能力奖赏他，使他觉得愉快或某些需求得到满足。

（3）合法权。它来自下级传统的习惯观念，即下级认为领导者有合法的权力影响他，他必须接受领导者的影响。

（4）模范权。它来自下级对上级的信任，即下级相信领导者具有他所需要的智慧和品质，具有共同的愿望和利益，从而对他钦佩和赞誉，愿意模仿和跟从他。

（5）专长权。它来自下级的尊敬，即下级感到领导者具有某种专门的知识、技能和专长，能帮助他指明方向，排除障碍，从而实现组织目标和个人目标。

惩罚权、奖赏权、合法权属于职位权力，模范权和专长权属于个人权力。这几种不同的权力对下级所产生的影响效果和个人满意程度是不同的。

惩罚权虽然可以使下级基于恐惧而顺从，但这种顺从是表面的、暂时的，而内心则不一定受到影响。为了维持这种顺从，领导者必须时常监督下级是否照他的指示去做。如果发现下级不遵循行为规范，为了维持恐惧一定要加以惩罚。而监督与惩罚的成本都很高昂。例如，希特勒利用奴工在炸弹工厂里工作，怠工和装错引信事件层出不穷。为了使奴工工作，要卫兵站在奴工后面监视，不久整个工厂里奴工与卫兵的比例几乎是1∶1，而效果仍然比较差，奴工没有积极性，经常产生反感、阻力和抗拒。

奖赏权是采取奖励的办法来引导人们做出所需要的行为。其效果当然要比惩罚好，可以增加领导者对下级的吸引力，也能引起满意并提高工作效率，但这种办法的激励作用要视奖励值的大小和公平性如何而定。奖赏权不利的一面是容易引起本位主义，使下级缺乏整体和长远观念，过分使用这种权力还容易形成人们对金钱的依赖心理。

合法权是指下级基于习惯、社会意识和某种责任感所引起的服从，但这种服从不能导致较高的工作水平和个人满意的感觉。下级接受这种权力还因为只有这样才会得到领导者的赞扬、大家的接纳和认可、满足安全和亲和的要求。

模范权和专长权一般都能引起公开和私下的顺从、内心的信服，由此而来的影响力也比较持久。

2）领导者怎样树立威信

所有领导者都希望自己在下级当中享有崇高的威信，说话有人听，最好是一呼百应，令行禁止。那么领导者怎样才能树立威信呢？

（1）领导者应该正确认识自身的任务和责任

一般来说，领导者的任务有两项：一是完成组织目标，即完成上级和组织上交给的任务；二是尽可能满足组织成员的需要，这种需要既有物质的，也有精神的。

为什么必须有两项任务？如果只有第一项任务，而没有第二项任务，就难以调动下级的积极性，难以保持旺盛的士气，领导者本人也难以施加影响，因为人们总是倾向于追随那些能满足他们欲望和需要的领导者，没有追随就没有影响力。当然，如果只有第二条，而没有第一条，就成了福利主义、讨好主义。

领导者的两项任务决定了领导者的双重立场：一方面要代表上级和组织，代表组织的长远和整体利益；另一方面他又应当代表组织成员的利益。一个高明的、有威信的领导者的重要标志，首先是善于将这两者巧妙地协调起来，只有当矛盾无法协调时，才按局部服从整体、个人服从集体的原则处理，并对下级进行引导和教育。

一个领导者为了完成组织目标必须对他的下级有影响和支配能力，但是为了代表员工的利益、满足员工的需要又必须允许该领导者对其上级也有一定影响力，使他能够影响和改变其上级的政策、措施和规定。某些领导者只允许自己对下级有影响力，而不允许下级对他有影响力，势必使下级难以完成领导者的两项任务，处于为难的境地。

（2）领导者应该树立正确的权威观

① 破除对职位权力的迷信。不要以为自己有了职位，有了权力，就一定会有威信。靠行政权力导致的服从往往是表面的，甚至是虚假的，一旦失去权力，往往是“树倒猢狲散”，甚至于“墙倒众人推”。领导者若要避免这样不光彩的下场，唯一的出路是在个人权力上下功夫，使自己的专长更突出些，使个人的品德更高尚些，从而吸引下级真心地信任和跟随自己。

②正确地认识权力的来源。领导者手中的权力是谁给的？“当然是上级给的，所以我要向上级负责。”这种回答很常见，但存在着片面性。唐代名臣魏征说过：“君如舟，民如水，水能载舟，亦能覆舟。”这就是著名的“载舟覆舟论”。它告诫所有领导者：你有没有权威，甚至你的生死存亡，完全取决于你的下级，即广大群众。美国著名的管理学家巴纳德则提出了“权威接受论”，他认为：领导者的权威不是来自上级的授予，而是来自下级的认可。这两种理论可以说有异曲同工之妙。领导者应该清楚地认识到：上级只能授予你权力，但无法授予你威信。而且上级授予你的权力，只有当你的下级愿意接受它时，它才是有效的。从这个意义上讲，领导者手中的权力归根结底是由下级给予的。因此，领导者在向组织、上级负责的同时，必须全力争取下级的理解、认同和拥护。

③正确地使用权力。第一是勤政，即要有高度的责任感和良好的敬业精神，要全身心地投入工作，干实事，见实效；第二是廉政，绝不能以权谋私，而应该出以公心，办事公道，清正廉明；第三应该看到影响力是双向的：你既要对下级施加影响，又要首先虚心地听取下级意见和建议，主动接受下级的影响。

根据上面的分析，一个领导者要使自己有威信，一要素质好，即具有足够的知识、能力和经验，善于集中群众的智慧；二要有权，即说话算数，有明确的组织赋予的权力；三要人和，即能和别人和睦相处，具有良好的人际关系，善于洞察群众的心理，创造激励的工作环境，满足群众的需要；四要让人信服，即为人正派，办事公道，具有献身精神，不利用职权谋取个人私利。不要认为领导就是利用职位权力发号施令，对下级实行监督，而应当引导、指挥和率先。领导者要首先使用个人权力，必要时才使用职位权力。

8.2 领导特质理论

8.2.1 西方的领导特性理论

1）性格理论

西方研究领导者素质的最早成果被叫做“领导特性理论”，它集中回答这样的问题：领导者应该具备哪些素质？怎样正确地挑选领导者？这种理论首先是由心理学家研究的，他们的出发点为：根据领导效果的好坏，找出好的领导人与差的领导人在个人品质或特性方面有哪些差异，由此确定优秀的领导人应具备哪些特性。研究者认为，只要找出成功领导人应具备的特点，再考察某个组织中的领导者是否具备这些特点，就能断定他是不是一个优秀的领导人。这种归纳分析法成了研究领导特性理论的基本方法。

特性理论按其对领导特性来源所作的不同解释，可分为传统特性理论和现代特性理论。传统特性理论认为领导者所具有的特性是天生的，是由遗传决定的，也被叫做性格理论，现在已很少有人赞同这样的观点。

2）能力理论

现代特性理论认为领导者的特性和品质是在实践中形成的，是可以通过教育训练培养的。如果说性格理论强调“什么样的人适合作领导”，而能力理论则认为：他是什么人并不重要，关键是他能干什么事。到底领导者应当具有哪些能力呢？不同的研究者说法不一。

一些人认为天才的领导者应当具备健谈、外表英俊潇洒、智力过人、自信、心理健康、喜欢支配别人、外向而敏感7项特性。斯托格迪尔（Ralph M. Stogdill）发现了与领导才能有关的5种身体特征（如精力、外貌与身高等），4种智能特征，16种个性特征（如适应性、进取性、热心与自信等），6种与工作有关的特征（如追求成就的干劲、毅力和首创性等）以及9种社会特征（如愿意与人合作、人际关系的艺术以及管理能力等）。还有些人则从满足实际工作需要和胜任领导工作的要求方面研究领导者应具有的能力、才智、个性。美国普林斯顿大学的包莫尔（W. J. Baumol）提出了作为一个企业家应具备的10个条件，颇具代表性：

（1）合作精神，即愿与他人一起工作，能赢得人们的合作，对人不是压服，而是感动和说服。

(2) 决策能力，即依赖事实而非想象进行决策，具有高瞻远瞩的能力。

(3) 组织能力，即能发掘部属的才能，善于组织人力、物力和财力。

(4) 精于授权，即能大权独揽，小权分散。

(5) 善于应变，即机动灵活，善于进取，而不抱残守缺，墨守成规。

(6) 敢于求新，即对新事物、新环境和新观念有敏锐的感受能力。

(7) 勇于负责，即对上级、下级和产品用户及整个社会抱有高度的责任心。

(8) 敢担风险，即敢于承担企业发展不景气的风险，有创造新局面的雄心和信心。

(9) 尊重他人，即重视和采纳别人意见，不盛气凌人。

(10) 品德高尚，即品德上为社会人士和企业员工所敬仰。

还有一些类似的研究，但是特性理论并未取得多大的成功，有人认为它不是一种研究领导者的好方法。其原因是：

第一，各研究者所列领导特性包罗万象，说法不一，且互有矛盾。某一项研究结果认为，某一性格特征与改进效率有积极联系，而在另一项成果中认为其联系是消极的或根本没联系。

第二，这些研究大都是描述性的，并没有说明领导者应在多大程度上具有某种品质。

第三，并非一切领导者都具备所有这些能力，而许多非领导者则可能具备大部分或全部这样的能力。

但是这些理论并非一无用处，一些研究表明，某些个人品质与领导者有效性之间确实存在着相互联系。例如，一些研究发现领导者确实具有高度的才智、广泛的社会兴趣、取得成功的强烈欲望，以及对待职工的极端关心和尊重。另一些研究则发现个人的才智、管理能力、首创性、自信以及个性等，与领导的有效性有重要的关系。另外，这个理论系统地分析了领导者所应具有的能力、品德和为人处世的方式，向领导提出了要求和希望。这对我们培养、选择和考核领导者是有帮助的。

8.2.2 在中国领导者应具备的素质

我国从20世纪80年代初开始，也对领导的特质理论进行了一系列的研究，许多专家、学者和人事部门的领导者都撰写文章提出领导者应具备的素质。概括起来，我国优秀的领导者应具备的素质包括5大方面，即良好的政治素质、思想素质、知识素质、心理素质和能力素质。

1) 政治素质

能坚持把国家富强、民族振兴、人民幸福作为自己的政治理想，自觉地维护组织利益、人民利益、国家利益。

在这个政治的大是大非上，领导者应该旗帜鲜明，身体力行，而不只是嘴上说说而已。这要求领导者具有政治上的坚定性，而不能沾染上政客的投机性。所谓坚定性，是永远站在正确者一边，永远维护人民和国家的根本利益；所谓投机性，则是见风使舵，总是站在胜利者一边，他所关心的只是自己的乌纱帽。这是政治素质的试金石，两者水火不容，又泾渭分明。

2）思想素质

我们要建立的是社会主义市场经济，因此，领导者应该牢固树立两种基本观念、八种现代意识。这两种基本观念是：

（1）历史唯物主义观念。坚持人民群众推动历史前进的基本观点，永远把人民群众的利益放在心上，尊重和调动人民群众的主动性、创造性，实事求是，脚踏实地，推动工作，振兴中华。

（2）辩证唯物主义观念。领导者在思想方法上应戒走极端，戒跟风跑，而应该进行辩证的思考，从事物的整体上和相互联系中把握实质，确保决策的科学性。

在坚持这两种基本观念的同时，应牢固树立与市场经济相联系的八种现代意识：

（1）科学发展意识。许多政府官员只关注物质生产，盲目地追求高 GDP，结果造成重复建设、产业结构失调、社会发展投入不足、人民生活水平提高缓慢；同样，许多企业的领导者只关注经济效益，特别是短期的经济效益，迷恋于靠外延发展，而不注重企业长远发展的战略构想，不注重企业创新能力的提高、产品结构的调整，以及诚信形象的塑造、品牌的建设、企业软实力的打造。这些发展意识上的问题事关全局、事关长远，必须得到纠正。

（2）市场竞争意识。许多政府部门和企业的领导人，“身子”已经进了市场经济时代，而“脑袋”仍留在计划经济时代。他们仍然习惯于纵向比较，而不进行横向比较；他们经常满足于一得之功及一孔之见，满足于“进步不大，年年有”，满足于“收入不多，有饭吃”。这种封闭经营观念与市场竞争的新体制格格不入，不冲破它，企业无法投入市场的海洋。他们眼中有产值、有利润，但就是没有市场占有率、没有资金利润率。往往为利润增长5%而沾沾自喜，却不看投入产出比极低，不看市场占有率在下降，正在被对手挤出市场而浑然不知。这种状况一天不扭转，他所主管的经济就一天无法振兴。

（3）效率、效益意识。有些领导者效率、效益不离口，但却对身边的低效率、高浪费的事熟视无睹。8个人干5个人的活，他不管；办公室喝茶、聊天，他习以为常；跑冒滴漏，他不去抓；公款吃喝，他带头干……这种领导者的效率、效益意识并未真正建立起来。

（4）开拓创新意识。经济腾飞靠两只翅膀——一是技术，二是管理。随着市场竞争的白热化，科学技术的更新大大加快，管理上的创新屡见不鲜。“创新则生，守旧则亡”，已经成为许多领导者的共识。创新来源于开拓精神，敢于走前人没走过的路，敢冒失败的风险，才能开拓出新局面，在创新中走向辉煌。现在的当务之急是极大地增强中国企业的技术创新能力，要从“中国制造”尽快过渡到“中国创造”。

（5）风险意识。市场竞争是残酷的，机遇与风险共存，不敢冒风险，也就抓不住机遇。新加坡企业家黄业仁说得好：“企业家一次的成功，平均需经历9次失败，做错事是做对事所不可缺少的一部分。”因此，西方一些企业鼓励各级干部犯一些“合理错误”，对于在一定期限内从未犯过“合理错误”的干部，对那些怕负责任、怕犯错误的领导者，不仅不表扬，反而当做平庸者撤换之。

（6）服务意识。在市场中竞争的是什么？是产品和服务。由于科学技术的扩散速度越来越快，制造技术和设备的差距越来越小，企业间在产品质量和价格上的差异越来越小，于是竞争日益转移到服务领域。早在20世纪70年代中期，法国管理学家就指出：服务制胜的时代已经到来。如何赢得在服务质量上的竞争？靠的是全体员工树立牢固的顾客至上和优质服务意识，这首先要求领导者树立牢固的服务意识。

（7）诚信意识。现代化的企业越来越多地实行开放式经营，甚至实行跨国界的全球经营，其间，企业与外界建立了众多的关系，包括许多合同关系。能不能严格履约，守不守信用，自然成为企业的重要道德标准。守信是调节企业公共关系的道德规范。守信的价值观基础是视企业信誉如生命，其实践的要点是以诚待人。所以，诚信意识是领导者必须具备的。

（8）法制意识。市场经济的秩序靠法制来维持，守法经营是领导者必须守住的一条防线，一旦这个阵地失守，什么假酒、假药、假商标就会趁虚而入，走私、偷税、诈骗等违法行为就会屡禁不止，最后只有走向深渊。领导者的法制意识比群众的更重要，在“人比法大”的官本位气氛中，领导者树立法制意识更加困难，也显得更加必要。

3）知识素质

（1）基础知识。所谓基础知识是指高中毕业生的知识水准，这是领导者最起码的知识基础，包括语文、外语、数学、物理、化学、生物、历史、地理等。

（2）人文社会知识。任何组织都是社会的细胞，在社会的大环境中生存和发展，与社会发生千丝万缕的联系。各级领导者都应丰富自己的人文社会知识。特别是关于哲学、政治、文化、道德、法律和历史方面的知识，以确保做出正确的决策，并有效地加以实施。特别重要的是，一些大型组织的领导人，必须能够从政治上看问题，从哲学上进行思考，对他们人文社会知识方面的修养理所当然应该有更高的要求。

（3）科学技术知识。科学技术是第一生产力，科学技术日新月异，谁掌握了明日的技术，谁就能在竞争中稳操胜券。领导者应力求在自己从事的业务领域中成为专家，又要有比专家更广博的知识面。

（4）管理知识。管理是科学，也是艺术。现代管理理论是一切领导者的必学科目，也是成功领导者的护身法宝。在实践中创造性地应用管理知识，就会形成独具特色的领导艺术，收到事半功倍的良好效果。

4）心理素质

心理素质是形成独特领导风格的决定性因素，也是选择领导者的重要标准。心理素质包括追求、意志、情感、风度。

(1) 追求——指人的志向，其行为和动机的指向，即理想、信念和价值观。

优秀的领导者应该有崇高的理想、坚定的信念和积极向上的价值观，应该有强烈的事业心和社会责任感。他所执着追求的主要不是金钱、地位、名声，而是事业。

(2) 意志——指克服困难的勇气和坚持的精神。

领导者在工作中总会遇到各种困难，在困难面前表现出什么样的意志品质——是迎难而上，还是畏难思退，这极大地影响工作的结果。坚强的意志使领导者经受住考验，不会轻易被击垮。当别人只看到绝望时，他们却从中发现了契机。因此，要求具有克服困难的坚强意志，这是工作对领导者的另一个基本要求。

(3) 情感——任何职位都希望其承担者具有积极的情感（热爱工作、热情待人、热烈追求），克服消极的情感（冷漠、孤傲、嫉妒、虚伪等）。

情感与性格有关，领导者的性格和情感互相影响、互相感染，在一定程度上决定了工作气氛、人际关系和群体风气。

(4) 风度——领导者应该具有宽容大度、高瞻远瞩、临危不乱、光明磊落、机智幽默的风度，从而提升个人的人格魅力。

宽容大度指容人性。有“厚德载物”的宽广胸怀，可以吸引天下人才为其服务。善于与有个性的人共事，敢于重用曾经反对过自己的人，是宽容大度的具体表现。

高瞻远瞩指预见性。站得高，看得远，是领导者高于常人的地方。如果只关心鼻子下边的一点小利，而视觉狭窄，不明大事，又怎能承担起领导者的责任。高瞻远瞩还需要科学的思维方法作保证。

临危不乱指镇静。面对任何紧迫、危险的形势，都面不改色、心不跳，镇定如山。这样的领导者才能挽狂澜于既倒，成为组织的中流砥柱。人们称赞原国家女排教练袁伟民有大将风度，主要指他临场镇静的优点。

光明磊落指透明。领导者出以公心，办事公道，无事不可对人言，才能取信于民，获得部下的信任和爱戴。松下幸之助把松下的经营叫做“玻璃窗中的经营”，一切都向员工公开，赢得了员工的忠诚。

机智幽默指机敏和亲切。幽默是人际关系的润滑剂，机智是应变的智慧。领导者具有机智幽默的风度，不仅可以在非常事件中四两拨千斤，化险为夷，而且可以化干戈为玉帛，获得一片喝彩声。这是领导者个人魅力的重要方面。

5) 能力素质

处于组织上层、中层、下层的不同职位，对人员素质能力的要求差别很大。领导层要求很强的决策能力和丰富的管理知识；管理层要求很强的管理能力和一定的决策能力；监督层要求较强的管理能力和丰富的操作知识；而操作层则要求很强的操作知识和能力。各层次人员能力结构图如图 8-1 所示。

领导者的决策能力和管理能力与以下几种具体能力有关：

(1) 直觉能力，即对外界事物的观察能力、认知能力，也就是人们常说的

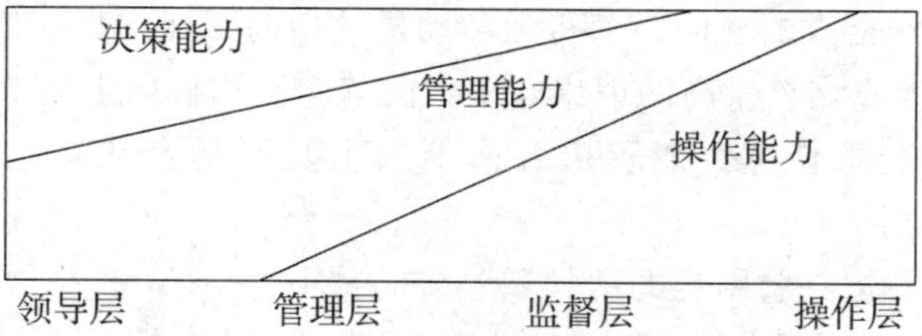

图 8-1　各层次人员能力结构图

“悟性”。

（2）抽象思维能力，即透过现象抓住本质的能力，理清支流把握主流的能力，总结实践形成概念的能力，在相互联系中摸索规律的能力。

（3）组织和协调能力，即善于将有限的人力资源组织起来协调工作的能力，处理工作中的矛盾和冲突的能力，执行的能力，知人和用人的能力，改善人际关系的能力等。

（4）自我发展能力，即不断学习新知识、掌握新技能的自我完善的能力，包括自学能力、自我反省能力、吸收新事物的能力。

（5）创新能力，即开拓新知识、新技术、新产品、新方法的创造能力，包括批判力、创造力、联想力、想象力。

8.3　领导行为理论

对照领导者素质的要求，任何一个具体的领导者都会有诸多不足。人无完人，但客观上要求领导工作尽量完美，这个矛盾能否解决呢？能。那就是选择恰当的领导方式，以弥补个人素质的缺陷。许多管理学家从事领导行为和领导方式的研究，并形成了若干有价值的理论。

8.3.1　三极端理论

关于领导作风的研究最早是由心理学家卢因（P. Lewin）进行的，他通过试验研究不同的工作作风对下属群体行为的影响，他认为存在着三种极端的领导工作作风，即专制作风、民主作风和放任自流作风。

所谓具有专制作风的领导人是指以力服人，即靠权力和强制命令让人服从。具体的特点是：

（1）独断专行，从不考虑别人的意见，所有的决策都由领导者自己做出。

（2）从不把任何消息告诉下级，下级没有任何参与决策的机会，而只能察言观色，奉命行事。

（3）主要依靠行政命令，纪律约束，训斥和惩罚，而只有偶尔的奖励。据统计，具有专制作风的领导人和别人谈话时，有60%左右采取命令和指示的口吻。

（4）领导者预先安排一切工作的程序和方法，下级只能服从。

(5) 领导者很少参加群体的社会活动，与下级保持相当的心理距离。

所谓具有民主作风的领导人，是指那些以理服人、以身作则的领导人。他们使每个人做出自觉的、有计划的努力，各施其长，各尽所能，分工合作。其特点为：

(1) 所有的政策是在领导者的鼓励和协作下由群体讨论而决定，而不是由领导单独决定的。政策是领导者和其下级共同智慧的结晶。

(2) 分配工作时尽量照顾到个人的能力、兴趣和爱好。

(3) 对下属的工作不安排得那么具体，个人有相当大的工作自由、较多的选择性与灵活性。

(4) 主要应用个人权力和威信，而不是靠职位权力和命令使人服从。谈话时多使用商量、建议和请求的口气，下命令仅占5%左右。

(5) 领导者积极参加团体活动，与下级无任何心理上的距离。

而所谓放任自流的领导作风，是指工作事先无布置，事后无检查，权力完全给予个人，一切悉听自便，毫无规章制度。

卢因在试验中发现：在专制型领导的团体中，各成员攻击性言论很多，而在民主型团体中各成员则彼此比较友好；在专制型领导的团体中，成员对领导者服从，但表现自我或引人注目的行为多，而在民主型领导的团体中，成员之间以工作为中心的接触多；专制型团体中的成员多以“我”为中心，而民主型领导的团体中“我”字的使用频率较低且具有“我们”的感觉；当试验导入“挫折”时，专制型团体成员彼此推卸责任或进行人身攻击，民主型团体成员则团结一致，试图解决问题；在领导者不在场时，专制型团体中各成员的工作动机大为降低，也无人出来组织作业，而民主型团体成员则像领导在场一样继续工作；专制型团体成员对团体活动没有满足感，而民主型团体的成员则对团体活动有较高的满足感。

卢因根据试验认为放任自流的领导工作作风工作效率最低，只达到社交目标，而完不成工作目标。专制作风的领导虽然通过严格管理达到了工作目标，但群体成员没有责任感，情绪消极，士气低落，争吵较多。民主型领导作风工作效率最高，不但完成工作目标，而且群体成员关系融洽，工作主动、积极，有创造性。卢因的领导作风理论剖视如图8-2所示。

8.3.2 连续统一体理论

坦南鲍姆（R. Tannenbaum）与施密特（W. H. Schmidt）指出，民主与独裁仅是两个极端的情况，这两者中间还存在着许多种领导行为，从而他们提出了领导行为连续统一体理论（如图8-3所示）。图的左端是独裁的领导行为，右端是民主的领导行为。之所以形成这两个极端，首先是基于领导者对权力的来源和人性的看法不同，独裁的领导者认为权力来自于职位，人生来懒惰而没有潜力，因而一切决策均由领导者亲自做出；而民主型的领导者则认为，权力来自于群体的授予和承认，人受到激励能自觉、自治、发挥创造力，因此决策可以公开讨论，集体决策。其次，独裁型领导比较重视工作，并运用权力支配、影响下级，下属的自由度较小。

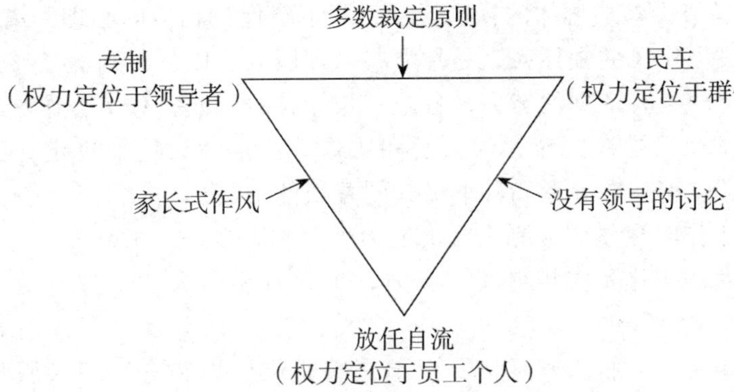

图 8-2　卢因领导作风理论剖视

而民主型领导重视群体关系，给予下属以较大的自由度。图 8-3 中从左至右，领导者运用职权逐渐减少，下属的自由度逐渐加大，从以工作为重逐渐变为以关系为重。图的下方依据领导者把权力授予下属的程度不同、决策的方式不同，形成了一系列领导方式。因此，可供选择的领导方式不是仅民主与独裁两种而是多种。

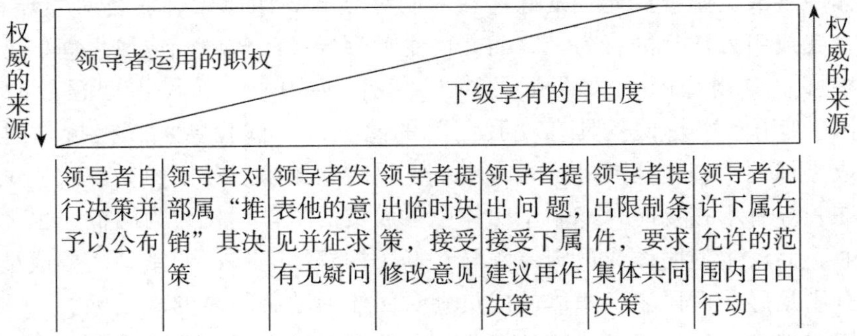

图 8-3　领导行为连续统一体

坦南鲍姆与施密特认为说不上哪种领导方式是正确的，哪种方式是错误的，领导者应当根据具体情况，考虑各种因素选择图中某种领导行为。在这个意义上，领导行为连续统一体也是一种情境理论。

领导行为连续统一体理论从权力的来源和应用、部属参与决策的程度，为我们划分出多种领导行为，这对我们研究领导方式是有益的。但是，图 8-3 中把独裁和以工作为重、将民主和以关系为重联系在一起并且等同起来，将以工作为重与以关系为重、将领导的职权与下属的自由度互相对立起来，而且仅从领导的决策过程、群众的参与程度来划分领导方式，这些都是不全面的。

8.3.3　管理系统理论

行为科学家利克特（R. Likert）将领导行为连续统一体理论作了进一步的推演，他以数百个组织机构为对象，进行领导方式的研究，发现了 4 类组织系统的基本的领导形态。

系统1称为剥削式的集权领导。这种领导形态中管理层对下级缺乏信心，下级不能过问决策的程序。凡属决策，大都是由管理层作出，然后以命令宣布，必要时以威胁和强制方法执行。上级和下级之间的接触都是在一种互不信任的气氛下进行。机构中如有非正式组织，对正式组织的目标通常持反对态度。

系统2称为仁慈式的集权领导。在这种领导形态中管理阶层对下层职工有一种谦和的态度，决策权力仍控制在最高一级，下层能在一定的限度内参与，但仍受高层的制约。对职工的激励有奖励也有实际的惩处。在上下级关系上，上级虽然态度谦和，但下属仍小心翼翼。至于机构中的非正式组织，可能会反对正式组织的目标，但也不一定会反对。

系统3称为协商式的民主领导。在这种领导形态中上级对下级有相当程度的信任，但不完全信任。虽然主要的决策权掌握在领导层手里，可是下级也能作具体问题的决策。双向沟通显然可见，且在相当信任的情况下进行。机构中的非正式组织，有时对正式组织的目标表示支持，有时也轻微的阻抗。

系统4称为参与式的民主管理。在这种领导形态中管理阶层对部属有完全的信任。决策采取高度的分权化。既有自上而下的沟通，也有自下而上的沟通，还有平行沟通。上下级之间的交往体现出充分的友谊和信任，正式组织和非正式组织往往融为一体。

我们可以看出，系统1的主管有高度的以工作为中心的意识，且是集权式的人物。系统4的主管则为高度的以员工为中心的民主式的人物。

如何判断一个组织系统的领导形态呢？如表8-1所示，利克特设计了一套管理系统测定表，包括领导、激励和沟通、交往与相互作用、政策、目标的设定、控制和工作指标等8个方面共51个问题，编制成一种问卷，按问题向企业调查，然后根据答案评定分数，绘成曲线，以判断企业的领导形态属哪种类型。

表8-1 **利克特的管理系统测定表（部分）**

组织变数		剥削式的集权领导	仁慈式的集权领导	协商式的民主领导	参与式的民主领导
上下级关系	信任程度	对下属无信心	有主仆之间的信赖关系	上下之间有相当的但不完全的信任	有完全的信任
	交往	极少的交往或交往在恐惧和不信任下进行	交往是在上级屈就、下属惶恐的情况下进行	适度的交往并在相当的信任下进行	深入友善的交往，有高度的信赖
	沟通程度	上下之间不沟通	有一定的沟通	比较沟通	上下左右意见完全沟通
工作激励	奖惩程度	恐吓威胁和偶尔的报酬	报酬和有形、无形的惩罚	报酬和极偶然的惩罚	优厚的报酬启发自觉
	参与程度	下层极少参与决策	决策上层制定，某些方面先由下面拟订	大决策上层制定，下层对具体问题有作决定的权力	下层参与决策，控制过程散布在组织之中，低层完全参与控制

根据利克特的研究，具有高度成就的部门经理人，大部分属于连续带的右端即系统 4，而成就低的经理人均在左端即系统 1。利克特指出："大凡绩效最佳的主管，主要关心之点是部属中的人性问题，并设法组成一种有效的工作群体，着眼于建立高绩效的目标。"他还发现，生产率高的部门主管让部属清楚地知道目标是什么、要求是什么，然后让他们享有充分的工作自由。许多其他的研究均支持利克特的这个结论，例如，一项关于事务部门主管人员的研究和一项关于铁路机构的路线维护工作人员的成果调查均表明，在严格监督、苛求和责罚下较在教育、协助和施行一般监督下所取得的成果为低，详见图 8-4 员工成果与督导的关系四分图、领导行为四分图中的（a）和（b）。

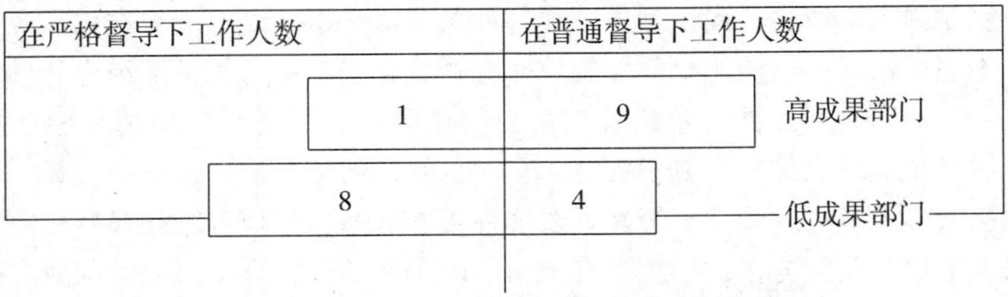

（a）事务部主管依成果而分的人数情况

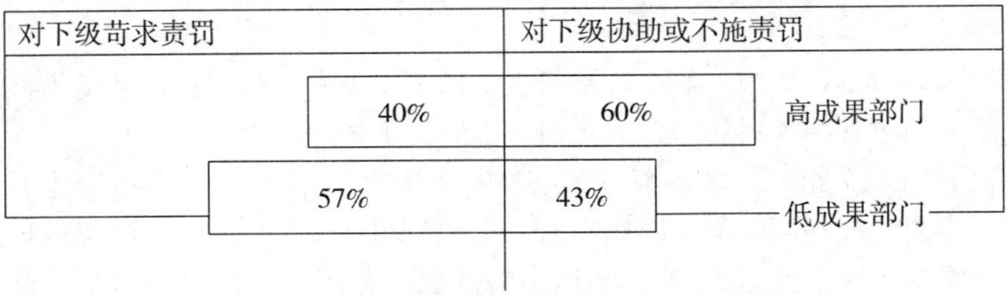

（b）铁路维护道班的领班对其本身职位的反应情况

图 8-4　员工成果与督导的关系四分图、领导行为四分图

8.3.4　领导行为四分图理论

1945 年美国俄亥俄州立大学商业研究所掀起了对领导行为进行研究的热潮。一开始，研究人员列出了一千多种刻画领导行为的因素，通过逐步概括和归类，最后将领导行为的内容归纳为两个方面，即"着手组织"与"体贴精神"两类。所谓"着手组织"是指领导者规定他与工作群体的关系，建立明确的组织模式、意见交流渠道和工作程序的行为。它包括设计组织机构、明确职责、权力、相互关系和沟通办法，确定工作目标与要求，制定工作程序、工作方法与制度。所谓"体贴精神"是建立领导者与被领导者之间的友谊、尊重、信任关系方面的行为。它包括尊重下属的意见，给下属以较多的工作主动权，体贴他们的思想感情，注意满足下属的需要，平易近人，平等待人，关心群众，作风民主。

他们依照这两方面的内容设计了领导行为调查问卷，关于"组织"和"体贴"各列举了 15 个问题，发给企业的员工，由下级来描述领导人的行为如何。调查者对问卷上的每个项必须在总是、经常、偶尔、很少和从未这5项中选出一个答案。因此，列出的答案是他人对领导行为的感受。表8-2列出了领导行为调查的部分问题。

表8-2　　　　　　　　领导行为调查问题

组 织	体 贴
①领导者是指定工作给组织成员吗？	①领导者找时间倾听组织成员的意见吗？
②领导者要求组织成员遵守标准的法则与规律吗？	②领导者愿意改变自己的意见吗？
③领导者让成员明白上级对他们的期望吗？	③领导者是友善的、可亲的吗？
⋮	⋮

根据他们的研究，“组织”与“体贴”精神不是一个连续带的两个端点，不是注重了一个方面必须忽视另一方面，领导者的行为可以是这两个方面的任意组合，即可以用两个坐标的平面组合来表示。如图8-5领导行为四分图所示，可用4个象限来表示4种类型的领导行为：高体贴与高组织、低体贴与低组织、高体贴与低组织、低体贴与高组织。这是用两个坐标表示领导行为的初次尝试，为今后进行领导行为研究指出了一种途径。

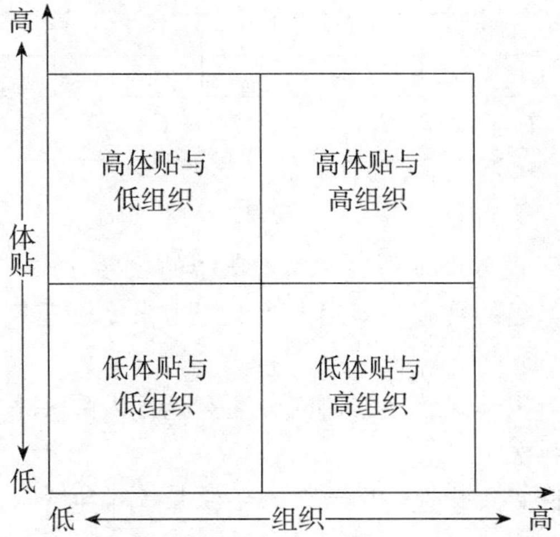

图8-5　领导行为四分图

到底哪种领导行为效果好呢？结论是不肯定的。例如，有人认为在生产部门中效率与“组织”之间的关系成正比，而与“体贴”的关系成反比，而在非生产部门中情况恰恰相反。一般来说，高组织与低体贴带来更多的旷工、事故、怨言和转厂。许多其他的研究证实了上述的一般结论，但也有人提供相反的证据。之所以会形成这种情况，是因为他们只是从这两个侧面分析，而没有考虑到领导所面临的环境。

8.3.5 管理方格理论

在俄亥俄州立大学提出的领导行为四分图的基础上，美国行为科学家布莱克（Robert R. Blake）和莫顿（Jane S. Moaton）提出了管理方格图（如图8-6所示）。他们将四分图中的“体贴”改为“对人的关心度”，将“组织”改为“对生产的关心度”，将这两类领导行为的坐标各划分为9等份，形成81个方格。评价管理人员时，就按他们这两方面的行为寻找交叉点。这交叉点便是其领导行为的类型。当领导者纵轴的积分越高时，表示他越重视人的因素，纵轴9分的领导者对人最为关心。当领导者在横轴的积分越高时，表示他越重视生产，横轴9分的领导者对生产最为重视。

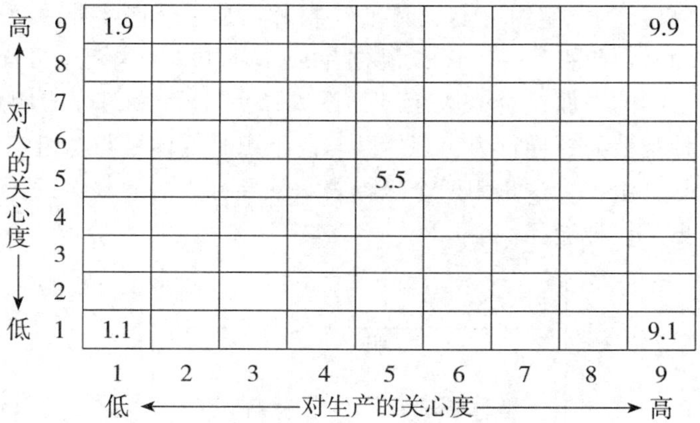

图8-6 管理方格图

布莱克和莫顿在管理方格中列出了5种典型的领导方式。

（1）1.1方式为贫乏的管理，即用最少的努力来完成任务和维持人际关系，对职工、对生产都不关心。

（2）1.9方式为俱乐部式管理，即充分注意搞好人际关系，倡导和谐的组织气氛，但生产任务得不到关心。

（3）9.1方式为权威式管理，即有效地组织与安排生产，而将个人因素的干扰减少到最低程度，以求得到效率。只关心生产，不关心人。

（4）9.9方式为团队式管理，即对生产和人都极为关心，生产任务完成得很好，职工关系和谐，士气旺盛，职工利益与企业目标互相结合，大家齐心协力地完成任务。

（5）5.5方式为中间式管理，即对人与生产都有适度的关心，保持工作与满足人们需要的平衡，既以正常的效率完成工作任务，又保持一定的士气。

这种管理方格理论，对于培养有效的管理者是有用的工具，它提供了一个衡量管理者所处领导形态的模式，使管理者较清楚地认识到自己的领导方式，并指出改进的方向。在资本主义国家许多企业或事业组织中，应用这个理论来训练管理人员。为此布莱克和莫顿设计了一个六阶段方案。方案步骤如下：

（1）研讨训练。由受过训练并懂得这一理论的直线经理主持介绍这一理论，参加研讨的不同部门的领导人结合自己的实践，分析自己属于何种领导形态。

（2）团队发展。将来自同一部门的领导者集中起来，讨论决定本部门成为9.9型领导应有的规定标准。

（3）群际发展。确定工作单位内部各群体相互间9.9型应有的相互关系。研究现在存在的问题以及解决问题的方法。

（4）确定组织目标。讨论整体性的组织目标应做怎样的修订，实现此目标应当解决好哪些问题、采取哪些措施。

（5）实现目标。按步骤（4）的讨论采取行动。

（6）稳定。总结进步情况，巩固成果，以防故态复萌。

到底哪一种领导形态最佳呢？布莱克和莫顿组织了许多研讨会。参加者绝大部分认为9.9型最佳，但也有不少参加者认为9.1型最佳，还有人认为5.5型最佳。后来布莱克和莫顿指出哪种领导形态最佳要看实际工作效果，最有效的领导形态不是一成不变的，要依情况而定。

8.4 领导权变理论

前面的理论分别从领导者素质（特质）、领导者行为方式分析有效领导的形成，但这些学说都关注于领导者本身，忽略下属以及环境变化对领导效能的影响。领导的权变理论则主张根据员工特点、组织所处的内外部环境等因素而采取合适的领导方式，让组织既有的资源发挥出最大的效果，是高效的领导模式。

8.4.1 菲德勒模型

美国管理学家菲德勒（Fred Fiedler）在大量研究的基础上提出了有效领导的权变模型，他认为任何领导形态均可能有效，其有效性完全取决于与所处的环境是否适应。

影响领导形态有效性的环境因素主要有以下3个方面：

（1）上下级关系。这是指领导者是否受到下级的喜爱、尊敬和信任，是否能吸引并使下级愿意追随他。

（2）任务结构。这是指工作团体要完成的任务是否明确、有无含糊不清之处，其规划和程序化程度如何。

（3）职位权力。这是指领导者所处的职位能提供的权力和权威是否明确、充分，在上级和整个组织中所得到的支持是否有力，对雇佣、解雇、纪律、晋升和增加工资的影响程度大小。

菲德勒以一种被称为“你最不喜欢的同事”（LPC）的问卷调查来反映和测定领导者的领导风格。一个领导者如对其最不喜欢的同事仍能给予好的评价，即被认为对人宽容、体谅、提倡人与人之间友好关系，是关心人的领导。如果对其最不喜欢的同事给予低评价，则被认为是惯于命令和控制，不是关心人而更多的是关心任务的领导。

菲德勒将3个环境变数任意组合成8种情况，对1 200个团体进行了观察，收集了将领导风格与对领导有利或不利条件的8种情况关联起来的数据，得出在各种不同的情况下，为了使领导有效所应当采取的领导方式，绘出菲德勒模型如图8-7所示。

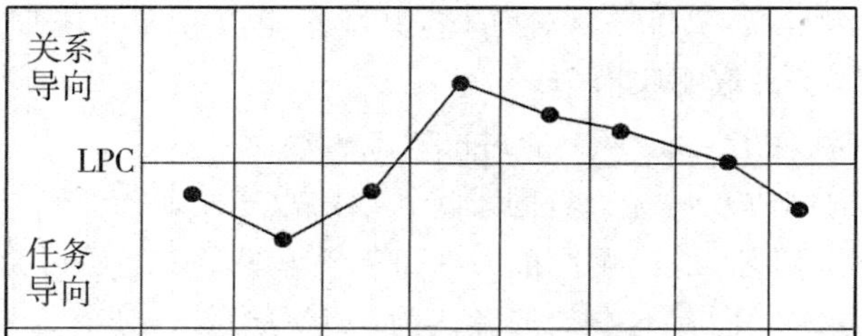

情境	1	2	3	4	5	6	7	8
上下级关系	好	好	好	好	差	差	差	差
任务结构	明确	明确	不明	不明	明确	明确	不明	不明
职位权力	强	弱	强	弱	强	弱	强	弱

图8-7 菲德勒模型

菲德勒的研究结果说明，在对领导者最有利和最不利的情况下（例如1，2，3，8），采用任务导向效果较好。在对领导者中等有利情况下（例如4，5），采用关系导向效果较好。许多情况证明菲德勒的模型是不错的。

但是不要以为菲德勒模型已经解决了一切有关领导效能的问题，相反，菲德勒模型从经验上、方法论和理论上都受到批评，批评他取样太小，造成统计误差。有人认为菲德勒只是概括出结论，而没有提出一个理论。尽管如此，菲德勒模型还是有意义的。

（1）这个模型特别强调效果，强调为了领导有效需要采取什么样的领导行为，而不是从领导人的素质出发强调应当具有什么样的领导行为，这无疑为研究领导行为提供了新方向。

（2）这个模型的重要之点是将领导行为和情境的影响、领导者和被领导者之间关系的影响联系起来。它表明并不存在着一种绝对的、最好的领导形态，企业领导人必须具有适应力，自行适应变化的情况。

（3）这个模型还告诉管理阶层必须依照情况来选用领导人。如果是最好或最坏的情况，应选用任务导向的领导，反之则选用关系导向者。

（4）菲德勒还主张有必要改造环境以符合领导者的风格。菲德勒提出了一些改善领导关系、任务结构和职位权力的建议。领导与下属之间的关系可以通过改组下属组成加以改善，使下属的经历、文化水平和技术专长更为合适；任务结构可通过详细布置工作内容而使其更加定型化，也可以对工作只作一般性指示而使其非程序化；领导的职位权力可以通过变更职位、充分授权，或明确宣布职权而增加其权威性。

8.4.2 领导生命周期理论

美国学者卡曼（A. K. Korman）在研究了俄亥俄州立大学“着手组织”与“体贴精神”的观念以后，提出了领导生命周期理论。这个理论指出了有效的领导者所采取的领导形态和被领导者的成熟度有关，当被领导者的成熟度高于平均以上时，应采用低关系、低工作；当被领导者成熟度一般时，应采月高关系、高工作或高关系、低工作；当被领导者成熟度低于平均水平时，应采用低关系、高工作。领导生命周期理论如图8-8所示。

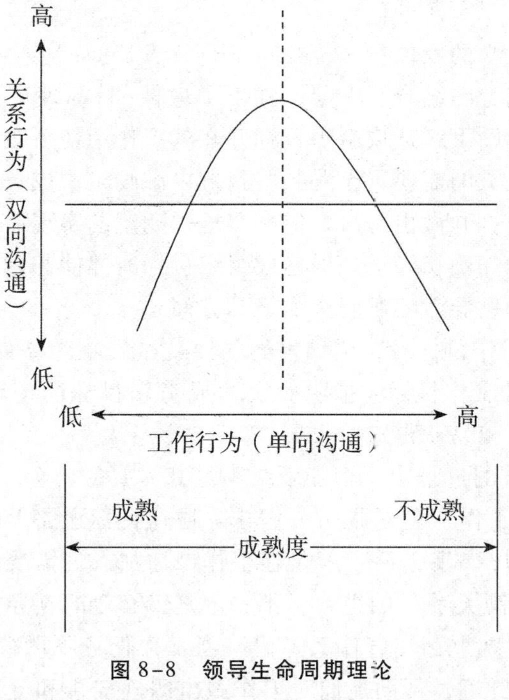

图8-8 领导生命周期理论

何谓成熟或不成熟？这里所指的成熟不是指年龄和生理上的成熟，而是指心理和人格上的成熟。它被定义为有成就感的动机，负责任的愿望与能力，以及具有工作与人群关系方面的经验和受过相当的教育。年龄是影响成熟度的一个因素，但没有直接关系。

领导生命周期理论，是由家长对子女在不同的成长期采取不同的管理方式类比而来的。

（1）当人处在学龄前时，一切都需由父母照顾与安排，例如衣食住行等，此时父母的行为基本上是一种任务导向的行为，是高工作、低关系。这里要区分疼爱与尊重、信任、自立、自治是两回事，疼爱不是高关系。

（2）当孩子长大进入小学和初中时，父母除安排、照顾外必须给孩子以信任和尊重，增加关系行为的分量，即采取高工作、高关系。

（3）当孩子进入高中和大学时，他们逐步要求自立，开始对自己的行为负责了，此时父母已不必对他们过多地安排、照顾、干预，应开始采取低工作、高关系。

（4）当孩子成人走向社会，结婚组成新的家庭后，父母即开始采取低工作、低关系的行为。

领导生命周期理论告诉我们，对不同的对象应采取不同的领导方式，例如，对刚进厂的徒工应采用低关系、高工作的方式，对受过教育和业务训练而且心理成熟的人，以及对从事科研工作的专家和老技术工人，应采取低工作、低关系。

8.4.3 途径-目标理论

加拿大多伦多大学的罗伯特·豪斯（Robert J. House）教授把激发动机的期望理论和领导行为的四分图结合在一起，提出了途径-目标理论。这种理论认为：领导者的效率是以能激励下级达成组织目标并在其工作中使下级得到满足的能力来衡量的。当组织根据成员的需要，设置某些报酬以激励组织成员时，组织成员就对获得这些报酬寄予期望，并做出努力。但是，这种期望的实现必须有赖于工作做出成绩，因此，只有当他们确切知道怎样达成组织目标时才能起到激励作用。

豪斯认为，一个领导者的职责有如下几方面：

（1）职工达成工作目标后，增加报酬的种类和数量，增加吸引力。

（2）明确下级的工作目标，指明职工达成工作目标的道路，协助职工克服道路中的障碍，使职工较易获得这些报酬。

（3）在完成工作的过程中，增加下级满足其需要的机会。

豪斯认为，“高工作”就是指引人们排除通往目标道路上的障碍，使他们达成组织目标并获得报酬；“高关系”就是在工作中增加人们需要的满足程度。豪斯指出，“高工作”和“高关系”的组合，不一定是最有效的领导方式，这是因为没有考虑到达成目标时客观上存在着什么障碍。当工作任务不明确、职工无所适从时，他们希望领导“高工作”，帮助他们对工作做出明确安排和分工，提出要求和指导完成的方法，这时“高工作”的领导最有效、最受欢迎。反之，如果下级对自己要完成的任务已经明确、具体，并清楚地知道完成的方式与步骤时，领导还不断地发布指令，职工就会感到多余和反感。这时职工只希望领导能“高关系”，使他们在工作中得到同情、赞扬和关心，获得需要的满足。由此可见，任务不明确的应“高工作”，任务已明确的应当“高关系”，领导人的领导行为应依情境而变。

8.4.4　情境领导理论

情境领导（situational leadership）理论是保罗·赫塞（Paul Hersey）和肯尼司·布兰查德（Kenneth Blanchard）在20世纪60年代末提出的。其核心思想是管理者要根据被领导者的情况来决定自己的领导方式和行为。这样做的目的是让被领导者能够最好地完成工作，并从工作中获得满足感。领导者首先判断被领导者的准备度，然后从情境领导的四种模式中选择一种相应的领导方式，其后还需要根据被领导者准备度的变化不断调整自己的领导方式。准备度（readiness）是指被领导者完成某项特定的工作所表现出来的能力（ability）与意愿（willingness）水平。

情境领导有四种基本的领导模式，对应四种不同的准备度水平，如图8-9所示。领导模式由两个维度决定：工作行为（task behavior）和关系行为（relationship behavior）。它们是领导者针对员工的工作能力和意愿水平而分别采取的行为。具体地说，工作行为是领导者为下属决定工作角色，告诉他们该做什么以及如何做等。关系行为是领导者在和下属进行双向或多向交流时所采取的倾听、鼓励等行为。高工作行为表示给下属比较多的如何完成任务的指导；高关系行为表示给下属比较多的鼓励和支持性的行为。图8-9为情境领导的四种基本模式，四种模式中的S_1对应的准备度最低，即员工缺乏完成工作的能力与意愿，领导可以采取吩咐式（telling）的领导方式，清楚地告诉员工应如何完成工作；S_2对应的是有意愿但缺乏能力的员工，领导可采取推销式（selling）的领导方式，将具体的工作技能销售给员工；S_3对应的是有能力但缺乏意愿的员工，领导可采取参与式（participating）领导方式，提高员工的工作意愿；S_4对应的准备度最高即员工既有能力也有意愿，可以采取授权式（delegating）领导方式。

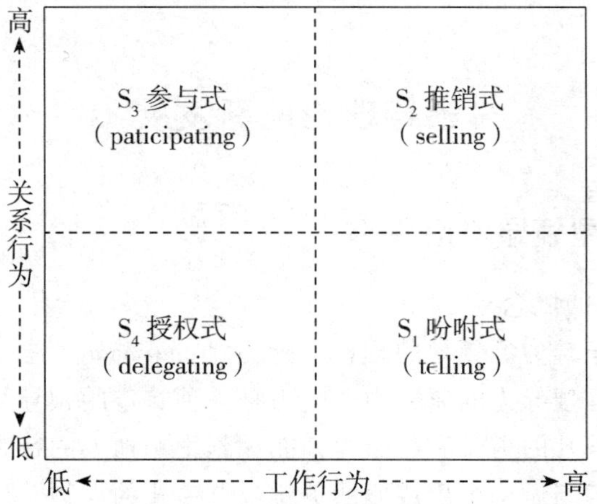

图8-9　情境领导的四种基本模式

这个模型的核心思想是要根据被领导者的准备度来决定领导者的领导方式，情境领导要求领导者不时地变换领导方式，那么哪些是领导者应该保持不变的？对组织、对员工的承诺是不能改变的，某些基本的价值观是不变的。

情境模型是实用的，因为它建立在员工对领导的期望上：能干的人所需的具体指导比不能干的人要少，只要根据员工的准备度选择恰当的领导风格就可以了。但领导情境并非如四个象限所述那么清晰，领导者采取的行为并不是任何时候都有效，比如，许多管理者对能力不强、意愿不高的员工采取吩咐式行为，效果仍然不是很好。

8.4.5 领导者-成员交换理论

上述介绍的领导理论都没有涉及领导者与其下级的人际关系差异，而实际上，由于领导者与其下级之间并不是等距离的，因此会影响其领导方式。基于此，乔治·格里奥（George Graeo）和他的助手提出了领导者-成员交换理论。

领导者-成员交换（leader-member exchange，LMX）理论认为，由于时间压力，领导者与下级中少部分人建立了特殊的关系。与领导建立特殊关系的下级成为圈内人，他们受到领导者信任、得到领导者更多的关照，能享受到特权；与领导关系一般的下级为圈外人，他们与领导在一起的时间较少，获得奖励的机会也较少，他们的领导-成员关系是建立在正式的权利系统之上的。

该理论指出，在领导者与某一下属进行相互作用的初期，领导者就暗自将其划入圈内或圈外，并且这种关系相对稳定。一般来说，具有以下特点的下级容易被领导者划入圈内：一是与领导者个人特点相似的，比如在年龄、性别、态度等；二是有能力的；三是性格外向的。属于圈内的下级能得到领导更多的赏识，绩效评价等级更高，对领导也更满意。

领导者-成员交换理论得到统计意义上的验证。领导者对待下属的方式是有差异的，但这种差异绝对不是随机的。另外，圈内和圈外的不同地位与员工的绩效和满意度有关。

8.5 领导理论的新发展

8.5.1 魅力型领导理论

1）魅力型领导的概念

豪斯发展了关于魅力型领导的理论。魅力（charisma）是一个希腊词汇，表示神所授予的礼物。在领导力的研究中，魅力是一种特定的领导品质，魅力型领导者热情、自信，具有非凡的勇气和决断力，能深刻影响他人的行为、情感。因此，魅力型领导经常被人们当做一个史诗般的英雄或楷模式的人物。

2）魅力型领导者的特征

魅力型领导者的突出特征就是他们有魅力。具体来讲，魅力型领导者：

（1）高度自信。

（2）有支配他人的倾向。

（3）对自己的信念坚定不移。

（4）精力充沛。

（5）说服力强，良好的沟通能力。

魅力型领导者区别于无魅力领导者的特征如下：

（1）反对现状并努力改变现状。

（2）设置与现状距离很远的目标前景。

（3）对自己的判断力和能力充满自信。

（4）能深入浅出、言简意赅地向下级说明自己的理想和远大目标，并使之认同。

（5）采取一些新奇、违背常规的行为，当他们成功时，会引起下级的惊讶和赞叹。

（6）对环境的变化非常敏感，并采取果断措施改变现状。

（7）经常依靠专长权力和参照权力，而不仅只用合法权力。

（8）经常突破现有秩序的框架，采用异乎寻常的手段达到远大的目标。

（9）被认为是改革创新的代表人物。

3）魅力型领导者对下属的影响过程

第一步是领导者清晰地描述宏伟前景。这一前景将组织的现状与更美好的未来联系在一起，使下级对组织有一种连续的认识。第二步，向下级传达组织对员工的期望，并对下级达到这些期望表现出充分的信心。这样可以提高下属的自尊心和自信。第三步，通过语言和行动倡导组织的价值观，并以身作则。第四步，魅力型领导者可以做出自我牺牲和突破传统的行为来表明他们的勇气和对未来的坚定信念。

魅力型领导的不足之处有以下几方面：一是以强大的个人魅力，代替集体的科学决策，会导致决策的风险增大。二是下属以对领导者的崇敬和宽容，代替应有的监督和制约，会导致领导者不良心理倾向的生长与膨胀，如专权、骄傲自大和享乐。三是魅力型领导者难有继任者。一般来说，魅力型领导者培养出的下属大多是对现任的魅力型领导言听计从，习惯于服从、接受、执行领导者的命令，自己不愿思考、分析问题。这样的下属总是希望未来的接班人也像他们现任的领导那样富有魅力，而这一点是未来接班人难以做到的。

8.5.2 基于价值观的领导理论

近百年来，领导理论的各种相关理论层出不穷，然而发展至今仍有两个问题没有解决：一是领导者作为组织影响力的来源，需要改变下属的态度、认知模式、需求和价值观，但领导靠什么影响和改造下属？二是领导者也是组织中的一员，他在影响和激励他人的同时，客观上没有人激励他，那么驱动领导行为、激励领导者的因素又是什么？

把上述两个问题精炼成两句话：基于什么领导？谁领导领导？回答了上述两个问题，也就打开了基于价值观的领导理论之门。20 世纪 90 年代豪斯教授等人在研究中发现，领导行为和特征有效性事实上都隐含着人们对各种价值观优劣的判断；社会文化价值观不仅能影响领导行为、领导风格的选择，而且包含了下属对领导者的行为、品德、成就等的期待；而领导者个人价值观能对组织文化和员工价值观发挥巨大的作用，甚至能改变下属的价值观，从而产生强有力的凝聚效应。豪斯指出，价值导向的激励比实际导向的激励作用更强、更广泛、更持久。因此，豪斯教授及其工作组综合总结了以往领导学及激励理论，针对领导学发展的新要求，提出了基于价值观的领导理论（the value-based leadership，VBL）。

1）概念

豪斯认为，基于价值观的领导是："被领导者对领导者所信奉的价值观共享和强烈认同。持有明确价值观的领导者，通过明确表达愿景，向组织和工作中注入自己的价值观，使得被领导者所持有的价值观和情感与之产生共鸣，从而唤醒追随者对集体和集体愿景的认同，导致领导者自我价值的实施。"

2）基于价值观的领导理论的组成要素

基于价值观的领导理论的组成要素分为以下四种：种子要素、基本要素、衍生要素和强化要素。

（1）种子要素：领导价值观。

领导者所持有的价值观是基于价值观的领导理论的核心。基于价值观的领导理论强调领导者必须具有明确而又崇高的价值观，这是实施基于价值观的领导的前提条件，因为只有持有明确、崇高价值观的领导者，才能向组织注入价值观并形成组织核心价值。

（2）基本要素：企业文化、领导素质。

（3）衍生要素：企业核心价值观、企业愿景。

（4）强化要素：领导动机、领导行为。

3）基于价值观的领导过程

基于价值观的领导可以分为4个阶段：

（1）领导者注入价值观。

（2）价值观共鸣引起下属的动机与情感。

（3）共同价值观的形成。

（4）对共同价值观的强化。

基于价值观的领导者具有强烈的领导动机，为了实现组织和个人目标，有强烈欲望将个人价值观灌输给企业和下属，使得个人价值观成为企业核心价值观。企业领导者为了使核心价值观成为所有员工的行为准则，将核心价值观愿景化，即把核心价值观转换成为一幅美好图景，并且是通过全体员工努力而可以达成的目标。领导者向下属展示良好的素质，通过宣传教育、与下属谈论信仰等有助于强化领导价值的各种行为向员工灌输、强化核心价值，使得大家都为这种美好的未来而奋进。领导者行为、员工行为和企业的一切经营活动都以企业核心价值观作为行动的基本准则，一定时期后，以鲜明价值观为核心的强势企业文化形成，在此鲜明价值观和企业文化指导下，企业员工按一致的准则行动并自我激励，这种激励产生的效果不仅是巨大的，而且是长久的。基于价值观的领导过程及效果如图8-10所示。

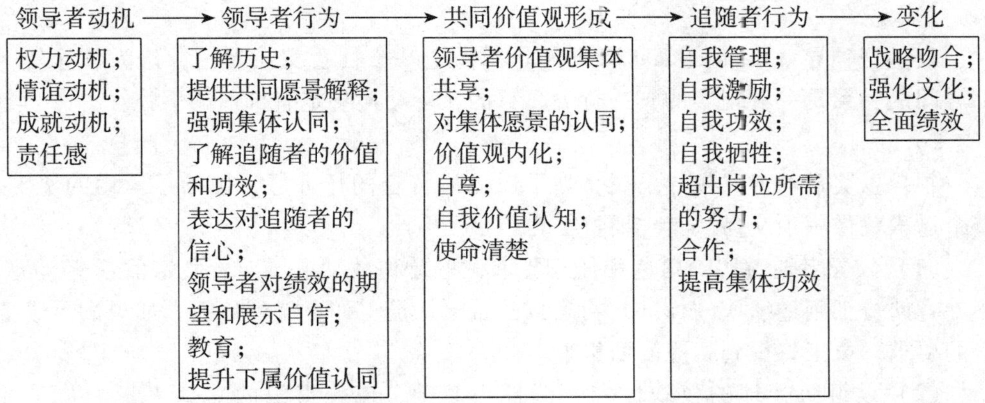

图8-10 基于价值观的领导过程及效果图

4）基于价值观的领导与传统领导的比较

基于价值观的领导与传统领导的比较见表8-3。

表8-3 基于价值观的领导与传统领导的比较

动机因素	传统领导过程	基于价值观的领导过程
行为的内在价值	在工作内容丰富的同时，使任务更加有趣、更多样化、更吸引人和更富有挑战性	把行为与追随者的自我概念、内在价值观以及怀有认同感联系起来
行为完成的期盼	教导，培训，提供物质和感情支持，阐明目标，提供一些支持手段，如协调、咨询和其他方面的协助	提高总的自我功效（通过提高自我价值、增强自信心的交流以及提高期望）；强调集体的功效
内在价值目标的实现	设定目标，提高任务的一致性，提供反馈	把目标与过去、现在以及使命框架中的价值观联系起来，以其作为认同的基础；唤醒动机
完成后的奖励和期盼	建立一个清晰的绩效评价制度，对绩效状况进行奖惩	通过把行为和目标对美好未来的梦想和乌托邦式的愿景联系起来，从而建立信念
额外奖励的效价	考虑对绩效进行奖励	还未涉及

基于价值观的领导者方式能够取得成功，主要是因为：一是基于企业核心价值观提出的愿景，为企业变革和努力指明了方向，克服了变革的不确定性；二是基于价值观领导者的强烈自信和对下属和工作（愿景）的信心，是克服下属焦急与疑虑的镇静剂。

8.5.3 交易型领导理论

1）定义

交易型领导（transactional leadership）理论基于社会交换理论，认为领导者与部属间的关系是一种现实的契约行为，目的在于交换特定有价值的事物。

2）特征

领导以奖赏的方式领导下属，当下属完成特定的任务后，便给予承诺的奖赏，整个过程就像一项交易。其主要特征为：

（1）领导者通过明确角色和任务要求，指导和激励下属向着既定的目标努力，领导者向员工阐述绩效的标准，明确自己希望从员工那里得到什么，如果满足了上级的要求，员工将得到相应的回报。

（2）以组织管理的权威性和合法性为基础，依赖组织的奖惩来影响员工的绩效。

（3）强调工作标准、任务的分派，重视任务的完成，强调员工的遵从。

交易型领导所强调的成员与领导者之间的关系是互惠的，是基于经济的、政治的及心理的价值互换。它不能够赋予员工工作上的意义，从而无法调动员工的积极性和开发员工的创造性，由此美国著名领导学家伯恩斯（Burns）提出了变革型领导理论。

8.5.4 变革型领导理论

1）概念

变革型领导（transformation leadership）是一种向员工灌输思想和道德价值观，并激励员工的过程，是交易型领导和魅力型领导的发展。变革型领导除了引导下属完成各项工作外，还以其个人魅力激励下属，影响并改变下属的工作态度与价值观，使他们能够为了组织的利益超越自身利益。该领导方式可以使下属产生更大的归属感，满足下属高层次的需求，获得更高的生产率和更低的离职率，最终实现超越预期的绩效水平。Bass 等人将其概括为三个主要过程：（1）这些领导让他们的下属更清楚既定目标的重要性，以及实现目标的方法；（2）他们影响员工，使其把组织利益、目标置于个人利益之上；（3）他们激发并满足下属的高层次需求。

变革型领导超越了与员工之间的契约关系，积极介入下属个人的价值系统。他们使员工从思想上把个人和集体相联系，增强了对员工的内在激励作用。通过描述组织的愿景与使命，帮助员工理解目标的重要性和价值，提高他们对业绩的期望值，并使他们愿意为集体牺牲个人利益。通过智能激发，变革型领导鼓励下属打破思维框架，采用探索性的思维过程。变革型领导激励下属用新方法来思考老问题，鼓励他们挑战自己的价值观、传统和信仰。他们常常以身作则、树立典范，完成下属员工观念的转变。他们对下属表现出很高的期望和信心，帮助下属培养出对长期性目标、使命的执着追求，把对短期效应的关注转移到重视最终目标和根本性的解决方案上来。

2）变革型领导的特征

变革型领导的四个显著特征是：

（1）领导魅力（charisma/idealized influence），能使员工产生崇拜、尊重和信任的行为。

（2）感召力（inspirational motivation），指向员工勾勒组织愿景与蓝图，描述目标，使下属感到工作富有意义和挑战性，激发员工的自豪感、忠诚与尊敬以及对工作的使命感。

（3）智能激发（intellectual stimulation），指领导者启发员工发表新见解、从新的角度或视野寻找解决问题的方法与途径，鼓励员工采用崭新的方式完成任务。

（4）个性化关怀（individualized consideration），指领导者把每个下属都作为值得尊敬的个体，仔细倾听并关注他们的需求，鼓励他们学习，并提供指导。

个案分析

Z董事长的领导方式为什么不受欢迎？

MA公司始建于1983年5月，是某新技术开发试验区的第一批民办高技术企业，主要从事信息技术研究、开发、设计、生产、推广业务，如今成为集体、个人参股的技、工、贸相结合的股份制经济实体。现有附属公司10个，并先后建立了北京、深圳、香港三个基地。主要业务是计算机芯片，各种全定制和半定制ASIC芯片的研制和开发。目前，正在研制以MISC设计思想为指导的CPV、FPV、MMV、DSP等芯片及FORTH工业系列化产品。早在两年前已研制成功的DST8016计算机芯片，与美国军方目前使用的RTX2000具有同等的技术水平，已进入世界先进行列。

MA公司现有正式员工69人，公司下设8个部，实行董事会领导下的总裁负责制。

再过20天，将是MA公司成立10周年庆祝大会。公司董事长Z认为，这正是提高公司知名度、树立公司公共形象的良好机会。趁这次庆祝大会的召开，他可以广结社会各界名流，尤其是企业界有识之士。为了使这次大会产生轰动效应，他想到了现在省日报社当记者的老战友——老王。“若请老王在省日报上发表一篇关于MA公司企业文化方面的文章，岂不是为即将举行的十周年庆祝大会广做舆论宣传，提高公司的知名度的良策？”于是，Z向老朋友提出了邀请……

1. 采访董事长

记者老王叩响了董事长的办公室。站在老王面前的Z依然那么干练和精神，丝毫不减当年在部队的风度，只是又添了几分企业家的精明。趁Z倒水之隙，老王环顾了一下这位董事长的办公室。不是特别豪华，但却井井有条。正面墙上挂着一横幅，非常醒目，是老子的名言：“为学日益，为道日损，损之又损，以至于无为；无为而无不为。”

办公桌上整整齐齐堆放着各种文件。再看桌上玻璃板下，显然是Z手抄的几句名言：

“只有民族的，才是世界的。”

“风险是成功的摇篮。”

“摸时代的脉搏，立超前的思想，做卓越的工作；想人之所不想，先人一步；为人之所不为，胜人一筹。”

朋友相见自然要寒暄几句。言归正传后，Z董事长便滔滔不绝起来：“王老兄，你知道我这次请你来的目的。我认为我们公司创建的这十年来走的是一条振兴我国民族电子业的正路，我的目标是成为中国的IBM。当然，这条道路并不好走，这是一条充满新颖科学观点、科研魅力和失败挑战的风险道路。但我坚信‘风险是成功的摇篮’。虽然在我们艰苦创业的这几年，有许多人为了追求短期利益相继离开了我们公司，我真遗憾这些人的目光短浅，他们怎么看不到我们公司的宏伟未来呢？我信奉‘只有民族的，才是世界的’，我们必须脱掉进口芯片的帽子，这一点，公司的部分员工还是理解的。我总教导我的员工们要拒绝短期利益的诱惑，让他们知道自己身上的重任是为振兴中国的民族高科技产业而奋斗！”

“我希望我的公司成为一流的高科技企业。一流的企业，当然需要一流的企业文化和一流的企业管理以及一流素质的人才。现在优秀的高技术企业越来越重视企业文化了。我认为这是一种无形的效益，只有选好人才、用好人才，才能增强企业的凝聚力和向心力，企业才能得以生存和发展。”

这时，董事长指了指墙上挂着的横幅说：“这是我最为欣赏的一段话。我想，我的员工们也一定会欣赏并将其作为自己的行动准则的。只有摸准时代的脉搏、立超前的思想，才能做卓越的工作；只有想人之所不想，才能先人一步；只有为人之所不为，才能胜人一筹。”

“我与技术人员接触较多，技术部由我直接领导，与他们在一起我感到了这批青年人的青春活力。这8个人是我们公司的技术核心。为了创一流的产品，我对他们要求很严。芯片的每一步构思以及每周的工作进展我都亲自过目、审阅、批示，从而协调总体系统设计。”

谈到这里，电话铃响了。董事长十分歉疚地对老王说：“你看，公司的事太多了。现在有一件急事需要我亲自去处理，对不起了老兄。不过我是不是也说得很多了？如果你还想知道一些情况，可以和我的助理谈谈。这些年来，他一直跟着我，对公司的情况也很熟。哦，对了，我已经给你安排好了和基层员工的座谈，吃过午餐开始。”

趁着离开饭还有段时间，老王和董事长的助理小李聊了起来。“与董事长相处，常常是受益匪浅。董事长是一个思维特别敏捷的人，时常有灵感的火花冒出。我们公司现在研制的‘宏指令级芯片’完全是由他个人构思并命名的，”小李接着说，“有一件事在我们公司传为佳话。公司刚创建时，购进了一台计算机。当时大家都不会操作，说明书是英文版的。当时董事长也不懂外语。但是在两天的时间内，仅以字典为工具，董事长硬是把计算机给‘玩’起来了，而且‘玩’得特棒，真不简单！”小李又说：“董事长是一个敢想、敢说、敢干、敢于冒险的人。凡是他认为合理的，他一定要求他的下属按他的旨意坚决执行，而且必须全力以赴，无任何商量的余地……”“是的，当初创业是十分艰难的。亏得我们董事长的魄力和谋略。我们董事长出身于高干家庭，自然会有许多亲戚朋友帮忙。您也知道，在中国办事太难了，如果没有‘关系’，的确是寸步难行。公司发展到今天，与我们董事长的努力是分开不的。现在，公司中有些职员议论说：把他的岳母安排为人事部顾问，他父亲原来的秘书当总裁，他的‘哥们儿’主管财务部，他的司机当行政部负责人……真是家庭统治！”

小李感慨地说：“这话也有失偏颇。当初创业多亏了这些亲戚朋友的患难与共。现在，公司发展初有成效，也不能把这些人踢出去啊。”

2. 与基层人员座谈

记者老王与公司员工座谈后，发现自己现在的感觉与最初采访董事长时的感觉不太一样。按照董事长Z的意图，试图对MA公司的企业文化广为宣传的思想似乎有些模糊，以下是记者与基层人员座谈摘要。

经济发展部小刘：我看了一下刚刚制定的若干人事制度，发现我们员工最关心的东西在这个制度上未体现出来。我来公司只有2个月，我把铁饭碗扔掉为的就是谋求更高的物质利益，但这个制度并没有明确我们的物质利益问题，反倒卡人的一些条例很具体，我们不是反对公司建立必要的规章制度，但员工的职责是和个人的物质利益紧密相联的。不能说只规定我们的责任，而不给其利益。从这个条例中，我们没有看到希望。你问我准备干多少年？我没想那么远，看看再说吧。

公关部小王：我来这已有一年半了，算是长工龄员工了。公司的人员更换确实快。上个月我出公差10多天，回来后发现公司消失了一些熟悉的面孔，却多了一些陌生的面孔。我们总有一种不安全、无保证的感觉。公司有些事情让我们这些“无依无靠”的普通员工伤心。我们既不是“头儿”的亲属，也不是他的“哥们”“挚友”，我们只是“打工仔”而已。由于“远近”程度不同，造成报酬上的差别。希望您千万对我们的谈话保密，否则我们肯定会被“炒鱿鱼”。平时，我们同事间说话都很小心，唯恐哪句话说错了传到上司的耳朵里，吃不了可要兜着走了。我们的“头儿”可是说干就干的，非常严厉，有时近乎于不近人情，您千万保密啊！

宣传部老李（一位原在某国企的老行政人员，党员）：公司给我总的印象是“乱”。董事长倡导的公司目标，与现实有一定的距离。对于董事长的一些“名言”，我们很多人不甚了解。什么“为学日益，为道日损，损之又损……”究竟是什么意思？我甚至怀疑中上层干部是否能确切理解！董事长本人也从未给我们讲解过。公司很少开职工大会，也没有政治学习或业务学习，没有党支部。我已有好长时间没交党费了，说起来心里很是内疚！公司对我们的要求就是把自己的工作干好，其他事一概不许过问，甚至连工资的明细项目我们都不清楚，更不用说别人的工资是多少了。否则，就是违纪，将被“炒”。

技术部小张：公司以技术为本，我们感到很欣慰。我是1990年天津大学计算机系毕业应聘来MA公司的。在这工作了近3年了吧，我一直觉得公司总是在投入，似乎没有什么产出。我们每天研制由我们构思的新芯片，要拿出世界一流水平的东西。您问我这个芯片开发出来后有多大的应用价值，我不敢肯定。我认为它在学术上是很有价值的，在应用上可能是欠缺的。我觉得有些闭门造车的味道。

技术部小孙：我们现在研制的芯片如果成功，将会轰动全世界。这确实是一流的构思。但对于我们仅有的几个技术人员来说，毕竟是力量薄弱。在研制时间长、强度大的情况下，我们确实是在超负荷运转。我们没有星期天，没有假日，甚至连谈恋爱的时间都没有。开个玩笑，简直是“残酷的压抑，忍受不了的枯燥”。董事长经常教导我们说，应以事业为重，以公司的长远利益为重；只有民族的，才是世界的；只有想人之所不想，才能事业卓著，只有为人之所不为，才能胜人一筹。对了，我们董事长最信奉的“为学日益，为道日损……”这段话是什么意思？您是大记者，学问多，能不能给我们确切地解释一下？我们大都理解为：书越读越厚，然后越读越薄，最后全部装在了脑子里了，就能把什么事情都办成，超过别人。我们的理解对吗？董事长常有一些至理名言冒出，是不是这些名言就是我们公司的企业文化呢？

技术部小吴：我们在公司工作至今，好像没感到有什么企业文化的存在。上岗前也没有受过正规的公司培训。什么员工手册、员工必读、员工规范等也从没见到过或学过，好像公司还没有这些东西，甚至连上岗前的培训都没有。至于说公司的凝聚力有多大，我们说不清楚。我从北京信息学院毕业来MA公司已有4年，算是公司最长工龄的一员了。虽然说公司以技术为本，对我们吸引力很大。很多人抛掉“铁饭碗”来公司求职，就是为了能多挣些钱，而公司至今没有短、平、快的产品，何谈高工资？因此，公司的人员流失比率相当高，工资期望值的落空不能不是一个很重要的原因。从一定程度上说，公司的目标过于远大，似乎有些不切实际。

信息部老郝：我从国企跳槽来MA快2年了，感觉就是和国企大不相同。原单位是有党委的，即使某人犯错误，给处分，也得经党委研究，给予明确的理由。而在MA就不同了。我来这里这么长时间，从未有领导过问过我的生活及是否有困难，有时真感到寒心！外国资本家在过年、过节时还知道向职员问候问候，据说职员过生日时，老板还给送生日礼物呢。而我们的领导不知是工作繁忙，还是其他原因，并不是我们不愿把公司当成自己的家，而是公司并不把我们当成亲人。

技术部小赵：我在公司已有2年工龄。至于说我是否能长久待下去，我不敢肯定，我只想看看再说。我女朋友在××电脑公司任职，据她说，这家公司虽然创建至今只有5年，但在管理制度方面很规范，有一套完整的规章制度，其产品畅销国内外，很有知名度。一谈起她的公司，她就眉飞色舞，似乎有一种为之献身的感觉。而且她的工资比我高出许多，她时常劝我跳槽。

行政部老马：来了1年多了，总感到内部人际关系非常复杂、难处。中上层主管不是亲朋就是挚友。我们总有一种时时被监督、事事被控制的感觉。发泄不满的唯一方式就是“走人”。公司对流失的员工似乎也并不挽留或感到可惜。没有报纸，没有学习、深造的机会。每个新员工进公司的第一天就得上岗干活。公司有一条规矩就是“以一当十，不养闲人”。至于你们提到的什么企业文化，我不知道，在公司我也从来没有听人说过。

3. 第二次采访董事长

老王为了不负朋友的厚望，同时也为使纷乱的思路有一丝线索，他带着许多疑问再一次叩响了Z的办公室。

Z董事长听罢老王的想法后，哈哈笑了起来并说道：“我已经猜到你下去走一圈后，一定还会来找我的。我知道，他们对我有些意见，甚至要反对我，有的人还会说我是法西斯，我不在乎。我们几个头面人物都是军人出身，其中有中校、有少校，‘服从命令’是训练出来的。”“智力劳动必须繁琐。技术的关键是必须工程化。工程化的问题就是要详细规定。必须限制知识分子的自由，而中国的知识分子总是喜欢自由化。所以我要求人事部在制定各项制度时，一定要把各细节都规定好。我倾向于管理要细致、刚性，类似于军队的作战方案。有些教授应聘来了，毫不例外也必须遵守公司的一些规定，包括上班前一小时思考、下班前一小时总结的规定，所以他们很多人受不了，走了。走的人不是因为报酬少，而是因为受不了。我的主要办法是用高待遇吸引高智力、高水平的人才。有的人对我恨之入骨，单为这每年6万元的工资也得干。我们之间的关系就是劳资关系。”

“我不在乎有人撕我照片。我要走向一个没有人情的管理。过去说要关心职工的生活，这话是错误的，这不是企业的事情。”

“我们公司的流动率很大。这次成立股份制公司，一下子走了50%。我认为人员是要流动的，不流动企业就没有生命力，但要留下文件，即文字资料。所以我要求每个员工必须上交每天的工作日记，留下的文件是保持连续性的保证。”

“我实践了6年，想了3年，想出了这么个管理模式。但推行不下去，下面抵触情绪严重。请你帮我分析一下。”

资料来源 张德．人力资源开发与管理案例精选［M］．北京：清华大学出版社，2004.

问题：

1. MA公司的Z董事长其领导风格有什么特点？
2. Z董事长信奉的企业哲学和核心价值观是什么？是否妥当？为什么？
3. 为什么大家都恨Z董事长？这种领导风格有什么消极作用？
4. 如果Z董事长决心重塑领导形象，应该怎样做？

本章小结

领导的本质是影响力。影响力的来源有两方面：职位权力和个人权力。

领导特质理论研究的主要是领导者应具备的素质，主要有性格理论和能力理论，代表性的理论——领导特性理论。

领导行为理论研究的就是领导者的各种做法。每一种领导行为理论都归纳出了若干种典型的领导方式：三极端理论、连续统一体理论、管理系统理论、领导行为四分图理论、管理方格理论。

领导权变理论关注的是领导者和被领导者的行为与环境的相互影响：菲德勒模型、领导生命周期理论、途径-目标理论、情境领导理论、领导者-成员交换理论。

领导理论的新发展：魅力型领导理论、基于价值观的领导理论、交易型领导理论、变革型领导理论。

关键概念

领导特质　领导行为　权变　领导理论新发展　缔造组织文化

复习思考题

1. 领导的概念有哪些含义？
2. 领导者影响力主要来自哪里？
3. 权力的种类及作用是什么？
4. 领导者的主要任务有哪些？
5. 如何看待各种人性的假设？
6. 领导的性格理论、能力理论的特点是什么？
7. 一个优秀的领导者应具备哪些素质？
8. 领导者应具备哪些心理素质？
9. 专制、民主、放任式领导作风各自的主要内容是什么？
10. 领导的连续统一体的含义及不足是什么？
11. 何谓管理系统理论？
12. 领导行为四分图的含义及贡献是什么？试用你自己确定的标准绘制领导行为四分图并具体评价某位领导者。
13. 管理方格理论的含义及作用是什么？针对你所钦佩的一名领导者，应用管理方格图来辨析其领导方式。
14. 领导权变理论的基础是什么？
15. 菲德勒模型的主要内容及贡献是什么？
16. 领导的生命周期理论的含义是什么？对我国管理实践有何指导意义？
17. 途径-目标理论的主要内容是什么？
18. 什么是魅力型领导，有哪些特点？
19. 什么是基于价值观的领导，有哪些特点？
20. 交易型领导和变革型领导的区别是什么？
21. 为什么说领导者是组织文化的缔造者、倡导者和管理者？如何发挥领导者在组织文化建设中的作用？
22. 若要推动优秀组织文化的形成，领导者应具备哪些素质，树立什么样的价值观？

第9章 / 决 策

学习目标

本章主要讨论决策的基本原理与方法。通过学习，首先了解决策的概念、基本模型、主要类型；其次了解个体决策行为的特点，重点掌握有限理性决策的主要表现、群体决策的特征和群体决策的技术。

引例：旋转楼梯与钟摆

公司管理层想要削减一座刚刚设计好的大厦的大堂中的十层高的旋转楼梯的成本，于是就让两个专家小组分别做出计划。一个专家小组是由建筑方面的专家组成的，他们的建议是将旋转楼梯变成一只十层楼高的黄铜做的巨大钟摆。另一个专家小组主要是由财务和采购方面的专家组成的，他们的建议是建造成本更便宜的旋转楼梯。

看了两个专家小组的方案之后，管理层决定采用巨大钟摆的方案。原来，建筑专家小组认识到了十层高的旋转楼梯的作用并不是供人们行走用的，因为楼里有电梯和其他楼梯，它的作用是一种装饰，因此他们决定把它替换成另外的能起到同样装饰作用的钟摆。

在组织中我们会遇到各种各样的需要做出选择或决定的情境。在上面的引例中，公司的管理层需要做出决策，他们同时也请了专家小组帮助做决策。而且，针对同一件事情不同的人所做出的决策可能是完全不同的。想想看，我们还可能做一些什么样的决策？公司的高层管理者需要决定新建的分厂应该设在哪里，市场促销小组要决定到底采用促销方案 A 还是促销方案 B，人事经理和用人部门经理一起决定录用三名候选人中的哪一个人，一名员工需要决定自己处理这个问题还是向主管汇报，一个电脑工程师在解决终端机上遇到的问题时要决定是对某个程序进行修改还是重新安装某个程序……看来真是举不胜举。因此，决策活动是在组织中普遍存在的活动。本章中我们将要探讨的就是人们是怎样做决策的。

9.1 决策的基本问题

9.1.1 决策的概念

所谓决策就是从几种备选方案中做出选择的过程。决策有两个基本的特征：

第一，决策需要有问题和目标的存在。我们为什么要做出决策？因为我们需要解决某个问题。当我们发现事物的当前状态和期望状态之间存在着差距时，我们就意识到这是一个需要解决的问题。

第二，决策需要有多种可行的方案。决策意味着我们要解决的问题有两种或两种以上可供选择的解决方案。如果解决某个问题只有一种途径，那么我们就不需要进行选择了。正是由于有多种选择的存在，我们才需要做出决策。因此，决策必须是在多个方案中做出选择的过程。

9.1.2　决策的基本模型

决策并不是一个简单的行为，决策的制定是一个过程。无论个体决策还是群体决策都必须经过一个过程，尽管有的时候从表面看上去一个决策似乎是在瞬间做出的，但其实也经历了一个复杂的过程，只是过程中的某些步骤是在内隐的状态下而不是外显的状态下完成的。决策的研究者们致力于抽取各种决策过程的共同特征，形成了决策的基本模型。主要的决策基本模型有最佳决策模型、满意决策模型、隐含偏好模型和直觉决策模型。

1）最佳决策模型

最佳决策模型（optimal decision-making model）是指决策者在决策的过程中考虑各种可能的备选方案，并选择最佳的解决方案。这是最具理性的决策过程。最佳决策模型基本如图 9-1 所示。

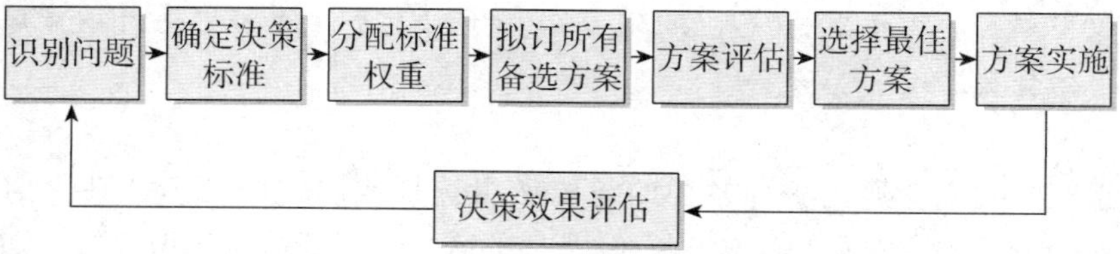

图 9-1　最佳决策模型

下面我们结合一个具体的例子解释一下最佳决策的过程。

步骤一：识别问题。前面我们提到过，我们需要做决策是因为问题的存在。问题取决于决策者对问题的知觉。对于同样的问题，有的人认为是问题，而有的人则不认为是问题。关于知觉，我们已经在个体心理过程部分进行了讨论。不管怎样，问题通常被界定为当前状态与期望状态之间的差距。例如，某公司行政部经理遇到这样一个问题：由于公司人员不断扩充，目前的办公地点已经无法满足需要，而且在同一幢写字楼中已经没有额外的空间可以出租了，因此需要重新寻找一个办公地点。公司领导的意思是把公司全部搬到新的办公地点，原有的办公地点将不再保留。于是，选择新的办公地点就成了要解决的问题。

步骤二：确定决策标准。识别了问题的存在，也就意味着有了决策的需要。接下来需要做的就是确定决策的标准，也就是对备选方案进行选择时要考虑哪些因素。在选择办公地点的例子中，可能的决策标准有距离市中心的远近、交通的便利程度、租金、楼层、入住情况、物业管理水平、周围环境、可以入住的时间等。

步骤三：分配标准权重。所有的决策标准并不是同等重要的，它们对决策的影响程度是不同的，因此应该按照它们的重要程度分配权重。分配标准与权重有两种主要的方法：一种是列出所有的标准，对每一标准按照一定的尺度进行打分，例如用数字1~10进行打分，1分为最不重要，10分为最重要；另一种方法是将所有标准的权重总和定为100%，确定各个标准所占的百分比，并使之相加等于100%。例如，表9-1中就是利用评分的方法为“选择办公地点”所涉及的决策标准确定权重。

表9-1 **选择办公地点决策的标准与权重**

标准	权重	标准	权重
交通便利程度	10	楼盘档次	5
租金	8	周围环境	5
接近客户程度	7	到市中心距离	2
物业管理水平	7	楼层	2
可以入住的时间	7	目前入住公司情况	1

步骤四：拟订所有备选方案。这是最佳决策模型中的关键一步。备选方案就是能够成功解决问题的可行方案。在最佳决策中，需要将满足要求的所有备选方案全都列举出来。例如，在选择新办公地点的例子中，该城市中所有可供出租的商用写字楼都应该在备选方案之中。经过调查，该城市中有足够空间可以出租的写字楼总共有8座：远洋大厦、东方广场、国际大厦、寰宇中心、华翔大厦、财富大厦、腾达大厦、商贸中心。

步骤五：方案评估。这一步骤主要是根据预先制定的标准与权重对所有备选方案进行评估。例如，表9-2就是对8座可供选择的写字楼的评估。评估的方法是用从1~10打分的方式确定每个备选方案在每项决策标准上的满意度水平，1分为最不满意，10分为最满意。评估的过程是先对每个备选方案针对每项标准进行打分，然后将每个备选方案在每项标准上的得分与该项标准的权重相乘，得到加权分数，最后将每个备选方案的加权分数汇总成总分。

步骤六：选择最佳方案。这是最佳决策过程中决定性的一步。根据步骤五所做的对各个备选方案的评估，选择出总分最高的备选方案，即最佳方案。在选择写字楼的例子中，得分最高的是远洋大厦，因此最佳的选择就是这座写字楼。

步骤七：方案实施。所谓方案实施就是将决策有关的信息提供给有关人员，按照决策采取具体实施行动。

步骤八：决策效果评估。当做出了决策之后，需要在实施的过程中进行跟踪和监控。这样做的目的是为了验证是否真正做出了最佳决策，是否还有什么新的问题存在。如果问题得到了圆满解决，那么就说明做出了最佳的决策；如果仍然有新问题存在，那么就将围绕这些新的问题进行新的决策。由此看来，决策的过程构成了一个循环的过程。

表 9-2　　　　写字楼备选方案的评估

标准	远洋大厦		东方广场		国际大厦		寰宇中心		华翔大厦		财富大厦		腾达大厦		商贸中心	
	评分	加权得分	评分	加权得分	评分	加权得分	评分	加权得分	评分	加权得分	评分	加权得分	评分	加权得分	评分	加权得分
交通便利程度(10)	10	100	9	90	7	70	4	40	3	30	8	80	8	80	6	60
租金(8)	4	32	4	32	5	40	9	72	9	72	8	64	8	64	6	48
接近客户程度(7)	9	63	7	49	9	63	5	35	5	35	4	28	4	28	8	56
物业管理水平(7)	8	56	9	63	6	42	4	28	2	14	4	28	4	28	5	35
可以入住时间(7)	8	56	8	56	8	56	7	49	5	35	7	49	4	28	9	63
楼盘档次(5)	7	35	9	45	8	40	4	20	3	15	6	30	6	30	5	25
周围环境(5)	9	45	6	30	9	45	7	35	4	20	8	40	8	40	6	30
到市中心距离(2)	10	20	10	20	10	20	5	10	6	12	5	10	7	14	8	16
楼层(2)	9	18	5	10	5	10	9	18	10	20	7	14	6	12	6	12
入住公司情况(1)	7	7	8	8	9	9	6	6	3	3	5	5	5	5	5	5
总分	432		403		395		313		256		348		329		350	

最佳决策模型是建立在一系列假设的基础上的，这些假设被认为是所谓的“理性假设”，即：

- 决策者是理性的，他们的行为是完全客观和符合逻辑的。
- 决策者的目标是单一而明确的。
- 决策者拥有用来决策的完全的、充分的信息，及他们能够列出所有的决策标准并找到所有的备选方案。
- 对备选方案和评价标准可以以一种精确的、无偏差的量化方式进行评价。
- 评价标准和权重以及对方案的选择都是稳定的，不随时间而发生改变。
- 决策者将选择评估分数最高的方案。

然而这种理性假设很显然具有一定的局限性，因为我们所面临的大部分决策情境都无法完全满足这种假设。主要存在的问题有：

（1）决策者不可能是完全理性、客观的。首先，人们在信息加工过程中受到认知能力、已有的知识经验、认知背景等因素的影响有时不能做出完全与真实情况相符的判断；其次，人的动机、情感等因素也会影响决策的客观性；最后，当人们处在复杂的群体和组织中进行决策时，受到群体压力的影响以及利益关系的影响等也使得行为不完全是理性的。

（2）很多时候，我们所面临的问题是模糊的、多变的，目标不是单一的。我们往往无法得到有关决策情境的全部信息，只能在不完全信息的基础上做出决策。

（3）时间和成本的压力，使得我们在备选方案的获得上受到限制。我们可能只能得到一些比较容易得到的备选方案。

（4）决策标准、权重的量化和备选方案的评估过程表面上看似客观，其实很大程度都是依赖主观判断。

（5）决策对情境的依赖程度较高，因此所做出的选择随时间和情境发生变化，并不是稳定不变的。

（6）人们并不是所有情况下都选择最佳的方案。例如，有的时候人们会选择最容易实施的方案，有的时候人们会选择符合某种特定利益的方案。

2）满意决策模型

既然人们通常无法按照最佳决策模型采取行动，那么人们更通常采取的决策行为是在有限理性的基础上进行的。人们会努力采取理性的行为，但是会使问题尽量简化。例如，当一个部门主管人员需要为部门内某个空缺职位招聘人员时，他并不是面试所有可能的候选人，然后选择一个最好的，而是在面试了几个候选人之后，从中选择一个他认为“足够好”的。这种决策行为似乎在实际生活中更为常见。就拿前面举过的那个选择新办公地点的例子来说，几乎没有人会将所有的写字楼列为备选方案（除非在一个很小的城市，只有少数几座写字楼），而是在几座备选的写字楼中选择其中最满意的就可以了。这种决策行为所遵循的决策模型就是满意决策模型（satisficing decision-making model）。诺贝尔奖获得者西蒙（H. Simon）最早提出了人类的决策行为是在满意原则基础上所进行的有限理性决策。

在满意决策模型中，决策者对所面临的问题只有有限数量的信息，他们所能获得的问题解决或可实施方案的数量是有限的，因此，他们也不能确定他们所做出的决策是最好的。但是，决策者所关心的也不是找到最好的方案，他们只需要找到一个足够好的满意方案就可以了。有人做了这样一个形象的比喻：最佳决策就好比是在一堆针中寻找最尖锐的一根，而满意决策则是在一堆针中找到一根能够用来缝东西的针就可以了。由此可以看出，做出满意决策应该比做出最佳决策更容易，而且满意决策往往更实用。

满意决策模型的一个实质性问题就是，当人们面对复杂的问题情境时，总是会首先将问题简化到一种易于理解的水平上进行解决。这是由于人的认知加工能力的有限性并不能满足处理最佳决策所需的全部信息的需求。人们在确定决策标准的时候也并不是详尽地列举出所有的对决策有影响的因素，而是设定能够满足要求的最低标准。人们在拟定备选方案的时候则是从一些熟悉的、显而易见的、容易得到的备选方案入手，而且当人们找到第一个可接受的方案之后往往就停止搜索新的方案了。这样看来，在满意决策中备选方案被考虑的顺序会对最终的决策造成很大影响。图9-2就显示了满意决策模型的基本过程。

如果运用满意决策模型，将会怎样对前面提到的选择办公地点问题做出决策呢？首先，决策者会确定最简化的满意决策标准，这是新办公地点必不可少的一些条件。决策者制定的满意标准是：（1）位置在市区中最主要的干道沿线，周围交通便利（临地铁站、多条公共汽车线路经过、离机场高速路近）；（2）每月租金不

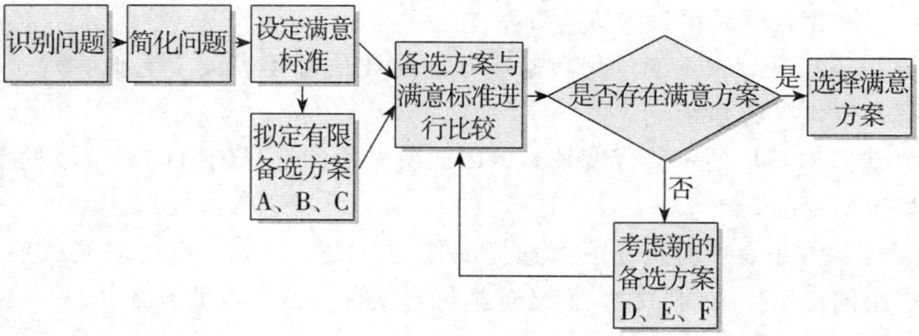

图 9-2　满意决策模型

超过 10 万元；（3）周围有商业区、银行等。接着，决策者会根据手头信息确定比较容易得到的几个备选方案。决策者制订出来的备选方案可能是寰宇中心、国际大厦和商贸中心。然后，决策者将这几个备选方案与满意标准进行比较。结果发现，国际大厦是能够满足三条满意标准的选择。于是，决策者便不再寻找新的选择了。假设这三个备选方案中无一能够满足三条满意标准，那么决策者将会去搜索新的方案，再将新的方案与满意标准进行对照，看是否达到标准。

3）隐含偏好模型

隐含偏好模型（implicit favorite model）与满意决策模型类似的地方就是这两个模型都认为决策者在进行决策之前首先将复杂的问题情境进行简化。但隐含偏好模型是更倾向于非理性、非客观的一种模型。在这种模型中，决策者并不是通过对备选方案进行评估而做出决策的。决策者在决策的一开始就已经隐含地选择了一个偏好的方案，他在后续的决策过程中将要证实该偏好方案就是恰当的选择。

隐含偏好模型的决策过程大致如图 9-3 所示。决策者首先有了一个偏好方案，但他还会继续寻找一些其他的备选方案。在这些备选方案中他会确定一个方案作为证实性的备选方案。接下来，决策者将隐含偏好方案与证实性的备选方案进行比较，其结果往往是隐含的偏好方案要优于证实性的备选方案，原因是决策者已经隐含地建立了偏向于隐含偏好方案的评价标准和权重。因此，决策者堂而皇之地选择了隐含的偏好方案。

因此，我们可以发现，在隐含偏好模型中，决策者的决策行为已经带有了明显的偏见，寻找其他的备选方案做比较只是一种客观性的假象。那么，我们可以运用隐含偏好模型来看一下在前面的新办公地点选择的决策中决策者的行为过程。首先，决策者可能已经有了一个隐含偏好的选择——国际大厦。但是，他还是会去寻找一些其他的备选方案，例如华翔大厦、腾达大厦等。他确定腾达大厦作为证实性的备选方案，将腾达大厦与国际大厦进行比较。这时，在决策者心中的评价标准已经是偏袒于国际大厦的了，例如交通的便利性、附近的商业环境等。经过比较证实了国际大厦确实是一个比较好的选择。这样的结果很显然是决策者根据自己先入为主的主观判断做出的选择。

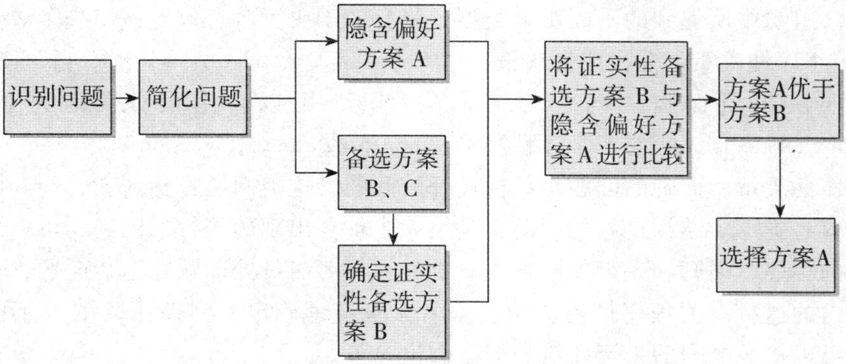

图9-3 隐含偏好模型

4）直觉决策模型

人们有时在决策的时候，并不是按照逻辑性很强的步骤进行的，而是凭着一种“直觉”就做出了决策，这就是直觉决策模型（intuitive decision-making model）。直觉决策的速度非常快，往往在几秒钟的时间内就做出了。这种决策方法被认为在信息有效和时间紧迫的情况下非常有用。那么，在这样短的时间内，决策者的内部心理过程是怎样的呢？一般来说，决策者首先对目标状态建构了某种期望的景象，然后从已经习得的经验中无意识地提取出与决策情境相关的信息，与期望的景象相对照，如果认为能够与期望的景象相吻合，就迅速地做出决策选择。

研究者认为，决策者在以下几种情况下最有可能使用直觉决策：

- 问题情境的不确定性程度很高。
- 所能够获得的信息有限。
- 所拥有的信息不足以客观、准确地做出判断。
- 时间压力很大。
- 情境变幻很快，难以预测。
- 几乎没有先例存在。
- 分析性的资料用途不大。
- 几个可行性方案从理性角度来看难分伯仲。

其实，人们在实际决策的过程中往往并不是自始至终在使用一种决策模型，而是可能将多种决策模型混合使用。例如，有的时候可能会在决策过程开始的时候使用倾向于直觉的模型，不是对问题进行系统的分析，而是让直觉进行自由发挥，试图产生不同寻常的备选方案，然后对备选方案进行分析评估时则采用比较理性的模型，进行数量化的分析。再比如，有的时候决策者也可能在决策过程的前面一系列步骤上采取理性的方法，设定决策标准和权重，形成备选方案，而在最后对备选方案进行选择时则凭借直觉。

9.1.3 决策的类型

决策行为是组织中的一种基本行为，决策本身在组织中也表现为各种不同的类型。理解组织中所遇到的不同决策类型，将有助于决策者有效地做出决策。

1）程序性决策与非程序性决策

按照决策所面临的问题的结构化程度，可以将决策分为程序性决策（programmed decision）与非程序性决策（non-programmed decision）。

程序性决策所面临的问题是结构良好的问题。这类问题目标清晰，与问题相关的信息容易确定。结构良好的问题也是组织中重复出现的例行的问题，可以用组织中既定的程序、规则和政策加以解决。例如，一名店员处理顾客退货问题，就可以依据店内的退货有关程序做出决策；一名人事经理确定一名新招聘的员工的工资时，也可以按照公司的工资政策和规定做出决策。

非程序性决策所面临的问题则是结构不良的问题。这种问题是新异的、不同寻常的，或者问题情境是模糊不清的，可得的信息是不完备的。非程序性决策是独一无二的，不能依据现有的方法加以解决，没有可以遵循的规则。例如，一家公司新的营销战略的制定就是典型的非程序性决策，因为决策者所面临的市场竞争环境、产品都是变幻莫测的。

表 9-3 中归纳了程序性决策和非程序性决策的一些主要差异。

表 9-3　　**程序性决策与非程序性决策**

差异方面	决策的类型	
	程序性决策	非程序性决策
任务类型	简单、常规	复杂、创造性
决策依据	能够从过去的决策中得到相当多的指引	无法从过去的决策中得到指引
典型决策者	低层员工，通常单独决策	高层管理者，通常群体决策

2）确定性决策与非确定性决策

按照决策中的有关信息的确定性程度，可以将决策划分为确定性决策（certain decision）与非确定性决策（uncertain decision）。

绝大多数决策都是要冒一定的风险的。所谓风险，就是对某个方案结果的概率的估计。我们通常所说的一个计划或方案的风险有多大，就是指这个计划或方案得到预期结果的可能性。决策者总是在试图获得可能的信息预测决策的风险。如果决策者对每个方案的结果都是已知的，或者对各种可能发生的情况的概率都是已知的，那么这种决策就是确定性的决策。如果决策者无从知道各种方案的结果或者无法准确估计各种可能结果的概率，那么这种决策就是非确定性的决策。由于决策者对决策有关信息的确定程度是一个从完全不确定到完全确定逐渐变化的连续体，因此，确定性决策和非确定性决策也是处在同一个连续体上的两个极端。一个决策通常是介于确定性决策和不确定性决策之间的某种状态，只不过有些决策更偏向于确定性一端，而另一些决策则更偏向于非确定性一端而已。

很显然，决策者都希望决策的确定性程度更高一些，在决策中尽量减少非确定性的程度。那么，决策者是如何降低决策的非确定性程度的呢？通常来讲，这个方法就是获得尽可能多的信息。决策者往往通过努力获取过去的或者其他人做决策的有关经验和知识来帮助提高决策的可预测性。过去的经验，无论是成功的经验或是失败的经验对于目前的决策来说都是一种帮助。

3）自上而下的决策和授权决策

按照承担决策功能的组织层次不同，可以将组织中的决策分为自上而下的决策（top-down decision）和授权决策（empowered decision）。

在自上而下的决策中，决策职能被认为是属于管理者的。组织中的决策都是由管理者特别是高层管理者做出的。低层员工没有机会做决策，他们至多只能为管理者提供一些用于决策的信息。这是在传统组织中通常采取的决策方式。

现在，在越来越多的组织中，员工已经被授权有机会做出某些决策，他们可以不经过主管人员批准在他们的职责权限内做出某些决策。这种做法依据的原理就是直接从事某项工作的人最了解决策有关的信息，因此由他们做出的决策是最准确、有效的，比其他任何人代替他们做出的决策更加准确、有效。如果实践证明他们做出的决策是好的，那么这对于他们来说是一种行为的强化，是一种激励；如果实践证明他们做出的决策是不好的，那么这种教训对于他们以后做决策也是有价值的。而且，如果一个人是在自己的决策基础上采取行动的，那么他会比在别人的决策基础上采取行动更加投入。员工的这种积极投入恰恰是有利于组织有效运作的。例如，世界著名的酒店连锁集团丽兹-卡尔登集团就曾经授权其员工每天可以有2 000美元供支配进行酒店中任何必要的维修。这样，一个大堂服务员发现一个灯泡坏了就再也不需要填写表格让其他人来维修，而是直接就可以处理了，因此工作效率和服务质量大大提高。

9.2 个体决策行为的特点

9.2.1 个体决策风格的差异

我们已经知道，并不是所有的个体都以同样的模式做出决策。有的人倾向于以更加理性的方式做出决策，而有的人则更喜欢凭直觉做出决策。个体在决策行为中所体现出来的不同倾向性就是个体的决策风格。

关于个人的决策风格，有各种不同的分类。我们在这里仅介绍其中的一种分类方式。这种决策风格的划分是依据个体对待决策中风险的倾向，将个体的决策风格分为冒险型、谨慎型和防御型三种风格。

1）冒险型决策者

具有冒险型决策风格的人在面对不确定情境的决策中持乐观态度，他们会对成功的可能性做出过高的估计。他们即使在决策中犯了错误，也很少后悔，而是把错误当做一种经验，帮助他们在以后的决策中少犯错误。当面对有几种不同可能收益的备选方案时，他们倾向于选择最大可能收益最大化的方案。因为他们比较多的考虑的是如何得到最大收益，而不是如何避免损失。

2）谨慎型决策者

谨慎型决策者在决策中总是在考虑如何将损失的危险性降到最小程度。他们对事物持的是比较悲观的态度，时刻注意事物变坏的倾向，避免毁灭性的结局。但因为他们的保守倾向会使他们错过一些好机会，当谨慎型决策者面对几种不同可能收益的备选方案时，他们倾向于选择最小可能收益最大化的方案。因为他们觉得这样即使最坏的情况发生时，他们仍可以得到比较大的收益。

3）防御型决策者

具有防御型决策风格的决策者在决策时主要考虑的是不要让自己感到后悔。因此，他们既尽量使决策的损失最小，又力求不使自己坐失良机。当他们面临有几种不同可能收益的备选方案时，他们倾向于选择“遗憾值”最小的方案。遗憾值意味着选择其他方案可能带来的更多的收益。

下面，我们就举一个具体的例子来看一下这三种不同决策风格的人是怎样做出决策的。

假如一家公司制定了四种可能的营销战略，在每种战略下竞争对手公司都可能采取三种不同的反应，竞争对手的每种反应将使本公司得到不同的收益，见表9-4。

表9-4　**四种营销策略的收益矩阵**

营销策略	竞争对手公司的反应		
	反应1	反应2	反应3
策略1	20万元（20）	25万元（0）	15万元（6）
策略2	19万元（21）	25万元（0）	21万元（0）
策略3	40万元（0）	20万元（5）	12万元（9）
策略4	35万元（5）	20万元（5）	16万元（5）

注：括号中的数字为遗憾值。

对于冒险型决策者来说，他会选择最大可能收益最大的营销策略。对策略1来说，最大可能收益是25万元；对策略2来说，最大可能收益也是25万元；对策略3来说，最大可能收益是40万元；对策略4来说，最大可能收益是35万元。因此，他会选择策略3，因为该策略的最大可能收益最大。

对于谨慎型决策者来说，他会选择最小可能收益最大的营销策略。对策略1来说，最小可能收益是15万元；对策略2来说，最小可能收益是19万元；对策略3来说，最小可能收益是12万元；对策略4来说，最小可能收益是16万元。因此，他会选择策略2，因为该策略的最小可能收益最大。

对于防御型决策者来说，他首先会计算每种策略的遗憾值。如何来计算遗憾值呢？例如，对于策略1来说，当竞争对手公司做出第一种反应时本公司的收益为20万元。这时，决策者就会考虑：如果选择了策略3，收益就会达到40万元，因此他会为少收益 20 万元感到遗憾。所以遗憾值就是 20。以此类推，其他情况的遗憾值如表中所示。由于防御型决策者最希望不后悔，因此他会选择在各种情况下最大遗憾值最小的策略。如果选择策略 1，则最大遗憾值为 20；如果选择策略 2，则最大遗憾值为 21；如果选择策略 3，则最大遗憾值为 9；如果选择策略 4，则最大遗憾值为 5。由此看来，防御型决策者最有可能选择的是策略 4。

9.2.2 有限理性决策的主要表现

从西蒙开始，人们就认识到个体的决策行为并非是完全理性的，而是有限理性的。2002 年诺贝尔经济学奖获得者卡尼曼（Kahneman）与他的合作者特沃尔斯基（Tversky）从 20 世纪 70 年代以来所进行的研究进一步引起了人们对于有限理性决策问题的关注。以他们为代表的一些研究者的研究成果揭示了有限理性决策的一些规律，即人们在什么情况下会出现怎样的决策偏差。

1）措辞效应

所谓措辞效应（framing effect），就是指由于呈现问题的方式不同或者问题的表述不同，导致决策者做出不同的决策。比较典型的措辞效应有以下三种：

（1）风险决策的措辞效应

卡尼曼最重要的一个发现就是提出了前景理论（prospect theory），这一理论较好地解释了当人们面临风险决策时，在什么情况下具有怎样的风险偏好倾向。前景理论的主要观点是人在面临获得的时候是风险规避的，而在面临损失的时候是风险趋向的。也就是说，当一个问题是以强调积极情况或者收益的方式呈现出来的，决策者在决策中更倾向于风险规避，做出比较保守的选择；而当一个问题是以强调消极情况或者可能遭受的损失的方式呈现出来的，决策者在进行决策时会表现出风险趋向。这就是风险决策的措辞效应。

例如，决策者面临这样一个决策："这里还有两个对 600 名绝症患者的治疗方案。方案一将会使 200 人痊愈；方案二有 1/3 的可能性使 600 人痊愈，有 2/3 的可能性一个也救不活。"决策者会选择哪个方案呢？研究表明，有 72% 的人倾向于选择方案一，有 28% 的人倾向于选择方案二。由于问题的表述强调的是能治愈的情况，因此更多的人会回避风险，选择至少能救活 200 人的方案。

假如同样的问题情境换成另外一种表达方式："这里还有两个对 600 名绝症患者的治疗方案。方案三将会使 400 人死亡；方案四有 1/3 的可能性一个人也不会死掉，有 2/3 的可能性 600 人都会死掉。"现在，决策者会做出怎样的选择呢？研究表明，有 78% 的人倾向于选择方案四，有 22% 的人倾向于选择方案三。不难看出，方案三只不过是方案一的另一种表达方式，方案四是方案二的另一种表达方式。由于这次强调的是不能治愈的情况，决策者做出了更加冒险的选择。同样的问题，仅仅是表达方式不同，结果却是如此差异迥然。

（2）特征措辞效应

特征措辞效应是对事物的有关评价的。如果在描述一个事物的特性时，强调其正面特性会比强调其负面特性更容易使该事物得到积极评价。设想当一个消费者准备买一件羊毛衫的时候，第一个卖者对他说："这件毛衫是70%羊毛的。"第二个卖者对他说："这件毛衫是30%腈纶的。"其实毛衫都是一样的，70%羊毛，30%腈纶。你会更偏爱哪一件呢？更多的人都会偏好第一件。因此，对事物特性的不同呈现方式会对决策者的决策造成明显的影响。

（3）目标措辞效应

目标措辞效应是指强调一个问题消极的或不利的方面会比强调其积极的或有利的方面更有说服力。例如，当人们分别被告知"每天有规律地吃早餐将有利于消化系统的健康"和"不吃早餐的人很容易患消化系统疾病，这些疾病有很大的癌变可能性"，在哪种情况下，人们更容易被说服做出每天有规律地吃早餐的决策呢？研究表明，第二种说法更有说服力，因为人们通常会认为回避痛苦比获得某种好处更重要。

2）启发式效应

启发式效应（heuristics）是指人们在决策的时候常常倾向于利用某些来自经验的认知模式或者容易评价的线索使复杂的问题情境简单化。常见的两种启发式效应是：

（1）可得性启发式

可得性启发式（availability heuristics）指的是人们通常利用已经得到的信息或者方便可得的信息做出判断。例如，太平洋上有一座小岛遭受台风侵袭，联合国需要决定到底给这个小岛支援多少钱。一种情况是假设这个小岛上有1 000户居民，90%居民的房屋都被台风摧毁了。另一种情况是这个岛上有18 000户居民，其中有10%居民的房子被摧毁。如果你是联合国官员，这两种情况你认为联合国应该支援多少钱呢？从客观的角度来讲，后一种情况下的损失更大。但是调查的结果显示，人们觉得在前一种情况下，联合国需要支援1 500万美元，但是在后一种情况下，人们觉得联合国只需要支援1 000万美元。这个实验结果说明，人们在做决策时更习惯使用容易获得的方便判断的信息，如百分比，而不是花费更多精力去计算具体数字，而且具体数字的多少如果不是在互相比较的情况下也很难判断。

（2）代表性启发式

代表性启发式（representative heuristics）是指由于人们对事物的某些类型的固定的、刻板的观念而带来的启示，表现为将一个具体事物归到它所属的类别中去，认为它必然带有该类别的特征。例如，一名人事经理在招聘一名经理人员时，当她看到第一个人的简历，发现这个人以前有多年做会计的经历后来才成为管理人员的，她就很容易认为这个人做事谨慎、细心；当她看到另外一个人过去有做推销员的经历，她就会认为这个人比较热情、外向，喜欢冒险和挑战。

启发式效应能使人们在做决策时提高效率，但也会使人们放弃寻求新的信息的努力，降低决策的准确性。

3）基本概率错误

人们在做决策时，常常会忽略一些基本概率信息，认为一些事实上小概率的事件发生的可能性更高。这里有个例子，也是来自于卡尼曼和特沃尔斯基的一项研究。一共有100个人，其中30个工程师、70个律师，下面是对其中一个人的描述："杰克总的来说比较保守、细心而且有上进心，他对政治和社会问题不感兴趣，他在业余时间的爱好是做木工活、航海和解数学迷津"，然后让人们判断这个人是工程师还是律师。结果大部分人都认为这个人是工程师。而事实上，律师的概率要远大于工程师的概率。这个基本概率错误也是由于代表性启发式在起作用，因为这个描述符合大多数人心目中有关工程师的图式。

4）承诺升级

当一个决策在实施过程中被发现是一个失败的决策，并且已经造成了一定的损失，决策者会怎样做呢？如果从理性的角度来看，决策者应该停止实施这个决策，因为这样会防止继续遭受损失。但事实上，决策者往往不是这样做的，他们常常会继续支持先前的错误决策，在一个错误决策之后会出现一连串的错误决策。这种现象就是承诺升级（escalation of commitment）。用一个形象的比喻来讲，就好像一个人在赌场上输了一次之后不是停止，而是继续下注，而且很可能下的赌注越来越高，因为他总是期望赢回以前输掉的钱。这种现象不仅是个体决策中的问题，在群体和组织中也经常出现。例如，一个企业投资一个项目，发生亏损之后，又继续不断的投入，因为他认为后面的投入会挽回损失，其实越投入损失越大。

为什么人们会有承诺升级的行为呢？研究表明，主要的原因在于人的一种自我辩护倾向。人们总是希望别人将自己看做是理性的、有能力的决策者，认为自己的决策是合理的和正确的，他们认为如果停止行动就等于承认自己以前的决策是错误的。因此，他们为了维护自己的颜面无论如何也要坚持原来的决策。

9.3 群体决策的特点与方法

9.3.1 群体决策的优点和缺点

组织中的很多决策都是由群体做出的。特别是一些有重大影响的决策，往往不是一个人做出的，而是一个委员会、董事会、研究小组等做出的。随着组织的结构变得更加灵活化，很多组织中都成立了各种各样的团队，如自我管理的团队、跨职能团队等，而决策则成了这些团队工作的重要内容。组织中的成员，特别是管理者经常花费大量的时间参加各种会议，这些会议的议题通常就是做出某些决策。

1）群体决策的优点

（1）群体决策能够获得更为完整的信息。因为在个人决策的时候，每个人所能获得的信息往往是有限的，所以当在群体之中将个人有限的信息累积到一起时，就能够丰富整个群体拥有的信息的数量，使得群体对问题有更加清晰的了解。

（2）群体决策能够产生更多的备选方案。群体中的知识、经验、创造力都更加丰富，因此会产生单一个体所无法得到的备选方案。

（3）群体决策可以充分利用群体成员的专长。群体中每个成员都有着不同的特点和专长。有的人擅长数量化的分析，有的人更有实践经验，有的人谨慎、细心，有的人雷厉风行。由此看来，一个异质性的群体在进行决策的时候，群体成员可以发挥各自的优势，对各自的弱点进行弥补，使决策更加有效。

（4）群体会产生社会助长作用。当人们在群体中工作的时候，工作效率和效果要好于自己单独工作，这种现象就是社会助长作用。这种社会助长作用的存在使群体决策比个体决策更有效。

（5）群体决策可以增强决策的可接受性。人们通常认为由一个群体所做出来的决策比个人所做出的决策更为合理，因此也更容易接受群体做出的决策。另外，如果群体本身的成员既是决策者，又是受决策影响的人或者决策的实施者，那么将会由于自己参与了决策的过程而更加支持决策的执行，因为他们不愿意违背自己制定的决策。同时，群体成员也会鼓励其他人接受决策。

2）群体决策的缺点

（1）群体决策需要耗费较多的时间。由于组成一个群体，群体成员之间进行社会交往需要花费较多的时间，因此群体的工作效率似乎就不那么高，因为他们并没有把所有的时间都有效地利用在做决策的工作上。而且，群体成员的意见经常会出现冲突，为了协调这些冲突或者为不同意见发生争执也要耗费大量的时间。

（2）群体决策容易出现偏差。因为人们在群体中往往要屈从于群体的压力，所以有的时候不同的观点、少数派的观点、标新立异的观点会遭到抑制。群体中的成员在角色和地位上存在着差异，少数地位高的群体成员可能会取得控制、支配、驾驭群体中其他成员的机会，他们对最终的决策所起到的影响力远远大于其他成员。如果这些有影响力的群体成员在决策上出现了偏差，那么群体的决策就出现了偏差。

（3）群体决策中存在社会抑制作用和社会惰化作用。人们在群体中工作时，有时会比单独工作效率更低，或者有可能责任扩散，努力程度降低，这些都是对群体决策的不利影响。

9.3.2 群体决策中的一些典型现象

1）群体极化

研究发现，群体中已经存在的意见倾向性有不断加强的倾向。当群体进行决策时，经过意见的讨论，原来同意或支持某种意见的人会变得更加强烈的同意和支持，而原来反对某一意见的人会变得更加强烈的反对这一意见，这就是群体极化的现象（group polarization）。按照群体极化的假设，群体讨论会使得群体意见倾向朝向两极方向运动，原来不同意见之间的差距将会变得更大。

2）冒险转移

当我们进行决策时，常常面临不同的备选方案，每种备选方案的成功概率是不同的，也就是具有不同的风险。当你决策时，你会倾向于选择有怎样风险的方案呢？当个体进行决策时，由于决策风格的差异，有人选择比较冒险的方案，而有人则选择比较保守的方案。那么，当群体进行决策时会有什么不同呢？

研究者们对各种有不同风险的决策情境进行了研究。例如，当一个组织需要决策是否实施一个投资项目时，愿意在多大成功可能性时才实施这个项目呢？社会心理学家柯根（N. Kogan）等人的研究表明，当个人单独进行决策时，人们倾向于当有70%的成功可能性时才实施这个投资项目；当群体进行决策时，有50%的成功可能性时就会实施这个投资项目。这说明，人们在单独进行决策时，愿意冒的风险比较小，倾向于做出比较保守的决策；当人们以群体的方式进行决策时，则比个人决策具有更大的冒险性。这种群体决策比个体决策更具有冒险性的现象，就叫做冒险转移（risky shift）。冒险转移是一种普遍存在的现象。例如，当一个医生决定是为病人采取一种较为保守的防止病情恶化的药物治疗方法，还是采取一种能够彻底治愈疾病但是病人死亡危险也很大的手术治疗方法时，更多的情况下会选择保守的治疗方法；如果是由一个医生专家小组做出决策的话，选择比较冒险的治疗方法的可能性更大。

群体决策中为什么会产生冒险转移的现象呢？主要有以下两个方面的原因：

（1）群体往往比较鼓励和赞赏具有冒险性的意见，这是个体对群体的假设，而且文化价值倾向也往往做出这样的评价。如果一个人在群体中表现得谨慎、保守、胆小，一般不会受到赞赏；反之，如果比较大胆，敢于冒险，则通常会引来赞赏、鼓励的目光。

（2）个体在群体之中，特别是在群体中的匿名状态下，会产生“去个性化”，同时责任分散。这样，即使冒险的决策失败了，个人也不必担心承担失败的责任。

也有人的研究发现，群体决策有时也会表现出比个体决策更保守的倾向。但是，无论群体决策表现得更冒险还是更保守，本质上都是群体极化的结果，表明群体决策会向更加极端化的倾向转移。

3）群体思维

所谓群体思维（group think），就是指当人们在群体中决策时，人们会倾向于寻求一致的意见，不愿对群体的决策进行质疑或者考虑其他备选方案，不同意见和对群体决策的客观评估会受到压制。很显然，群体思维会导致群体一致做出有偏差的决策。

耶鲁大学著名的社会心理学家贾尼斯（I. Janis）从20世纪70年代开始就一直致力于群体思维的研究。贾尼斯发现，最容易出现群体思维的群体是那种具有高度凝聚力，同时又很少受到外界影响的群体。这种群体容易保持群体内部意见的一致，并抑制不同的见解，同时接触外界不同意见的机会又比较少。有些群体思维是正确的，而有些群体思维则导致决策的失误。贾尼斯认为以下8种群体思维的表现容易导致群体决策的偏差。

（1）无懈可击的错觉（illusion of invulnerability）。这种错觉使群体成员认为自己的决策是无懈可击的，因此对自己的决策非常自信，看不到潜在的危险和警告。

（2）集体合理化（collective rationalization）。群体认为已经做出的决策是合理化的。当群体形成一致意见后，他们会花时间使决策合理化，而不是对决策进行重新审视。

（3）毋庸置疑的信念（unquestionable belief）。群体成员相信群体的决策从道德角度来讲是毋庸置疑的，因此他们对外界从道德上提出的质疑不予理会。

（4）对对手持刻板观念（stereotypical views）。群体成员认为反对他们的人是软弱的、愚蠢的，因此自己群体的方案一定能成功。

（5）直接压力（direct pressure）。这种压力就是使群体成员从众的压力。群体会对持不同观点和怀疑群体立场的人进行攻击，而且这种攻击常常并不是以事实为依据，而是以嘲笑使其难堪。多数群体成员在群体压力之下都会屈从于群体一致的意见。

（6）自我审查（self-censorship）。群体成员会对自己的见解进行审查，看看自己的意见是否与群体的意见一致，是否会破坏群体统一的见解。这样个体就会减低对群体意见产生疑问的程度，甚至不敢提出反对意见。

（7）全体一致的错觉（illusion of unanimity）。由于群体的从众压力和群体成员自我审查的作用，使得群体意见看上去是一致的，这种一致的意见使群体成员容易觉得群体决策是合理的。

（8）自我任命的思想警卫（self-appointed mind-guards）。群体决策形成以后，群体成员会自动充当群体决策的捍卫者，他们会扣留不利于群体决策的信息，抵御不同意见，保护群体决策的合理性和影响力。

贾尼斯等人提出了对群体思维过程进行分析的模型，如图 9-4 所示。

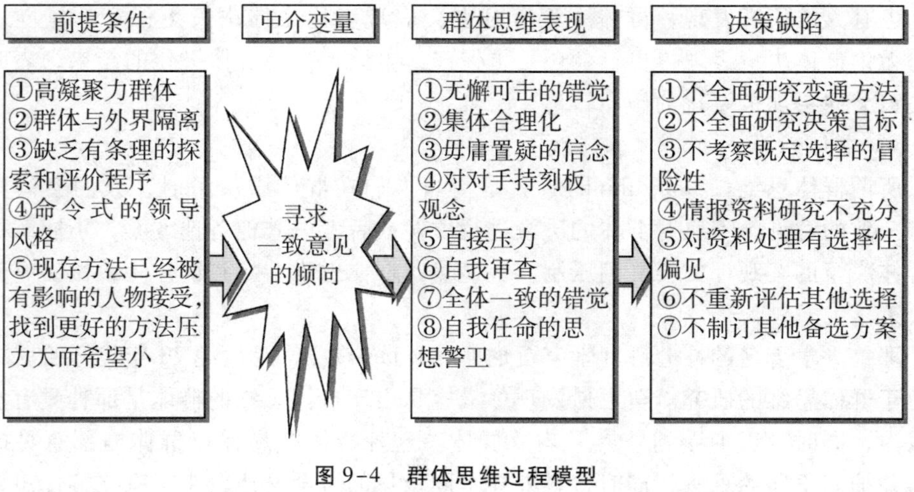

图 9-4　群体思维过程模型

为了有效避免群体决策中群体思维的发生，贾尼斯在他的《群体决策》一书中提出了 10 种具体的操作方法：

- 使群体成员了解群体思维现象，知道它的原因和后果。

- 群体的领导者应该在决策中保持公正立场，不偏袒任何立场。
- 群体领导者应引导群体成员进行批判性评价，鼓励怀疑和反对意见。
- 可以指定一位或多位群体成员充当反对者角色，专门提出反对意见。
- 将群体分成子群体，分别讨论问题，然后再聚会交流。
- 如果问题涉及与对手群体的关系，则应该花时间充分研究一切警告性信息，并确认对方会采取的各种可能行动。
- 形成预决定后，应该召开会议，让群体成员有“第二次机会”发表自己的不同见解。
- 在群体决策形成之前，邀请群体外部的专家对群体决策提出意见。
- 每个群体成员都向可信赖的有关人士就群体决策交换意见，并将意见反馈给群体。
- 由几个不同的独立小群体，分别同时就有关问题进行决策，最终决策在此基础上形成。

9.3.3 群体决策技术

既然群体决策有很多优点，也有一些局限性，那么在利用群体决策时就应该努力发挥群体决策的优势，避免群体决策的偏差。

常用的群体决策技术主要有头脑风暴法、德尔菲法、名义群体法、阶梯法等。

1）头脑风暴法

头脑风暴法（brainstorming）最早是由美国的广告执行人奥斯本（A. Osborn）于20世纪三四十年代提出来的。头脑风暴法是一种激发群体成员的创造性思维的方法，能有效避免由于群体压力而产生的群体思维现象。

运用头脑风暴法的基本规则是：

- 不批评他人的观点。
- 即使是非常离奇的想法也可以分享。
- 畅所欲言，提出尽可能多的意见。
- 在别人的意见基础上建构自己的意见。

在典型的头脑风暴法讨论中，6～12个人围坐在一张桌子旁，主持人用清楚明了的语言将要讨论的问题表述出来，并保证每个参会者都了解要讨论什么。然后在给定的时间内，大家畅所欲言，相互启发，尽可能多地想出各种各样的解决问题方案。任何人都可以无拘无束地发言，因为任何想法，哪怕是荒诞离奇的想法也不会遭到嘲讽和批判。所有提出的方案都会记录在案，最后会让群体成员来分析这些方案。

头脑风暴法中主持人的作用是很重要的。主持人必须对要决策的问题和背景非常熟悉，并且要善于创造一种自由交换意见的氛围，能够激发起参与者的灵感。主持人的主要活动一般出现在会议刚刚开始时，当他利用几分钟的时间激发起参与者踊跃发言后，后面的工作就只需根据规则进行适当的引导和询问。

头脑风暴法中参与者的选取也要注意一些问题。参与者应该具备讨论问题所需的知识经验。如果参与者是来自同一组织的互相认识的人，应尽量选取同一职位级别的人，避免有领导存在时造成的群体压力。如果参与者互相之间不认识，那么就不应该宣布他们的职务、地位等，避免产生误导。

头脑风暴法可以分为直接头脑风暴法和质疑头脑风暴法两种。直接头脑风暴法的做法是鼓励参与者尽可能激发创造性，产生尽可能多的设想，但不允许评估已经提出的各种设想。会议结束后，再对各种想法进行评价、比较、归类。质疑头脑风暴法则是在直接头脑风暴法提出的各种设想和方案的基础上，对这些设想和方案逐一进行质疑，分析其现实的可行性。运用质疑头脑风暴法可以召开两个会议，第一个会议与直接头脑风暴法相同；第二个会议是对方案进行质疑的会议，在质疑的过程中，鼓励提出新的设想。

头脑风暴法的优点在于促进创造性观念的产生，但它并不是做出最后决策的一种好方法。另外，头脑风暴法对参与者的素质要求很高，实施成本也比较高。

2）德尔菲法

德尔菲法（Delphi technique）是20世纪40年代由美国兰德公司的研究员赫尔姆和达尔奇首创的一种意见调查法。后来这种方法广泛地应用于决策和预测领域。

德尔菲法又称为专家群体决策法。这种方法依据系统的程序，采取匿名发表意见的方式，通过多轮调查收集专家对某个问题的意见，并汇总、修改形成专家一致的意见。在实施德尔菲法的过程中，从来不让专家面对面地聚在一起讨论，专家只能与调查人员发生联系，互相之间不能发生横向联系。这样的做法是为了避免面对面开会讨论时权威、情面等因素的影响或者少数影响力强的人对决策产生过大的影响等，从而使决策更加有效。

德尔菲法的实施步骤如图9-5所示。

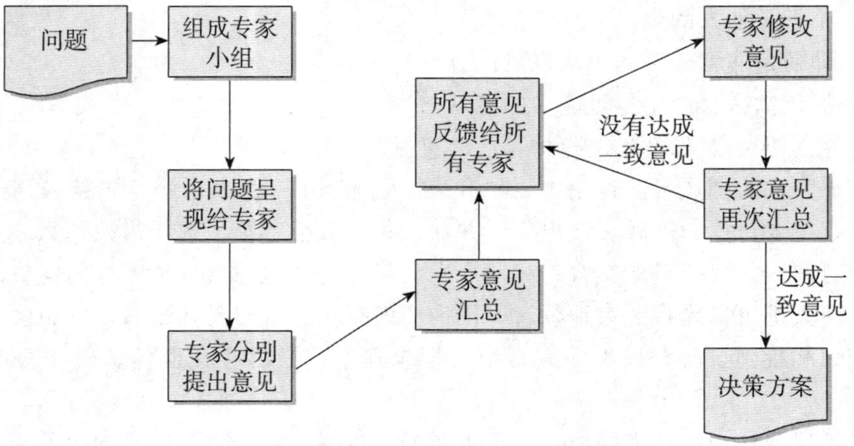

图9-5　德尔菲法的实施步骤

（1）组成专家小组。根据所要决策的问题，选取该领域的专家，一般不超过20人。

（2）将问题呈现给专家。向所有专家提出所要解决的问题和要求，提供给专家有关的书面材料。一般是要求专家填写一份精心设计的问卷。

（3）专家分别提出意见。每名专家匿名、独立完成问卷，提出自己的意见。

（4）专家意见汇总。将各位专家的意见汇总，如有必要，可以制成图表。

（5）将所有意见反馈给所有专家。每位专家都可以看到所有人的意见，但他们不知道每一种意见是由谁提出的。专家可以评价他人的意见。

（6）专家修改意见。专家看到反馈意见后，受到他人意见的启发，对自己原有的意见进行修改，再次提交。

（7）形成最终决策方案。如果专家对经过修改后的意见达成一致，那么这个一致意见就是最终的决策方案；如果专家意见仍然没有达成一致，那么再次将意见反馈给专家，由专家进行修改，直到形成一致意见为止。

德尔菲法基本上是一种主观、定性的方法。它的优点是使专家既能独立思考，提出自己的意见，又能受到他人意见的启发，而且还避免了在群体讨论中受到他人的左右。但是，德尔菲法也有一些不足之处，主要是过程较为复杂，花费的时间和成本较高。

3）名义群体法

名义群体法（nominal group technique），是指在群体决策时对群体成员之间的讨论和人际沟通进行限制，群体成员召开一个会议进行决策，但他们必须首先进行个人决策，分别表达自己的意见，然后再进行群体讨论。

名义群体法的具体实施步骤是：

（1）组成一个小规模的决策群体，一般以7～10人为宜。

（2）将需要决策的问题呈现给群体成员。

（3）群体成员单独写下自己的观点和解决方案。

（4）群体成员逐个表达自己的观点和方案。

（5）将所有成员的意见用简明的语言列出来。

（6）针对每一条意见进行讨论或澄清其中的问题。

（7）每个群体成员单独将这些意见按照自己的偏好排出顺序。

（8）将群体成员的排序情况汇总，排序在前面的意见作为群体决策的方案。

名义群体法的优点是能够在比较短的时间内解决问题，群体成员有着均等的机会表达自己的观点，每种意见都得到了足够的重视。但是名义群体法还有一些不足之处。首先，这种方法适合解决比较简单的问题，对于复杂的问题，则需要将问题分解成几个小的问题，通过多次名义群体法加以决策。其次，群体成员进行面对面的讨论，对每个人的观点进行评价，容易给群体成员造成压力。

目前，名义群体法与计算机技术相结合，形成了电子会议法（electronic meeting）。群体成员不必面对面地坐在一起讨论，他们可以利用计算机终端发表自己的意见或者进行投票。这样做一方面可以使群体成员的决策过程更具有匿名性，减少群体压力；另一方面也提高了决策的效率。

4）阶梯法

阶梯法（stepladder technique）也是用于群体决策的一种方法。这种方法也是为了避免群体成员迫于群体压力不愿直接表达自己观点而采取的一种方法。具体操作方法是：起初由两个群体成员对某个问题进行讨论，形成决策；然后每次逐步增加一个新的群体成员，让这名新的群体成员独立地向群体阐述自己的观点；接下去，这名新的群体成员与原有的群体成员一起讨论，形成新的决策；依此类推，直到所有群体成员能够在一起讨论形成一致的意见。图 9-6 以一个四人群体为例，显示出利用阶梯法决策的过程。

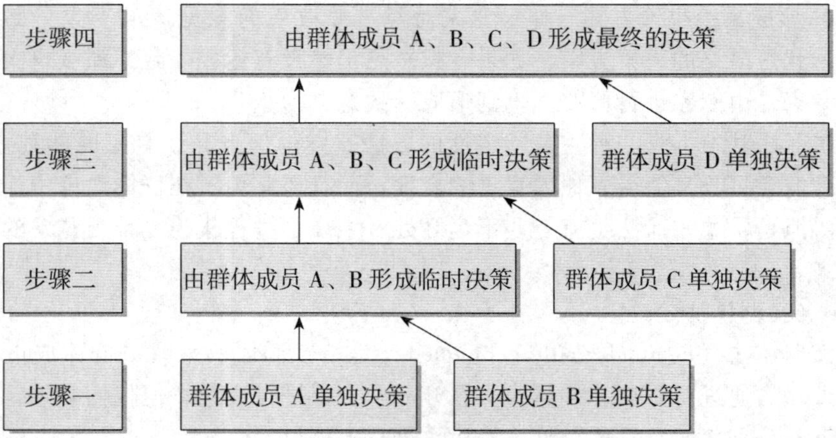

图 9-6　阶梯法决策过程

可以看出，在阶梯法中，群体的决策是由每个群体成员的意见不断叠加进去而形成的。这种方法使群体中的每个成员都有独立决策的机会，每个人都不会受到别人的干扰。但是，这种方法比较适合在较小规模的群体中使用，如果群体规模较大，将会耗费很多时间。

个案分析

海岛求生决策

1. 情景

在 11 月的某一天，你所乘坐的巨型客轮正在太平洋上航行。突然遇到海上的风暴，迫不得已采取紧急的救生措施。你和另外 6 名旅客漂流到一个荒岛上，你们这 7 名旅客共有 4 位男性、3 位女性。你们来自不同的国家，所使用的语言有英语、德语、汉语和西班牙语，但每个人都或多或少地会讲一些英语。现在你们并不知道自己所处的位置，对岛上的情况也并不了解，不知道岛上有没有人，会有什么人或动物，岛上的植物看起来都很奇怪。眼前是一片汪洋大海，不知何时才会有船只经过，何时才会有人来救你们。现在你们每人有一件救生衣，身穿比较薄的、轻便的衣服，每个人有一条小毛巾，随身携带的有一些钱和钥匙。此外，你们还共同拥有以下这些东西：一个打火机、一把瑞士军刀、一本航海地图册、一个指南针、几件厚的外套、一本《英汉法德词典》、一块大塑料布、一块手表、每个人平均两千克的饮用水、五袋饼干、一瓶盐、三瓶带有法文说明的药、每人一副太阳眼镜、一面镜子、一些粗绳子。

你们的任务是根据这15件东西对你们求生的重要性对它们进行排序并说明理由，见表9-5。

表9-5 **海岛求生决策排序表**

15件物品	个人所排顺序	小组所排顺序	专家所排顺序	个人决策偏差	小组决策偏差
一个打火机					
一把瑞士军刀					
一本航海地图册					
一个指南针					
几件厚的外套					
一本《英汉法德词典》					
一块大塑料布					
一块手表					
每个人平均两千克的饮用水					
五袋饼干					
一瓶盐					
三瓶带有法文说明的药					
每人一副太阳眼镜					
一面镜子					
一些粗绳子					

总分（分数越低越好） ______ ______

2. 个人决策

全班每人各自独立考虑，不得互相讨论和交头接耳。请考虑这15件物品对处于上述条件下生存的重要性，并按重要性递减方向列出它们的顺序。此项任务需在10～15分钟内完成，并能在需要时说出所列顺序的理由。

班上的每一个同学用10～15分钟的时间各自独立对这些东西的重要性进行排序。注意：不许互相讨论；排序时要能说出理由；两件或两件以上的物品不许出现同顺位的情形；最重要者写上1，最不重要者写上15。

3. 小组决策

班上的同学按7人一组（小组的人数也可以控制在4～9人的范围），组成若干个小组，并以小组为单位进行讨论，就上述15件物品对于求生的重要性程度进行排序。在讨论的过程中尽量争取达成共识。要充分说理，不轻易妥协，但又要客观、冷静，在放弃己见时，要记下在哪一点上，以及为什么这样做。这项活动要求在40～45分钟内完成。

4. 权威答案

各组都求得小组顺序后，教师宣布总参军训处生存训练专家所列顺序。不论各位学生有无异议，必须接受此顺序作为计分标准。教师然后转达专家对所列顺序的理由。

5. 计分

将个人对15件物品中每一件的顺序，与专家所列相应物品的顺序相减，但所获差值只取绝对值，不计符号，再将15件物品的各自差值求和，即为个人决策质量分。若个人所列顺序与专家完全一致，各项差值及总差值和均为零，属完全正确，质量最高。反之，则总差值和愈大，距标准越远，质量越差。然后依同法算出小组决策的质量。

6. 分析

每组各自列出每一成员个人决策分及小组决策分，并求出全组平均分，个人分与小组分之间的关系，注意观察这些质量分之间的关系与顺序。对小组质量高于和低于组内最高个人质量，要追查此人是怎样说服或屈从于质量较差的别人的。

问题：

1. 请统计班上的各个小组的决策情况，群体决策是否优于个体决策？

2. 群体决策中容易发生哪些错误？可以采取哪些措施避免这些错误？

本章小结

决策就是从几种备选方案中做出选择的过程。决策需要有问题和目标的存在，并且有多种可行的方案。决策的制定是一个过程。主要的决策基本模型有最佳决策模型、满意决策模型、隐含偏好模型和直觉决策模型。决策行为在很大程度上是有限理性的。

决策有各种各样的类型：程序性决策与非程序性决策、确定性决策与非确定性决策、自上而下的决策和授权决策。

个体的决策风格有很大差异。依据个体对待决策中风险的倾向，将个体的决策风格分为冒险型、谨慎型和防御型三种风格。个体的有限理性决策主要表现出措辞效应、启发式效应、基本概率错误、承诺升级。

群体决策有明显的优点，也有很多缺陷。群体决策中会出现群体极化、冒险转移、群体思维现象。群体决策时应该利用群体决策技术如头脑风暴法、德尔菲法、名义群体法、阶梯法等努力发挥群体决策的优势，避免群体决策的偏差。

关键概念

决策　决策模型　决策类型　个体决策风格　群体决策

复习思考题

1. 什么是决策？
2. 决策的基本模型有哪些？为什么决策不可能是完全理性的？
3. 程序性决策和非程序性决策各有哪些特点？
4. 冒险型、谨慎型和防御型决策风格各会怎样做出决策？
5. 什么是措辞效应？有哪些表现？
6. 什么是启发式效应？有哪些表现？
7. 结合个体决策和群体决策的特点，说说什么情况下适合使用哪种决策。
8. 请分别简述群体极化、冒险转移、群体思维。
9. 群体决策常用的技术有哪些？分别是如何实施的？

第10章/冲　突

学习目标

本章重点讨论冲突的概念、成因、模式与冲突管理的方法。通过学习，了解和掌握冲突的概念、影响以及冲突产生的原因，了解冲突过程模式，掌握冲突管理的方法。此外，通过本章学习，还应了解影响冲突解决中竞争与合作行为的因素。

引例：广告部的风波

某省级电视台的广告部设有两个主要的业务部门，为了工作上的方便，对业务做了如下的划分：业务一部主要负责承接来自厂商等直接客户的广告业务，业务二部主要负责承接由广告公司代理的客户的广告业务。广告业务员的报酬与他们每个人的业务量直接挂钩，并且广告业务员有比较大的折扣权限。

问题就出现了。首先是业务员之间互相对自己所掌握的客户信息保密。如果一个业务员不在，一个他所联系的客户打电话到办公室，另一个业务员接到电话就可能把这个客户“争取”过来。因此，业务员一般都通过移动电话与客户联系。其次就是主动打电话到台里咨询业务的客户也很多，说不定谁接到哪个财大气粗的客户打来的电话就成了“幸运儿”。另外还有一个很严重的问题就是有的客户既通过广告公司联系，又自己直接联系，而他们在业务一部和业务二部常常能得到不同的报价，例如一个部门给打了7折，另一个部门却给打了6.5折，同一个客户被两个部门争来夺去。业务员之间也经常在报价的问题上争夺客户。这样下来，不但组织的利益受到损失，也影响了组织的对外形象，同事之间的关系也出现了芥蒂。

在组织中或者在群体中，我们和别人一起工作、沟通、交往，我们通常面临着一个选择：我们是倾向于与他人合作呢？还是与他们对立呢？由于群体中的个人之间、组织中的不同群体之间往往有着不同的观点、立场、利益，因此难免会有冲突的存在。冲突是否一定有害呢？人们会怎样应对冲突？作为组织来讲，应该怎样管理冲突呢？这就是本章要解决的问题。

10.1 冲突的基本问题

10.1.1 冲突的概念

冲突是组织中不可避免的一种现象。提到冲突，每个人的头脑中似乎都会勾画出一些类似的图景：矛盾、对抗、争吵、横眉冷对、剑拔弩张……“冲突”一词本身有着比较广泛的内涵。在组织行为学的意义上，所谓冲突是指一方（可以是个体、群体或组织）感知到另一方对自己的利益产生了消极影响或者将要产生消极影响的过程。理解冲突的概念，需要理解其中包含的四个关键要素：

- 冲突双方存在利益上的对立。
- 冲突双方已经意识到了这种对立。
- 冲突双方认为对方将要损害自己的利益或者已经损害了自己的利益。
- 冲突双方认为对方将要采取损害自己利益的实际行动或者已经采取了这样的行动。

另外，在理解冲突的概念时还应将其与竞争区分开来。在现实生活中，冲突与竞争经常相伴而生，因此很容易混淆。事实上，冲突与竞争之间很明显的区别是：冲突强调的是一方与另一方的对立，冲突的对象是将要对自己造成利益损害的另一方；竞争则强调的是双方都努力达到同一个目标。一方是另一方在实现目标中的竞争对手并不一定意味着双方存在冲突。当一方实现目标是以另一方不能实现目标为代价时，双方可能存在冲突，例如，奖金只能发给两个人中的一个；当一方实现目标不一定以对方不能实现目标为代价时，就不存在冲突，例如，当并不限制发奖金的名额而是只要达到某个标准就能得到奖金时，双方在工作中努力竞争但并不存在冲突。竞争可能会带来冲突，但并不是造成冲突的唯一原因。有些冲突并不是由于竞争引起的，例如，可能是由于对问题的理解不一致、交往中的利益关系、管理流程中的问题等。

10.1.2 冲突的观念的演变

冲突是组织中普遍存在的现象，并且给组织中的活动带来了不可忽视的影响。有研究表明，管理人员大约花费了20%的时间用来解决冲突以及由冲突引起的问题。很多冲突所带来的后果都是怨恨的积结或者关系的破裂，并且这种状态可能会持续相当长的时间，数月或者数年。

由于冲突在人们心目中的不良形象，冲突往往是与愤怒的敌视的情绪、过激的言语、带有破坏性的行动联系在一起的，因此，传统的冲突观点认为所有的冲突都是消极的，有百害而无一利的。在20世纪40年代以前，这种观点是占主导地位的。基于这种观点，认为对待冲突的态度和方法就是尽量减少和避免冲突，并且将冲突水平的高低作为组织中的评价标准，出现冲突被认为是组织和管理人员低绩效的表现。

20世纪40年代末至70年代中叶，冲突的人际关系观点占据了主导地位。这种观点认为对所有的群体和组织来说，冲突都是与生俱来的。因此，该理论的支持者建议接纳冲突，使冲突的存在合理化，认为冲突不会被彻底消除，有时它还会对群体的工作绩效有益。

另外一种理论——冲突的相互作用观点更加积极地鼓励冲突。这一理论认为，融洽、和平、安宁、合作的组织容易对变革的需要表现出静止、冷漠和迟钝，因此，该理论的支持者建议组织中维持一种较低水平的冲突，以使组织保持旺盛的活力，善于自我批判和不断创新。该理论还认为冲突的好坏取决于它对群体绩效的影响，不能一概而论，应该把促进群体绩效提升的功能正常的冲突或者叫建设性冲突与阻碍群体绩效的功能失调的冲突或者叫破坏性冲突区分开来。

10.1.3 冲突的影响

现在普遍接受的观点是一分为二地看待冲突，既看到它的消极影响，也不可忽视它的积极影响。

1）冲突的消极影响

概括来说，冲突的消极影响主要表现在以下方面：

(1) 冲突会导致人们消极的情绪状态和心理压力，这是影响身心健康的因素。例如，长期将某些冲突带来的不良情绪积压在心中会导致某些心理上或生理上的疾病。

(2) 冲突会妨碍人与人之间的沟通和协调。例如，由于冲突造成朋友反目，很长时间互不理睬；工作中难以协调，妨碍组织目标的实现。

(3) 冲突会导致管理者的领导风格从民主参与型向专制型转变。例如，当管理者让员工参与决策并有较多的冲突产生时，他就不得不改变策略由自己来做出决策，对下属采取更高的控制等。这实际上会导致员工的工作满意感和士气的降低。

(4) 冲突会增强冲突双方产生消极的刻板印象的倾向。冲突双方时常会由于冲突的存在而感到对方故意与自己作对，对对方消极方面的感知容易夸大，并形成刻板印象。

2）冲突的积极影响

冲突在组织中的益处主要表现在：

(1) 冲突使问题明朗化，促进问题的解决。当冲突没有出现时，有时是表面上一团和气，实际上隐藏着潜在的危机。一旦矛盾上升到冲突，反而能够引起大家的注意，更能促使解决问题的行动。例如，当决定实施一项管理措施时，大家表面上没有反对的声音，而在实施的过程中却在消极抵制；反之，如果将不同的意见表达出来，尽管会引起意见的冲突，但是能使大家更深入地思考，注意到一些原来被忽视了的问题。

(2) 冲突能够促进变革和创新。冲突的出现打破了组织中原有的平静，使人们认识到无法按照以前的套路按部就班地工作了，必须考虑一些新的问题，必须做出某些改变。因此，冲突往往是变革和创新的催化剂。

（3）冲突能带来更好地决策。在讲到群体决策的时候，我们曾经提到群体决策中的一种重要现象——群体思维。这种现象就表现为群体成员不愿发表不同意见，形成表面上无冲突的一致。但实际上，这样做出的决策常常带有偏差和谬误。因此，在决策中，如果出现不同意见激烈的碰撞和辩论，这样的冲突会使人们对问题思考得更加透彻，能够从不同的角度去考虑问题，从而更有效地做出决策。

（4）冲突使冲突双方更好地互相理解。由于冲突使冲突双方更加开放地表达自己的观点、立场和态度，因此能够了解到更多的关于对方的信息，也使得交往的程度加深，这对于增进理解是有帮助的，所谓“不打不相识”。

（5）冲突能增强群体成员的归属感和群体的凝聚力。冲突使得群体成员有了自由、开放地表达自己意见的机会，他们的意见也得到了充分的讨论，这样使群体成员感觉到自己受到了较多的关注，因此他们就有了更强烈的群体归属感，并且群体的凝聚力也随之增强。

10.1.4 冲突与群体绩效的关系

过去，在传统的冲突观念下，人们通常认为冲突是群体功能失调的表现，对群体的绩效只能起到破坏性的作用。现在，更多的人认识到冲突对群体绩效的影响可能是促进性的，提高群体的绩效水平，也可能是破坏性的，降低群体的绩效水平。群体需要维持一定的冲突水平。冲突水平过高或过低，对群本绩效都会造成不利影响。冲突达到最佳水平时，可以激发群体创造力，使其充满活力，不断革新。过高的冲突会带来群体中的混乱无序，分崩离析；过低水平的冲突则会使群体反应迟钝，对变化不敏感，群体容易产生自我满足和乏味。过高或过低的冲突水平都会阻碍群体的健康发展，降低群体工作的有效性，群体成员的满意度水平降低，流动率和缺勤率提高，生产率下降。冲突水平与群体绩效的关系可以用图10-1来表示。

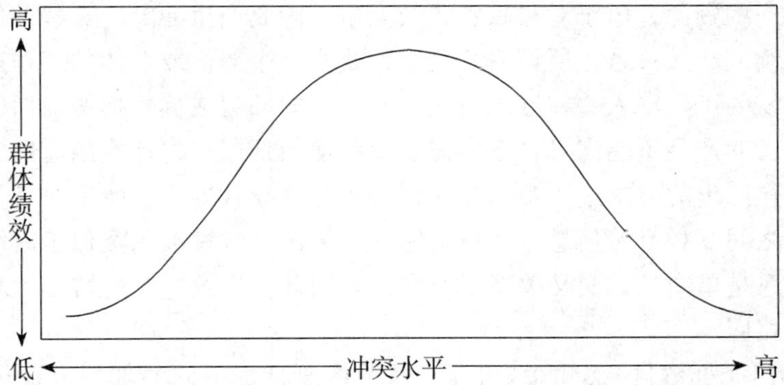

图10-1 冲突水平与群体绩效的关系

表 10-1 中概括了不同冲突水平下群体的内部特征和绩效水平。

表 10-1 冲突水平与群体内部特征、群体绩效

冲突水平	冲突类型	群体内部特征	群体绩效
过低或无	功能失调	冷漠、迟钝、对变化不敏感、缺乏创新精神	低
适当或最佳	功能正常	有创造力、自我批判、不断变革、活力旺盛	高
过高	功能失调	混乱无序、分崩离析、关系紧张、不合作	低

10.1.5 产生冲突的原因

冲突产生的原因可能来自以下几方面的因素：组织方面的因素、群体间因素和人际因素。

1）组织因素

（1）对稀缺资源的竞争。组织中的很多资源都是有限的，包括资金、设备、空间、人力资源等，甚至还有一些潜在的机会也是有限的。由于资源是有限的，因此，在很多情况下一方要想多占有一些资源，另一方就必须放弃一部分资源，这种此消彼长的关系就导致了冲突的存在。

（2）职责或权限的不清晰。造成组织中存在冲突的另外一个很重要的原因就是某些职责或权限的模糊性。因为职责和权限的不清晰就意味着有些事情你可以管我也可以管，或者有些事情你不管我也不管，这样在双方互相推卸责任或争夺权限的过程中，就产生了冲突。因此，职责或权限设计得越明确，就越能够避免冲突。

（3）组织变革。组织的变革也是导致冲突的一个因素。当组织进行变革时，一部分人支持变革，另一部分人希望维持现状，反对变革，这两部分人之间就会存在冲突。

2）群体间因素

（1）部门或群体间的相互依赖关系。有些部门或群体是从属于同一个组织的，它们会共享一些资源，由于对稀缺资源的竞争，因此产生冲突。有些部门或群体之间存在着后续或交叉关系。所谓后续关系，是指一个部门或群体的工作产出是另一个部门或群体的工作输入。在这种情况下，后面的部门或群体抱怨前面的部门或群体提供给自己的产品不能满足自己的需要，前面的部门或群体抱怨后面的部门或群体对自己工作产出的要求过于苛刻，这样就很容易导致冲突。所谓交叉关系，是指部门或群体之间互相有着信息或物质的输入和输出。这种关系类似于后续关系，只不过后续关系是单向的，交叉关系是双向的。因此，导致冲突的情形也与后续关系的情况大致相同。

（2）部门或群体目标上的不相容。这种情况是指不同的部门或群体在做事时出于不同的目标和立场，存在矛盾的或互相妨碍的方面。例如，财务部门的目标是尽可能控制运营成本，维持各种程序和制度的严肃性和严格化，维持工作的秩序

性；而业务部门为了追求较大的收益在成本上的支出也较大，有时在时间上或手续的完备性上可能违背了财务部门的秩序。这样，两个部门在工作中就有可能出现冲突。

3）人际因素

（1）对潜在冲突方的归因。从冲突的定义中可以看出，冲突首先是由于冲突双方认识到对方对自己的利益构成威胁。当一个人有了这种认识时，他通常要去考虑对方损害自己利益的原因。如果一个人将对方对自己利益的损害归因于对方无意间的损害，是自己的运气不好或者组织中某些方面没有计划好，那么就不太容易产生冲突或者产生的冲突程度较轻；如果一个人将对方对自己利益的损害归因于对方的故意行为，那么这个时候就容易造成强烈的冲突。这样，同一件事情由于人们归因的差异会造成不同的结果，有的时候会产生冲突，有的时候不会产生冲突，有的时候会产生较轻微的冲突，有的时候会产生较严重的冲突。

（2）沟通障碍。由于在沟通过程中的各个环节上都会有一些因素导致沟通的障碍，使信息没有得到有效的传递，或者沟通双方所获得的信息不对称，因此这些障碍就造成沟通双方缺乏理解，甚至产生误解，很容易产生冲突。在有些情况下，双方的信息没有得到充分的沟通，互相并不了解对方的处境，只能从自己的角度出发考虑问题，而不能设身处地地为对方着想。有时信息经过第三方的传递已经有了严重的歪曲，例如小王听别人说同事小李在领导面前打了他的小报告，他恰好看到最近小李和领导关系密切，因此就认为是小李与自己过不去，于是就与小李产生了冲突。

（3）人际知觉的偏见。人与人之间在背景、能力、兴趣、习惯、价值观、地位等方面有着很多差异。这些差异如果能够得到正确的认识和理解，就不一定会导致冲突。但是，人们在对与自己有明显差异的人进行认知时，常常会有一种将差异扩大化的倾向，并且容易形成刻板印象，这样就加剧了冲突的产生。例如，一些学历不高但有丰富经验的人总是习惯地认为那些学历高但缺乏经验的人是纸上谈兵，而高学历的人则认为学历低的人虽然工作经验丰富但对很多先进的东西不了解，因此双方都对对方的工作方法不认同，在工作中就容易造成冲突。再比如，组织中处于不同地位的人容易将地位的差异扩大化，低级员工认为领导一定与自己的想法不一致，而高层人员也总将员工想象得喜欢与自己作对，很多冲突就来源于这种偏见。

10.1.6 冲突的过程

在冲突的概念中，我们已经明确地将冲突定义为一种过程。那么下面我们就来看一看冲突的过程是怎样的。冲突的过程大体上可以划分为图10-2所示的5个阶段。

1）阶段1：潜在的对立或不和谐

冲突过程的开始是由于存在一些潜在的对立或不和谐的因素，这些因素也叫做

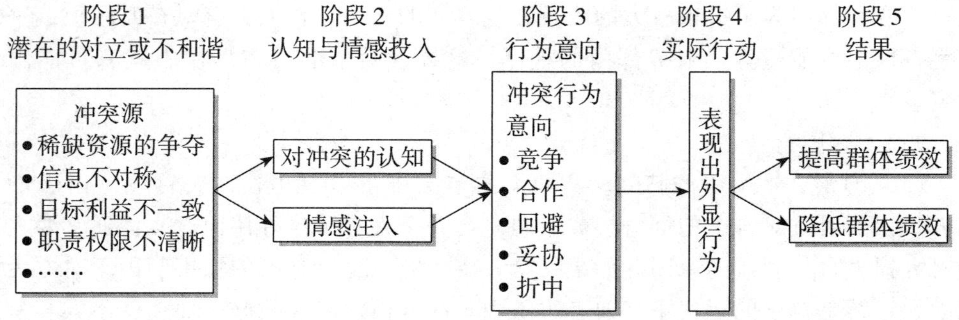

图 10-2 冲突的过程

冲突源。冲突源可以是我们前面提到的产生冲突的因素，如对稀缺资源的争夺、信息不对称、目标利益不一致、职责权限不清等。例如，王永和李力是在同一个部门里工作的同事，两人都是同一年大学毕业参加工作的，在工作中两人暗自较劲儿，都希望自己能够取得更好的成绩，获得领导和同事的认可，争取到部门中有限的奖金和晋升机会。因此，他们之间存在一种潜在的对立。

2）阶段 2：认知与情感投入

阶段 1 中的潜在的对立或不和谐因素，如果没有被认识到，冲突就不会直接产生。对冲突的认知使得冲突变得明朗化，同时，由于认识到了冲突，冲突双方有了情感的注入，例如体验到紧张、焦虑、挫折等情感。在这一阶段才意味着冲突真正的发生了。在上面的例子里，如果王永和李力已经意识到了双方存在潜在的对立，并且感到焦虑、紧张等情绪，那么他们之间的冲突就产生了。

3）阶段 3：行为意向

行为意向阶段在冲突过程中对冲突的发展和解决起到决定性的作用。所谓行为意向，是指介于人的认知、情感和外显行为之间的行为意图和倾向。关于冲突中的行为意向，最著名的理论模型是由托马斯（K. Thomas）等人提出来的两个维度、五种策略的模型。该模型主要根据两个维度：一个维度是合作程度，表示关心他人利益的程度，是从低度关心他人利益的不合作到高度关心他人利益的合作之间的连续体；另一个维度是肯定程度，表示关心自己利益的程度，是从低度关心自己利益的不肯定到高度关心自己利益的肯定之间的连续体。在两个维度基础上确定了五种行为意向或者行为策略：竞争，高度肯定而不合作；合作，高度肯定而合作；回避，既不肯定也不合作；妥协，不肯定但合作；折中，中等程度的肯定和合作。冲突的行为意向模型如图 10-3 所示。

（1）竞争

竞争（competing），指在冲突中努力寻求自身利益的满足，为了达到自己的目标，丝毫不理会他人的利益，谋求的是自己赢-对方输（win-lose）的结果。常见的行为意向有：努力超过对方，并压制对方，使对方落后于自己；牺牲对方的代价达到自己的目标；对对方施加压力，迫使对方放弃；试图向别人证实自己的观点是正确的，对方是错误的；出现问题时让对方承担责任等。在上面的例子里，如果王

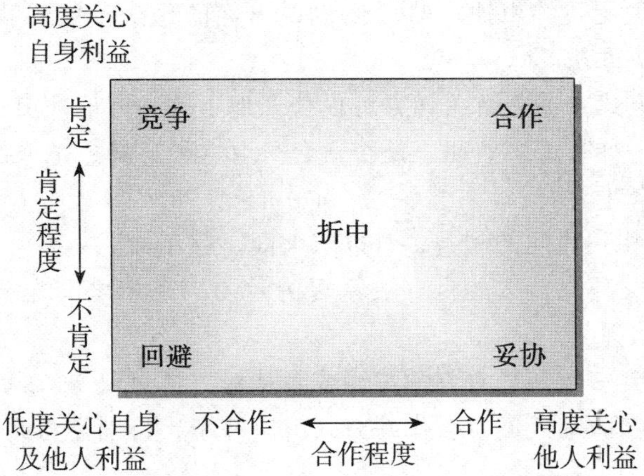

图10-3 冲突的行为意向模型

永和李力采取竞争的策略，那么就可能产生努力使自己掌握新的方法和技术从而在工作成绩上领先，但并不把自己的诀窍和业务信息等透露给对方的行为意向。

下面一些言语代表了采取竞争方式的典型反应：

——“我喜欢把问题简单化，要么喜欢，要么不喜欢。”

——“在意见分歧的时候，我坚持自己的意见。”

——“我要说服别人接受我的逻辑，我要得到我所属地位应得的利益。”

适合采取竞争的场合主要有：

- 情况紧急，必须马上采取行动。
- 情况非常重要，涉及重大问题。
- 对自己充满自信，认识到自己是完全正确的。
- 他人可能会利用自己软弱妥协的行为，因此必须采取强硬的手段。

（2）合作

合作（collaborating），是指对于自己的、他人的利益都给予高度的关注，试图实现双方的最大利益，追求自己赢-对方也赢（win-win）的结果。这种策略认为冲突的解决必须由双方采取积极的行动，双方应该充分了解对方的需求，互相坦诚平等对待，找到双方满意的方案。常见的行为意向有：与对方积极进行信息和情感的交流；寻求双赢的解决办法；正视分歧，做出积极解决问题的姿态等。在上面的例子中，王永和李力如果打算采取合作策略，他们双方可能会通过沟通认识到他们两人是部门中实力最强的，如果双方合作一定能成为部门中的佼佼者，都有机会获得奖金和晋升，于是他们决定采取资源共享、互相帮助的做法解决冲突。

下面一些话语表明的是合作的行为意向：

——“我首先想到的是消除我们之间的不信任态度，然后试着寻找我们之间的共同点。我认为，没有什么是不可挽回的，我们还是找到一个试图解决问题的基点吧。”

——“我想找到一个对大家都有利的解决办法。”

——“我先说出我的想法，然后你也说出你的想法，然后我们争取能找到一个互惠互利的解决办法。”

采取合作的方式，冲突有关各方可以公开地了解和评价冲突，通常认为这是比较具有建设性的一种方式。然而，是否适合采取这种方式，也取决于一些条件。适合采取合作的场合主要有：

• 双方能够找到共同的利益，可以求大同、存小异。

• 认为与对方建立持久的良好关系更为重要，互相之间充分依赖，值得花时间和精力协调个人差异。

• 想通过达到一致获得对方的承诺或者从对方那里获得对自己有帮助的资源。

• 组织支持和鼓励人们以合作的方式解决冲突，特别是为此制定了奖惩制度。

(3) 回避

回避 (avoiding)，指远离冲突、消极的解决方式，对自己的利益与他人的利益都缺乏兴趣，造成自己输-对方也输 (lose-lose) 的结果。倾向于采取的行为意向有：无视冲突的存在，保持中立；避开与自己有冲突的另一方；回避与自己不同的意见等。在王永和李力的例子里，一个部门中两个同事有冲突时，采取回避的做法通常就是一个人离开这个部门，避免与另一个人发生工作和私人关系。

下面一些言语就反映了回避的行为意向：

——“我一般不把自己置于制造矛盾的地位。”

——“不管怎么样，这并不重要，最好不要去管它。”

——“我不愿意提起那些引起朋友争议的话题。”

如果不解决冲突，就会影响目标的实现，那么采取回避的方式是会产生负面影响的。当然，也有一些场合比较适合采取回避方式，主要有：

• 问题不太重要，不值得花时间和精力解决。

• 没有足够的精力和信息去解决。

• 力量对比悬殊，无力改变现状（例如，自己与高层管理者的意见有冲突）。

• 双方先冷静一段时间。

(4) 妥协

妥协 (accommodating)，指迁就对方的做法，愿意做出自我牺牲满足对方的利益，其结果是自己输-对方赢 (lose-win)。常见的行为意向有：对对方曾经损害自己的行为表示原谅；放弃与对方争夺资源的努力；违心地支持对方的意见等。在前面的例子中，当一个部门中两个同事出现冲突时，如果其中的一方过于强硬，并采取恶性竞争的手段，例如，散布对方的谣言、破坏对方的工作成果等，另一方也许不愿受到更大的利益损失（得不到晋升，但至少可以保住这份工作）或者由于个性上的软弱放弃与对方竞争，期望对方感知到自己对他的目标达成不再构成威胁而停止对自己的损害行动。

下列话语反映了妥协方式的典型表现：

——“我喜欢大事化小，小事化了。”

——“为了维护和有价值的人的良好关系，我最好先把我的个人目标放在一边。”

——“只要别人高兴，我怎么样都行。”

妥协的方式容易被人视为软弱、谦卑。采取妥协方式的人往往看重冲突的情感方面，而不关心问题的本质和事实。在下列场合下，采取妥协方式也许会比较有效，主要有：

• 人们处在情感爆发危机的边缘，必须用圆滑的方式加以化解。

• 问题对别人来说更重要，对方达到目标比自己达到目标更重要或有特殊的缘由。

• 为了长远利益放弃眼前利益，特别是保持和谐、避免分裂在短期内格外重要的时候。

• 冲突的对方过于强大，使自己的损失最小化。

（5）折中

折中（compromising），是指冲突双方都做出某些让步，寻找一种权宜的可被接受的解决方法，寻求有得也有失（win some-lose some）的结果，双方都得到不完全的满足。常见的行为意向有：双方进行谈判，达成一定的协议；放弃部分利益，以求达到双方共同的结果；共同承担责任等。在上面的例子中，如果王永和李力采取折中的策略，他们可能会进行一次谈判，双方认识到如果僵持下去对双方都没有好处，领导也不会提升与同事闹矛盾的人，因此至少表面上保持和睦相处，双方互相给对方提供一定的帮助作为互惠的条件。

折中方式的一些典型话语是：

——“时机成熟的时候，我会解释我的观点，并指出他们错在哪里，但不是现在。对目前来讲，站在中立的立场上是非常必要的。”

——“如果他们愿意部分满足我们的条件，那么我们也会做出让步的。”

——“虽然说得到100元钱更好，但得到50元钱总比得不到好吧。”

适合采用折中方式的场合主要有：

• 目标重要但是无法全部实现或不值得付出太大的代价。

• 冲突双方旗鼓相当，无法得到双赢的结果，只让对方让步不太可能。

• 暂时化解冲突，防止问题复杂化。

• 尝试竞争或合作，没有取得成功。

4）阶段4：实际行动

阶段3中的行为意向为后面所要采取的实际行动提供了基本的指南。在阶段4中，行为意向就转化为了明显可见的实际行动。冲突行为往往是一个动态的相互作用的过程。如果甲对乙做出了某种行为，乙会对甲做出反击，甲再继续反过来反击乙，如此持续下去。冲突行为是一个从具有轻微破坏性到高度破坏性的连续体，如图10-4所示。

人们的冲突行为会表现出不同的强度。例如，两个有矛盾的同事可能表现为互

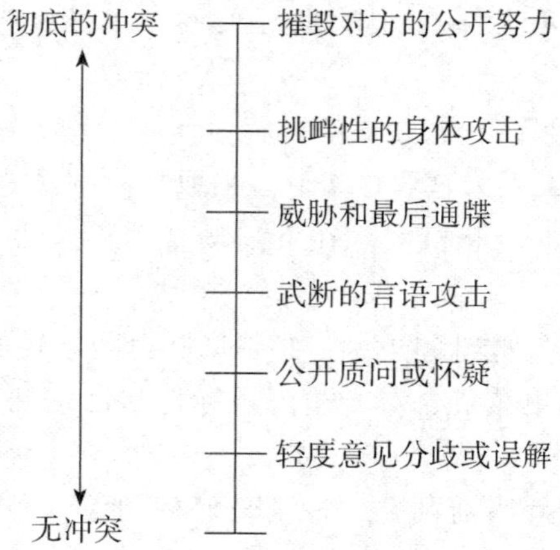

图 10-4　冲突行为强度的连续体

相误解、不理睬，也可能表现为发生口角、争吵、言语攻击，或者表现为破坏对方的工作成果，比如把对方刚整理好的文件搞乱。人们表现出怎样的冲突行为受个人对冲突情境的理解、个人的行为偏好、对方的反应等多种因素的影响。

5）阶段 5：结果

冲突行为所导致的结果可能是功能正常的结果，即冲突提高了群体工作的绩效；也可能是功能失调的结果，即冲突降低了群体的工作绩效。

10.2　冲突管理

既然冲突的存在既可以给组织带来益处，也有很多不良的影响，那么如何对冲突进行管理，发挥它对组织的有益作用，避免或消除它的不良影响，就是我们应该做的一件很关键的事情。

组织中常常会有各种各样的冲突。有些冲突是具有破坏性的，有些冲突是具有建设性的。同时冲突也会表现出不同的高低水平。在对冲突进行管理时，一方面要将那些冲突水平较高、具破坏性的冲突有效地降低，并促使冲突向建设性冲突的方向发展；另一方面针对组织中冲突水平过低的状况，可以适当考虑激发一些建设性的冲突。

10.2.1　冲突管理的策略

所谓冲突管理的策略，就是有效降低破坏性冲突的水平，并使其向建设性冲突转化。通常采用的冲突管理策略主要有三种：回避、缓解、正视。

1）回避

所谓回避，就是指不对冲突采取积极分析、解决的行动，而是允许冲突在一定的控制条件下继续存在，而又不至于使局面失控。当冲突不重要、冲突水平较低或冲突影响的范围比较小时，或者出于某种考虑冲突暂时无法解决时，可以采用回避的策略。例如，可以对冲突不予理睬，这其实是利用强化中的消退原理使冲突自动消除；或者可以使冲突的双方隔离，不做正面接触，避免冲突进一步激化等。

2）缓解

缓解就是设法为冲突的解决争取时间，创造条件，解决次要的分歧，减少冲突的尖锐性和重要性。缓解策略比回避策略稍微积极了一些，已经开始设法消除一部分分歧，但这只是部分解决冲突而不是从根本上解决。这种策略可以使冲突得到一部分缓和，减少继续激化的可能性。人们缓解冲突的方法通常是以强调冲突双方的共同利益、降低分歧为特征的。例如，大事化小，小事化了；不分青红皂白，各打五十大板等。

3）正视

正视冲突是最积极的处理冲突的策略。回避和缓解虽然可以在局部上或暂时地使冲突得到化解，但并没有从本质上解决冲突，因此，冲突仍存在进一步激化的可能性。而正视策略则是从根本上解决冲突的做法。正视冲突，通常会把问题摆在桌面上，采取积极的沟通，发现和消除分歧，妥善处理冲突。另外，冲突双方如果能够正视冲突，那么就可以设身处地地从对方角度考虑，并且互相理解和协商。正视冲突可能带来的一个具有建设性的结果就是目标升级，也就是冲突双方找到一个共同的更高层次的目标，这样他们就有可能摒弃现有的分歧，超越眼前的目标，而协作实现更高层次的目标。

10.2.2 解决冲突的方法

当冲突出现后，如果觉得冲突的水平过高或过于激化，有可能带来破坏性，则需要着手解决冲突。解决冲突的方法大体上可以分为两类：一类是由冲突双方自己解决冲突，这类方法主要是协商与谈判的方法；另一类是由第三方介入帮助冲突双方解决冲突，主要是调解和仲裁的方法。下面就分别介绍这两类方法。

1）协商与谈判

协商与谈判是解决冲突或管理冲突的最普遍方法和策略。所谓协商或谈判就是指冲突双方进行公开的交流，讨论彼此的分歧，进行讨价还价或者做出让步。协商或谈判可以使冲突双方直接进行，也可以派代表进行。如果经过协商或谈判，冲突双方找到了共同可以接受的方案，那么冲突就得到了解决。而且，成功的协商或谈判还可能使双方增进了解，使彼此之间的关系变得更为融洽。但是，协商和谈判也有失败的可能性，有时协商和谈判的失败常常导致冲突的加剧或升级。当双方的冲突比较尖锐时，协商和谈判往往不是一次能够成功的，而是需要多次反复的协商与谈判才能解决冲突。

（1）阻碍有效协商或谈判的偏见

人们在认知上有很多偏见可能会影响协商和谈判的效果。下面就简单举出几种常见的认知偏见。

①不相容性偏见：错误地认为冲突双方的利益是水火不相容的，这种想法常常

会夸大冲突双方的实际利益差距。

②固定资源的偏见：很多情况下，谈判双方会认为自己多得的利益一定来自于对方多付出的代价。这种想法的假设是可得的资源总量是固定的。但事实上，如果换一个角度考虑一下，也许资源的总量是可以扩大的，双方能够达到双赢的结果。

③透明度的过分估计：谈判者认为己方的目标和动机已经清楚地被对方知道了，实际上对方可能并不清楚，这只是一种过分估计。这种想法会降低谈判者在沟通中的努力程度，因为他们以为自己已经清楚地把自己的想法沟通给对方了，殊不知对方并没有领会到。

（2）有效协商与谈判的技能

要想做到有效的协商与谈判，应该注意以下几方面的问题：

①认真分析和研究对方的信息。应该尽可能多地获取关于对方的目标、兴趣、动机等方面的信息，这样可以更好地预期对方在谈判过程中的行为。

②保持积极、主动的态度。尤其在谈判的开始阶段，保持积极、主动的态度是非常重要的。我们知道，人际交往具有互惠性，人们倾向于用别人对待自己的方式来对待别人。因此，如果我们只是做出一个小小的让步，对方也会做出同样的让步。

③对事不对人。谈判中应该将焦点放在要解决的问题上，而不应该针对任何个人特征，更不能有人身攻击。

④不要太在意最初的报价。谈判中，最初的报价往往是很极端化或理想化的，应该把它仅仅作为谈判中的出发点，而不应死咬住不放。

⑤采用整合谈判的方式。在条件允许的情况下，尽可能采取能使冲突双方获得双赢的整合谈判方式。

⑥以开放的态度接纳第三方的帮助。一旦冲突双方的谈判陷入僵局，就可以考虑让第三方介入帮助解决冲突。这时，谈判者应该尽量克服对第三方的怀疑、排斥等态度，开放地接纳第三方的帮助。

2）第三方介入：调解或仲裁

在有些情况下，冲突双方无法直接解决冲突，因此需要有第三方介入帮助解决冲突。所谓第三方，就是指不是与冲突有直接关系的人。由于第三方特定的身份、地位或能力等因素，他的介入会有助于冲突双方化解矛盾。第三方介入解决冲突主要有两种形式：调解（mediation）和仲裁（arbitration）。

（1）调解

所谓调解，是指第三方通过各种方式努力促使发生冲突的双方自愿达成一致意见，化解冲突。作为调解人的第三方，在组织中没有正式的权威，无法强迫冲突双方达成一致意见。事实上，他们所起到的作用是帮助冲突双方澄清问题，促进冲突双方进行沟通。在有些情况下，调解人会为冲突双方达成一致意见提出一些具体建议；但在其他一些情况下，他们仅仅是为冲突双方自己解决冲突提供一些原则性的指导，并不提供具体的解决方案。因此，大体上来说，调解人的角色就是一个冲突解决的促进者的角色，帮助冲突双方向着达成共同可以接受的解决方案的方向前进。

由于使用调解的方式需要冲突双方自愿达成一致意见，因此，有的时候调解并不能很有效地解决冲突。调解的成败与否一方面取决于调解人的能力和调解方法，例如，调解人是否善于促进冲突双方的沟通，是否公正、能够有耐心地听从冲突双方表达争议和情绪等；另一方面也取决于冲突本身的一些情况，例如，冲突造成的矛盾比较深刻，冲突双方的情绪比较激化等，如果调解人低估了冲突的深度，往往会造成冲突解决的失败。

（2）仲裁

仲裁是第三方介入解决冲突的另一种方式。仲裁的方式与调解比较起来具有更高的强制性。仲裁通常是由有权威的人（例如职权较高的人）在分析冲突现状的基础上，强制性的或者至少通过强烈建议的方式促使冲突双方达成协议。

仲裁作为解决冲突的方法，也有它的不足之处：

第一，仲裁的方法会削弱冲突双方自己的努力。由于冲突双方知道反正会有人帮助他们解决冲突，于是就把解决冲突的责任完全留给了仲裁人，对仲裁寄予很大的希望。这样做的结果是冲突双方不认真去分析存在的问题，不努力进行协商和谈判，因此，即使冲突在表面上被解决了，实际上他们还有一些不同的见解没有得到充分的沟通。

第二，如果仲裁人不够公正，或者冲突双方不信任仲裁人的权威，认为仲裁人可能会有偏袒，他们会不愿意接受仲裁，或者对仲裁的结果表示不满。

第三，仲裁的方法比较费时费力，花费的代价较高。例如，仲裁人往往是地位较高的人，花费他们的时间成本较高；仲裁所花费的时间往往比调解更多等。

第四，冲突双方遵照仲裁方案采取行动的坚决性和投入程度要明显低于由他们自行协商得到的解决方案。原因就在于，他们认为这个决策不是由他们自己做出的，因此，在执行的时候坚决拥护这个决策的力量就会减弱，有时甚至会出现违背仲裁方案的做法。

10.2.3 如何有效地激发冲突

由于组织中保持适度的建设性的冲突水平会使组织的运作更为有效，因此，必要的时候应该设法创造这样的冲突环境。

要想有效地激发冲突，首先应该识别组织中目前的状态是否需要增加冲突的水平。通常认为，当组织中出现下列状况中的一种或几种时，可以考虑适当激发冲突。

- 组织缺乏创造性的新思想。
- 下属对管理者点头称是，不敢承认自己的无知与疑问。
- 人们过分注重不伤害他人的感情。
- 决策者过分偏爱折中方案，追求决策意见的一致。
- 人们不喜欢变革。

- 人们不愿表达不同见解。
- 管理者的最大乐趣是维持和睦与合作。
- 人缘好比高绩效和能力强更容易得到奖励。

激发冲突的办法主要有以下几种：

(1) 改变冲突观念和组织文化。要想激发冲突，首先要让人们对冲突有正确的认识，看到冲突的积极作用。这样就使得冲突在组织中有了合法的地位。管理者应该努力营造一种鼓励建设性冲突的组织文化，这种文化鼓励人们提出新的观点甚至是反对的意见，鼓励人们进行创造性的思维，同时用奖励的手段对这样的行为加以强化。

(2) 引进异质的群体成员。有时，一个群体或组织中缺乏活力的状态是由于成员的同质性过高，大家具有高度一致的态度、观念、价值观，因此冲突水平过低。如果引进与原有成员的态度、观念、价值观不同的外来者，则可能会带来一些新的活力。因此，很多时候在一些团队的构成上往往要考虑成员具有不同的背景。

(3) 引入竞争机制。在组织中建立竞争性的工资、奖金等报酬体系，使组织成员之间有适当的竞争，这样有利于增强组织的生产力和创造力。

(4) 委任比较民主的领导者。在有些情况下，组织或群体中的冲突水平过低，往往是由于领导者比较专制，搞“一言堂”，容易引起群体思维，不同的见解得不到表达，而且人们也惧怕表达出不同的见解。如果领导者比较民主，能够鼓励人们提出不同的想法。

(5) 组织的重新建构。在现有的组织结构中，已经形成了一些固有的规则和习惯，使得组织缺乏活力。如果对组织结构进行调整，改变群体的构成、沟通的路线等，打破固有的习惯，就有可能形成新的冲突。

(6) 运用检查者的角色。如果认为有必要的话，可以在群体中指定一名或几名检查者，或者叫批评者、吹毛求疵者等。这些人可以提出反对意见或者大家考虑不到的问题，利用意见冲突使大家的思维都活跃起来，增加创造性思维。

10.3 合作与竞争

合作与竞争是与冲突密切相关的两种行为。人们在相互交往、相互作用的过程中，会产生利益的冲突，有的时候人们会选择倾向于合作的行为，有的时候会选择倾向于竞争的行为。

10.3.1 合作与竞争的概念

所谓合作，是指个体之间、群体之间或组织之间为了共同的目标和利益互相帮助、协同活动的行为模式。合作所带来的是既有利于自己又有利于他人的行为结果。

所谓竞争，则是指个体之间、群体之间或组织之间在朝向同一个目标努力的过程中，尽可能使自己的收益最大化，并且通常以不顾对方的利益或损害对方的利益为代价。

10.3.2 竞争心理优势

许多研究者对人们的竞争与合作行为进行了研究，不同时代、不同方式、不同研究者所做的研究得出了一个倾向于一致的结论：在没有特殊引导的情况下，人们倾向于选择竞争的行为方式，而不是首先选择合作。在有利益诱惑的情况下，人们就更加倾向于选择竞争。这种在合作与竞争中优先选择竞争行为的心理倾向叫做竞争心理优势。

关于竞争与合作的最著名的研究是20世纪五六十年代所做的一系列经典实验，包括敏茨（A. Mints）等人的窄口瓶实验、鲁斯（R. Luce）等人的囚徒困境实验和多依奇（M. Deutsch）等人的卡车实验。这些研究都证明了竞争心理优势。

专栏 10-1　　　　经典研究：合作与竞争

窄口瓶实验： 敏茨等人设计了一个非常巧妙的窄口瓶实验（如图10-5所示）。在一个窄口瓶中放进一些圆锥体，每根圆锥体有一根细线可以将其拉出瓶外，每次只能拉出一个圆锥体。瓶子底部有一个很细的注水管，实验开始时缓慢地向瓶中注水。被试者每人手拉一根线，需要在水沾湿圆锥体之前将其拉出。先拉出的获得金钱奖励，未拉出的将受到一点小惩罚。

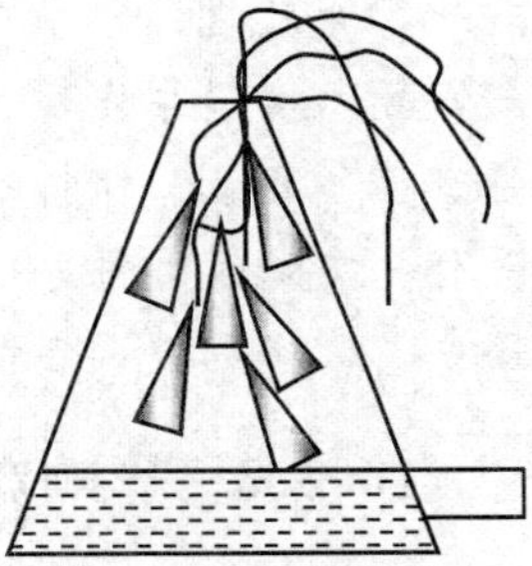

图 10-5　窄口瓶实验

由于注水的速度很慢，如果大家合作按照顺序拉出，大家都可以成功。而事实上被试者的表现却是一开始就争先恐后地向外拉，结果圆锥体都堵在瓶口，大家都失败了。

囚徒困境实验： 鲁斯等人根据囚徒困境问题设计了一些实验。

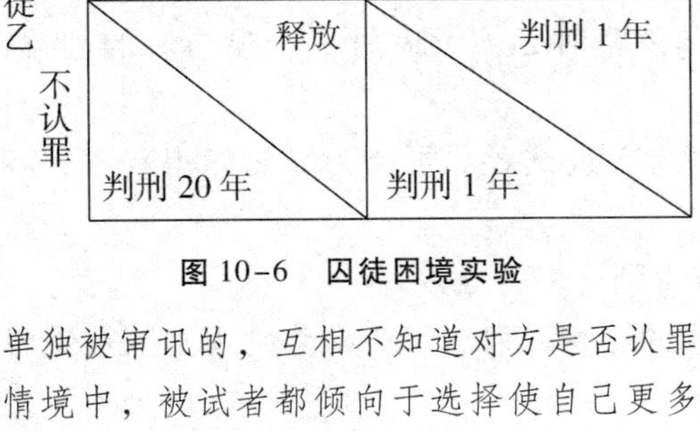

图 10-6　囚徒困境实验

所谓囚徒困境（如图10-6所示）就是被怀疑协同犯罪的囚徒甲和囚徒乙面临认罪和不认罪两种选择，如果两人都认罪，则各判刑10年；如果两人都不认罪，则各判刑1年；如果一方认罪一方不认罪，则认罪的一方被释放，不认罪的一方判刑20年。

很显然，如果双方合作，都不认罪，结果对两人来说最好。两名囚徒是单独被审讯的，互相不知道对方是否认罪。而实际上在各种类似与囚徒困境的实验情境中，被试者都倾向于选择使自己更多受益的竞争性策略。

卡车运输实验：多依奇等人设计了一个卡车运输实验（如图 10-7 所示），用来研究人们的合作与竞争行为。被试者甲和乙被要求按照图 10-7 的路线进行卡车运输。

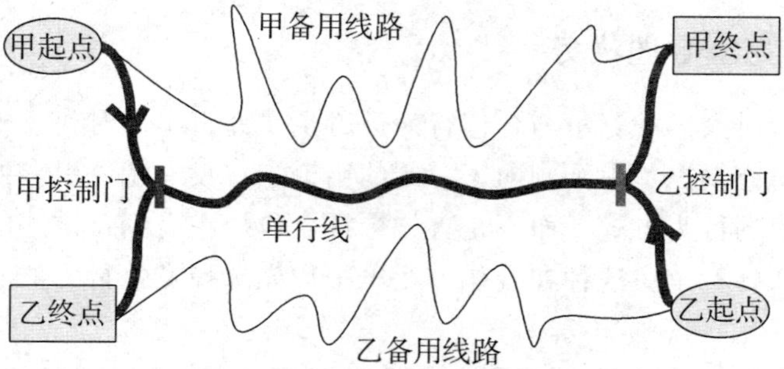

图 10-7　卡车运输实验

在这个实验中，甲和乙都需要尽快从起点到达终点。按照图 10-7 中所示的路线，对双方来说最近的路线都是经过中间的单行线的路线。但是，单行线一次只允许一辆车通过，并且两端各有甲和乙的控制门，如果不想让对方通过，可以将控制门关闭。实验中发现，被试者的典型行为是：双方都试图通过单行线，在中途相遇，互不相让，僵持一段时间后，其中一个人先倒退回去，关闭自己的控制门不让另外一方通过，另外一方也只好倒退回去，双方只好采用显然不够经济有效的备用路线。大多数被试者都会采取这种不合作的行为。

10.3.3　影响竞争与合作的因素

尽管人们会在很多情况下选择竞争，但是也会有一些因素促使人们选择合作。那么，影响人们选择竞争还是合作行为的因素有哪些呢？

在对几个关于合作和竞争的经典实验进行进一步研究后发现，奖励的规则、奖励方式和沟通这几个因素将会影响人们采取合作还是竞争的倾向。此外，还发现人际交往中的互惠性、人的个性倾向以及人与人之间的信任程度也会影响人们的竞争与合作行为。

1）奖励的规则

在多依奇等人所做的研究中，考虑了三种不同的奖励规则对被试者选择合作或竞争策略的影响。这三种奖励规则分别是：

- 合作指向。也就是奖励合作，选择策略时必须考虑另一个参与者的利益，只有双方总分最高时，才能得到奖励。

- 个人利益指向。奖励个人得分最高者，被试者尽可能为自己赢得利益，不顾另外一名参与者。

- 竞争指向。尽量超过对手，比对方得到更多的分数。

表 10-2 显示了奖励策略和沟通对合作的影响，列出了三种奖励规则下被试者选择合作策略的比例。

表10-2 **奖励策略和沟通对合作的影响**

奖励规则	选择合作策略的百分比（%）		
	沟通	无沟通	平均
合作指向	96.9	89.1	93.0
个人利益指向	70.6	35.0	52.8
竞争指向	29.2	12.5	20.9

从表10-2中可以看出，不同的奖励规则对被试者的竞争与合作行为产生了明显的影响。在奖励合作的规则下，也就是在鼓励被试者关心对方的利益，以双方总分高低决定奖励的情况下，90%以上的被试者都选择了合作策略。在只奖励个人成绩的情况下，选择合作策略的被试者所占的比例降到了52%左右。而在鼓励被试者的竞争行为，指引被试者超过对手的情况下，只有20%左右的被试者选择了合作策略。

2）沟通

研究者们发现，另外一个影响冲突双方采取合作还是竞争行为的因素就是双方之间是否有沟通。从表10-2的数据中可以看出，有沟通组普遍比无沟通组采取合作策略的比例高。威克曼（H. Wichman）在类似囚徒困境的实验中研究了不同的沟通水平对竞争与合作的影响。他采用了四种实验情境：看不见同伴；可以看见同伴，但不能讲话；看不见同伴，但可以讲话；既看得见同伴，又可以讲话。结果发现，沟通的水平越高，采取合作策略的比例越高。无沟通或者不许用言语沟通时，被试者采取合作策略的比例约占40%；但是在可以用言语沟通或可以进行面对面沟通时，被试者采取合作策略的比例高达70%以上。

因此，人与人之间的充分沟通可以增加合作的倾向。因为沟通使得人们对对方的行为具有更好的可预测性，同时也增加了相互之间的信任。

3）奖励的方式

有研究者曾经研究了在卡车运输实验中采取不同的奖励方式对竞争与合作行为的影响。结果发现，当奖励的方式从抽象的得分形式转变成现金奖励时，被试者进行理性合作的比例明显提高。研究者们对这种现象的解释是：人们参加实验时有两种动机，一种是赢得奖励的动机，另一种是超越别人的动机。当使用现金奖励时，人们的赢得奖励的动机压倒超越别人的动机，也就是人们认为赢得奖励比超越别人更重要，因此更多地选择合作。但是，当奖励减少时，人们的赢得奖励的动机就会退居次要位置，超越别人的动机变成了主导动机，人们选择竞争策略的比例就会提高。

当然，也有研究者发现，即使使用很高的现金奖励，人们的竞争倾向仍然很强烈，说明人们的超越他人的动机非常强烈。研究者们认为，这种强烈的竞争心理优势来自于人们在社会化过程中发展起来的一种社会比较倾向。这种社会比较倾向使得人们在与他人的交往中试图超越别人，从而对自我价值进行肯定。

4）互惠性

人们在与人进行交往时通常遵循的一个原则就是互惠性原则。所谓互惠性，就是指人们倾向于按照别人对待自己的方式做出回报。因此，当别人对自己采取合作行为时，我们也就往往倾向于将自己的个人利益放到一边，同样也与别人合作。如果别人倾向于追求个人利益，与我们进行竞争时，我们也会采取同样的做法。

5）个性倾向

我们也许会注意到，无论在什么样的情境中，总是有一些人比另外一些人更加倾向于合作，也总是有一些人比另外一些人更倾向于竞争。因此，影响人们采取竞争还是合作行为的还有一个重要的因素就是人们的个性倾向。按照人们在竞争合作方面的个性倾向，可以大体区分出三种带有典型特点的人：

- 合作导向。合作导向的人总是倾向于使得大家共同的利益最大化，因此他们会努力帮助别人，同时也努力提高自己的工作结果，以达到提高共同结果的目标。
- 个人导向。个人导向的人关心的是如何使自己所得到的利益最大化，他们并不在意别人得到了多少，而只是想方设法使自己得到尽可能多的利益。
- 竞争导向。竞争导向的人首先考虑的是如何战胜别人、超过别人。他们关心的并不是自己所得到的利益的绝对值有多大，而是与别人相比的相对值如何。

因此，这几种人会在竞争与合作情境中表现出不同的行为。

6）信任

参与某项活动的双方之间的信任程度，也会影响到他们之间的合作与竞争。人与人之间越信任，就越倾向于采取合作行为；反之，信任程度越低，则越倾向于不合作。信任有两种含义：一种是基于认知的信任，也就是根据对一个人过去行为的认识而建立起来的信任；另一种是基于情感的信任，是人与人之间建立起来的情感纽带和感情投资。无论哪种形式的信任，都会促进人们的合作行为。但是在活动的过程中，一旦信任被打破，例如出现了一方背叛的行为，人们就会倾向于更加强烈的竞争和不合作。

个案分析

“空降兵”黄先生

1998 年 3 月，黄先生被聘用至中美合资 HSM 制冷有限公司任信息中心经理，直属总经理/副总经理领导。这一级别中黄先生是唯一的向总经理或副总经理报告的经理。俗话说“外来的和尚好念经”，但也有人说：“外来的和尚不容易被承认。”这也是为什么 CEO 可以跳来跳去，而中层管理人员却鲜有聘来聘去的。而黄先生在 HSM 正是中层管理人员。当时，HSM 既非处在初建阶段，又非处在大改组大调整阶段，因此黄先生的到来属于典型的“空降兵”。

受聘 HSM 对黄先生来说是一个挑战：HSM 使用的是世界级的优秀 ERP（制造资源计划）软件 Bann，而该软件于 1997 年已实施完毕，那时黄先生对于 ERP 还可以说是门外汉；该软件用的网络操作系统是 Windows NT，而此前黄先生根本没有接触过。但是，当时的副总经理，现在的总经理，即黄先生的顶头上司选黄先生来担任信息中心的经理，是有他的理由的，即黄先生的背景和基础比这里现有的成员都要好，黄先生有能力迅速地适应这里的环境并担负起领导的职责。他相信他的眼力，他对黄先生充满信心。

对于黄先生到 HSM 的任职，HSM 内部有不同意见，反对者是财务部长，美籍华裔，原来是由他引进和负责 Bann 系统的，后经公司高层研究决定，Bann 系统的负责权移交副总经理。但这个财务部长是董事会理事，是合资公司仅剩的两个美方人员之一（另一个是总经理）。他甚至召集财务部的几个操作员与当时的 Bann 系统管理员，还有黄先生，在黄先生还未正式上班时开会说：黄先生与当时的 Bann 系统管理员到底谁当经理还不一定。这出乎黄先生的意料，因为黄先生应聘的就是计算机中心经理一职，而且是由 HSM 替黄先生向原单位交了 1 万元才把黄先生"挖"来的。财务部长还要求黄先生在试用的 3 个月内要完成两件事情。后来得知，他认为这两件事情根本不可能做成，即使在公司的美国本部也没有人做成，更不用说对于黄先生这个初次接触 Bann 系统、连培训都没有接受过的人去做一个高级管理者才可能去做的事。因此，他实际上是在刁难黄先生，与副总经理过不去。他所做的这些，副总经理当时去了美国，根本不知道。

黄先生初到 HSM，除去应对技术与新的管理课题的挑战外，还要处理好复杂的人际关系、上下级关系。

副总经理从美国回来后，黄先生立即进入了 HSM 工作，第一天副总经理就发备忘录说："我公司新聘任的计算机经理已经上任，在为期 3 个月的试用期中，他的主要任务是熟悉管理和熟悉 Bann 系统。"

在这 3 个月里，黄先生心里很清楚：要做出成绩，一是要大家承认，二是要在人际关系的战争中增加重重的砝码。这次人际关系和人际斗争突显在黄先生的面前，黄先生不得不正视它、深刻认识它。人际关系是在任何企业环境里都要面对的，它本身不是贬义词，而是中性词。不管在国内还是国外，不同的人对同一个人的看法一般是不同的。

什么是正当的人际关系？是在工作中以工作为重的人，以工作为核心而建立起来的人际关系，而不是为了拉帮结派，明争暗斗，不搞工作光搞斗争。不管是什么样的人际关系，都要正视它，不能让自己独立于人际关系之外，而要善于利用和建立人际关系，尤其是以工作为中心的人际关系。

人际关系也是管理学中研究的问题之一。能否处理好人际关系，吸引并赢得他人的合作，已成为衡量个人能力的重要标准。就一个组织而言，组织中人际关系的好坏，关系到组织凝聚力、成员的积极性以及组织是否具有成效。因此，通过有成效的协调工作，在组织中建立和谐的人际关系，已成为组织领导者的首要任务。尤其是在中国这个重关系的社会里，很多情况下，人际关系是组织领导者首先应面对并一定要处理好的问题。处理不好人际关系，就当不好领导。

根据荷尼对人际反应特性的分类，黄先生对将要成为其部下的系统管理员应该是“合作型”的态度，并对他采用宽容的态度；同时，黄先生还要用事实证明，自己比部下有更强的技术能力，而且能够领导他。对待财务部长，应采用“分离型”的态度，既不讨好他，也不怕他。非常重要的是：对得起副总经理的支持。

黄先生的工作终于在试用期快满的时候有了重大突破，但不是解决了财务部长留给黄先生的“作业”，而是解决了威胁整个公司应用 Bann 系统的几个问题，这些问题曾长期困扰 HSM。黄先生所做的另外一些事情也得到了广泛赞誉。至此，黄先生感到自己在 HSM 的这个岗位已初步站稳了脚，而且黄先生部下的那个系统管理员也不得不承认黄先生，开始向黄先生吐露心声，为他以前的过火行为赔礼道歉。

这 3 个月对黄先生而言确实是忍辱负重的时期。正如副总经理所说，人一辈子鲜有这样难过的时候，这是一种难得的锻炼，要“韬光养晦”。记得有一次，副总经理问黄先生和那个系统管理员相处得如何，黄先生说：“我和他没有矛盾。”——这个时候黄先生的心态是很好的，这说明一方面黄先生能包容他，另一方面黄先生能领导他；由于两个人不在相同的岗位层次，黄先生不用去争和砸他的饭碗而是要用他，大矛盾也就无从产生了。

问题：

1. 一般来说，“空降兵”易与原有的“老人”产生冲突，请结合本案例，谈谈黄先生与新公司中原有人员产生冲突的原因是什么？黄先生又是如何化解的？

2. 冲突的产生对组织而言未必是一件坏事。请结合本案例进行分析。

本章小结

冲突是指一方（可以是个体、群体或组织）感知到另一方对自己的利益产生了消极影响或者将要产生消极影响的过程。冲突对群体绩效的影响可以是促进性的，提高群体的绩效水平，也可能是破坏性的，降低群体的绩效水平。群体需要维持最佳的冲突水平。

冲突产生的原因可能来自以下几方面的因素：组织因素、群体间因素和人际因素。

冲突的过程大体上可以划分为五个阶段：潜在的对立或不和谐、认知与情感投入、行为意向、实际行动、结果。通常采用的冲突管理策略主要有三种：回避、缓解、正视。

合作与竞争是与冲突密切相关的两种行为。人们在相互交往、相互作用的过程中，会产生利益的冲突，有的时候人们会选择倾向于合作的行为，有的时候会选择倾向于竞争的行为。人们具有优先选择竞争行为的心理倾向，即竞争心理优势。影响人们选择竞争还是合作行为的因素主要有奖励的规则、沟通、奖励的方式、互惠性、个性倾向和信任。

关键概念

冲突　冲突产生的原因　冲突过程模式　冲突管理　竞争　合作

复习思考题

1. 什么是冲突？它对群体和组织会产生哪些影响？

2. 产生冲突的原因有哪些？

3. 冲突的基本过程是怎样的？

4. 托马斯的应对冲突的五种策略模型是怎样的？各种策略分别适合在什么情况下采用？

5. 解决冲突有哪些方法？

6. 什么情况下需要激发冲突？如何激发？

7. 哪些因素影响人们选择竞争与合作行为？

第 11 章 /组织结构与设计

学习目标

本章主要讨论组织结构与设计的原理。首先学习和掌握组织结构与设计的关键任务和基本要素，其次了解和掌握几种主要的组织结构形式的特点，最后了解组织结构与设计发展的新趋势。

引例：爱普公司的变化

爱普公司在20世纪80年代刚成立的时候，只生产一种产品，因此公司里设置了研发部、生产部和销售部。后来，随着公司生产的产品种类增多，公司设立了三个产品事业部，而每个产品事业部下面都有自己的研发部、生产部和销售部。再后来，随着市场竞争的加剧，产品需要不断变化和创新，每个事业部都感到凭借自身的力量很难应付，研发、生产和销售人员被更加灵活地配置到各个产品线。例如，作为研发工程师的小李不再固定属于一个部门，在上一年中他参加了产品一部的一种新产品的开发，该项目结束后，现在他又投入到产品二部的研发工作中。在这两年的工作过程中，小李需要向两个“老板”汇报工作，一个就是研发部的主管，另一个就是所在的产品部门的主管。公司在不断发生变化，也给每个员工的工作带来了变化。

当我们描述一个组织的基本情况时，常常要拿出一张图，这就是组织结构图。组织结构有各种不同形态。爱普公司就是一个从直线职能式组织结构到事业部式组织结构再到矩阵式组织结构演变的一个例子。直线职能式、事业部式、矩阵式是三种典型的组织结构形式。本章我们将介绍如何进行组织结构的设计。

11.1 组织设计的基本问题

11.1.1 正式组织的基本特征

正式组织是由管理者通过正式的筹划而建立起来的，有明确的目标、任务、结构、职能以及由此形成的成员间的责权关系，并借助组织结构图和职务说明书等文件予以明确规定的。因此，正式组织对成员行为具有相当程度的强制力。即使同样是正式组织，也可能在下列几个方面的表现程度不同，因此在描述正式组织的基本特征时，主要从下列几点进行评价：

（1）正规化。正式组织中的政策、制度以及所有成员的职责和相互关系通常都有明文的、正式的规定。正规化就是指员工的角色用正式文件定义的程度。

（2）集权化。集权化是指组织中的决策权下放到较低层次的程度。如果决策是由组织上层做出的，该组织就是集权化的；如果决策是由组织中较低层次做出的，那么该组织就是分权化的。

（3）专业化。专业化是指组织中的工作细分到具体工作岗位的程度。在专业化程度高的组织中，工作进行了细致的专业分工，每个部门或岗位负责具体、明确的一类工作。

（4）标准化。标准化是指工作活动用同样方式进行常规描述和执行的程度。高度标准化的组织在定义工作时很少有变化。

（5）复杂性。复杂性是指组织中活动的数量，以及组织内部需要分工的程度。

（6）权利等级。权利等级是指通过报告关系体现出的纵向分工和组织结构内的管理幅度。

11.1.2　组织设计的两大关键任务

简单地说，组织设计的两大关键任务就是分工（differentiation）和整合（integration）。所谓分工，就是将组织的目标进行分解，通过部门或工作岗位划分的方式来表明报告关系。所谓整合，就是将分工后的部门或工作岗位通过正式的沟通、协作系统来表明它们之间预期的互动方式。分工和整合的目的都是为了支持或保证组织目标的实现。最终形成的组织结构中将包含一套有秩序的上下级关系和沟通渠道，从而防止工作中的混乱。

1）分工

分工决定了在组织中如何划分工作。通过分工，保证了组织中所有必要的工作任务都分配到一个或一个以上的工作岗位。在分工中需要考虑横向分工、纵向分工和地域分工。

（1）横向分工

横向分工是指组织的各个分支单位（部分或工作岗位）之间的分工。横向分工最主要的依据是专业化。在一个小工厂中，只有一个厂长，他可能既要抓生产，又要跑销售，同时还要管人事。后来随着工厂规模的扩大，有了主管生产的副厂长，同时也有了专门的销售部和人事部。这就是工作任务的横向分工，不同的部门负责不同的专业化的工作内容。

通常来说，组织中的工作越专业化，其部门化的程度就越高，也就是部门的设置越来越多。横向分工常常也被称为部门化分工。一个组织按照什么来划分部门呢？一般来说，可以按照职能、产品、地域、客户、流程等因素决定部门的划分。

- 按照职能划分部门：例如，生产部、销售部、财务部这样的划分就是按照不同职能进行的划分。

- 按照产品划分部门：例如，一车间生产产品甲，二车间生产产品乙。
- 按照地域划分部门：例如，销售一部负责产品在华北地区的销售，销售二部负责产品在华东地区的销售，销售三部负责产品在华南地区的销售等。
- 按照客户划分部门：例如，一个部门专门负责大客户的售后服务，另一个部门负责中小客户的售后服务。
- 按照流程划分部门：例如，一组负责配料，二组负责生产，三组负责质量检验，这样每个小组负责整个生产流程中的不同环节。

（2）纵向分工

纵向分工主要是指组织层次中职权和责任的划分。例如，销售总监、销售主管和销售员之间的分工就是纵向分工。层级式的组织结构纵向分工较多，而扁平化的组织结构则纵向分工较少。纵向分工让处于不同层级的员工有了不同的责任和工作权限，使组织结构中的责权明确。层级式的组织结构中纵向分工很多，而信息和指令必须沿着这些层级进行传递，降低了组织中的沟通效率，但是这样的形式有利于进行严格的监督和紧密的控制。扁平化的组织结构纵向分工少，纵向的沟通效率高，而横向协调的工作量却增加了。因此，很难绝对地判断层级式结构和扁平化结构哪种更好，需要根据实际情况而定。

（3）地域分工

地域分工是指组织中的办公室、工厂和人员在地理上的分布情况。许多公司都需要跨地区经营，甚至跨国经营，因此就存在着地域分工的问题。地域分工增加了组织设计的难度，进行地域分工需要考虑很多因素，例如，不同地区的政治、经济、文化和法律的问题，处在不同地域的分支机构之间的沟通协调问题，总部对不同地域分支机构的控制等问题。

横向分工、纵向分工和地域分工表明了组织结构所需的宽度、深度和广度。组织的分工程度越高，就表明组织结构与设计越复杂。一个组织可能在某一个维度上分工程度较高，也可能在不同的维度上分工程度都较高。例如，一家当地的综合性医院分有许多科室，因此横向分工程度较高，而纵向分工程度不高，几乎不存在地域分工的问题。再比如，一家大型的跨国银行可能横向、纵向和地域分工程度都很高。

2）整合

整合是对组织中具有不同分工的各个分支单位之间进行协调、建立联系的过程。整合的目的就是使不同分支机构、不同部门、不同岗位的人员在实现组织目标和任务的过程中能够统一起来。整合机制可以分为纵向和横向两种。

（1）纵向整合

纵向整合机制就是在组织中协调垂直报告链中的不同层级之间活动的机制。较低层级的员工需要依据上级的目标和指令进行工作，而上级管理者需要了解下级的工作活动和任务完成情况。纵向整合的方法主要有层级安排、规则和程序、增加层级职位以及正式的管理信息系统。

层级安排就是组织结构图中的上下级设置。上下级之间的连线就仿佛一条沟通渠道。当一个问题出现而员工又无法解决时，就可以将这个问题提交给上一层级去考虑和解决；当问题得到解决后，再从上一个层级传到下一个层级。工作任务的分派也是沿着这种上下级的指挥链进行的。

对于组织中经常反复出现的问题，就可以利用规则或程序进行协调。这样员工无需和主管人员直接沟通就可以知道如何处理。规则和程序提供了标准化的信息资源，使员工能够协调工作而不需对每件事情都进行沟通。而管理者所需要做的主要是例外管理，即当一件无法通过现成的规则和程序处理的事情发生时，管理者才进行处理。

当管理者出现工作负荷过重难以应付的情况时，特别是在成长和变化的组织中，往往需要增加层级职位进行纵向整合。例如，给主管人员设置助手的职位，或者增加新的层级，减少管理幅度等。

正式的管理信息系统通常用于在组织的上下级之间传递信息。例如，下级人员要定期向上级递交报告和其他书面信息。随着计算机和互联网技术的应用，管理者和下级之间通过电子化的书面信息形式进行沟通就显得更为方便。而且，管理信息系统也使得组织中的不同人或部门可以在不同的时间和地点进行沟通。

（2）横向整合

横向整合主要指的是组织中各部门之间横向的沟通和协调。除了刚才提到的管理信息系统可以用于横向整合之外，横向整合通常采取的方式还有设置联络者的角色、设立专职的整合者、运用特别工作组或团队等。

如果两个部门之间经常需要发生联系，那么这两个部门中就需要有人承担联络者的角色。在有的情况下，联络者除了完成自己在本部门中的工作之外，需要肩负起与另外一个部门联络的责任。有的时候，为了加强协调，形成强有力的横向整合，组织中设立专门的职位或部门作为专职的整合者。专职整合者是独立于相互协调的几个部门之外的，不需要向参与合作的某个部门负责。

有时，组织中为了协调某个特殊的问题，采用特别工作组的形式进行横向整合。特别工作组是一个临时性的委员会，由不同部门的代表组成，他们集中在一起就是为了解决某个影响这些部门的共同问题。

团队是最强有力的横向整合方式。团队是一种长期的任务组，经常与专职整合者结合使用。当组织中需要几个部门间在一个较长的时间内协调活动，往往就设立跨职能的团队。这些团队跨越了现有组织结构的界线，产生一个新的实体实现组织的目标。

11.1.3　组织设计的基本要素

1）管理层次与管理幅度

正式组织有较为稳定的结构，用来描述正式组织结构的两个维度就是管理层次与管理幅度。

(1) 管理层次：在一个正式组织的组织结构图中，我们可以看到一个明显的特点就是具有清晰的层级关系，也就是一些人领导着另外一些人，一些人要向另外一些人汇报。在任何一个具有一定规模的组织中，最高行政主管由于受到时间、精力等诸多因素的限制，他不可能直接领导整个组织的所有人，通常只是直接领导有限数量的几个下属管理人员，这些下级管理人员可能又需要领导若干下属，依此类推，就形成了组织中由最高主管到最基层员工之间的不同层级的管理层次。一个组织的管理层次越多，就越倾向于高耸型；管理层次越少，就越倾向于扁平型。

(2) 管理幅度：管理幅度是指组织中每个主管人员直接指挥与监控的下属人数。管理幅度太大，管理人员无法有效的指挥和控制；管理幅度太小，又不利于充分利用资源。研究表明，通常有效的管理幅度是在 7～12 人。但是，管理幅度的大小也是因人、因工作而异的。有效管理幅度的影响因素见表 11-1。

表 11-1 **有效管理幅度的影响因素**

主要因素	具体因素	影 响
工作能力	主管人员的工作能力	工作能力较强，则管理幅度较大；工作能力较弱，则管理幅度较小
	下属人员的工作能力	工作能力较强，则管理幅度较大；工作能力较弱，则管理幅度较小
工作内容和性质	主管所处的管理层次	越接近组织高层，管理幅度越小
	下属工作的相似性	下属工作的内容和性质相近，则管理幅度相对较大
	工作的程序性或自由度	工作越程序化，自由度越小，管理幅度越大
工作条件	信息手段的配备情况	信息手段越先进，管理幅度越大
	工作地点的接近性	同一主管人员领导下的下属工作地点越分散，管理幅度越小

管理层次、管理幅度和组织规模之间存在着比例关系。在一定的组织规模下，管理层次与管理幅度成反比，即每个主管所直接领导的下属人数越多，所需的管理层次就越少。在管理幅度给定的条件下，管理层次与组织规模大小成正比，组织的规模越大，人员数量越多，那么所需要的管理层次就越多。

2) 职权

组织中一个重要的概念就是“职权”，即组织中赋予某一管理职位的做出决策、发布命令和进行奖惩的权力。职权与组织内的一定职位相关，是依附于职位而不是依附于具体人的，所以通常也被称做制度权或法定权力。

(1) 集权与分权

职权在整个组织中的分布可以是集中化的，即“集权”，指决策权在很大程度上向处于较高管理层次的职位集中；职权也可以是分散化的，即“分权”，指决策权在很大程度上分散到处于较低管理层次的职位上。影响集权与分权程度的主要因素见表 11-2。

表 11-2　　影响集权与分权程度的主要因素

因素	适合集权的情况	适合分权的情况
经营活动性质和环境条件	经营活动常规化，环境比较稳定	经营活动灵活和创新性高，环境不稳定
组织规模和空间分布	规模较小，空间分布集中	规模较大，空间较分散
决策的重要性	重要性高，涉及较高的费用支出或影响面较大	重要性较低，影响面不大
管理者和员工的素质	人员素质较低	人员素质普遍较高
领导风格	自信独裁的领导者	民主型领导者

过度集权往往会带来一系列弊端，主要表现在：

- 降低决策的质量和速度。
- 降低组织的适应能力。
- 致使高层管理者陷入日常管理事务中，难以集中精力处理企业发展中的重大问题。
- 降低组织成员的工作热情和工作满意度。
- 妨碍对后备管理队伍的培养。

因此，组织中需要实行适当的分权。分权可以通过两种途径来实现：一是从组织的制度上改变对管理权限的分配；二是主管人员在工作中充分授权。管理者的授权行为是促进组织达到分权状态的重要途径。所谓授权，就是指上级管理者随着职责的委派而将部分职权委让给对其直接报告工作的部属的行为，也就是管理者不去做别人能做的事，而只做那些必须由自己来做的事。科学、合理的授权必须要注意明确授权的范围，并使下属的责、权、利相符，同时也不能放任自流，要注意监督和反馈。

（2）直线职权和参谋职权

在组织中，直线职权与参谋职权是两类不同的职权关系。直线关系本质上是指挥和命令的关系，直线人员所拥有的是一种决策和行动的权力；相反，参谋关系则是一种服务和协助的关系，授予参谋人员的只是思考、筹划和建议的权力。

参谋职权通常可以分为以下几种类别：

- 建议权。参谋人员提供建议、提案或协助，其意见可能得到有关人员的欢迎和采纳，也可能被置之不理。
- 强制协商权。参谋人员的影响力在一定程度上有所提高，有关人员在做出决定之前必须先询问和听取参谋人员的意见。
- 共同决定权。参谋人员的权限提高到了足以影响直线人员自主决定权的程度。直线人员不仅要在做出决定前认真地听取参谋人员的意见，而且在采取行动时还须得到参谋人员的同意和许可。

• 职能职权。允许参谋人员对有关人员直接下达指示，而且这些指示要像来自直线主管的命令一样得到同等的重视。通常是在参谋人员的专门知识和技能是开展某项工作的重要条件的情况下采用。

为了更好地理解直线职权和参谋职权，还需要将之与直线部门和参谋部门的概念区分开来。直线部门和参谋部门是根据不同管理部门或人员在实现组织目标过程中的作用来进行区分的，将那些对组织目标的实现有直接责任的部门称为直线部门，而把那些协助直线人员工作而设置的辅助于组织基本目标实现的部门称为参谋部门。例如，制造业企业中致力于生产或销售的部门就是直线部门，而人事、财务等部门则是参谋部门。参谋部门与直线部门的关系通常是一种参谋职权关系，但在其行使职能职权的场合，参谋部门对受其权力影响的直线部门，实际上就构成了一种直线职权的关系。而且，参谋部门对其内部人员的管理，本质上也是直线职权。

11.2 常见的组织结构形式

组织结构形式可以多种多样，但是在现实组织中得到采用并占主导地位的组织结构形式主要有直线制、职能制、直线职能制、矩阵制、事业部制等。

11.2.1 直线制

直线制形式是一种最古老的组织形式，最初在军事系统中得到广泛应用，后推广到企业管理工作中来。其突出特点是，高层决策，集权程度高，只设直线部门，不设参谋部门，至多只几名助理协助厂长（或经理）工作。如图 11-1 为直线制组织结构形式，这种方式只在一些小型企业中才有使用。

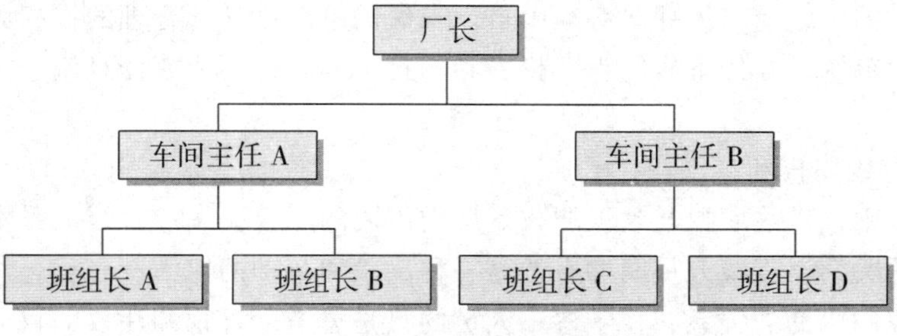

图 11-1 直线制组织结构形式

11.2.2 职能制

职能制组织结构形式（如图 11-2 所示）是在提倡管理工作分工的“科学管理之父”泰勒所提出的职能工长制基础上演化而来的。其主要特点是，采用专业分工的职能管理者代替直线制的全能管理者，设立各专业领域的职能部门和职能主管，由他们在各自负责的业务范围内向直线系统直接下达命令和指示。各级直线管理者除了服从上级直线领导的指挥，还要服从上级职能部门在其专业领域的指挥。

因此，双重指挥成为这种组织结构的硬伤。职能制在现实中并没有得到广泛使用，用得更多的是它的变形——直线职能制。

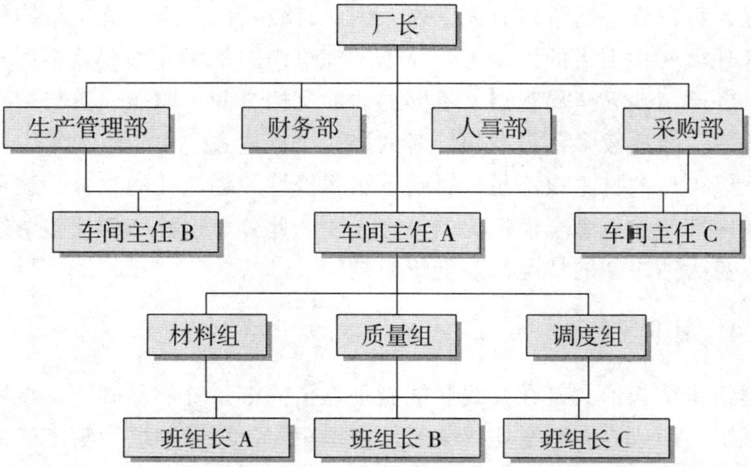

图 11-2　职能制组织结构形式

11.2.3　直线职能制

直线职能制组织结构形式（如图 11-3 所示）是对职能制组织结构形式的一种改进。与职能制相同的是进行专业化分工，但是负责某一专业领域管理工作的职能部门只具有参谋职权，不具有直线职权，只有各级直线主管才具有对下级进行指挥和下达命令的权力。直线职能制在一些处在较稳定环境的中小企业中使用较多。

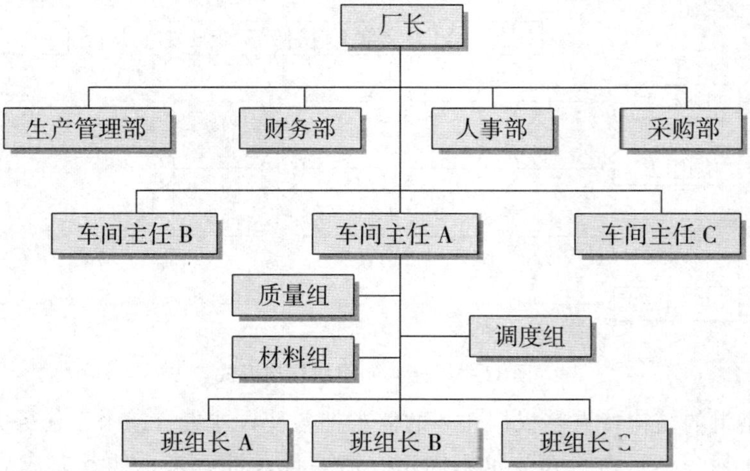

图 11-3　直线职能制组织结构形式

直线职能制组织结构适应于外部环境比较稳定、技术相对固定、不同部门之间的相互依存性较小、企业规模不大的情况。这种组织结构不需要太多的横向协调，可以主要通过纵向的层级实现控制和协调，因此，效率较高。在公司中，直线部门的有效指挥和职能部门的参谋服务相得益彰。

直线职能结构之所以被广泛地采用，是由于它具有许多优点。这种结构分工细密，任务明确，且各个部门的职责具有明显的界限。各职能部门仅对自己应做的工作负有责任，可以专心从事这方面工作，因此有较高的效率。这种结构的稳定性较高，在外部环境变化不大的情况下，易于发挥组织的集团效率。其不利方面是缺乏信息交流，各部门缺乏全局观点，不同的职能机构之间、职能人员与指挥人员之间目标不易统一，矛盾较多，最高领导者的协调工作量大。由于权力集中在直线部门的上级，下级单位的自主权不足，影响下级积极性、创造性的发挥。这种结构还不易于从企业内部培养熟悉全面情况的管理人才。此外，这种结构使整个组织系统刚性较大，不易为适应新的情况而改变组织结构。

11.2.4 矩阵制

矩阵制组织结构形式是在直线职能制垂直指挥链系统的基础上，再增设一种横向指挥链系统，形成具有双重职权关系的组织矩阵，所以称之为矩阵制组织。通常是为了完成某一项目，从各职能部门中抽调完成该项目所必需的各类专业人员组成项目组。这些被抽调来的人员，在行政关系上仍归属于原所在的职能部门，但工作过程中要同时接受项目经理的指挥，因此他实际上拥有两个上级。项目组任务完成以后，便宣告解散，各类人员回到原属部门等待分派新的任务。因此，在那些较多以项目形式开展工作的组织中，矩阵制得到广泛使用。最典型的例子是电影制片厂的摄制组（如图 11-4 所示）或企业中的研发项目小组。

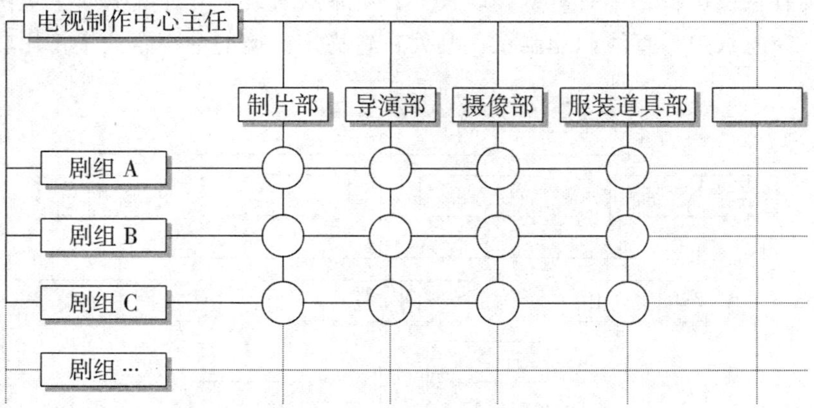

图 11-4 矩阵制组织结构形式

项目小组的结构特点是根据任务的需求把各种人才集合起来，任务完成后小组就解散。在某一小组内，人员也不固定，需要谁，谁就来，任务完成后就可以离开，所以一个人可以同时参加几个工作小组。例如，一个演员可以同时参加几个摄制组。工作小组的优点是适应性强，机动灵活，容易接受新观念、新方法；各个成员像一个球队的运动员一样，都了解整个小组的任务和问题，责任感强，积极性高。其缺点是缺乏稳定性，人员流动较大，而且存在双重指挥的弊病。

11.2.5　事业部制

事业部制组织结构形式（如图 11-5 所示）最初由美国通用汽车公司副总裁斯隆创立，故被称为“斯隆模型”。事业部制是在一个企业内对具有独立产品市场或地区市场并拥有独立利益和责任的部门实行分权化管理的一种组织结构形式。其具体做法是，在总公司下按产品、地区、销售渠道或顾客分设若干事业部或分公司，使它们成为自主经营、独立核算、自负盈亏的利润中心。总公司只保留方针政策制定、重要人事任免等重大问题的决策中心，其他权力尤其是供、产、销和产品开发方面的权力尽量下放。通过实行“集中政策下的分散经营”，将政策控制集中化和业务运作分散化思想有机地统一起来，使企业最高决策机构能集中力量制定公司总目标、总方针、总计划及各项政策。事业部在不违背公司总目标、总方针和总计划的前提下，充分发挥主观能动性，自主管理其日常的生产经营活动。事业部制是在多个领域、地域从事多种经营的大型企业所普遍采用的一种典型的组织结构形式。

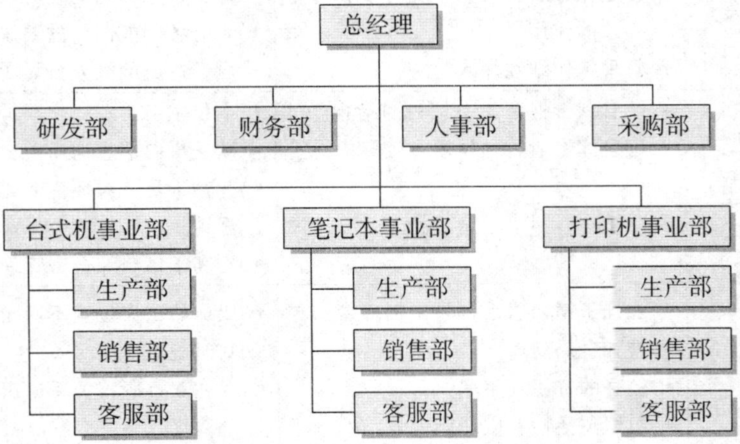

图 11-5　事业部制组织结构形式

事业部制组织结构具有许多显著的优点。它能使最高管理部门摆脱日常行政事务，成为坚强有力的决策机构，并使各个事业部发挥经营管理的主动性，而高层领导不致忙于协调、监督等较低层的管理工作。这种结构既有较高的稳定性，又有较高的适应性。这种结构还是培养管理人才的最好组织形式之一。分权化的事业部经理与一家独立公司的高层所面对的问题几乎是一样的，他应考虑市场、人力、技术，考虑今天和明天，所不同的只是不必负责有关财务资源与供应。所以事业部制在培养和考验着未来的领导人才。此外，事业部制组织结构扩大了有效控制的跨度，使上级领导直接控制下层单位的数目增加。

事业部制组织结构也有其相对不足的地方。比如，对事业部一级的管理人员水平要求较高。每个事业部都相当于一个单独的企业，事业部经理要熟悉全面业务和管理知识才能胜任工作。另外，集权与分权关系比较敏感，一旦处理不当，可能影响整个组织的协调一致。而且，各事业部皆有完备的职能部门，管理人员增多，管理成本较高。

11.2.6 选择合适的组织结构形式

上述介绍的每种组织结构形式都代表了一种工具，这种工具依靠组织条件的要求，帮助管理者使组织更加有效地运行。表 11-3 中对常见的组织结构形式的优缺点进行对照，高层管理者应该不断对组织结构进行评价，以选择最为适合的模式。

表 11-3　　几种常见组织结构形式的优缺点对照

组织结构形式	主要优点	主要缺点
直线制	• 管理结构简单 • 指挥命令关系清晰、统一 • 决策迅速 • 管理费用低	• 管理工作专业化分工 • 管理简单、粗放 • 缺乏横向联系
职能制	• 专业化分工，有利于充分发挥专业人才的作用 • 管理工作细致深入	• 多头领导，削弱统一指挥 • 有时各职能部门的要求可能相互矛盾，造成下级人员无所适从
直线职能制	• 既有利于保证集中统一的指挥，又可发挥专业管理作用	• 本位主义 • 缺乏横向信息沟通 • 弹性不足，对环境变化的反应比较迟钝 • 不利于培养综合型管理人才
矩阵制	• 加强了横向联系，易于培养合作精神和全局观念 • 较高的资源利用率 • 组织灵活性和应变能力强	• 成员的工作位置不固定，容易产生临时观念 • 存在双重职权关系，出了问题难以分清责任
事业部制	• 专门化管理和集中统一领导相结合 • 责、权、利关系比较明确 • 利润中心有利于调动中层管理人员的积极性 • 有利于培养综合型高级经理人才	• 对事业部负责人要求较高 • 容易造成职能重复，管理费用上升 • 易产生对公司资源和共享市场的不良竞争 • 总公司和事业部之间处理集分权关系的难度较大

当组织结构不适合组织的要求时，就会出现一个或多个组织无效的特征。常见的组织无效特征主要有以下三点：

（1）决策迟缓或质量不高。由于决策者所处的组织层级中聚集了过多的问题，以至于他们的负担过重。高层级的管理者向低层级人员的授权不够。另外，如果组织中的信息沟通渠道不合理，信息不能及时传递给需要它的人，也会导致决策缓慢或决策质量差。

（2）组织不能创造性地对正在变化的环境做出反应。组织缺乏创新的一个原因在于部门之间不能很好地进行横向协调。不同部门对问题的识别和界定不一致也使得组织不能很好地对环境变化做出反应。

(3) 明显过多的冲突。当组织中出现的冲突过多，特别是部门之间的目标冲突，或者各部门各行其是，这些都是由于横向沟通机制不良而导致的问题。

因此，当发现组织中出现无效特征时，就应该思考组织结构与设计方面的问题，考虑是否应该对组织结构的某些方面进行调整。

11.3　组织结构发展的新趋势

随着全球化和知识经济的发展，组织结构形式朝更加灵活的方向发展，使得组织能够更加迅速地应对外部环境的变化。其中一个比较重要的变化趋势是组织中纵向的层级减少，横向的整合更加强大，组织呈现出扁平化和横向化的特征。另一个比较重要的趋势是组织的内部部门之间以及组织与组织之间的边界变得模糊，呈现出网络化和虚拟化的趋势。

11.3.1　横向型组织

横向型的组织结构弱化了纵向的层级，打破刻板的部门边界，注重横向的合作与协调，这种组织结构具有以下特征：

(1) 组织结构是围绕工作流程或者过程建立起来的，而不是围绕部门职能建立起来的，传统的部门边界被打破。

(2) 减少纵向的组织层级，使组织扁平化。

(3) 管理者更多的授权给较低层级的员工。员工经常运用自我管理的团队形式工作。

(4) 体现出顾客和市场导向。经常围绕顾客和市场的需求组织工作流程，建立相应的横向联系。

图 11-6 就是一个典型的横向型组织。

在这种横向型的组织中，自我管理团队成为组织中的基本构件。这些自我管理团队被授权可以获得完成整个任务所需的资源，包括原材料、信息、设备等；团队中包括各个职能的员工，如工程、生产、财务、营销等；团队被赋予了决策权，可以自主进行计划、解决问题、决策优先次序、支配资金、监督结果等。过程协调者是专门从事协调不同团队活动的人或团队。

横向型组织的优势在于使组织适应迅速变化的外部环境要求，并且提高顾客满意度，不同职能之间能够无障碍的沟通，员工的工作热情和士气会比较高。但是，横向型组织对管理者和员工的素质要求都比较高。管理者需要懂得参与式管理，需要具备教练式管理者的技能，而员工则需要适应在团队中自主工作的要求。

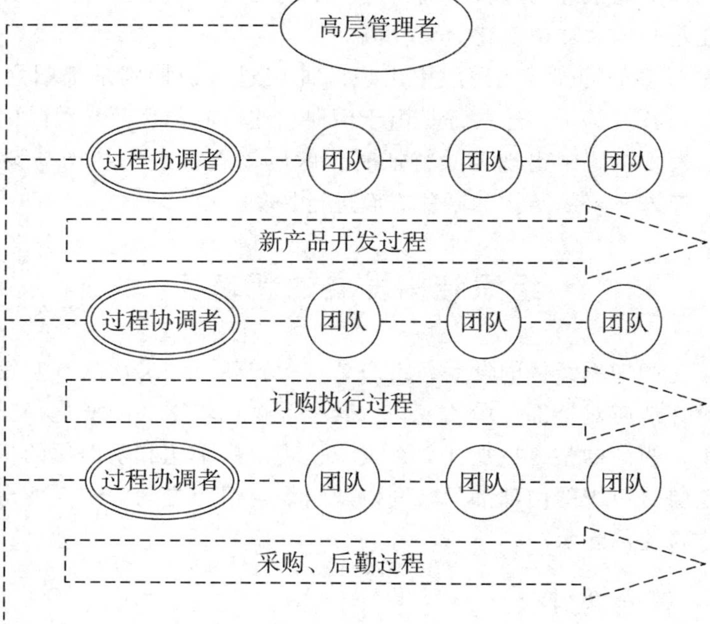

图 11-6　横向型组织

11.3.2　无边界组织

在传统的组织结构形式中，无论采取哪种形式，一个组织与另一个组织的界限以及组织内部不同部门之间的界限都是清晰的。由于人们能够清楚地将责任区分开来，所以总是能听到这样的话："这不是我的事情"，或者"这件事不归我管"。每个人、每个部门、每个组织都被明确地划分了自己该做什么，这样的安排是非常不灵活的，难以适应迅速变化的环境。

组织内外的边界常常使创造性受到制约，浪费时间，降低效率，限制了组织发展的速度。考虑到传统组织结构形式的这种局限性，通用电气（GE）的 CEO 杰克·韦尔奇（J. Welch）提出了无边界组织（boundaryless organization）的概念。在无边界组织中，指挥链减弱了，控制范围缩小，僵化的部门划分让位于得到授权的团队。组织中个体的职责也不像原来那么固定不变，而是成为带有流动性、没有清晰界定的角色。在韦尔奇看来，通用电气并没有完全成为无边界组织，但它已经朝着这个方向做了很多努力。

在无边界组织中，例如在一个制造企业里，人们再也不像传统的组织那样依次完成某些工作，比如先设计产品，然后生产，然后再进行市场和销售，而是由来自不同专业领域的人们（研发、设计、生产、市场、销售等，甚至包括供应商和客户）形成团队，大家协调努力，更快、更好地完成工作。消除了传统的组织内外边界的限制，人们再也不用受到狭隘的角色限制，能够更充分地发挥创造力，以更高的效率进行工作。

无边界组织要想有效运作，必须要满足一些条件，这些条件与成功的团队运作的条件大体相同，包括：彼此之间充分的信任；各方都拥有较高的技能，这样就不需要太多的管理者指导；管理者必须愿意放弃自己的一部分权力等。

无边界的概念既包括打破企业内部的边界，也包括打破企业外部的边界。打破企业内部边界主要是在企业内部形成多功能团队，代替传统上割裂开的职能块或部门。打破企业的外部边界则是与外部的供应商、客户包括竞争对手进行战略合作，建立合作联盟，因为这种合作会使双方都获得自己单独无法获得的利益。无边界组织可以用图 11-7 来表示。

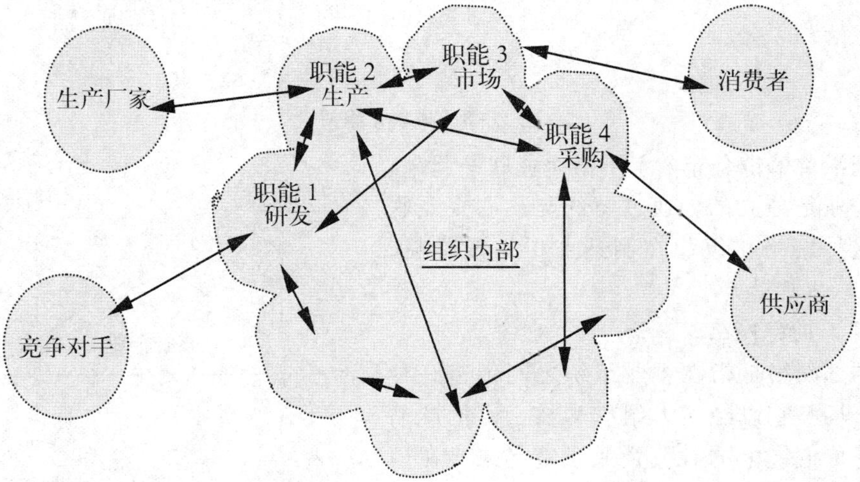

图 11-7　无边界组织

11.3.3　组织的网络化与虚拟化

从打破外部边界的角度来讲，无边界组织的基本表现就是网络化和虚拟化。

1）网络化组织

组织的网络化是针对某一企业组织而言，以该企业为核心，由相关企业组织联合而成的一种企业组织网络。在组织网络中有主次之分，网络中其他企业可以看做是核心企业组织边界的扩展，或者看做核心企业组织边界的模糊。

网络化的一种表现形式就是模块化组织（modular organization）（如图 11-8 所示）。模块化组织的典型特征是将自己的非核心业务外包（outsource）给周边的其他组织。例如，世界著名的运动服装和运动鞋公司锐步（Reebok）本身并不拥有厂房，它将自己的生产业务都外包给东亚等地的一些工厂，一方面，这些工厂的劳动力成本比较低廉；另一方面，锐步可以更专注地进行消费者偏好的研究，不断提高产品的市场竞争力。

组织的网络化主要包括三种类型：

（1）稳定的网络

稳定的网络可以看做是传统职能型企业组织的扩展，它以成品企业组织为核

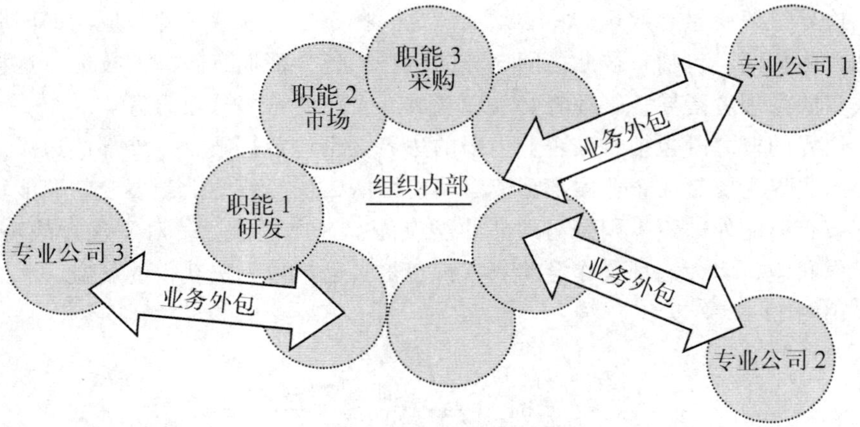

图 11-8　模块化组织

心，把沿价值链分布的上下游企业联结起来。每个企业是独立的，通过契约与核心企业联结。这种网络化组织在制造业中比较常见，如图 11-9 所示。

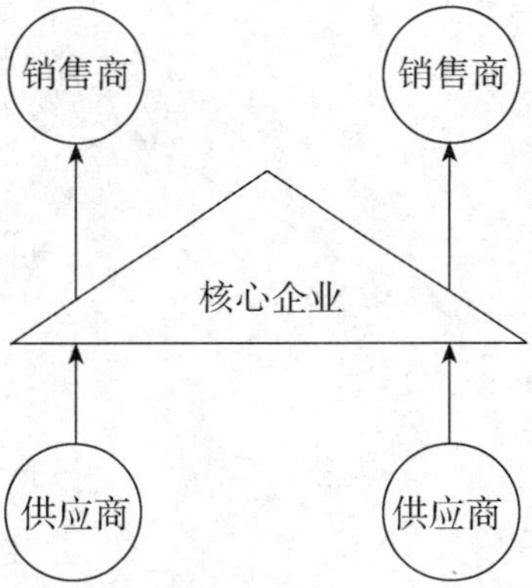

图 11-9　网络化组织：稳定的网络

（2）内部网络

内部网络是指在企业组织之间创造一种内部市场。它以经纪人组织为核心，把产品或服务价值链上的有关企业联结起来。在内部网络结构中，网络成员之间以市场上的公开价格购买彼此的产品和服务，通过内部市场机制和经纪人组织进行协调运作。内部网络的目的是通过稀缺资产的效用共享及管理和技术知识的持续发展和交换而获得竞争优势。图 11-10 就是一个内部网络式的网络化组织示意图。

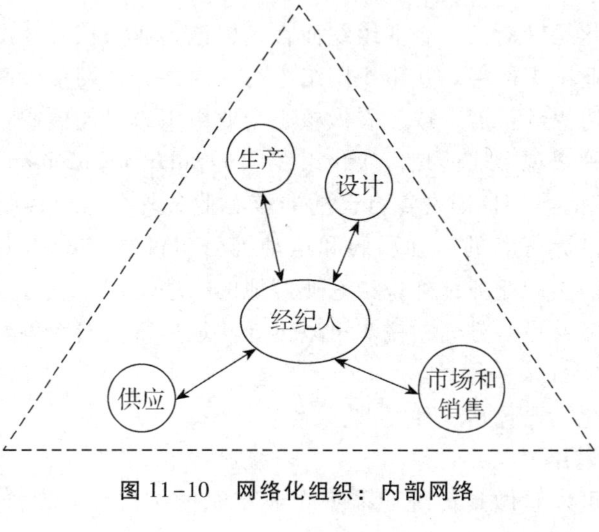

图 11-10　网络化组织：内部网络

(3) 动态网络

动态网络是以经纪人组织为核心，把产品或服务价值链上的有关企业联结起来。与内部网络不同的是，各类相关企业不是一个而是多个，经纪人可根据需要不断组合，可同时组合多个网络，完成使命后即解体。图 11-11 就是一个动态网络的示意图。

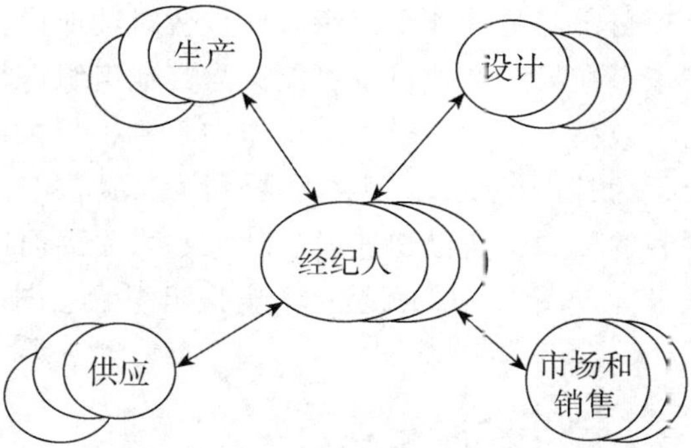

图 11-11　网络化组织：动态网络

网络化组织有时又叫蛛网或群集组织。只有实现下列大部分因素，网络设计才能存在：

• 独特的能力，通过新颖的方式把资源结合起来进行创新和调整，维持其优越性。

• 必须合作来完成其任务的人们对责任的分担。

• 在目标设定中，必须制定与一个或多个外部利益相关者的满意相联系的目标。

• 内部和外部的开放沟通。

• 信息技术的使用。

• 相互依赖的员工保持合作而非竞争的态度。

• 组织文化倾向于有机系统，而非层级系统。

• 个别团体、部门不把自己看做孤岛，而是与其他个人和单位在高层次目标和报酬上有联系。

2) 虚拟组织

虚拟组织（virtual organization）概念是在 1991 年由 Preiss 等人向美国国会提交的一份报告——《二十一世纪的生产企业研究：工业决定未来》中首次提出的。他们认为，虚拟公司是由独立公司形成的临时性网络。这些公司包括供应商、顾客甚至是以前的竞争对手，它们通过信息技术被连接起来共同分享技能，共同承担成本，共同利用相互的市场。虚拟组织是一种高度灵活化的组织结构形式，由具有共同目标、共享资源的组织形成一个网络，因此，虚拟组织也是网络型组织结构。组织的虚拟化是组织网络化的极端形式，是依赖网络技术革命而实现的企业组织转型。虚拟化和网络化的区别之一在于它们对网络技术的依赖程度不同。

虚拟组织是利用现代信息技术手段而建立和发展起来的一种新型组织结构。现代信息技术使企业与外界的联系加强了，利用这一有利条件，企业可以重新考虑自身机构的边界，不断缩小内部生产经营活动的范围，相应地，扩大与外部单位之间的分工协作。虚拟组织只保留很精干的中心机构，以契约关系的建立和维持为基础，通过一种互惠互利、相互协作、相互信任和支持的机制来进行密切的合作。虚拟组织往往是在某个项目上与另外几个组织合作，暂时性地形成一个新组织，项目结束之后合作就结束了，在另一个项目中可能又与其他组织进行合作。组织的这种网络化结构大大提高了效率。例如，IBM 公司能在不到一年的时间内开发 PC 机成功，依靠的是微软公司为其提供软件，英特尔公司为其提供芯片。网络化结构使组织可以利用社会上现有的资源使自己快速发展壮大起来，因而成为目前国际上流行的一种新形式的组织设计。图 11-12 就是一个虚拟组织示意图。

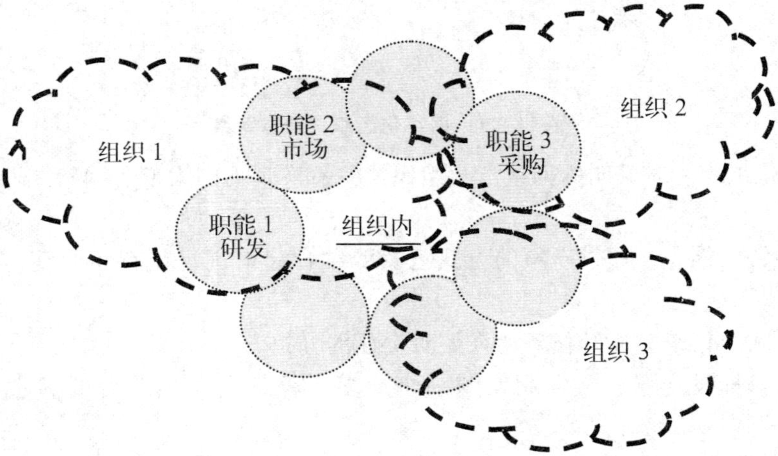

图 11-12　虚拟组织

组织的虚拟化有两个层次：第一个层次是单体组织虚拟化，即组织从传统运作方式改为以 IT 网络为基础的运作方式；第二个层次是组织之间关系层面的虚拟化，即地域分散的组织捕捉共同的市场机会，在电子空间结合，形成临时合作团体。组织的虚拟化可以分为两种类型：一种是创造虚拟办公空间，即同一组织的员工置身不同地点，但是通过电子手段使他们如同在同一办公大厦中一样；另一种是虚拟经营，即不同企业的员工通过 IT 网络的连接，使他们暂时如同属于同一企业一样。

个案分析

未来广告公司的组织结构

未来广告公司是拥有 200 余名员工的大型广告公司，业务遍及海内外。就广告业务来说，具体工作内容有：

（1）与老顾客建立稳固的联系，寻找新的顾客。

（2）对承揽的广告业务进行文字和艺术创作等平面设计。

（3）对广告内容进行电视制作、路牌制作，以及其他制作。

（4）调查各种新闻媒体的性质、栏目、时间、版面、价格，决定整段时间、整段版面、整段地段购买，还是分别购买，并与新闻媒体保持联系。

（5）帮助顾客设计陈列方式、包装样式。

（6）帮助顾客调查市场、估计潜力、确定广告影响等。

（7）对电视、电台、报纸、杂志进行广告代理。

问题：

1. 请就上述 7 个方面工作内容，给未来广告公司设计出至少 2 种组织结构模式，并用组织结构图表示出来。

2. 请分析每种组织结构模式的利弊，以提供给公司老总选择。

本章小结

正式组织是由管理者通过正式的筹划而建立起来的，有明确的目标、任务、结构、职能以及由此形成的成员间的责权关系，并借助组织结构图和职务说明书等文件予以明确规定。组织设计的两大关键任务是分工和整合。组织设计的基本要素包括管理层次与管理幅度、集权与分权、直线职权与参谋职权等。

组织结构形式可以多种多样，主要有直线制、职能制、直线职能制、矩阵制、事业部制等。不同的组织结构形式具有各自的优缺点，适合不同情况的组织。

组织结构发展的新趋势主要包括横向型组织、无边界组织、组织的网络化与虚拟化。

关键概念

组织　直线制　职能制　直线职能制　事业部制　矩阵制　无边界组织

复习思考题

1. 分工与整合各指什么？有哪些具体内容？

2. 什么是管理层次和管理幅度？两者之间有什么关系？

3. 什么是直线职权和参谋职权？

4. 直线制、职能制、直线职能制、矩阵制、事业部制组织形式各有哪些优点和不足？

5. 什么是横向型组织？

6. 什么是无边界组织？

7. 什么是组织的网络化和虚拟化？

第12章 /组织文化

学习目标

本章主要讲述组织文化，组织文化是企业的灵魂之所在，读者通过学习能够了解组织文化的内容和结构，明白组织文化的特性和影响因素，掌握组织文化的策划、更新、塑造、心理机制以及方法论，并且知道领导者对于组织文化建设的重要性。

引例：上海无线电十八厂的组织文化建设

上海无线电十八厂的“飞跃精神”是“一切为用户着想”。为了使之深入人心，全厂开展了“假如我是用户，应该怎么办”的大讨论。在讨论中，厂长提出销售部门“要站在用户立场上对厂长提出要求”；技术服务部门提出“过了保修期，用户仍然是上帝”；为了切实维护用户利益，工厂还把售后服务由“三包”换成“三保”（保证提供优质产品，保证提供优质服务，保证提供优质维修件）。通过这些活动，全厂职工都把“心中想着用户”看做当然的职业道德，形成了共识。

无论从宏观还是微观角度来讲，文化因素无疑对组织行为具有重要影响和巨大的意义。组织文化是组织成员在认识和行为上的共同理解，它贯穿于组织全部活动的始终，影响组织的全部工作，决定组织中全体成员的精神面貌和整个组织的素质、行为和竞争能力，对组织文化的研究，将有助于我们对组织成员乃至整个组织行为的理解、预见和把握。

本章着重从微观角度探讨组织文化建设对组织行为的影响及作用机制。

12.1 组织文化的内涵

组织文化，是指组织在长期的生存和发展中所形成的，为组织多数成员共同遵循的最高目标、基本信念、价值标准和行为规范。它是理念形态文化、制度-行为形态文化和物质形态文化的复合体。

组织文化是一种客观存在，无论它属于优良的文化还是劣性文化，它的存在是客观的。从一个组织诞生那一天开始，组织成员在长期的共同活动中，必然会形成一些独特的行为方式，独特的风俗习惯，以及蕴藏其中的独特的价值观念。这一切构成了组织传统，这个传统在组织成员之间传播并得到加强，这就是该组织的微观文化，或“小气候”。

组织文化一般可分为三个层次，其结构示意图如图 12-1 所示。

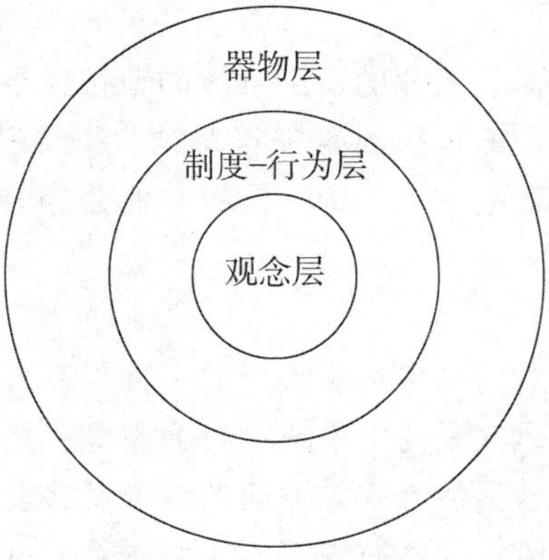

图 12-1　组织文化的结构示意图

12.1.1　观念层（内隐层次）

观念层是组织文化的核心和主体，是形成物质层和制度层的基础和原因，主要指组织的领导和员工共同信守的基本信念、价值标准、职业道德及精神风貌。组织文化中有无观念层是衡量该组织是否形成了自己的文化的标志和标准。

组织文化观念层次包括组织最高目标、组织核心价值观、组织哲学、组织精神、组织风气、组织道德、组织宗旨。这七个内容中，组织最高目标和组织核心价值观最为重要，是群体价值观的主要部分。

（1）组织最高目标（组织愿景）

它是组织的终极发展目标、全体员工的长期追求，是组织共同价值观的集中表现。组织最高目标反映了组织领导者和员工的共同理想，是组织文化建设的出发点和归宿。凡是优秀的组织无一不是把对国家、对民族、对社会的责任放在组织目标的首位，明确的最高目标是组织全体员工凝聚力的焦点，可以以此充分发动各级组织和员工，从而调动他们的积极性、主动性和创造性。组织最高目标的设置是防止短期行为、促使组织健康发展的有效保证。

（2）组织核心价值观

组织核心价值观是组织最重要的、指导全局的、长期不变的价值标准和基本信念。它是组织存在和发展的基本动力，也是一个组织区别于其他组织的主要特征。组织的管理理念、经营理念以及各职能观念可以随时间的推移而改变，但组织的核心价值观是长期不变的。著名的“丰田纲领”、IBM 的三条价值观、HP 的五条价值观，以及中国移动的“正德厚生，臻于至善”，都是这些企业的灵魂。

（3）组织哲学

它是组织领导者对组织长远发展目标、发展战略和策略的哲学思考，是处理企业生产经营过程中发生的一切问题的基本思维方法。其形成由组织所处的内外环境决定，并受组织主要领导者思想方法、政策水平、实践经验、个人素质等因素的影响。

（4）组织精神

它是组织有意识地提倡、培养的员工群体的精神风貌，是对组织现有的观念意识、传统习惯、行为方式中的积极因素进行总结、提炼及倡导的结果。20 世纪 60 年代的“大庆精神”“大寨精神”，90 年代的“海尔精神”，是最具时代特点的组织精神。

（5）组织风气

它是指组织在生产经营活动中逐步形成的一种带有普遍性、重复出现且相对稳定的行为心理状态。组织风气是约定俗成的行为规范，是组织文化在员工的思想作风、传统习惯、工作方式、生活方式等方面的综合反映。组织风气是组织文化的直观表现，组织文化是组织风气的本质内涵。人们总是通过组织全体员工的言行举止来感受组织风气，并体会该组织的文化氛围。

（6）组织道德

组织道德是指在特定的组织内，人们共同的伦理准则和规范。组织道德就其内容来看，主要包含调节职工与职工、职工与组织、组织与社会三方面关系的行为准则和规范。组织道德是社会道德的一部分，又带有明显的特定组织的特点。

（7）组织宗旨（组织使命）

组织宗旨是指组织处理与利益相关者关系的根本指导思想，及其相应的社会承诺。在市场经济环境下，诸如“客户至上、诚信至上、服务至上”“回报客户、成就员工、造福社会”等，是典型的组织宗旨的表述。

12.1.2 制度-行为层（中间层次）

制度-行为层包括组织制度和组织规定的行为规范，它约束组织成员的行为，维持组织活动的正常秩序。制度-行为层包括：

（1）一般制度。这是指各组织存在的一些带有普遍意义的工作制度和管理制度以及各种责任制度，这些普遍采用的成文的制度，对员工的行为起着约束作用，保证组织有序运转。如董事会制度、监事会制度、生产管理制度、人事管理制度、劳动管理制度、财务管理制度，以及经理负责制、岗位负责制、职代会制、按劳取酬的分配制度等。

（2）特殊制度。这是指本组织特有的一些非程序化的制度，如员工评议干部制度、总结表彰制度、管理人员受控制度、干部员工平等对话制度等。与一般制度相比，特殊制度更能反映一个组织的管理特点和文化特色。有良好文化的组织，必然有多种多样的特殊制度。例如，海尔的“日清日高”制度。

（3）组织风俗。这是指组织内部长期形成、约定俗成的一些特殊典礼、仪式、风俗、节日、活动等，属于特殊风俗范畴。例如，生日活动、星期五啤酒聚会、内部奥林匹克运动会、春节联欢晚会、集体婚礼、厂庆日活动、卡拉 OK 大赛等。

组织风俗与一般制度及特殊制度有所不同，不是表现为准确的文字条目形式，也不需要强制执行，而是完全依靠习惯、偏好的力量维持。组织风俗由观念层主导，又反作用于观念层。

（4）员工行为规范。这包括领导层、中层管理者、基层管理者，以及普通员工的行为规范，它们可以是明文规定的，也可以是约定俗成的（即“潜规则”）。

12.1.3 器物层（外显层次）

器物层又可以称为符号层，是组织文化在物质层次上的体现，是组织文化的表层部分，是群体价值观的物质载体。

它包括组织名称、标志、标准字、标准色，厂旗、厂服、厂标、厂容厂貌，产品样式和包装、设备特色、建筑风格，纪念物、纪念建筑等，它们看得见、摸得着。

组织文化的传播网络，如组织内部的报纸、刊物，组织文化手册，标语牌、广告牌，内部广播、内部电视等，这是组织文化传播的物质载体。

组织的业余文化活动及其成品——摄影作品、电影、录像、美术作品、文学作品、歌舞作品等，也属于器物层范畴。

12.2 组织文化的特性

文化是由人类创造的不同形态的特质所构成的复合体，它是一个庞大的丰富而复杂的系统，既包含社会文化、民族文化等主系统，也包含社区文化、组织文化等属于亚文化层次的子系统。由于文化的层次不同，其所具有的功能、担负的任务、所要达到的目的也不同。组织文化作为一种子系统文化，其特性主要包括以下四个方面。

12.2.1 无形性

组织文化所包含的共同理想、价值观念和行为准则是作为一个群体心理定势及氛围存在于组织员工中的，在这种组织文化的影响下，员工会自觉地按组织的共同价值观念及行为准则去工作、学习、生活。这种作用是潜移默化的，是无法度量和计算的，因此组织文化是无形的。

组织文化是一种信念的力量，这种力量能支配、决定组织中每个成员的行动方向，能引导、推动整个组织朝着既定目标前进。

组织文化是一种道德的力量，这种力量促使其成员自觉地按某一共同准则调节和规范自身的行为，并转化为成员内在的品质，从而改变和提高成员的素质。

组织文化是一种心理的力量，这种力量能使组织员工在各种环境中都能有效地控制和把握自己的心理状态，使组织成员即使在激烈的竞争及艰难困苦的环境中也能有旺盛的斗志、乐观的情绪、坚定的信念、顽强的意志，因而形成整个组织的心理优势。

以上三种力量互相融通、促进，形成了组织文化优势，这是组织战胜困难、夺取战略性胜利的无形力量。

组织文化虽然是无形的，但却是通过组织中有形的载体（如组织成员、产品、服务、设施等）表现出来的。没有组织，没有员工、设备、产品、服务、资金等有形的载体，组织文化便不复存在。

组织文化作用的发挥有赖于组织的物质基础，而物质优势的发挥又必须以组织文化为灵魂，只有组织的物质优势及文化优势实现最优组合，才能使组织永远立于不败之地。

12.2.2 软约束性

组织文化之所以对组织经营管理起作用，主要不是靠规章制度之类的硬约束，而主要是靠其核心价值观对员工的熏陶、感染和诱导，使组织员工产生对组织目标、行为准则及价值观念的“认同感”，自觉地按照组织的共同价值观念及行为准则去工作。它对员工有规范和约束的作用，而这种约束作用总体来看是一种软约束。员工的行为会因为合乎组织文化所规定的行为准则受到群体的承认和赞扬，从而获得心理上的满足与平衡。反之，如果员工的某种行为违背了组织文化的行为准则，群体就会来规劝、教育、说服这位员工服从组织群体的行为准则，否则他就会受到群体意识的谴责和排斥，从而产生失落感、挫折感及内疚感，甚至被群体所抛弃。组织中存在的这种群体压力，是组织文化软约束力的内在机制。

12.2.3 相对稳定性和连续性

组织文化是随着组织的诞生而产生的，具有特殊的历史背景和路径依赖性，因此具有一定的稳定性和连续性。组织文化一旦形成就不易改变，能长期对组织员工行为产生影响，不会因为日常细小的经营环境的变化或个别干部及员工的去留而发生变化。这种组织惰性使文化变成一种习惯势力，即文化积淀或文化传统。如果这种传统是良性的、积极向上的，它就成为组织的宝贵财富。但是，如果这种传统是落后的、消极过时的，它就成为组织的沉重负担。所谓“千百万人的习惯势力，是最可怕的势力”，指的就是这种文化惰性的消极作用。

我们主张继承组织的优良传统，也主张组织文化的与时俱进。组织文化也要随组织内外环境的变化而不断地更新和变革，封闭、僵化的组织文化最终会导致组织在竞争中失败。在我国经济体制改革过程中，由于企业内外环境及企业领导体制等发生了重大的变化，企业文化中如价值观、经营哲学、发展战略等都会发生很大变化，若企业仍然抱残守缺、不肯变革，终究会走上破产的道路。因此，在保持组织文化相对稳定的同时，也要注意保持组织文化的弹性。及时更新、变革组织文化，是保持组织活力的重要因素。

12.2.4　个性

组织文化是共性和个性的统一体，一方面，各国组织大多都从事商品的生产经营或服务，都有其必须遵守的共同的客观规律，如必须调动员工的积极性，争取顾客的欢迎和信任等，因而其组织文化有共性的一面；而另一方面，由于民族文化和所处社会环境的不同，发展历史和路径的特殊性，其文化又有个性的一面，据此我们才能区别美国的组织文化、日本的组织文化和中国的组织文化。

同一国家内的不同组织，其组织文化有共性的一面，即由司一民族文化和同一国内外环境而形成的一些共同个性，但由于行业不同，社区环境不同，发展历史和路径的特殊性，各个组织的文化又互相区别，具有个性的一面。

个性是组织文化的活力源泉，没有个性的文化就没有凝聚力，没有生命力。我们要高度重视组织文化个性的培养和塑造，而要抛弃那种盲目照搬、东施效颦似的组织文化建设。我们应永远牢记：组织文化具有鲜明的个性，才能焕发活力和生命力，才能充分发挥组织文化的作用，使组织长盛不衰。

12.3　组织文化对组织行为的影响

文化因素对人力资源的开发和管理具有重要的影响和巨大的意义，文化环境是人力资源开发和成长的重要外部条件，它在一定程度上决定了人力资源在质上的规定性。具体而言，组织文化对于解决组织目标与个人目标的矛盾、领导者与被领导者之间的矛盾，开辟了一条现实可行的道路。其作用主要有：

1）导向作用

这是指把组织成员的行为动机引导到组织目标上来。为此，在制定组织目标时，应该融进组织成员的事业心和成就欲，包含较多的个人目标，同时要高屋建瓴、振奋人心。

“不怕众人心不齐，只怕没人打大旗”，组织目标就是引导成员统一行动的旗帜，一种集结众人才智的精神动力。广大成员了解组织追求的崇高目标，也就深刻地认识到了自身工作的伟大意义，不仅愿意为此而不懈努力，而且往往愿意为此做出个人牺牲。

2）规范作用

规章制度构成组织成员的硬约束，而组织道德、组织风气则构成组织成员的软约束。无论硬的和软的规范，都以群体价值观作为基础。一旦共同信念在组织成员心理深层形成一种定式，构造出一种响应机制，只要外部诱导信号发生，即可得到积极的响应，并迅速转化为预期的行为。这种软约束可以减弱硬约束对职工心理的冲击，缓解自治心理与被治现实之间的冲突，削弱由此引起的心理逆反，从而使组织成员的行为趋于和谐、一致，并符合组织目标的需要。

3）凝聚作用

文化是一种极强的凝聚力量。组织文化是组织成员的黏合剂，也是组织成员忠于组织的向心力，它把各个方面、各个层次的人都团结在组织目标的旗帜下，并使个人的思想感情和命运与组织的命运紧密联系起来，产生深广的认同感，以至于与组织同甘苦共命运。

如果说薪酬和福利形成了凝聚员工的物质纽带的话，那么共同价值观则形成了凝聚员工的感情纽带和思想纽带。

4）激励作用

组织文化的核心是确立共同价值观念，在这种群体价值观指导下发生的一切行为，又都是组织所期望的行为，这就带来了组织利益与个人行为的一致，组织目标与个人目标的结合。在满足物质需要的同时，崇高的群体价值观带来的满足感、成就感和荣誉感使组织成员的精神需要获得满足，从而产生深刻而持久的激励作用。

优秀的组织文化会产生一种尊重人、关心人、培养人的良好氛围，形成一种精神振奋、朝气蓬勃、开拓进取的良好风气，激发组织成员的创造热情，从而形成一种激励环境和激励机制。这种环境和机制胜过任何行政指挥和命令，它可以使组织行政指挥及命令成为一个组织过程，从而将被动行为转化为自觉行为，化外部压力为内部动力，其力量是无穷的，对人力资源的开发意义十分深远。

5）整合作用

任何组织都具有许多资源：人力资源、物力资源、财力资源、知识资源、社会资源等。但要形成竞争优势，就必须将这些资源有效地进行整合，形成强大的合力。那么用什么去整合资源呢？用文化。用共同的核心价值观、经营理念、管理理念去武装组织的主要人力资源，形成从思想到行为的高度一致，在此基础上整合组织的物质资源，往往可以获得最佳的综合效果。美国通用电气公司运用“数一数二原则”，统一了高中层管理骨干的经营战略思想，通过一系列的资产重组，不断优化企业的资产，并且成功地由制造业转型为服务业，就是最好的证明。

6）辐射作用

文化具有辐射作用。人们通过组织的标志、广告、建筑物、产品、服务，以及组织领导人、员工（特别是营销人员）的行为，就会了解组织与众不同的特色，以及在其后面深层次的价值观。对社会公众来说，是对组织的识别过程；对组织来说，就是文化的辐射过程。这个辐射的结果，就形成了组织的形象。

总之，优秀的组织文化可以使组织管理深刻化、自动化。组织文化像一只无形的手，引导组织发挥出巨大的潜能，内聚人心，外塑形象。

12.4 组织文化的影响因素

前面我们从整体上对组织文化的构造进行了分析，这是对既成组织文化的静态分析，那么追根溯源，组织文化又是如何形成、发展与演变的，受哪些因素影响？

我们将在下面进行分析，这为我们了解并改造旧的组织文化、塑造新的组织文化提供了线索。

1）民族文化因素

现代企业管理的核心是对人的管理。作为文化主体的企业全体员工，同时又作为社会成员而存在，长期受到社会民族文化的熏陶，并在这种文化氛围中成长。员工在进入组织后，不仅会把自身所受的民族文化影响带进来，而且由于其作为社会人的性质并未改变，他们将继续承受社会民族文化传统的影响。因此，要把企业管理好，就不能忽视民族文化对组织文化的影响。

一方面，处于亚文化地位的组织文化植根于民族文化的土壤中，这使得企业的价值观念、行为准则、道德规范等无不打上民族文化的深深烙印。民族文化对企业的经营思想、经营方针、经营战略及策略等也会产生深刻的影响。从另一方面来看，组织文化作为民族文化的微观组成部分，在随着企业生产经营发展的过程中，也在不断地发展、变化，优良的组织文化也会对民族文化的发展起到积极的推动作用。

2）制度文化因素

组织文化的另一个重要因素是制度文化，包括政治制度和经济制度。组织文化的核心问题是要形成具有强大内聚力的群体意识和群体行为规范，由于社会制度不同，不同国家的企业所形成的组织文化也有所差异。

3）外来文化因素

严格地说，从其他国家、其他民族、其他地区、其他行业、其他企业引进的文化，对于特定组织而言都是外来文化，这些外来文化都会对该组织文化产生一定的影响。在经受外来文化影响的过程中，必须根据本企业的具体环境条件，有选择地加以吸收、消化、融合外来文化中有利于本企业的文化因素。

4）组织传统因素

应该说，组织文化的形成过程也就是组织传统的发育过程，组织文化的发展过程在很大程度上就是组织传统去粗取精、扬善抑恶的过程。因此，组织传统是形成组织文化的重要因素。

5）个人文化因素

个人文化因素，是指组织领导者和员工的思想素质、文化素质和技术素质对组织文化的影响。

由于组织文化是组织全体员工在长期的生产经营活动中培育形成并共同遵守的最高目标、价值标准、基本信念及行为，因此，员工队伍的思想素质、文化素质和技术素质直接影响和制约着该组织文化的层次和水平。个人文化因素中，领导者的思想素质、政策水平、思想方法、价值观念、经营思想、经营哲学、科学知识、实践经验、工作作风等因素对组织文化的影响是非常显著的，甚至其人格特征也会有一定的影响，这是因为组织的最高目标和宗旨、价值观、组织作风和传统习惯、行为规范和规章制度在某种意义上说都是组织领导者价值观的反映。

12.5 组织文化与员工需要层次

调动人的积极性是人力资源开发与管理的目的所在，人员激励则是调动员工积极性的主要手段，也是形成良好组织文化的有效途径。明确员工需求、按需激励，是激励的指导原则，也是建立组织文化的现实基础和根源所在。

12.5.1 马斯洛的需要层次论强调按需激励

美国的马斯洛提出了“人类需要层次论”，他在《人类动机理论》《激励与个人》等著作中阐述了这一理论。主要内容是：

（1）人的需要可以从低到高分为五个层次，即生理、安全、社交、尊重、自我实现。

（2）需要引发行为，不是所有的需要都能成为激发行为的动机，人的需要决定于他已经占有了什么和未占有什么，只有在需要还未得到满足时，才能影响行为，已满足的行为不再具有动力。

（3）对人的行为起主导作用的需要一般从低到高依次发挥作用；一般只有在较低层次的需要得到满足后，较高层次的需要才会对人的行为起主导作用。

需要层次论的意义在于帮助明确和了解引发人们行为的主导需要是什么，从而有的放矢，按需激励，以激发员工的行为指向组织所希望的方向。

企业凝聚力实际上是一种群体凝聚力，企业内聚力的基础是满足员工的需要，人的需要的满足是产生凝聚力的基础，因此，对企业来说，明确员工的需要层次和结构是提高企业凝聚力的基础性工作。对于主导需要不同的人要采取不同的措施来满足才能达到激励效果，对于同一个人，其需要结构也不是一成不变的，而是动态变化的。因此，提高凝聚力的工作也要始终重视、不断更新，才可以满足员工变化的需要结构。

12.5.2 员工的需要结构与组织管理模式

人的需要往往是多元的，但这些多元需要呈现一定的结构，其中占优势的需要对人的行为发挥主导作用。在管理理论的发展过程中，先后出现了“经济人”“社会人”“自我实现人”等人性假设。它们是对人的需要结构进行描述的不同流派。

1）“经济人”假设

经济人的假设是：员工都是追求经济利益最大化的。他们除了赚钱生活和追求物质享受外，没有其他的工作动机。工作的动机是为了获得经济报酬。因此，当时管理者的管理手段就是严厉的外部监督和重奖重罚的方法，金钱是唯一有效的激励杠杆，并订立各种严格的工作规范，加强各种法规和控制。“胡萝卜加大棒”政策是典型的写照。在20世纪初以泰勒《科学管理原理》的出版为标志，表明在经济人假设基础上建立的泰勒制管理原则已经相当完善。虽然这一管理方式有其科学性的一面，也适应当时生产和管理发展的阶段，但是其出发点是考虑如何提高生产率，而对员工的思想感情却漠不关心。

2）“社会人”假设

基于霍桑实验，研究结果表明，工人是社会人，影响工人的生产积极性的因素除了物质条件以外，还有社会和心理因素。人不仅有物质的需求，还有心理和社会的需求。因此，组织和管理者不应只注意工作目标的完成，还要注意员工的社会需求是否得到满足，管理者要通过提高员工的满意度，激励员工的士气、重视员工之间的关系、培养和形成员工的归属感和整体感。

3）“自我实现人”假设

这种观点认为，人除了社会需求以外，还有一种欲望——充分运用自己的各种能力，发挥自己的潜力。只有人的潜力充分发挥出来，人的才能充分表现出来，才会感到最大满足。人的情感需要、发展需要本身就是管理目标的一个重要内容。强调发挥人的主观能动性，通过内在激励调动人的积极性，让人们在工作中获得知识、增长才干，从而在实现组织目标的同时实现自我。

4）“复杂人”假设

这种观点认为，人的需要和动机并非如上述三种人性假设那么简单，而是十分复杂的，人的需要是多种多样的，而且这些需要随着人的发展和生活条件的变化而发生变化，每个人的需要都各不相同，需要的层次也因人而异。因此，要因人、因时、因事而异进行管理。

12.5.3　员工需要层次的变化与组织文化建设

作为个体的组织成员，其主导需要与需要结构是在发展变化的，随着生产力水平的提高和经济的发展，人们的生活水平逐步提高，温饱问题已基本解决，赚钱已不再成为人们劳动的唯一需要，人们开始追求更高水平的精神和物质生活。与此同时，随着教育的发展与普及，职工队伍的文化层次迅速提高，高知识、高素质人才的比例逐步增加，人们除了希望得到金钱与物质的需要满足之外，更追求在社会群体中的归属感、认同感，希望实现自我价值，自我实现的需要增加。员工不再是经济人，而是社会人、自我实现人。

对于解决了温饱问题、需要层次提高的员工，满足其生理需要和安全需要的物质激励杠杆已越来越无力，根据按需激励的原则，设法满足职工的社交、自尊和自我实现需要等高层次的精神要求，才能有效地激励职工、提高其工作积极性和主动性。

12.5.4　组织文化与满足员工需要

员工的各种需要希望在企业内部得到满足，其物质方面的需要通过工资、安全、福利待遇的改善而得到满足，其精神方面的需要则须通过在企业内得到良好的发展机会、充分施展才能来得到自我价值实现需要的满足，同时有赖于企业内部建设良好的人际关系、良好的领导作风、企业道德等来获得社交、自尊等需要的满足。

组织文化强调以人为本，关心人、理解人、尊重人、培养人，提倡在满足必要物质需要的基础上尽量满足人的精神需要，以人为中心进行管理，完全适应员工需要层次的不断提高。

12.6 群体价值观与组织凝聚力

12.6.1 组织凝聚力是组织活力深层次的动力

所谓组织活力，是指组织在现有的内外环境下自我生存、自我发展的能力。

仅就企业而言，企业活力包括5个方面的内在要素：

（1）资产的增值力。

（2）产品的竞争力。

（3）市场的应变力。

（4）技术的开发力。

（5）企业的凝聚力。

构成企业活力的5个内在要素并不是彼此孤立、互不相关的，而是相互作用、相互制约、相互影响的，它们都是企业活力的动力，但其中最深层次的动力是企业凝聚力。因为，无论是提高资产增值力、产品竞争力、市场应变力，还是提高技术开发力，归根结底都要靠人去奋斗。没有团结一致、拼搏奉献的职工队伍，这一切都是空话。而人的积极性、主动性与组织凝聚力是正相关的，如图12-2的凝聚力曲线所示。因此，日本企业家从“企”字的结构，引申出一种看法——企业就是“止”“人”的，如何留住人，把人凝聚在一起是企业的根本使命。

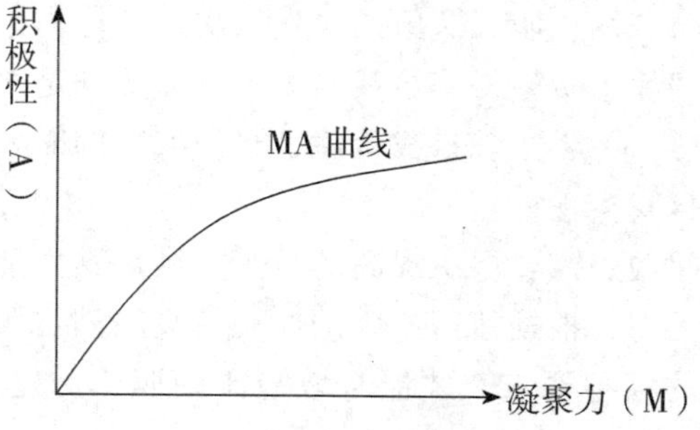

图12-2 凝聚力曲线

12.6.2 物质凝聚与精神凝聚

那么，形成组织凝聚力的本质根源何在呢？行为科学揭示了这个秘密，那就是满足人的需要。

人的需要可以分为物质需要和精神需要两个方面，因此，组织凝聚力大体上可从两个渠道形成——物质凝聚和精神凝聚。

1）物质凝聚

物质凝聚指通过满足职工的生存、安全需要，以物质满足形式形成的凝聚作用。物质凝聚是组织凝聚力的基础。正如恩格斯指出的："人们首先必须吃、喝、住、穿，然后才能从事政治、科学、艺术、宗教等。"物质凝聚需要解决的问题是：

（1）提供员工满意的劳动报酬（工资、奖金和津贴）。

（2）提供员工满意的公共福利（食堂、宿舍、托幼园所、体育馆、影剧院、舞厅、浴室、活动中心、图书室等）。

（3）提供员工满意的劳动保护（安全技术设备、工业卫生设备、职工的例假与休假制度、女职工劳动保护等）。

（4）提供员工满意的劳动保险，即国家或企业、事业单位，为保护和增进职工的身体健康，并保障职工在暂时或永久丧失劳动能力时，得到物质帮助而建立的制度，这是受法律保护的职工的一种社会权利。

2）精神凝聚

精神凝聚指通过满足员工的社交、自尊、自我实现和超越自我的需要，以精神满足形式形成的凝聚作用。人不同于其他动物的特点在于，除了衣、食、住、行、性和安全等自然需要、物质需要之外，还存在精神需要和社会需要，这种需要层次更高，意义更大，满足它所产生的凝聚作用也更大。可以说，精神凝聚是组织凝聚力的根本。

精神凝聚需要解决的问题是：

（1）为每一位员工提供施展聪明才智的舞台，使其取得成就、获得嘉奖和荣誉，实现自我价值，从工作本身受到激励。

（2）尊重每一位员工的民主权利，倾听其建议和意见，给他们提供参与管理的机会和渠道。

（3）尊重和鼓励员工钻研技术、探讨经营、提高个人才干和素质，并有计划地对其进行培训，使其人力资本增值。

（4）在组织内建立和谐的人际关系，使员工感受到群体的温暖、组织的关怀。

（5）培养良好的组织文化，使员工在此微观文化中形成高尚的追求、高雅的情趣、良好的道德和作风，从而感受到人生的真正价值。

12.6.3　群体价值观在形成组织凝聚力中的作用

图12-3为需要的基本要素。值得注意的是，"需要的价值取向"这一要素取决于需要主体的价值观能动地作用于需要客体和需要手段。例如，具有"金钱至上"价值观的人，把工资、奖金看做主要的需要对象，甚至于不是通过诚实劳动，

而是通过坑蒙拐骗赌等不正当手段获取金钱；而具有“劳动最光荣”价值观的人，则把当先进工作者作为主要的需要客体，靠自己诚实的劳动、敬业的精神在工作中取得成就，获取报酬。

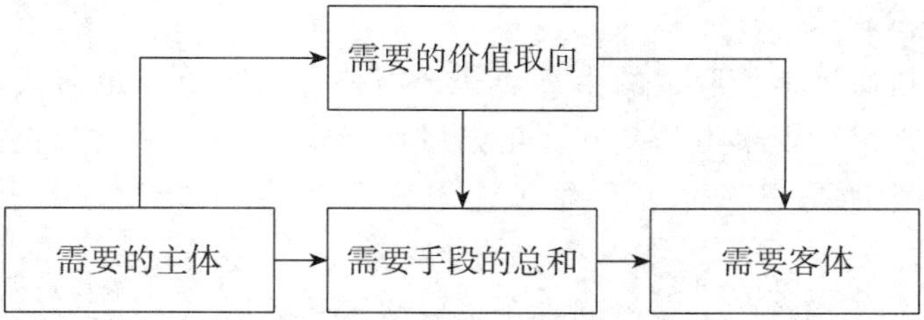

图 12-3　需要的基本要素

不可否认，职工个人之间的价值取向不可能完全一致，更不可能“千人一面”。但是，职工个人之间价值观的整合是完全有必要的，其内容如下：

1）组织目标与个人目标的整合

职工个人的目标选择在相当程度上决定于个人价值观念取向，当个人目标与组织目标不一致时，一方面组织的激励手段有效性大为削弱，另一方面降低了组织对个人的吸引力。因此，必须经常进行组织目标与个人目标的整合。其整合方法如下：

（1）丰富组织目标的内涵，使其包含更多的个人目标，使职工为实现组织目标而努力，最终导致个人需要的满足和个人目标的实现。

（2）培育良好的群体价值观，使个人价值取向向群体价值观靠拢，个人目标向组织目标靠拢。

群体价值观是职工群体在价值判断上形成的共识。它有效地制约着个体的价值取向，而且对与群体价值观相背离的个体产生群体压力，使其重新向群体价值观靠拢，并进而调整其个人目标，自觉地趋向组织目标。

2）职工之间个人目标的整合

组织凝聚力的另一重要方面是职工之间的吸引力。职工之间吸引力的形成，一是依赖于利益相关的推动，二是依赖于思想一致的催化。

培育良好的群体价值观是实现职工之间个人目标整合的基本手段，其结果是目标相悖情形越来越少，“志同道合”的程度越来越高，行为一致性越来越强。

日本企业家比较善于培育群体价值观，增强企业凝聚力，在日本企业中培育起来的“团队精神、敬业精神、和为贵”的观念，为形成日本企业的命运共同体提供了强有力的群体价值观基础。日本企业凝聚力经受住了多次的考验，说明这些优秀企业的精神凝聚作用是十分显著和持久的。

我国优秀企业也普遍重视职工“主人翁意识”“爱厂如家”“厂兴我荣，厂衰我耻”意识的培养，并有效地增强了企业的凝聚力，这些经验值得发扬。

12.7　组织道德与组织公共关系

12.7.1　道德的内涵和特点

1）道德和组织道德

所谓道德，是指一定社会调整人们之间以及个人和社会之间关系的行为规范的总和。它以善和恶、荣誉和耻辱、正义和非正义、诚实和虚伪等概念，通过社会舆论、人们内心信念的力量来评价和影响人们的各种行为。它和法律、纪律不同，没有强制性，是一种软规范。这两种不同性质的行为规范（硬规范和软规范），互相配合，互为补充。

道德具有以下特性：

（1）意识形态性。道德是一种特殊的意识形态，在一定的经济基础上产生，反过来又为一定的经济基础服务。

（2）历史继承性。道德是一种历史现象，它一经形成就具有相对的独立性，并且随着人类社会的发展而发展，既具有历史的继承性，又具有时代特点。

（3）阶级性。在阶级社会中，道德具有鲜明的阶级性，在当前我国社会中，既存在着社会主义道德，又同时存在着封建主义和资本主义道德。

所谓组织道德，是在社会道德大背景下，在组织内部存在的群体道德规范。它反映出组织独特的道德观念和道德风尚。

2）组织道德的作用和地位

组织道德具有以下三个方面的作用：

（1）调节员工与员工之间的关系（也包括管理人员与员工的关系），在一定程度上决定着组织内部的人际关系。

（2）调节员工与组织之间的关系，影响员工对组织的向心力、组织对员工的吸引力。

（3）调节组织与社会之间的关系，包括组织与不同层次的公众的关系、与传播媒介的关系、与社区的关系，塑造组织的公共形象，影响组织的公共关系。

作为组织文化的重要组成部分，组织道德对于组织内部和外部人力资源的开发都发挥着不可替代的显著作用。

12.7.2　组织道德与组织内部人际关系

1）人际关系的测量

人际关系是一种复杂多变的、难以准确测量的社会现象。国外心理学家和社会学家做了许多工作，创造了人际关系的社会测量方法。这些方法使我们能够找到个体在人际交往与相互作用的过程中形成喜爱、冷淡或反感的数量指标。

首先应确定社会测量标准。美国学者通常依据以下三个标准进行研究：

（1）以共同生活为标准（如“你愿意和谁住在一个房间里？”）。

（2）以共同劳动为标准（如“你愿意和谁一起干活？”）。

（3）以共同休息为标准（如“你愿意跟谁一起度假？”）。

在苏联的文献中，除上述三个标准外，通常还补充了两个标准：

（1）以共同的公益活动为标准（如“让你举办一次辩论会，出一次墙报，你愿意从你的朋友中选择谁做你的助手？”）。

（2）以共同学习为标准（如“你愿意选择谁和你一起做家庭作业？”）。

在进行社会测量时，至少应有2～3个标准，通常选择5～7个标准。标准的选择数目对实验的准确性意义极大。

在测量时，通常要求被询问者按照自己意愿的顺序排列选择的次序，选择的先后顺序对分析人际交往的性质与规律具有重大的意义。

为取得准确的测量结果，必须在被试者与主试者之间建立密切合作关系。为此，一般需要经历一个社会测量的关系融洽期。这个时期的任务是在两者之间建立信任、合作关系，使被试者感到自己也是实验的积极参与者，对主试者产生认同感。

社会测量法的具体形式有选择统计表法和社会测量图法。

2）人际关系的重要作用

人际关系环境是人们社交需要、自尊需要得到满足的关键因素，因而将显著影响员工的劳动积极性，影响组织的凝聚力。

美国的一位心理学家曾对74名木工和水泥工进行了调查，这项调查是针对一项改革进行的，改革的内容是把这些工人的劳动班组，由上级任命负责人、指定班组成员改为成员自由组合，自行决定负责人。自由组合的影响见表12-1。

表12-1　**自由组合的影响**

指　标	自由组合前	自由组合后
一个月内离职工人平均数	3.11	0.27
单位时间内的劳动消耗	36.66	32.22
单位时间内的材料消耗	33.00	31.00

表12-1说明，自由组合后，人际关系改善，工人离职率降低，劳动和材料的消耗都有所下降，说明职工的积极性显著提高。

3）组织道德建设可以改善组织内部的人际关系

影响组织内部人际关系的因素很多、很复杂，主要有：

（1）地理位置、接触频度。

（2）态度和兴趣的类似性。

（3）利益相关性。

（4）人际反应的个性心理品质。

（5）所属组织的道德风尚。

其中后三项是主要影响因素。所谓利益相关性带有一定的客观性。当然，对此也并非无能为力，可以通过组织变革来改善。值得引起高度重视的是人际反应的个性心理品质和所属组织的道德风尚两大因素，前者受后者的影响和制约。

根据荷尼的“行为论”，人们的人际反应特质大体上可分为三种：

第一种，合作型——朝向他人，替他人着想，乐于助人，谦和宽容。

第二种，竞争型——以个人为中心，突出自己，压低别人，市侩哲学，傲慢无礼。

第三种，分离型——不愿与人交往，离群索居，独来独往，独善其身。

研究表明，人们的人际反应特质是可以改变的，它受到周围群体和组织的深刻影响，特别是深受组织道德风尚的影响。

组织道德风尚类型繁多，大体上可归纳为四类：

①帮派式道德风尚——吹吹拍拍，拉拉扯扯，拉帮结伙，借人际关系谋私，好人受气，坏人横行。

②封闭式道德风尚——“各人自扫门前雪，休管他人瓦上霜”“鸡犬之声相闻，老死不相往来”，人与人之间冷漠疏远，封闭自守。

③分离式道德风尚——个人间过分竞争，互为对手，互相忌妒、互不服气、互相拆台、勾心斗角。

④家庭式道德风尚——团结友爱、乐于助人、互让互谅、以诚相待、以信相处、上下融洽、左右逢源，大家庭温暖、和谐。

显然，家庭式道德风尚易于形成良好的人际关系，这种风尚的建立有赖于职工中合作型人员的增多，这种风尚一旦建立，反过来又强有力地促使非合作型人员向合作型靠拢和转变。

为了培育家庭式道德风尚，应该通过宣传、教育、奖励、惩罚、干部示范、骨干带头等手段，大力倡导“和为贵”“团结友爱”“诚实正直”“讲信修睦”“助人为乐”“以厂为家”等道德观念，并使之蔚然成风。

12.7.3 组织道德与组织外部公共关系

1）公共关系的内涵与职能

（1）公共关系的内涵。

公共关系是一个社会组织用传播手段使自己与公众相互了解和相互适应的一种活动或职能。

公共关系的基本特点如下：

①组织（企业、政府、军队、学校）自身的不同性质、不同形式的整体优化，是开展公共关系活动的基础。

②公共关系活动是为公众竭诚服务的过程，是以求实的态度充分利用各种传播媒介向公众交流信息的过程，是双向沟通、相互受益的社会舆论宣传过程。

③公共关系活动的目标是树立良好的组织形象，提升组织的美誉度。

④公共关系的原则是竭诚为公众服务的原则、实事求是的原则。

（2）公共关系的主要职能如下：

①塑造组织形象，赢得公众对组织的理解和支持。

②创造“人和”的环境。这包括两方面的作用：

第一，通过监测社会环境，了解社会舆论和公众意见，预防组织与公众发生公共关系纠纷，求得人和。

第二，在公共关系纠纷发生时，能通过双方诚恳、善意的交流实现圆满解决。

③增进社会整体效益。

2）组织道德是组织公共关系的灵魂

组织靠什么树立良好的组织形象？靠什么创造“人和”的环境？靠什么提升公众对组织的美誉度？一是靠组织工作的卓越成效，二是靠组织的高尚道德。这些道德的内容十分丰富，但至少应包括爱国、爱民、诚实、守信等道德信条。例如，鞍山市政府遵循“马上就办精神”，对内培养了高效的工作作风，有效地开发了人力资源；对外在公众中树立了良好的组织形象，培育了和谐的公共关系。

12.8 组织风气与员工行为管理

组织由群体构成，因此，群体行为对组织的成败是至关重要的。而在影响群体行为的诸多因素中，组织风气具有举足轻重的作用。

12.8.1 组织风气的内涵

组织存在的重要条件之一是它的一致性。这个一致性，既表现为组织成员之间在行为、情绪和态度方面的接近，又表现为他们受某种组织规范的制约。所谓组织规范，是指组织所确立的行为标准。组织的每个成员都必须遵守这些标准，但组织规范并非规定其成员的一举一动，而是规定组织对其成员的行为可以接受和不能容忍的范围。组织规范大体上由两个部分组成：

（1）组织制度和组织纪律。由组织正式规定的，靠行政权力强制推行的行为规范。

（2）组织风气。非正式的、非强制性的行为规范，它由组织成员互相影响、约定俗成。一般来讲，所谓组织风气是指组织在长期活动中逐步形成的行为习惯和精神风貌。

国有国风，党有党风，校有校风，厂有厂风，组织风气是客观存在的，是组织文化的一种外在表现。

组织风气一般有两层含义：第一层是指一般意义上的风气。所谓风气，不是指个别人、个别事、个别现象，只有形成了带有普遍性的、重复出现的和相对稳定的行为心理状态，并成为影响整个组织生活的重要因素时，才具有“风”的意义。例如，开拓进取之风、团结友爱之风、艰苦朴素之风、铺张浪费之风等。第二层是指一个组织区别于其他组织的独特风气，即在一个组织的诸多风气中最具特色、最突出和最典型的某些作风，它在组织的长期活动中形成，体现在组织生活的各个方面，形成全体成员特有的活动样式，构成该组织的个性特点。例如，中国共产党有三大作风——理论联系实际的作风、密切联系群众的作风、批评和自我批评的作风；清华大学具有“严谨、勤奋、求实、创新”的八字学风；大庆油田具有“三老四严”的传统作风等。

12.8.2 组织风气对群体行为的影响

组织风气一旦形成，就会对群体行为产生巨大的影响，主要有四种作用：

1）潜移默化作用

组织风气形成组织内部的心理定势，构成组织心理环境的主要部分。在这种心理氛围之中生活的组织成员，耳濡目染、潜移默化，久而久之便形成一致的态度、共同的行为方式和行为习惯。

2）规范作用

作为一种非强制性的、无形的软规范，组织风气对群体行为发挥着引人注目的制约作用。众所周知，人的态度在群体中存在着类化现象。无论是思想、抱负、价值观念，还是治学精神、处世态度、工作作风，个人都要受到群体中他人的影响。组织中多数人一旦态度一致，必然成为影响所有成员的巨大力量，甚至使态度不同的成员改变初衷，抑制其违反组织风气的言行，从而使其与多数人趋于一致，与周围的心理环境协调起来。

3）筛选作用

一个组织所形成的风气，以及在它的影响下形成的集体心理定势，对一切外来信息、社会影响有筛选的作用。同样一种社会思潮，例如“拜金主义”思潮，在厂风较差的企业，可以引发人心浮动、能人跳槽、凝聚力下降的恶果；而在厂风较好、以厂为家气氛浓厚的企业，这种不良影响造成的冲击要小得多。又如，“读书无用”的社会思潮，在学风较差的学校，会引起较多学生的共鸣，造成学习纪律的涣散；而在学风严谨的学校，这种不良思潮将会受到多数学生的批判和抵制，从而使良好的学风得以保持。

4）凝聚作用

组织风气既然以心理氛围的形态出现，自然会影响到组织成员的工作欲望以及对组织的向心力和相互之间的吸引力。不言而喻，团结友爱成风、乐于助人成风、互谅互让成风、民主和谐成风，都会转化成组织的凝聚力，而开拓进取之风、平等竞争之风、追求最佳之风，会吸引一大批有事业心、有抱负的成员在组织中积极工作。反过来，拉帮结伙成风、投机取巧成风、虚伪奸诈成风，将会使好人受气、坏人横行，削弱和扼杀组织的凝聚力。

12.8.3 良好组织风气的养成

良好的组织风气需经过长期的培育才会逐步养成，大体上应从四个方面努力：

1）领导率先示范

俗话说，上行下效，上梁不正下梁歪。领导者对组织风气的影响是举足轻重的。身教胜于言教，只有以身作则、率先示范，才能在组织内树立起一种良好的风气。

2）舆论积极导向

舆论宣传是影响人的思想和行为的重要渠道。在企业内部，要动用一切手段，大张旗鼓地宣传好人好事，使正气得到扶持，引导更多的积极行为；抨击歪风邪气，使歪风人人喊打，抑制不良行为的重复出现。这就是舆论的强化作用与导向作用。

3）骨干带头，蔚然成风

好的风气总是由少数人做起，最后变成多数人的一致行动，才蔚为壮观的。这几个少数人十分关键，首先是各级管理者（包括主要领导干部），然后是各级骨干即积极分子。这些骨干力量形成坚强的核心，他们带头身体力行组织倡导的行为，并做出成效，自然会影响、感染和带动更多的组织成员共同行动，像滚雪球一样越滚越大，良好的行为蔚然成风。

4）开展思想工作，促使少数人从众

良好的行为一旦成为风气，便会对少数与此不一致的成员产生群体压力。这种压力可以是有形的，如遭到上级、同事的批评；更多的情形，压力是无形的，少数人违背多数人的行为方式逆向而动，总会感受到人际气氛上的压力，这种压力迫使他们从众。但从众行为往往不是自动发生的，中间会有矛盾与冲突，这时恰当的、细致的思想工作，可以消除逆反心理，促使少数人自觉地改变个人不良行为，积极地从众。

美国管理心理学家波尔尼克创造了一种“规范分析法”，作为优化群体行为、形成良好组织风气的工具。这种方法包括以下三项内容：

（1）明确规范内容。

要了解群体已形成的规范，特别要了解起消极作用的规范，并听取对这些规范进行改革的意见。

（2）制定规范剖面图。

将规范进行分类，如图12-4所示为规范的剖面图，共分10类，每类定出理想的给分点。这种理想的给分点与实际评分间的差距叫规范差距。

（3）进行改变。

改革从最上层的群体开始，逐级向下。确定优先的规范项目，主要应考虑各规范对组织的重要性程度，然后兼顾规范差距的大小。

据有关报道，在美国一些企业中实行规范改革收到了较好的效果。

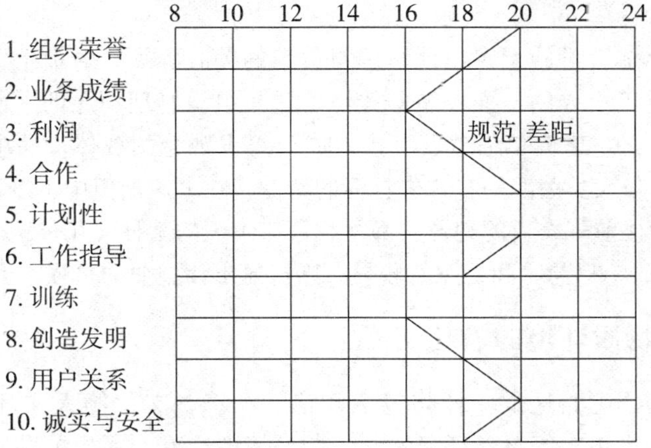

图 12-4　规范剖面图

12.9　组织物质环境与员工养成教育

组织物质环境包括组织建筑、组织自然环境、组织生产、科研、教学设施、文化体育设施、组织标识、组织旗帜、组织服装、纪念画册、纪念建筑和纪念品等。

12.9.1　物质环境是观念的载体

组织物质环境是人为选择和营造的，因此，久而久之便成为组织观念的载体。

组织标识是组织的象征，它应有明确的思想内涵。像清华大学的标志，中心图案是闻亭的钟，传达着以闻一多为代表的清华师生爱国的传统。作为标准色的紫色，则体现着高贵和严谨。海尔的标志是其英语译文，其标准色是“海尔蓝”，让人们联想到蓝色的海洋，乃辽阔与深邃之意。

组织的统一服装（厂服、店服、校服），倡导的是团队精神，其色调和款式或寓以创新，或寓以和谐，或寓以严谨，或寓以团结，或寓以纯洁，或寓以热情，人们穿上它，情和意便油然而生。

组织的建筑风格都有相应的文化内涵，青岛海尔总部大楼是一个典型的民族建筑：大屋顶、大红灯，表明它是一个充满活力的民族企业，与其“敬业报国，追求卓越”的企业精神互为表里。

组织的自然环境一般是经过人为绿化、美化的。走进“三九集团”的南方药厂，展现在你面前的是绿地、红花、小桥、流水，以及整洁厂房上醒目的“999”标志。你被这优美的厂区所陶醉，内心中有一种“天人合一”的和谐感，真正体会到其“绿色”的本质。

组织的生产、科研、教学设施，其技术是否先进，设施是否一流，以及设施是自制还是进口，都折射出该组织的经营理念和发展模式。一家德国制造商，其特点是木结构厂房与钢结构厂房相联，皮带车床与自动车床并用，你可以体会到其成本导向的经营理念。

组织的文化体育设施反映出该组织对员工的关心程度，对员工业余文化体育活动的投入，对员工个人的全面发展的关注，这是组织管理理念的一部分。

纪念画册、纪念建筑和纪念品直接地成为组织观念的载体，在中山大学中的孙中山塑像，在清华大学中闻一多、朱自清的塑像，在大庆油田中王进喜的塑像，在北京王府井百货大楼前张秉贵的塑像，都承载着该组织的某种文化传统。至于五粮液酒厂内的“奋进塔”，那与时间赛跑的骏马，则折射出该企业的自强、开拓精神。

12.9.2 物质环境的教化功能

人是环境的产物，这个环境既包括政治、经济、文化等人文环境，也包括建筑、服装、庭院、山水等自然环境。在人与环境的交互作用中，既有人们对环境的认识和改造，也有环境对人的感染和教化。

走进海尔大楼中一尘不染的走廊、卫生间，人们不仅对海尔人的勤快和整洁啧啧称赞，同时会谨慎地约束自己的行为，强迫自己养成良好卫生习惯。

当大学生在清华园中散步，总会为“水木清华”前的琅琅读书声所感染，为图书馆那深夜通明的灯光所吸引，为闻一多塑像旁的著名诗句——“诗人的天赋是爱，爱他的祖国，爱他的人民”所感动，自然在心中涌动出一种激情——“为中华之崛起而读书”。

当王府井百货大楼的员工上下班从张秉贵塑像前走过，自觉不自觉地总会想到张秉贵所代表的“一把抓，一口清”的“一团火精神”。久而久之，耳濡目染，“一团火精神”在自己心中的火种也会燃烧，转化为优质服务的行动。

这就是环境的教化功能。有些聪明的企业经理，巧用环境，收到了良好的教育效果。比如有的单位领导，抓住自助式免费午餐的环节，提倡不争不抢、不浪费一粒粮食，安静文明就餐等作风，有效地净化了员工心灵，改善了员工行为习惯。他们说：“我们把餐厅变成了员工的课堂，在这里他们养成了良好的行为习惯。”

12.10 组织文化建设步骤

所谓组织文化建设，就是组织领导者有意识地倡导优良文化、克服不良文化的过程。这个过程也被叫做组织的“软管理”。

组织文化建设通常包括以下几方面内容：

(1) 培育具有优良取向的价值观念，塑造杰出的组织精神。

(2) 坚持以人为中心，全面提高员工素质。

(3) 提倡先进的管理制度和行为规范。

(4) 加强礼仪建设，促进组织文化的习俗化。

(5) 改善物化环境，塑造组织的良好形象。

组织文化建设过程通常需要遵循以下基本步骤：

（1）建立领导体制。领导者是组织文化的倡导者，组织文化建设的前提是领导者的高度重视。只有在领导者重视和理解组织文化建设的重大意义的基础上，才能获得员工的理解和配合，才能切实地把组织文化建设深入推行下去。因此，组织应首先成立组织文化建设领导小组，来领导组织文化建设工作的开展。

（2）建立独立的部门，赋予专门的职能。为了进行组织文化建设，应设立专门的职能部门，如组织文化部、企业文化中心等，来专门负责组织文化建设工作的进行。比如，韩国的大宇集团较早地成立了企业文化建设部，我国的海尔等企业也已相继成立了企业文化中心。

（3）制订计划。为了组织文化建设工作的有序进行，还应拟订相应的计划，通过编制预算等工作使资源投入、进度考核和监督等都能落到实处，从而保证组织文化建设有章可循。

（4）对组织现存文化的盘点。通过深入的调查研究，对组织的过去、现在和未来各阶段、各部门以及组织的观念层、制度层、器物层各层次的文化表现进行深入研究和透彻分析。

（5）目标组织文化的设计。根据组织现状、特点和一系列科学的标准，进行组织文化的策划，具体内容详见下一小节。

（6）实施计划。这是指完成组织从现存文化向目标文化的过渡。在确立了目标组织文化后，应根据计划将财务、人员配置、考核、待遇、激励和约束机制等完善地建立起来，从而形成一整套完整的优良组织文化。

组织文化建设要做好三项关键工作，也可说是三个主要步骤：文化盘点（文化诊断）、文化设计、文化实施。

12.10.1 文化盘点（文化诊断）

文化虽然是无形的，但它与物质形态的产品一样，也是可以感知的。对物质产品可以盘点，对组织文化也可以盘点。

在进行组织文化的策划之前，领导者首先应该对现有的组织文化做到心中有数：本组织现实存在着的微观文化，有哪些是适应组织的内外环境，有利于组织发展的？有哪些是不适应组织的内外环境，不利于组织发展的？因此要进行文化盘点，即文化诊断。

文化盘点的目的，是通过深入的调查研究，把组织目前现实存在的文化一一搞清——组织的上层在想什么？组织的中层在想什么？基层员工在想什么？他们对组织目标的认同程度如何？他们对现存文化的看法和态度如何？员工的需要层次和需要结构如何？组织信任的程度如何？团队合作现状如何？大家的积极性、创造性发挥得如何？各层级人员对组织的经营管理理念认同度如何？客户满意度如何？组织的社会形象如何？等等。

文化盘点的方法，主要有访谈、座谈、问卷调查和典型案例解剖等。

就调查主体而言，一种是由组织内部人进行盘点，一种是请“外脑”来进行盘点。前者的优点是了解情况，缺点是受人际关系所累，以及存在诸多顾虑和心理障碍；后者的优点是比较客观，没有利害关系，因此被调查者没有顾虑和心理障碍，其缺点是对情况不熟悉，受“外脑”知识和能力限制。

文化盘点的成果是“组织文化现状调研报告”。

12.10.2 文化设计

在摸清现实存在的组织文化之后，应马上进入下一个步骤——文化设计。

组织的文化设计（策划），就是指在对现实组织文化的诊断基础上，确定适合于本组织的目标组织文化。所谓目标组织文化，就是领导者正式提出并在组织全体成员中倡导的群体价值观和行为规范。

文化设计的任务是根据组织发展战略，兼顾组织历史传统和现实文化，设计出其目标文化——包括观念层、制度层、器物层的完整的组织文化体系。

这个步骤十分关键，绘制蓝图，谈何容易？其中关键环节有四：

第一，对组织发展战略的整体把握，目标文化应体现企业的战略方向。

第二，对组织传统的正确识别（科学总结），目标文化不能割断历史。

第三，对组织现实文化的清晰确认（深入剖析），目标文化应以现实文化为基础。

第四，对组织未来文化的科学展望，目标文化是面向未来的，考虑的是历史的走向和组织的必然发展。

1）文化设计标准

设计目标组织文化，必须依据一套科学的标准来进行。具体地说，科学评价组织文化标准应包括：

（1）民族性标准

组织文化作为一种亚文化，应该深深扎根于民族文化的土壤之中。众所周知，不同的民族，其传统的价值标准、基本信念和行为规范存在着明显的差异。中国组织的微观文化应该吸收中华民族传统文化的精华（如勤劳节俭、自尊自强、重视名节、忠诚、仁爱、和谐等观念）。当然，现实的组织文化中难免融入一些民族文化的消极因素（如人际关系中的内耗、讲排场、比阔气、图虚名，以及中庸之道等）；也可能不恰当地吸收了外来文化的消极因素，冲淡了民族文化的积极因素。对这一切，都应该实事求是地进行评价并加以扬弃。

（2）制度性标准

制度文化是指不同的社会制度所带来的文化特征，它是宏观文化的重要组成部分。作为亚文化，现实的组织文化是否与制度文化相一致是我们对其进行评价的另一项标准。在社会主义中国，拥护中国共产党的领导、拥护社会主义制度、提倡集体主义价值观和主人翁精神，发扬自力更生、艰苦奋斗的优良传统，倡导廉洁奉公、乐于助人、忠诚正直、勤劳朴实、团结进取等社会主义道德观念，是天经地义的事。中国的所有组织，都应该使自己的微观文化与上述制度文化相一致。

（3）时代性标准

组织的现实文化应该与发展变化着的时代协调一致。具体而言，我国的企业应该摆脱长期以来单纯计划经济的影响，建立与社会主义市场经济模式相一致的企业文化；摆脱封闭保守的小生产方式，建立与社会化、国际化大生产相联系的现代企业文化。一个企业，只有生产观念是不够的，还应该树立效率观念、效益观念、市场观念、信息观念、竞争观念、创新意识、服务意识、信誉意识、全球经营意识，这是新时代的要求。

（4）个异性标准

组织所策划的目标组织文化不仅应该具有良好的民族性、制度性和时代性，更应该具有鲜明的组织个性。每个组织都有自己独特的历史传统和与众不同的内外环境，因此其组织文化应该具有个性，有个性才有吸引力和生命力。那种千“厂”一面，盲目模仿别人的组织文化，不是优良的微观文化。在评价现实的组织文化时，应认真地审查它是否充分体现了本组织的特殊行业、特殊历史、特殊环境、特殊的人员构成、特殊的发展战略的要求；如果不是，则应弄清原因，并设法改进。

目前，国内企业界在企业文化建设上的不足，恰恰是缺乏个性，这一方面是由于企业尚未真正成为自主经营、自负盈亏的独立的商品生产者、经营者；另一方面则是由于一些企业家缺乏独立探索、开拓创新的精神，不敢标新立异，不敢追求和突出本企业与众不同的独特个性。

2）目标组织文化的个性

目标组织文化的个性一般体现在三个方面：

（1）行业特点

不同的行业，其生产经营活动差异很大，因此，在长期生产经营活动中形成的组织哲学、发展战略、价值观念、行为习惯也带有鲜明的行业特色。

比如中国石油天然气总公司管道局，5 万多人的庞大职工队伍，常年在野外作业，生活十分艰苦，于是树立正确的苦乐观，成为企业文化建设的主旋律。他们确立的企业精神——“管道为业，四海为家，野战为乐，艰苦为荣”具有鲜明的个性色彩。

（2）产品特点

产品是职工生产经营活动的对象，与职工关系最为密切，最易引发一系列联想。许多企业把目标企业文化与产品名牌或产品原料挂钩，使职工感到亲切、形象，容易理解、记忆和认同。例如，株洲硬质合金一厂生产“钻石牌”硬质合金，其产品特点是“硬”，他们的企业精神——“钻石精神”是这样表达的：思想过硬，团结奋进；技术过硬，精益求精；质量过硬，世界水平；服务过硬，周到热情；管理过硬，勇攀高峰。这“五过硬”集中表达了该厂全体职工的执着追求，通过“钻石”的形象，使大家心驰神往，倍感亲切。

（3）组织特点

每个组织在规模大小、技术优劣、历史长短、声誉好坏、效益高低上差别很大，因此，在生产经营活动中所遇到的问题和困难也各不相同。组织文化作为组织全体员工共同信守的价值观，不应面面俱到，而应抓住本组织的主要矛盾，具有鲜明的针对性——或者针对本组织的特殊困难，或者针对本组织全体员工的共同弱点，以图收到牵“牛鼻子”的效果。以20世纪80年代的云南玉溪卷烟厂为例，它是享誉国内的名牌烟——“云烟”“红塔山”“阿诗玛”的生产厂家，曾被列为全国最佳经济效益的100家企业之首。因此，妨碍该厂进一步发展的心理障碍，主要是骄傲自满的心态。针对这一潜在的危险，该厂概括出这样的企业精神——“天下有云烟，天外还有天”。它像警钟，长鸣在玉溪干部、职工的耳际，起到振聋发聩的鞭策作用。

可以说，进行组织文化的策划，即提出目标组织文化的过程，是深化组织对自身的认识、思考发展战略的过程，应该受到组织领导者的高度重视。

文化设计可以由内部专家来承担，也可请外部专家来承担。

在进行文化设计时，要考虑民族文化、行政文化等方面的因素，同时参照国际标准，在继承的基础上寻求创新，体现文化的独特个性和深厚底蕴。

12.10.3 文化实施

文化实施是“依图施工”，实现由现实文化到目标文化的过渡，实质上是组织文化的变革和更新。文化实施的关键是通过人格化、行为化等方式将抽象的设计理念具象化为具体的行为方式。同时，通过宣传和具体制度的实施，将个别人的观念和行为为群体所了解、认同并内化为自身的行为习惯。

1）文化实施的三个阶段

（1）解冻（导入阶段）——破坏现有文化的格局，批判陈旧过时的观念、制度和物质载体，大造舆论，说明变革的必要性。

（2）变革（变革阶段）——制度的创新与变革，行为习惯的破旧立新，观念的变革与更新，以及组织器物层的更新和建设。

（3）再冻结（固化阶段）——使新的观念、新的制度、新的行为规范、新的物质环境固定下来，成为新的习惯、新的标准、新的意识形态、新的组织风气，亦即使崭新的价值体系占统治地位。

2）文化实施方案

一般而言，一个完整的组织文化实施方案包括：

（1）建立组织文化的领导体制、实施机构。

（2）编写“组织文化手册”，依此对各层次员工进行培训。

（3）建立组织文化建设责任制度，责成各级经理人员切实负起本单位组织文化建设的责任，并实行严格考核。

（4）搞好组织文化的传播网络，办好相应的报纸、刊物及网站等。

（5）建立组织文化的奖励和惩罚制度。

（6）制订完整的组织文化计划和预算，并付诸实施。

（7）制定组织文化建设的配套措施。

文化的实施要走出上墙、说出来、做给别人看和落俗的误区，真正使其入脑入心，从规范员工的思想观念入手，进而影响其行为习惯，切实提高企业的绩效水平。

12.11　组织文化建设的心理机制

优秀的组织文化不是从天上掉下来的，也不会自发地形成，它是组织的领导者有意识加以培育和长期建设的结果。西方学者把这个建设过程叫做“文化匹配”。他们认为，每个组织中都存在着两种文化——个人文化和组织文化。个人文化是指一个人带入工作的行为规范、态度、价值观和信念，可以因一个人的工作哲学、愿意承担的风险及其程度以及对权力和控制的欲望的不同而不同。组织文化则是群体的行为规范、态度、价值观和信念。两者交互作用、互相制约、共同发展。有能力的领导者善于选择与组织文化相一致的人作为自己的员工，也善于使与组织文化不一致的员工改变初衷，转而与组织文化相协调。他们很好地掌握和运用了文化建设的规律。

组织文化的建设必须遵循相应的心理规律来进行，才能事半而功倍。

12.11.1　运用心理定势

人的心理活动具有定势规律，前面一个比较强烈的心理活动，对于随后进行的心理活动的反应内容及反应趋势有明显的影响。

特别是对新的组织成员的培训，心理定势的作用十分突出。组织提倡什么？反对什么？组织欣赏什么样的干部？组织成员应该具备什么样的思想、感情和作风？刚刚录用的新成员急于找到这些答案。通过培训，使他们在这些基本问题上形成有利于组织的心理定势，对其今后的行为发挥指导和制约作用。

对组织进行变革时，相应地要更新和改造原有的组织文化，首先要打破已有的传统心理定势，建立新的心理定势。这当然是十分艰巨的任务，将会遇到文化惰性的顽强抵抗。

12.11.2　重视心理强化

强化是使某种心理品质变得更加牢固的手段。所谓强化是指通过对一种行为的肯定或否定（奖励或惩罚），从而使该行为得到重复或制止的过程。使人的行为重复发生的称为正强化，制止人的行为重复发生的称为负强化。

这种心理机制运用到组织文化建设上，就是及时表扬或奖励与组织文化相一致的思想和行为，及时批评或惩罚与组织文化相背离的思想和行为，使物质奖励或惩罚尽量成为组织精神的载体，使组织精神变成可见的、可感的现实因素。许多企业、学校在这方面积累了宝贵的经验。

12.11.3 利用从众心理

从众是在群体影响下放弃个人意愿而与大家保持行为一致的心理行为。从众的前提是实际存在或想象存在的群体压力，它不同于行政压力，不具有直接的强制性或威胁性。一般来说，重视社会评价、社会舆论的人，情绪敏感、顾虑重重的人，文化水平较低的人，性格随和的人，以及独立性差的人，从众心理比较强。

在组织文化建设中，组织领导应动员一切舆论工具，大力宣传组织文化，主动利用从众心理，促成组织成员行动上的一致。一旦这种行动一致的局面初步形成，对个别后进成员就构成一种心理压力，促使他们改变初衷，与大多数成员一致起来，进而实现组织文化建设所需要的舆论与行动的良性循环。

对于组织中存在的不正之风、不正确的舆论，则应采取措施坚决制止，防止消极从众行为的发生。

12.11.4 培养认同心理

认同是指个体将自己和另一个对象视为等同，引为同类，从而产生彼此密不可分的整体性的感觉。初步的认同处于认知层次上，较深入的认同进入情绪认同的层次，完全的认同则含有行动的成分。个体对他人、群体、组织的认同，使个体与这些对象融为一体，休戚与共。

为了建设优良的组织文化，组织主要负责人取得全体成员的认同是十分必要的。这就要求组织主要负责人办事公正、作风正派、以身作则、真诚坦率、待人热情、关心职工、善于沟通，具有民主精神和奉献精神。只要这样做了，全体职工自然会把他视为良师益友，视为信得过、靠得住的“自家人”。职工对组织主要负责人的认同感一旦产生，就会心甘情愿地把他所倡导的价值观念、行为规范，当做自己的价值观念、行为规范，从而形成组织负责人所期望的组织文化。

此外，还应着重培养职工对组织的认同感。这就要求组织目标中包含众多的个人目标，使组织利益与职工的个人利益挂钩，并使职工正确地、深入地认识到这种利益上的一致性，真正地产生个人与组织利益与共、命运与共的感情。

对组织认同感的最高表现是对组织的光荣感和自豪感。当一个工人对自己是“首钢人”“二汽人”“大庆人”充满自豪感时，当一个学生对自己是“清华人”“北大人”“复旦人”“南开人”感到无比光荣时，个人与组织荣辱与共、利害相关的感情已经根深蒂固了。从工作角度来看，领导者善于把组织取得的优秀业绩、社会上反馈回来的良好评价、组织在公众心目中的良好形象，及时告诉组织成员，并通过厂歌大赛、校风学风评比，以及设计厂（校）标、厂（校）旗、厂（校）服等活动，激发广大成员的集体荣誉感和自豪感，以及对组织的热爱之情，从而焕发出强烈的主人翁责任感。这是建设优良组织文化的关键一环。

12.11.5 激发模仿心理

模仿是指个人受到社会刺激后而引起的一种按照别人行为的相似方式行动的倾向，它是社会生活中的一种常见的人际互动现象。

不言而喻，模仿是形成良好组织文化的一个重要心理机制，而榜样是模仿的前提和依据。组织中的英雄人物、模范人物，特别是组织的主要负责人，理所当然地应该成为组织文化的人格化代表。组织成员对他们由钦佩、爱戴到模仿的过程，也就是对组织文化的认同和实践的过程。

组织的主要负责人应该身先士卒，以自己的模范言行倡导优秀的组织文化，同时应该大力表彰劳动模范、先进工作者、三好学生、优秀共产党员，使他们的先进事迹及其体现的组织精神深入人心，在组织内掀起学先进、赶先进、超先进的热潮，这是组织文化建设的重要途径。当然，树标兵应实事求是，戒拔高作假，否则适得其反。

12.11.6 化解挫折心理

在组织的运行过程中，组织成员之间的摩擦是不可避免的，上级与下级之间、共事人之间总会出现一些矛盾和冲突。从组织成员个人来讲，总会碰到一些困难和挫折，这时，就会产生挫折心理。这种消极的心理状态，不利于个人积极性的提高，不利于职工的团结，不利于工作中的协作，不利于优良组织文化的形成。如何化解组织成员出现的挫折心理，也是组织文化建设中应该予以注意的问题。

在组织内部形成一种宽松的环境，使成员能够畅所欲言，提出批评和建设性的意见；有恰当的渠道发泄不满，有“出气孔”可以随时“减压”。正确处理职工的挫折行为，这是化解成员挫折心理的主要方法。

日本松下电器公司下属的各个企业，都有被称为“出气室”的“精神健康室”。当一个牢骚满腹的职工走进“出气室”后，首先看到一排哈哈镜，逗人哈哈大笑一番之后，接着出现的是几个公司主要负责人的橡皮塑像，旁边放着几根木棍。如果来者怨气仍未消尽，可操起木棍，把“负责人”痛打一顿。最后是恳谈室，室内职员以极其亲切的态度询问来者有什么不满或意见，耐心地倾听并加以疏导。应该说，松下公司的这些做法是用心良苦的，也是值得称道的。

12.12 领导者与组织文化建设

要建设强有力的组织文化，首要的因素是组织的主要领导人。对于企业而言，能否建设先进的组织文化，首先取决于领导者。主要领导者的作用在不同组织中并无本质差别。主要领导者在组织文化建设中起着至关重要的作用。大凡成功的组织都有优秀的组织文化，而主要领导者是最主要的缔造者，他缔造、倡导、管理组织文化，他的价值观决定了组织文化的基调，他的观念创新带动组织文化的更新，素质的不断完善将促进优秀组织文化的形成。企业家在企业文化建设中的角色如图12-5所示。

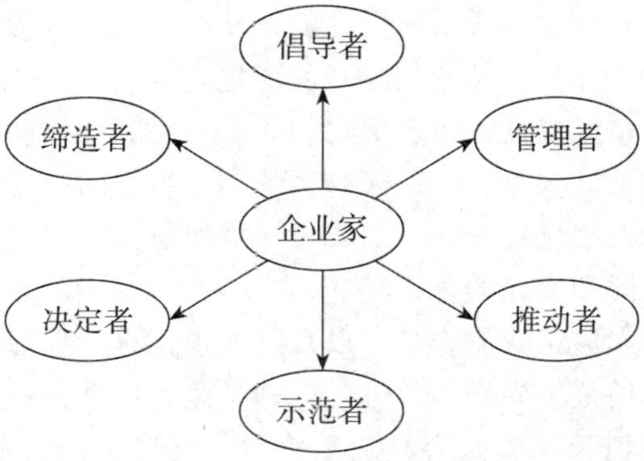

图12-5 企业家在企业文化建设中的角色

12.12.1 领导者是组织文化的缔造者、倡导者和管理者

所谓领导者，就是指身居领导岗位，能够对组织制定目标和实现目标的全过程施加巨大影响的人。因此，领导者对组织文化的影响也必然是十分巨大的。美国学者O.F.林德塞对个人价值观进行了系统的研究，表12-2列出了他测出的不同群体的价值观偏好。

表12-2 不同群体的价值观偏好

斯普朗格尔价值观	学院普通男性	学院普通女性	成功的男性经理	成功的女性经理
理论上的	43	36	44	39
经济上的	42	37	45	47
艺术上的	37	44	35	42
社交上的	37	42	33	31
政治上的	43	38	44	46
宗教上的	38	43	39	35

1）组织的主导价值观是领导者个人价值观的群体化

组织的创始人，他追求什么、提倡什么、反对什么，他用什么样的价值标准去要求部下，用什么样的理想和信念去带团队，将会对组织文化的形成发挥关键性的作用，而这一切都是在他个人价值观的指导下发生的。

美国学者R.M.霍德盖茨在研究中发现，成功的领导者最看重的是自我实现和尊重，其下属也对自我实现和尊重很感兴趣；一般领导者及其下属则最关心尊重和社交需要的满足；而不成功的领导者及其下属的价值取向集中在物质层次——安全和生理需要的满足。他指出："成功的领导者往往吸引特定类型的下属，一般领导者和不成功的领导者也是同样。而且这些下属有着与其上司相类似的需要动力。"

领导者成功与需要动力如图 12-6 所示。

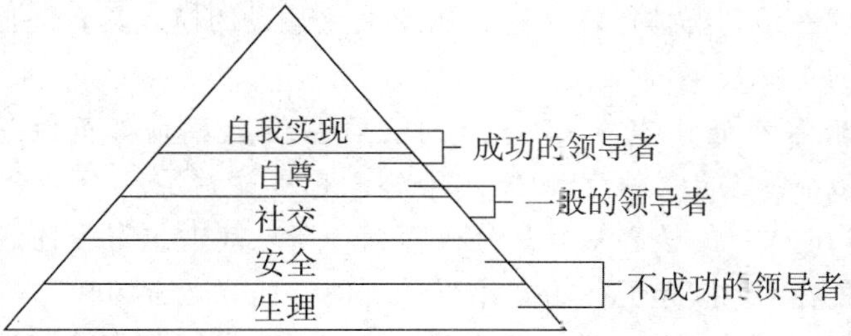

图 12-6 领导者成功与需要动力

因此，在一般情况下，组织的主导价值观（即组织文化的核心），不过是组织创始人个人价值观的延伸、扩展和最终实现群体化。换句话说，组织文化就其实质来说，是组织成员对组织创始人的个人价值观的认同结果。

最著名的例证是松下公司，其组织精神、组织文化，是松下幸之助的思想通过朝会、周会、员工培训等环节向员工灌输、渗透，并在员工行为上开花、结果的产物。再如，海尔公司的文化与张瑞敏的价值观关系极大。海尔文化形成的过程，可以说是张瑞敏的哲学思想、经营理念、管理思路和理想信念的群体化过程。

当前，随着市场经济体制的不断完善及经济全球化的发展，领导者个人价值观对组织文化的影响将日益突出。

2）组织领导者是组织文化更新的推动者

对于组织创始人的后继者而言，他们个人价值观的作用往往表现在对组织文化的更新上。众所周知，组织文化不是一成不变的，随着内外环境的变化，要求组织文化更新的压力越来越大（例如，中国的改革开放迫使众多的组织改变自己的文化）。究竟本组织文化向哪个方向变和怎样变，有其客观的规律性，但形成什么样的特色和个性，则在很大程度上取决于领导者的价值标准。例如，贵州茅台酒厂具有悠久的历史，有一系列传统和习惯，当然也包括一些不良的习惯——不讲卫生、缺乏规章、管理不严、作风散漫等。在改革开放大潮下，这座酒厂从一个作坊式的组织变成了现代化的优秀组织，其组织文化也旧貌换新颜，其中厂长邹开良起了关键作用。其组织精神——“爱我茅台，为国争光”，是邹开良的价值观群体化的果实，具有鲜明的个性。

3）组织领导者是组织文化建设的指挥者

组织文化建设是指组织有意识地发扬其积极的、优良的文化，克服其消极的、劣性的文化的过程，亦即使组织文化不断优化的过程。

不言而喻，组织文化建设的指挥者是组织领导人，特别是一把手。具体而言，主要通过哪些渠道（宣传、奖励、惩罚、树标兵、搞竞赛、物质载体、业余文化活动），主要采用什么手段（正强化、负强化、领导示范、榜样引导、社会教育、自我教育、外在教育），树立什么样的标兵（组织文化的人格化）等，都由领导者进行决策。而这一切都影响到组织文化建设的方向、力度和深度，从而影响组织文化建设的效果。例如，每年9月是同仁堂制药厂的“组织文化活动月”，集中进行组织文化建设的一系列群体活动。这个组织文化建设的模式具有同仁堂的特点，与其主要领导人的指挥密不可分。

我们不妨来看看通用电气（GE）的前后两位总裁是如何缔造组织文化的。1956年GE总裁克迪纳创立了克顿维尔中心，它被塑造成一个命令中心和幕僚学院，用来传播当时GE的核心策略和分权理念。新总裁韦尔奇上任后，就以克顿维尔式的学习过程在GE掀起了一场文化革命。他专门投入4 500万美元用于该中心的建设，每月至少去一次，并发表演讲或回答问题，还承担了四门课的教学。就是通过这样的方式，韦尔奇快速地将其组织文化变革倡导起来，为以后的改革创造了良好的环境。

综上所述，领导者作为组织文化的塑造者，一方面要对组织已有的文化进行总结和提炼，保留其积极成分，去除其消极因素；另一方面要对提炼后的文化进行加工，加入自己的信念和主张，再通过一系列活动，将其内化被职工的价值观，外化为职工的行动。这就对领导者的素质提出了很高的要求，领导者的品格、智慧、胆识在很大程度上决定了组织文化的水准。

12.12.2 领导者的价值观决定了组织文化的基调

如果说组织文化是一首动听的乐曲，那么，唯一可以给这首曲子定调的就是组织主要领导者了。领导者的价值观仿佛是组织文化建设的灵魂，从组织文化的设计到组织文化的建设，无不受其左右，听其指挥。应该说，组织领导者如果抓住了核心价值观，组织文化建设就会纲举目张。

在塑造组织核心价值观的过程中，领导者始终居于领导地位。因此，领导者本人的价值取向、理想追求、文化品位等，对组织核心价值观的影响是决定性的。有人形象地说：组织价值观是领导者价值观的群体化。此话是有道理的，组织主要领导者的价值观的确可以决定组织文化的基调。任正非“与狼共舞，你就必须首先变成狼”的价值观决定了华为“狼”文化的基调，比尔·盖茨的自由创新价值观决定了微软“咖啡因”文化的基调。

12.12.3 领导者的示范作用关系到组织文化建设的成败

人的行为大半是通过模仿学来的，想让员工表现出组织预期的行为，领导者的示范作用自然少不了。儒家强调人性关怀，所谓“己所不欲，勿施于人”，如果领导者不以实际行动带头履行组织文化准则，员工会认为只要求他们没道理，抵触情绪一旦产生，再好的组织文化设计也要搁浅。

领导者在组织文化建设中起示范和表率作用。组织文化的形成是一个学习的过程，在这一过程中，领导者的一言一行都将被职工群众有意或无意地效仿，这时，其言行就不再只是个人的言行，而具有了示范性、引导性。

中国的儒家很早就提出了“知不若行”的观点，指的是一种实干精神，身为组织的领导者，既然已经设计了组织文化，达到了“知”这一步，何不体验一下“知行合一”的快乐呢？

需要注意的是，领导者如果进行的是错误示范，将给组织文化带来巨大的灾难。

12.12.4　领导者的观念创新推动组织文化的更新

由于组织的内外部环境在不断变化，组织文化也不是静止的、永恒不变的，在必要的时候，也需要对组织文化进行变革，以适应新的形势。这种变革必须依靠领导者自上而下地进行，离开了领导者的领导，组织文化的发展就势必陷入一种混乱、无序的状态，新的良性的组织文化就不可能形成。

但是，并不是说只要内外部环境变化了，就需要对组织文化进行变革，组织文化也要有相对稳定性。那么，组织文化在什么时候需要变革呢？这就要求领导者具有敏锐的观察能力和杰出的辨别能力。一般来说，当发生以下几种情况时，领导者必须变革组织文化：

（1）当组织的内外环境发生重大变化时。例如，国家的经济法律政策发生重大改革并且对本组织造成重大影响，组织的产品结构有重大调整，组织的技术、设备条件有重大改进，组织的规模发生了较大的变化等。

（2）当组织的业绩平平，甚至每况愈下时。

（3）当组织的主导文化与宏观文化发生严重冲突时。

由于文化具有很强的惯性，领导者对变革组织文化一定要采取慎重的态度，要尽可能维持组织文化的稳定性；而一旦决定变革，就应当冲破层层阻力，构筑新的组织文化体系。无论何时，组织都要有明晰的组织文化，切忌使组织陷入文化混乱状态，在这一点上，领导者旗帜鲜明、当机立断的态度是至关重要的。

12.12.5　领导者素质的不断完善促进优秀组织文化的形成

在组织文化建设中，领导者要缔造出优秀的、高品位的组织文化，要发挥好示范、表率作用，就需要具备领导者的优秀素质，包括完善而先进的价值观、高尚的道德品质、创新精神、管理才能、决策水平、技术业务能力、人际交往能力等，尤其是要有良好的道德品质和深厚的文化底蕴。唯有如此，领导者才会自觉地以身作则，才会正直信任、尊重员工，而不是凌驾于员工之上，把员工看成自己的工具；员工也才会敬重和支持领导者，心甘情愿地接受领导者的领导，并且自觉地以领导者为榜样，齐心协力共同建设组织文化。

孔子有一句名言：“为政以德，譬如北辰，居其所，而众星共之。”意思是领导者的品德和素质应该成为部下的榜样，就像天上的北斗星，自然有凝聚力。“众星拱之”可以理解为部下对组织文化的认同。

领导者应该具备什么样的素质呢？孙子兵法提出的“军人五德”值得借鉴。“军人五德”包括智、信、仁、勇、严。

智——指大智慧，高瞻远瞩，运筹帷幄，善于做出正确的决策。

信——指大信用，诚实守信，正直可信，善于建立公共关系。

仁——指大胸怀，海纳百川，仁者爱人，善于团结队伍、凝聚人心。

勇——指大勇敢，调整风险，当机立断，善于驾驭风浪、渡过难关。

严——指大魄力，严谨务实，严格管理，善于统帅指挥、夺取胜利。

各类领导者都可以把“五德”当做一面镜子，不断提高自己的素质，最终成为本单位的“北斗星”。同时，领导者要不断提升自己的观念，才能创造出适合组织发展的文化。一个思想僵化和闭塞的领导者是无法缔造优秀组织文化的。

12.12.6 领导者应确立科学的、高境界的价值观

综上所述，领导者的个人价值观对组织文化的影响是举足轻重和带有全局性的。“差之毫厘，谬以千里”。因此，组织领导者确立什么样的价值观就显得格外重要。

从中外成功组织的经验看，领导考的价值观应该符合客观规律，是科学的；同时又应走在时代的前列，具有高格调、高境界。

1）事业至上

身为领导者，人生目的和追求是什么？是追求金钱、追求地位，还是追求事业？这是一个首要的价值观抉择。

当事业与金钱发生矛盾，或事业与个人地位发生冲突时，领导者该如何选择，这是对领导者价值观的重大考验。一个优秀的领导者应该毫不犹豫地选择事业。只有执着地追求事业的人，才能最终成就事业；那些在金钱、地位的诱惑下心猿意马的人，最终将葬送事业。

2）国家至上

优秀的领导者都不应忘记古典管理理论的创始人之一法约尔的名言：“整体利益至上。一个人或一个部门的利益不能置于整个组织的利益之上；家庭利益高于每个家庭成员的利益；国家利益高于一个公民或一些公民的利益。”

国家和民族意识赋予组织和组织领导者的存在和发展以更高的价值，这种崇高的信念会战胜任何艰难险阻，培养出战无不胜的团队。

3）信誉至上

在处理组织与社会的关系时，组织的形象靠什么来树立？靠的是信誉。一些名牌商品为什么畅销不衰？一些“老字号”的金字招牌为什么几百年不倒？靠的是货真价实，靠的是诚信无欺。因此，所有组织领导者都应牢固地确立“信誉至上”的价值观，相应地，必须严格地遵循一个道德信条——诚实。

4）奉献为荣

“玩物丧志”是一个千古传诵的古训。在这个物欲横流的市场经济环境里，在享乐主义泛滥的社会氛围中，作为组织的领导人往往会面临更多的诱惑，也要接受更直接的考验。

人生的价值不在于你消费了多少社会财富，而在于你为社会创造了多少财富（物质的和精神的财富）。一心追求事业的人，恨不得有三头六臂，恨不得一天 48 小时，哪里会有时间和兴趣去沉迷于享乐？特别是处在创业阶段的领导者，更应该力戒奢靡，而以奉献为荣。

5）群体为高

领导者身居高位，怎样看待部下和全体员工，怎样处理个人与群体的关系，这是领导者价值观的另一个侧面。

无论领导者有多么杰出的才能，都不能包打天下，也不可能无所不知、无所不能。优秀的领导者应该清醒地看到个人的局限性，看到群体的决定作用，从而在决策时主动集思广益，在行动时发动和依靠全体成员，不轻视任何一个人。一句话，领导者要牢固地树立“群体最高明”的价值观。

6）以人为本

从事任何事业都离不开资源，这些资源包括人、财、物、时间、知识等，作为一个领导者，应该清楚地认识这些因素的重要性次序，这是价值观的另一个领域。

许多领导者“见钱不见人”或“见物不见人”，而真正优秀的领导者把人看做是决定一切的因素，是使组织兴旺发达的根本。

7）服务制胜

人类进入 21 世纪后，便更深入地走进“服务制胜”的时代。因此，千方百计地满足客户需要，千方百计地提高售前服务、售中服务和售后服务的质量，千方百计地为客户创造价值，成为组织领导者必须具备的思想和信念。

组织领导者具备了服务理念还不够，还应在组织内大力倡导，并千方百计地将这些理念变成员工“优质服务”和“超值服务”的行动。到那时，组织的竞争力将显著增强。

8）创新是命

美国著名的管理学家德鲁克说得好：在经济全球化和信息化的形势下，组织创新则生，守旧则亡。创新是组织的生命。技术创新可以造就出一系列新的产品，管理创新可以造就出一大群创新的人才，最终都可以为客户创造出新的价值，为社会创造出新的财富和新的文明。

领导者应该树立牢固的创新观念、开拓观念，不断进取、超越自我的观念。相应地，一定不能墨守成规，必须自觉学习，并善于组织团队学习，用学习带动创新。学习型组织是创造性最强的组织。

个案分析

松下公司这样培养商业人才

在日本著名的旅游胜地琵琶湖畔，有一个美丽的花园式庭院，这就是松下商学院。

松下商学院是为松下集团培养销售经理的一年制商业大学，自 1970 年创办以来，为松下公司培养了3 000多名专业人才。

商学院的教育方针和教学内容十分有趣。它熔中国儒家哲学与现代企业管理于一炉，对学员进行着严格的教育。

商学院的纲领是：坚守产业人的本分，以期改善和提高社会生活，为世界文化的发展做贡献。商学院的信条是：和亲合作，全员至诚，一致团结，服务社会。

商学院的研修目标是中国古典《大学》中的“明德”——竭尽全力身体力行实践商业道德、“亲民”——至诚无欺保持良好的人际关系、“至善”——为实现尽善尽美的目标而努力。

商学院的作风是，寒暄要大声，用语要准确，行动要敏捷，服装要整洁，穿鞋要讲究，扫除要彻底。

我们来看一下学员一天的学习和生活情况。

清晨5时30分，松下电器公司的旗帜冉冉升起。

6时，象征进攻性的“咚咚”的鼓声把大家唤醒。

6时10分，全员集合。点名之后，各个学员面向故乡，遥拜父母，心中默念：“孝，德之本也。身体发肤，受之父母，不敢毁伤，孝之始也。立身行道，扬名于后世，以显父母，孝之终也。”接着，做早操。然后，列队跑步3公里。

7时10分，早饭。每顿饭前，全体正襟危坐，双手合十，口诵“五观之偈”，飘飘然，若在世外：一偈“此膳耗费多少劳力”，二偈“自己是否具有享用此膳之功德”，三偈“以清心寡欲为宗”，四偈“为走人之正享用此膳”。饭后，还要双手合十，诵念：愿此功德，广播天下，吾与众生，共成道业。

7时50分，商业道德课。通常学习《大学》、《论语》、《孟子》和《孝经》，确立“经商之道在于德”的思想。

8时40分，早会。全体师生集合，站成方队，朗诵松下公司的“纲领”、“信息”和“精神”，齐唱松下公司之歌。

9时，以班为单位，站成一圈，交流经验。

9时10分至16时，4节业务课，由讲师讲解经营之道。诸如，经营思想、经营心理学、市场学以及顾客接待术和商品推销术。

如何接电话、打电话，也是其中的课程之一。要求在接、打电话时，正襟危坐，聚精会神，不许吃东西，不许吸烟。听到电话铃响，马上去接，要首先声音清晰、态度和蔼地表明自己公司的名称和所属部、课，并准确地记下电话内容，交由主管人处理。打电话时，内容力求简明扼要，拨通电话后，马上报出公司名称和所属部以及自己的姓名，在简单的问候后，把要求和希望简要告诉对方。说话时，语气要委婉、诚恳。讲完后，要说些“拜托了”之类的客气话才能挂上电话。

16时30分，自由活动。有的到运动场打球、有的到卡拉OK歌厅唱歌，也有的到体育馆练习柔道、剑道。

18时50分，茶道。大家都换上和服，席地而坐，通过煮茶和品茶，追求形式上的完善、气氛上的和谐和精神上的享受。

22时17分，点名。全体学员面壁，感谢父母的养育之恩。

22时20分，全体正襟冥想，总结一天的收获。

22时30分，一天的学习结束了。

问题：

1. 松下电器公司对销售经理的培养有什么特点？其指导思想是什么？
2. 松下电器公司试图培育一种什么样的企业文化？为什么？
3. 松下电器公司采用哪些方法和手段培育优良的企业文化？
4. 此案例对你有何启发？

本章小结

组织文化的主要内容包括五个方面：组织的最高目标（愿景）和宗旨，核心价值观和组织精神，组织作风及传统习惯，行为规范和规章制度，组织价值观的物质载体。组织文化的结构大致可分为三个层次，即观念层、制度-行为层和器物层。

组织文化的特性主要包括以下四方面：无形性、软约束性、相对稳定性和连续性、个性。

组织文化对组织行为有以下影响：导向作用、规范作用、凝聚作用、激励作用、整合作用、辐射作用。

组织文化的建设涉及：组织文化与员工需要层次，组织凝聚力与群体价值观，组织道德与组织公共关系，组织风气与员工行为管理，组织物质环境与员工养成教育，组织文化盘点，组织文化设计，组织文化实施，组织文化建设的心理机制，领导者与组织文化建设。

关键概念

核心价值　文化特性　文化建设　文化盘点　文化设计　文化实施

复习思考题

1. 何谓组织文化？其内容和结构怎样？
2. 组织文化有什么作用？试举例说明。
3. 有哪些因素影响组织文化？
4. 组织文化与员工需要层次有什么关系？
5. 组织文化与员工需要结构有什么关系？
6. 群体价值观在形成组织凝聚力方面有何作用？
7. 组织道德如何影响组织公共关系？
8. 组织风气对员工行为有什么影响？
9. 组织物质环境的教化功能是怎样形成的？
10. 组织文化建设的步骤有哪些？

11. 何谓组织文化建设的心理机制？它包括哪些内容？

12. 为什么说领导者是组织文化的缔造者、倡导者和管理者？如何发挥领导者在组织文化建设中的作用？

13. 若要推动优秀组织文化的形成，领导者应具备哪些素质，树立什么样的价值观？

14. 校园文化对学校培养人才有什么作用？试举例说明。

15. 政府机关文化对发挥政府职能有什么作用？试举例说明。

16. 试从政府机关和企业价值取向扭曲的角度，分析腐败现象的思想根源。

17. 军队文化对军队战斗力有何影响？试举例说明。

18. 国家的价值导向对国家的发展有什么影响？试以中国为例分析。

第 13 章 / 组织变革与发展

学习目标

读者应该明白组织变革的意义和分类，清楚组织变革的动因和阻力以及组织变革的程序，掌握干预技术（T 型群体设计和群体建设、格道式发展、调查反馈法）。

引例：我国的企业改革

自 20 世纪 80 年代以来，世界上很多国家都在经历经济转型，如苏联、东欧，而我国也在经历从计划经济向市场经济的变革。显然，社会的经济转型必将带来各种组织（特别是企业和政府机构）的变革，变革的好坏直接影响着国家的政治经济情况。因此，对变革过程的管理就显得十分重要。我国在 1978 年从四川省委选择的 6 个企业开始企业改革，1979 年又在京津沪三地选择了首钢等 8 家企业进行扩大试点；股份制企业早在 1983—1986 年就在全国范围内零星分布开了，到 80 年代末期已经正式建立了 3 000 家试点企业，积累了相当丰富的经验；现代企业制度同样也是先选择了 100 家大中型企业进行试点；企业集团在经历了 80 年代的孕育和初步发展之后，在 1991 年批准了 55 家大型企业集团进行试点。

13.1 组织变革的概念

13.1.1 组织变革的含义

组织变革是组织管理的一个重要组成部分。实际上，组织变革的活动是组织应对内外部环境的变化而做出的反应，使组织管理更符合组织存续和发展的目标。对组织变革的理论研究主要是近 30 年发展起来的，理论研究的兴趣在于在众多组织管理的现象中离析出一组有意义的关键变量并以这些变量建构一种模式，以便更好地解释和预测组织变革的现象。这些年来，组织变革的理论研究和组织变革的实践活动交织在一起，互相促进彼此的发展。在理论与实践结合的过程中一般都要经历这几个阶段：第一个阶段是大家在理论研究和实践中，都意识到有一种组织变革的概念，使用这个概念进行交流时可以说明很多现象，组织管理人员一旦了解这个概念后便可以更有意识地进行管理。第二个阶段的特点是这个概念可以引起大家的重视。第三个阶段是要放在实践中检验，检验这个概念和具体模式在实践中的效用如何。第四个阶段是理论工作者要深入进行研究，提出假设的模式、运作方法，开展学术讨论，探讨不足之处等。第五个阶段产生为人们所能接受的模式，并在实践中起到促进管理的作用。这个理论与实践结合的周期要持续 10～15 年，否则一种科学的管理理论是没法形成的，大多热闹一阵旋即销声匿迹，人们再也想不起来了。“组织变革”的理论现在正处在其发展的第四个阶段。也就是说，人们对于这种现象的认识还有待完善，还需要对这种理论指导下的实践进一步总结。尽管如此，组织变革的理论和方法在组织行为学中仍占有重要的地位。我们讨论这些理论与方法对深入理解组织管理的本质是十分有益的。

组织变革从理论上可以定义为：组织用系统思想加以指导后发生的一些符合组织目标的变化。这里所说的“组织加以指导”是指组织有意识地将一些活动系统地加以编排，意在促成某种状态得以实现。这种状态是组织意欲实现的，符合组织目标的，并非现实的状态，我们可以称这种状态为目标状态。这种目标状态的定义也是不同的，有可能是十分抽象的，例如，要把组织建设得更具变通性；也可能是十分具体的，例如，在未来 3 年中，要求年利润增长率不低于 5%。这里有两个问题需要解决，一个是如何界定“目标状态”的问题，统一对组织目标的认识是很困难的，尤其是那些抽象的目标。第二个问题随之而来，就是用什么指标去衡量目标状态，也就是如何落实各项管理措施。

“变革”一词主要是指组织的目标状态与组织的现状之间的差距。这些差距可能是生产管理的问题，也可能是组织管理的问题，这里有一个隐含的基本假设是：组织变革的目标都是希望组织向更健全、更有效的方向发展，而不是相反。基于这个假设，我们可以进一步假设：组织为获取目标状态所进行的工作都是向积极方向发展的。在这些变革工作中有些属于结构性的变化，如引进新的生产线、人事变动等；也可以采用非结构性的变化，这可以采用过程性的一些方法，如提高组织的决策能力、增强组织凝聚力等。在组织变革中用得更多的是非结构性的变化方法。有些结构性的变化是为非结构性变化而服务的。例如，通过改变工作设计（结构性变化）的过程，影响人们对工作的满意程度（非结构性变化）。实际上，领导者在组织变革中起的是中心调整作用，他应审时度势，有效地将结构性变化与非结构性变化结合起来，并注意组织中的经济-技术系统与社会-心理系统的协调问题。

如果组织变革涉及的对象是人的话，则指变革的目标是矫正某些人的职能或与组织行为有关联的角色行为，而不是针对特定、具体的人。其改变后的行为应与组织目标有某种程度的关联，换句话说，组织变革的效果应从组织水平加以考察。

组织变革中所指的“用系统思想加以指导”，是说由组织加以指导的这一活动应是有计划地开展的，而不是随意发生的。可以从两个方面理解“系统”的含义：第一，组织变革的计划应能具体地制订出来。这个计划的每个阶段都是连续发生的，最终实现变革的目标；每个阶段的目标要有相应的标准，以说明阶段目标实现的程度；要制定出实现阶段目标的工作程序。在实际工作中，这三个方面都要结合起来考察。一般来说，制订改革计划、把计划分成几个阶段的具体计划，并制定出相应的标准是计划工作中常常遇到的问题，这属于“是什么”的范围，而要落实计划，实现目标，则属于“怎么办”的问题，后一个问题往往更重要。第二，要根据变革的目标确定“计划”与“变革过程”的关系。有些目标比较具体，就可以事先进行计划，然后按计划的步骤和程序一步步地实现变革，这种方法可称为“计划指导变革”的方法；但有些目标不那么具体，那就要增加计划的变通性，先选取一个比较具体的目标，试行组织变革，再在组织变革的过程中不断规划和修正总体方案，逐渐向目标状态过渡，这种系统方法可称为“规范变革过程”的方法。在实践中，这两种方法可以结合起来使用。

组织是一个动态、开放的系统，其内部构成因素及外部环境的变动都会对组织产生影响。现代组织越来越多地面临动荡的环境。高新技术的发展和应用，竞争的国际化，公众的偏好和员工期望的不断变化，给组织带来越来越多的挑战，要求组织根据内外部环境和员工状况的变化而变革。逆水行舟，不进则退。那种静态的、不适应形势变化的、不进行变革的组织是难以生存的。从实践角度讲，组织变革就是指：组织根据内外部环境的变化，及时地改变自己的内在结构，以适应客观发展的需要，更好地实现组织目标。

不变革的组织是没有生命力的，因此它必然会趋于萎缩、消亡。但盲目的变革则会给组织带来混乱和损失，甚至导致组织的解体。因此，组织变革要取得成功，必须有计划、有步骤地进行，根据未来发展可能出现的趋势，在科学预测的基础上进行变革。这样的变革才能事半功倍，使组织得到进一步发展，否则就可能事与愿违，欲速则不达。

只要构成一个组织的各种因素（投入、运作方式、产出）发生了变化或被替代，变革就会出现。在社会发展越来越快的今天，组织面临的变革压力和挑战尤其明显，使变革成为组织行为中的一个普遍现象。

13.1.2　组织变革的意义

组织变革对维系组织生存、促进组织健康发展具有重要意义。

组织的功能可以从两个层次加以分析。一个层次是组织与组织成员的关系。一个组织是否保持稳定并能取得较高的组织绩效，在很大程度上取决于组织与其成员互相适应的程度，也就是把组织成员的需要与组织目标的需要相结合的程度。另一个层次是组织与外部环境的关系。组织能否取得高绩效，还取决于能否适应不断变化的外部环境，这就要求组织能够实现与各个利益相关者的共赢。

从组织变革的角度看，组织的计划和决策要分两部分考虑：一部分是组织的外部战略，主要考虑组织如何在环境中生存和发展，全面优化组织与环境的关系。另一部分是组织的内部战略，即如何落实外部战略，如何协调组织内部的个人、集体的目标，使之统一到组织的目标上。组织变革的意义在于可以用一种系统的方法（计划—决策—落实），解决组织与环境、组织与成员间的相互适应问题，使组织能维系生存，得以发展。

组织变革的技术和方法不同于组织管理中例行的计划管理、生产控制等基本职能工作，它是用一种系统的方法分析组织中出现的问题。因此，它所提供的系统决策的思路有助于提高决策的质量。组织变革要解决的问题大多都是组织环境中出现的问题，例如，市场销售、原材料价格调查等，这些问题往往是全局性的问题，只靠一两个职能部门的工作是不能完全解决的。这时就可以考虑用组织发展的方法进行统筹安排。在遇到这类问题时，组织发展工作要做的是在不同层次把问题和解决问题的手段一一对应起来，并充分估计每种解决方案的长处和不足之处，组织发展的工作即是在不同层次有组织地解决对各种方案的选配问题，并落实到每一个具体部门。

组织变革的目标包括两个部分：通过变革使组织有效运作，实现与环境的适应；同时实现组织运作方式与组织成员的心理、行为方式的和谐。任何企业、医院、学校、政府机构和其他组织都在为适应环境而不断斗争、变革，因为任何的领导都不可能完全控制外部环境，只有采取新的奖励、报酬、考核等制度，重新对组织机构进行设计，才能妥善地满足成员对尊重和发展的需要，进而依靠成员的努力，才能适应外部环境的变化。组织变革的目标还应针对组织成员的心理和行为方式进行变革。例如，工作设计的变革、组织目标的变动、工资结构的改革等，都应适应人们的心理、修正人们的行为，以实现个人和组织目标的最佳配合。

13.1.3 组织变革的分类

组织变革根据不同的划分方法可以有不同的类别。

按照领导者控制的程度可分为主动的变革与被动的变革。主动的变革是有计划的变革，是管理者洞察环境可能给组织带来的机遇与挑战，考虑到未来发展趋势与变化，以长远发展的眼光，主动地制订对组织进行变革的计划并分段逐步实施。被动的变革是指管理者缺乏长远的战略考虑，当环境发生变动时，要么变得束手无策，要么在环境的逼迫下被动地匆匆做出对组织进行变革的决定。重要的、成功的变革都是主动的、有计划的变革。

按照变革的范围可以将组织变革分为渐进式的和剧烈式的变革。渐进式变革代表了一系列持续的改进，这些改进维持着组织的一般平衡，并且通常只影响组织的一部分。与之相反，剧烈式变革打破了组织的原有框架，通常产生一个新的平衡，因为整个组织都进行了变革。例如，一个渐进式变革是市场部的销售团队完成任务，而一个剧烈式变革则是对组织进行再造，以在一年内而不是四年内开发新产品。一般而言，渐进式变革发生在已经建立的结构和管理流程之中，它可能包括新技术，比如计算机一体化制造技术和产品改造。剧烈式变革包括创建新的组织和管理流程以适应不断变化的需求。一些专家认为，面对当今不可预测的动荡的环境，组织必须不断地变革其结构和管理流程，以适应不断变化的需求。

按照变革的内容来划分，组织变革可以分为以组织结构为中心、以技术为中心和以组织成员为中心的变革。

1）以组织结构为中心的变革

以组织结构为中心进行变革就是从一个单位内部的部分或整个组织来进行变革。

（1）组织结构的变革涉及三个维度：复杂性，包括分工程度、协作方式、工作设计、管理跨度等；集权度，决策权的集中、分散程度；规范性，指通过规则和标准处理方式规范工作行为的程度。

（2）整个组织规划的变革涉及行政型与系统组织规划变动，简单式、机械行政式、专业行政式、部门化的变革，矩阵组织结构的变革。

（3）组织结构的变革首先碰到的是集权与分权的问题。领导者常常根据形势的需要和本人的哲学思想，对其组织下属部门的权力进行扩大或缩小，也可能通过对管理跨度的调整和部门之间的协作方式进行改变。当然，通过对工作岗位内容等的变革就更为普通了。此外，组织结构的变革还涉及报酬制度、工作表现的评价鉴定制度和控制指挥系统的变革等。

从深层次讲，组织结构的变革实质上是组织权力的变革。组织权力指组织对工作行为与技术的控制能力。组织权力应当在两个层次发挥组织变革的效力，一个层次是制定适应性策略，即针对外界环境发生的变化组织应对的策略，不至于措手不及，但这种策略多少是被动性的反应。作为组织变革的第二个层次，就要运用组织权力制定发展战略，也就是试图将组织内部的关系和各个方面加以协调，适时地转向外部环境，这是一种积极的发展生产力的方式。这里所说的协调组织内部的关系和各个方面，是指要把适应环境的控制性政策加以调整（改变组织内生产部门、职能部门间的关系，增加部门自主权，平衡部门间权力，改变组织内控制方式等），使之转变为发展性政策。发展性政策要解决的问题是使组织变为一个整体。此时组织内部的协调问题已不成问题，部门间的责任、权利与利益的范围明晰，组织成员的利益与目标和组织的利益与目标是一致的，组织管理不再为调整内部关系而耗费精力，而可以专注于组织向何处发展的战略规划问题。

2）以技术为中心的变革

组织的技术水平是指其把原料的投入转变成为产品的整个过程的能力。在技术飞速发展的时代，技术变革对一个组织来说就具有特别重要的意义。技术方面的变革有如下几个方面：设备的更新、工艺程序的改变、操作顺序的改变、信息沟通系统的改革、自动化等。

组织的技术水平是组织活力的表征之一，从广泛意义上说，组织的技术水平表明组织将知识应用于生产过程的能力。组织变革的对象之一也是如何解决组织的技术环境问题。在决定组织选取哪种技术时，组织往往从经济角度考虑（低成本、高效率、技术领先），但却忽略了组织内部技术与新引进技术间的衔接和协调问题，或者没有考虑到社会环境对引进新技术的影响，其后果自然不理想。在进行组织变革和引进技术时往往容易犯“技术决定论”的错误，这是由于没有考虑到以下几个因素的缘故：①技术的发展固然有其自身的规律，但是不能忽略使用这些新技术的社会和组织文化的影响。②专业技术人员对引进技术的发言权是具有权威性的，但是为了取得社会或组织的整体进步不能不考虑管理专家的意见。③一旦引进新技术，组织的结构和功能必将受到影响。④人们认知能力的限度，限制了人们对各种新技术的潜能的评估和全面比较的可能性。在组织变革中要全面估计技术因素对提高组织活力的影响。

3）以组织成员为中心的变革

组织变革活动中很大部分的工作是为了提高组织成员的工作能力和意愿。组织变革一般是以提高组织绩效水平为目标的，这就要开展许多具体的活动（工作专业化、正规化、改进工作方法等）。组织成员的现状一般要加以改进，要进行培训、核定工作量、重组工作小组等工作，以提高组织成员的工作能力，合理组织生产活动。这些方面的活动和工作属于组织变革的结构化变革，即建立或改进一些规章、制度、工作程序等，用更科学的方法组织生产，对成员提出更高的要求，并加以培训，使全体成员的工作行为更符合组织目标的要求。组织变革的另一方面的工作是提高组织成员的工作意愿：激励成员做好本职工作，为组织做出更大贡献；转变成员的态度，让他们接受组织变革目标。这些方面的活动和工作属于组织变革的非结构化变革方面。这方面的变革很难用行政命令的方式实现，要采用社会-心理技术。

一个人一生中的很大部分是在组织中度过的，组织能否为组织成员开创一个良好的组织环境是很重要的，组织成员能否以一种敬业的精神工作，在组织活动中充分展现自己的才能，是组织健康程度的具体表现。

如果组织变革能够在结构化和非结构化两方面都取得成效的话，组织的活力就能得到提高。这两方面变革的成效也将为提高整个社会的文明程度起到积极作用。这种方法的一个例子就是斯坎伦计划（the Scanlon plan，以美国 20 世纪 30 年代劳工领导人斯坎伦命名），即许多公司采用的劳资计划。这项计划着眼于：①发给每个组织成员的奖金必须与他们为改进公司的工作效率而付出的基本贡献成比例；②建立一个跨组织等级的工作改进委员会。这项计划对管理人员与工人之间，以及工人彼此之间的人事关系的性质产生了巨大的影响。总之，这项计划鼓励下级人员承担更多的责任，与下级部门共同享有治理的职权。这种方法连同其他方法，诸如 T 型群体训练法、格道训练法和交往分析法等，讲的都是改变组织内影响个人行为的各种力量的方法。

13.2 变革的动因与阻力

13.2.1 组织变革的动因

促使组织变革的动因可以分为外部和内部两个方面。

外部的动因指市场、资源、技术和环境的变化，这部分因素是管理者控制不了的。市场变化如顾客的收入、价值观念、偏好发生变化，竞争者推出了新产品或产品增添了功能，加强了广告宣传、降低价格、改进服务从而使公司的产品不再具有吸引力。资源的变化包括人力资源、能源、资金以及原材料供应的质量、数量和价格的变化。技术的变化如新工艺、新材料、新技术、新设备的出现，这些不仅会影响到产品，而且会出现新的职业和部门，会带来管理上、责权分工和人际关系的变化。一般来说，社会环境变化包括政策的变化、环境的变化特别是市场环境的变化，它们是促使组织变革产生的最重要的动因。

外部环境变化包括下列三个方面：

第一，技术的不断进步。在社会从农业经济向工业经济乃至知识经济的过渡中，技术变革的速度越来越快，对社会生产方式和社会生活方式产生强大影响，并不断改变着产品结构、生产技术、生产方式和公众的消费偏好。如高度自动化装备的组织，只需要很少的人来操纵，这使管理人员大大精简。而信息技术的进步则减少了高层管理当局对中层管理者的依赖。技术的变革导致了知识的爆炸，今日社会积累的知识以螺旋式上升的速度不断增加。各类组织均要求知识水平较高的员工来担负日益复杂的工作，这使劳动者的素质、成分发生了变化，员工在组织之间的流动性加大。因此，各种组织必须不断进行变革以适应这种趋势。

第二，价值观念的变化。随着社会的发展，人们的工作、生活质量逐步提高，社会的价值观念、个人的价值观念也在不断改变。昨天被认为是有价值的东西，今天就可能被视为价值不高或者无价值的东西；昨天被认为价值不高或无价值的东西，今天就可能身价百倍。例如，公众消费偏好的快速转移，使许多产品、服务迅速老化，生命周期缩短，迫使有关组织改变经营方式。此外，人们对知识的追求、对美的向往、对人才的渴望等，都会促使组织变革。

第三，具体制度结构的变化。社会上不断出现新体制、新政策、新制度、新组织，以及新的管理理论和方法，也必然影响到个人、组织以及地区性环境的变化。

上述三种变化是组织变革的外部根源。一个组织要得以生存和发展，就必须与外部环境取得平衡。组织对外部环境是无法控制的，但它可以从组织内部进行变革，不断调整自身以保持与外界环境的适应。

而当组织内部出现下列情况时，也需要对组织进行变革：

第一，决策失灵。当组织决策经常出现错误或决策迟缓，以致无法把握良好机会时。

第二，沟通阻塞。组织内意见沟通不畅，上下级常常不能进行顺利、有效的意见沟通，以致造成活动失调、人事纠纷等严重后果时。

第三，机能失效。组织的主要机能不能发挥效率，或不能起到真正的作用，无法保证达到组织目标，组织成员的积极性无法充分发挥出来时。

第四，缺乏创新。组织墨守成规，因循守旧，难以产生新观念、新制度、新方法，以致阻碍组织目标的实现时。

一旦出现上述情况必须进行诊断，找出发生问题的症结，以确定从哪些方面进行组织变革。除此之外，组织成员的工作态度、工作期望、个人价值观念等方面的变化，如果与组织目标、组织结构、权力系统不相适应时，也必须对组织做相应的变革。不相适应或相互矛盾主要有下列几种表现：

第一，组织成员要求在工作中有个人发展的机会，但组织仍然倾向于简单化、专制化的管理方式，从而限制了成员发展的机会。

第二，组织成员希望彼此以公平、平等的态度相待，但组织仍然是等级分明、地位差别大，使组织成员产生强烈的不公平感。

第三，组织成员的工作热情逐渐转向以工作本身所产生的内在激励、人的尊严和责任心为基础，但组织却仍然只靠奖惩手段来推动成员工作。

第四，组织成员希望从工作中立即获得当前需要的满足，但是组织的奖惩、晋升等仍然是后延的满足，不能立即兑现。

第五，组织成员希望或注重从组织中获得尊重、友谊、信任、真诚等情感的满足，但组织只强调任务是否完成，不注重人的情感。

第六，组织成员随着自身素质的变化和生活水平的提高，要求组织采用新的管理制度或管理方式，但组织领导仍然习惯于老一套陈旧的制度或工作方法。

总之，无论是环境的变化、组织运作效能的降低，还是组织成员的心理、行为变化，都会导致组织系统的失衡，从而在组织内部产生要求改变现状的变革推动力量。内部的动因主要是人的变化、组织的运行和成长中的矛盾所引起的。任何一个组织都存在着使这个组织成长的因素，同时也存在着使这个组织衰败的因素。如管理者与组织缺乏弹性，对外界环境的变化反应迟钝，决策缓慢，决策质量不高或做不出决策。企业内部不协调，组织目标与个人目标、各部门之间目标分歧，人与人之间沟通不畅，摩擦、冲突太多，指挥不灵。员工的价值观念、工作态度发生变化，工作效率不高，怠工、士气低落、不满抱怨增加。新的领导者上任，或原有的领导人采用了新的思想观念，组织高层制定了新的战略和目标。另外，在组织成长的每个阶段都具有特殊矛盾，这些都促使管理者采取变革的措施，以保证组织的生存和发展。

13.2.2 组织变革的阻力

组织变革能够促进组织目标的实现和组织的发展，同时也会使组织成员的工作条件和生活条件得到改善，因此，员工们一般是欢迎、支持变革的。但是变革固有的革故鼎新的性质，必然会伴随不同思想观念的交锋，必然会带来一定的风险、动荡，甚至产生一些失误，必然会涉及员工的切身利益，必然要付出一定的代价。变革意味着破旧立新，因此，常会触及一部分人的既得利益和权力，会切断一些人之间固有的亲密关系，或者使人感到不习惯。基于诸如此类的原因，变革常会遇到阻力。西方一位物理学家曾经形象地说："物质中最不易起化学反应的是人的大脑。"哈佛大学教授约翰·科特和施莱辛格对组织发展和变革之所以遭受阻力，分析出了四点原因：①从狭隘的私利出发，不顾组织的集体利益；②不明了变革的意义，对发动变革者缺乏信心；③对变革的后果与变革者的估计不同；④顾虑自己的技能和知识过时。

《有效管理者》的作者杜拉克认为，阻碍组织变革的关键在于，虽然经理人员理智上知道需要变革，但是感情上跟不上，不能做出相应的转变。有时又因为面子问题，认为今天的变革意味着他们过去决策的错误。

群体有时也可能成为变革的阻力。一个凝聚力强而有一定历史的群体，在工作方法、劳动生产率、相互关系等方面有自己一套不成文的规范，当改变的矛头触及这种规范时，就会遭到抵制。特别是这个群体的带头人对变革有抵触的时候。

归纳起来，组织变革可能遇到的阻力大体源于三个方面：

第一，心理因素造成的阻力。组织变革首先会打破原有的稳定格局，破坏某些人的职业认同感、依赖性，使他们产生某种程度的不安全感，因而抵制变革。其次，变革会使人们感到风险增大，预期不稳定。因为变革所带来的后果是未知的，存在着成功和失败两种可能性，所以人们便对变革的前途产生怀疑和担心，形成抵制变革的心理；此外，还有些人出于职权上的考虑，担心变革会使自己的地位、职权发生变化，因而抵制变革。

第二，经济因素造成的阻力。经济收入在人们心目中有着举足轻重的地位。如果组织变革会使个人的直接或间接的收入降低的话，必然就会受到抵制。例如，精简机构和干部制度的变革，会使某些干部失去职权，减少收入；工资、奖金制度的变动也会使某些靠吃集体“大锅饭”“搭便车”的人经济收入降低，这些都会给组织变革造成阻力。

第三，社会因素造成的阻力。任何一个群体要维持自己的生存，都会在群体中形成一致的价值观念、共同的态度乃至行为规范，以保持群体成员一致的行动。进行组织变革，有可能打破群体的平衡状态，因而会遭到群体反对。此外，社会的文化传统、风俗习惯，某些地区、部门、阶层、团体因利益关系形成的利益集团等，都可能给组织变革造成阻力。

13.2.3 化解阻力的方法

1）员工参与和发动

一个组织的变革，只有在得到大多数员工赞同和支持的情况下才能进行，否则会导致变革的失败。因此，为确保组织变革顺利进行并取得预期的效果，必须尽可能广泛地吸引组织成员积极投身变革，说服、动员尽可能多的人参与变革活动，化解组织变革的阻力，为此要注意：

第一，变革的发动集团必须认清组织变革的动力和阻力。要在调查、研究的基础上，认真分析变革的原因及可能遇到的各种阻力，拟订组织变革的规划和具体方案，并敢于承担变革的责任。

第二，发动和鼓励组织成员参与制定变革规划和实施变革。变革不仅仅是组织管理者的事情，组织中的每个成员都有责任、有义务关心和支持组织的变革，鼓励成员参与变革，是获得成员支持的基本途径。管理者应努力创造出一种成员之间相互尊重、相互理解的氛围，使成员能够充分发挥其积极性。从方法上，一方面，要及时、有效地进行意见沟通，发动者要把变革的原因、措施及步骤公开地告诉组织成员，让组织成员对变革方案进行充分讨论，畅所欲言地发表自己的看法；另一方面，要认真听取下级人员的意见，及时修正、完善变革规划。

第三，组织成员必须感到有一种非改不可的压力和紧迫感。变革推动者应把组织外部的压力，如技术的发展，法律或政府法规的变化等，组织内部的压力，如成员的缺勤率和离职率高、生产效率低、产品缺乏竞争力，以及面临的各种困难，都如实地告知组织成员，使他们产生组织变革的紧迫感。要运用群体意识和群体规范的积极作用，使变革的措施在组织中得以贯彻实施。

心理学家科契和弗伦奇在一家服装厂做过一个试验，他们采取的变革措施是改变计件工资。试验分四个小组进行。第一小组由管理部门直接宣布改变的办法，不让小组成员讨论。第二小组推举代表参加管理部门的讨论，由代表将改变办法带回小组。第三、第四小组成员与管理部门一起讨论如何改进现行的工资制度，取得一致意见后，再组织他们参加训练，然后回到生产岗位。试验结果，第一组的产量在改革后的30天内下降了2/3。第二组组员对主管此事的工程师公开表示不满，提出申诉，有的甚至辞职。第三、第四小组一开始产量有所下降，但很快回升，甚至超过原来的水平，对管理部门并无对立表示。

2）采用“力场分析法”

这是卢因创造的方法。他认为变革遇到阻力时，如果用强硬的手段压下去，可能会一时平息，但是反抗的因素会积聚力量，卷土重来。因此，他主张把支持变革和反对变革的所有因素采取图示方法排队，比较、分析其强弱程度，然后采取措施，把支持因素增强、反对因素减弱，保证变革的顺利贯彻。以下是卢因亲自进行“力场分析”的一个实例：

第二次世界大战期间，卢因碰到一家工厂要求全体女工带防护眼镜，但这一规定遭到抵制。他调查、分析了正反两方面的因素，绘成图13-1。

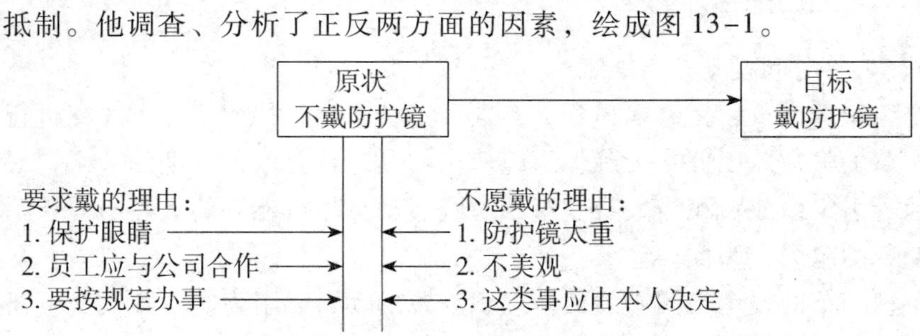

图13-1　一个力场分析的实例

对第一个反对因素，经过了解，只要多花5美分就能调换一种比较轻而舒适的镜架，公司同意增加这笔支出。对第二种反对因素，他让女工自己设计美观、合适的眼镜式样，并开展评比竞赛，引起了大家的兴趣，这样就使女工们对公司的规定从反对变为支持。

3）注意因变革而引起的员工利益和能力需要的变化，尽量用协商的态度办事

某些变革可能会使少数人或团体受到损失，管理者应该与他们充分协商。对变革所引起的技能要求的变化，要组织培训，使人们得到技术补偿。

在执行变革时还要注意态度。行为学家劳伦斯为此举了他下厂看到的两个实例。

【第一个实例】

工程师：我昨晚想，这几天我们装配 X 零件所遇到的困难，可能是由于在装配前没有先把零件洗干净。

工人：这个意见可以试试。

工程师：我挑选了几种洗涤溶剂。这里 50 个零件，要不你试一试看看结果怎样？

工人：那我试了以后，将结果告诉你。

事情很顺利地得到解决。

【第二个实例】

在另一场合，该工人碰到一位陌生的工程师，手里拿着几个零件，做了个手势，意思是让这个工人改用新零件来装配部件。工人即随便拿了个新零件，漫不经心地进行装配，结果没有通过检验。于是这个工人将新零件退给工程师，带着胜利的口吻说："它不顶用。"

上述事例说明，这两个简单的变革在技术要求上是相似的，可是由于变革者和对象的交往方式不同，因而产生了不同的后果。

4）争取合作的策略

从上面的分析可以看出，管理者要实施变革，必须争取到组织成员的合作，但是管理者如何能让大家合作呢？其实在变革过程中管理者可以有多种方法对人们施加影响，但大多数都低估了这些方法的作用，表 13-1 列出了争取他们合作的方法。

（1）教育和沟通。管理机关应该在变革发生之前，提前对员工进行教育，在这里，需要传达的不仅是变革的性质，还包括其中的逻辑。这一过程可能包括逐个地讨论、向各小组的演示、报告和备忘。

（2）参与和投入。倾听那些受到变革方案影响的人的心声是非常关键的，他们应该参与到变革计划的制订和实施中来，如果他们的建议可行的话，管理者就应采纳，这一般很有帮助，往往还能提醒管理者注意那些先前被忽视了的重要问题。那些实际参与决策的人能更深切地理解它，并且更投入，而人们的理解和投入是变革得以成功实施的重要因素，同时积极地参与也为教育与交流提供了良好的机会。

表 13-1 **争取合作的方法**

方法	一般的应用条件	优点	缺点
教育和沟通	信息缺乏或资料及分析不精确	人们一旦被说服，就往往会帮助实施变革	如果涉及的人很多，就会很费时间
参与和投人	变革的发起者所需的资料不完整或者其他人的反对力量强大	参加到变革计划中的人会热衷于它的实施，他们所掌握的相关信息也将被包括到计划之中	如果参与者设计了一项不合适的变革方案，就很浪费时间
提供便利和支持	人们是因调整问题而反对	这是处理调整问题的最好方法	可能耗费时间和金钱，并有可能白费
协商和奖励	有些人或有些团体将在变革中遭到明显的损失，而且这些团体的反对力量很强大	有时这是一条避免强烈的抵触的简便途径	如果它提醒了其他人都要通过协商才顺从的话，你将要付出相当高的代价
操纵和拉拢	当其他技巧都无效或太昂贵时	这是一种相对迅速、节约的解决方式	为未来埋下隐患，因为人们可能会认识到自己被操纵了
明示的或暗示的强制	时间紧急而且变革的发起人有相当的权力	迅速并能解决任何反抗	如果发起者激怒了某些人，就很危险

（3）提供便利和支持。管理机关应当尽可能地为雇员参与变革提供便利条件，并且对他们的努力提供支持。便利条件有培训、在变革具体实施以及在新环境下开展工作中所需要的其他资源等。这一阶段常包括分权和授权，也就是说，赋予人们决策权以及改进工作所需的变通权。提供支持要求虚心地听取问题，理解业绩的暂时性滑坡以及变革刚开始时的不尽完善，一般都尽量站在雇员一边，并且在困难时期要表现出应有的关心。

（4）协商和奖励。必要时，管理机关可以给予切实的激励以换取合作，或许只有高工资率才能使工作丰富化有效；而一种工作流程的变化只有在管理者同意在另一方面做出让步（如考虑放假）时，才能被接受。就是在高层管理者中间，也许只有那些对自己来说更具重要意义的方面得到支持后，一方才会同意另一方的改革方案。奖励是指奖金、工资或薪水、认可、工作分配、额外津贴等，这些都可以考虑，有时还可以重新安排奖励方案以强化变革的方向。

（5）操纵和拉拢。有时管理者们利用更微妙、更隐蔽的技巧来实施变革。操纵的一种表现形式是拉拢，这包括为反对者在变革过程中安排一个对他有吸引力的角色，反对团体的领导人通常成为这种拉拢的对象。例如，管理层可能会邀请工会领袖作为某一执行委员会的成员，或者让某一外部组织的重要成员加入公司董事会。一旦这人成为变革中的一分子，他就不会对组织的工作那么不合作了。

（6）明示的或暗示的强制。有些管理者对反对分子动用惩罚措施或是以惩罚相威胁，在这种方式下，管理者利用权力使人们如他所愿。例如，一个老板可能为了让下属对变革方案采取合作态度，而以失业、丧失升职机会或分派不好的工作相威胁。

每种方式都有优点和缺点，并且每种方式都有不同的适用范围。表 13-1 总结了这些方法的优点、缺点及适用条件。正如表中所暗示的那样，管理者不应不分青红皂白，只用其中的一两种方式，有效的变革管理者应熟悉所有的方法并根据不同的情况灵活运用。

13.3　组织变革的程序

研究变革的过程，认识其中的规律，才能制定正确的程序、策略和方法，导入和管理变革，确保组织变革沿着正确的轨道进行，尽可能减少因失误造成的损失。因此，许多组织行为学家对组织变革的程序进行了大量的研究，其中，比较有代表性的是下面几种。

13.3.1　阶段性变革模式

著名管理学家卢因将组织变革的过程概括为“解冻、转变、再冻结”三个阶段，如图 13-2 所示，这就是阶段性变革模式。

解冻　——→　转变　——→　再冻结

（打破原有的行为模式）　（实施变革）　（强化、支持新的行为模式）

图 13-2　阶段性变革模式

在解冻阶段，管理机关认识到了现在的情况已经不能适应公司的发展，必须以全新的做法打破（解冻）现有模式。解冻措施常常是公司对适应现存及未来环境的能力的评估结果，这种诊断必须详尽而且客观、公正，如果管理者认为公司不能适应现有的或预期的未来环境，那变革就是必需的了。

在变革过程中，高层管理者特别要注意采取措施解冻过去的企业文化，必须让人们认识到原来的某些思维方式、感知方式以及行为方式已经过时了。或许解决这一问题最有效的方法就是通过与竞争对手的比较，向人们展示原有模式的负面影响，管理机关可以向员工提供有关成本、质量、利润的统计数据，但是千万不要直接、完全地指责他们，这会激起他们的防御倾向。

认识到业绩沟的存在将对解冻很有帮助，它是重大变革的催促者，业绩沟是指实际业绩与应有的或可能达到的业绩之间的差距。这一差距反映了业绩的落后，例如，销售额、利润、股价以及其他财务指标的下跌，这种情况会引起管理者的关注，他们会采取变革措施来改变这种状况。当阿瑟·C. 马丁内兹在西尔斯内部实施可以称为美国公司史上最伟大的转变时，真正引起高层管理者们关注的就是：西尔斯公司的业绩，以及与沃尔玛之间反映在管理者数据指标上的差距；此外，一位顾客对他们的评价："我觉得西尔斯就像是一群花白头发的老人，他们穿着深色套装坐在会议室里挑选着破烂的商品"，也让他们反思良久。

业绩沟还有另外一种很重要的表现形式，这种形式出现在公司业绩已经很好但是还有可能更好的时候，因此，这种差距是实际业绩和可能达到的业绩之间的差距，这也正是企业家们能够抓住机遇，以及那些实施战略演习的公司能够树立竞争优势的地方。然而，很多变革的努力一开始往往从负面下手，其实，从积极的角度充分认识到它的潜力和优势，并且制定新运作模式往往更有价值。

作为变革的推动力，业绩沟不仅作用于整个企业，而且也能作用于不同的部门、团队或个人。如果某一部门或工作群体的表现不如公司内的其他团体出色，或者它发现了一个值得抓住的机遇，那它就将被激发变革。与此类似，个人也可能获得不良表现的反馈，或是发现某一值得投资的个人机遇。在这些情况下，解冻就开始了，同时这种业绩沟的存在也使得人们对变革更具热情。

转变——实施变革，首先就要建立起有关公司发展方向的远景，这种远景可以通过战略的、结构的、文化的以及个人的变化来实现。结构的变革就涉及向事业部型、矩阵式的或其他适当形式的转变，文化的变革要通过有效的领导才能制度化。当领导者的未来远景规划在全公司范围内被普遍接受时，每个人都会自然发生改变。

最后，再冻结是指对支撑起这一变革的新行为的强化。变革首先必须在全公司内得到传播并达到稳定状态，再次冻结涉及建立支持该变革的控制体系，必要时采取更正措施，以及强化变革日程中所支持的行为和表现。管理部门应该对所有顺应趋势的转变给予支持和奖励。然而，在今天的企业中，再冻结这一步并不总是正确的，如果它导致的结果与原来行为一样呆板，那再冻结就不是最佳选择了，理想中的新文化应是一种持续变革的文化。如果再冻结能把那些反映核心价值观的行为永久地固定下来，那么它就是合适的。例如，将重心放在那些重要的以及"长寿"公司们始终坚持的商业模式上。再冻结应防止出现在企业环境继续变化时失去效力的新的刚性，应该被再冻结的仅仅是那些能增进企业的持续适应能力、灵活性，能加强试验和结果评估以及能促进其持续发展的行为。换句话说，要锁定关键的价值观、能力和战略使命，而不必锁定具体的管理方法和步骤。

13.3.2 计划性变革模式

西方理论家认为组织发展是无休止的过程，解决了一个问题，又会引起另一个新的问题。例如，为了提高产量，购置了新的技术和设备，产量确实提高了，可是一部分工人可能感到自己英雄无用武之地了，于是情绪低落，对企业产生不满，这样管理部门就要研究对这些工人进行安置和说服。有人认为这是"变革的辩证过程"。尽管组织发展的过程没有中止，但一个改革的辩证过程一般都经过一定的步骤，管理学家吉普森等把企业归纳为如图 13-3 所示的计划性变革模式。

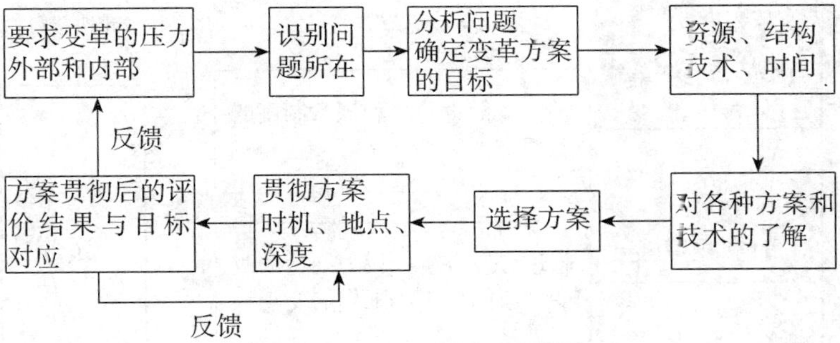

图 13-3　计划性变革模式

企业作为一个经济实体，经常会遇到来自外部和内部各方面的压力。外部压力包括政府法令，经济金融情况的变动，资源、市场消费习惯的变更，竞争者的新策略等各种因素。例如，1973 年发生的石油危机给所有企业带来了深刻的影响。内部压力包括组织结构、运行过程和人的行为各种变量。这些压力的存在，会导致决策迟缓、信息不通、领导软弱无力、同事间相互倾轧等不良现象。

对问题的察觉和识别，关键在于掌握企业内部的信息。掌握信息越及时、越准确，管理者越能发现问题所在。对某些重要信号的出现，如销售额的突然下降、关键人员离职、员工情绪低落等都要时刻警觉。

认清问题所在以后，需要深入分析：①哪些是需要纠正的问题；②造成问题的根源在哪里；③要做哪些变更，什么时间变更；④怎样规定变革的目标及其衡量办法。接着就要研究在变革中有无限制因素。限制因素时常反映在领导作风、组织结构和成员特点三个方面。领导的风格、个性、知觉和价值观以及组织结构的现状，常会影响员工接受或拒绝变革。例如，一个独裁成性的领导人员和官僚主义的机构往往不能有效贯彻参与管理。成员的性格，学习的能力、态度和期望也是必须研究的因素。对同一变革措施，不同的员工往往有不同的反应。

接着就要研究变革的途径和方法。这里主要考虑的是变革方法与变革目标的匹配问题。行为科学家劳伦斯和洛斯契设计了一种匹配图（如图 13-4 所示）。本图虽未把许多组织发展的方法列入，但是仍然对我们有所启示。作者告诉我们变革方法要针对行为改变程度的大小，即不同的变革方法所触及的人们的认识和情感的深度也有所不同。

如果有多种变革的方案时，管理者要从中做出抉择。美国利特尔咨询公司的格宋彻尔曾就选择方案提出下列公式：

$c=(abd)>X$

其中：c——变革；a——对现状的不满程度；b——对变革前后可能达到目的的把握；d——实现的起步措施；X——变革所花的代价。abd 三者与 X 的差距越大，方案的可行性越高。

确定方案以后，转入如何贯彻的问题。这一阶段通常要考虑三方面的问题：一是时机，要避开工作忙季，要等待改革的准备工作完成。二是从何处发动，许多行

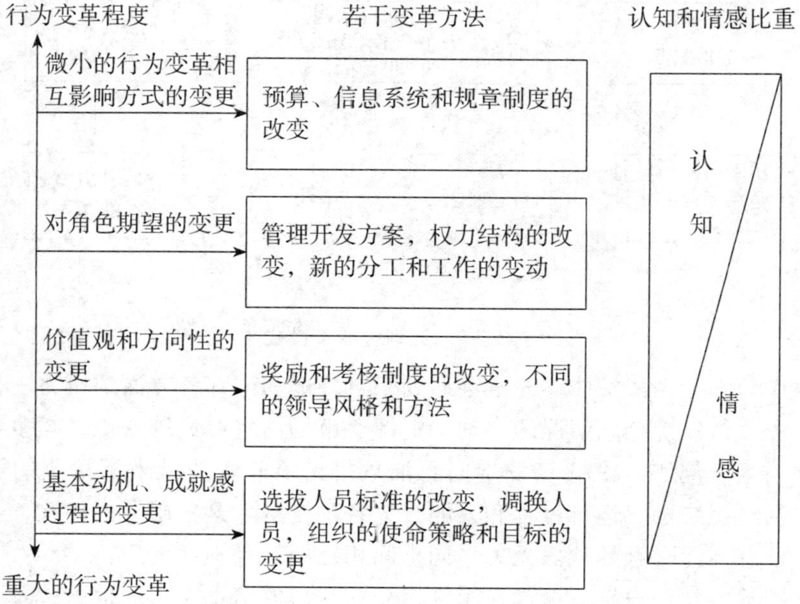

图 13-4 变革方法与行为变革程度的匹配

为科学家认为，企业的变革必须来自上层，这样才能有力推行。但也有人认为取得上层许可是先决条件，具体进行时，宜根据变革的性质或从中层或从基层发动。三是深度，指变革的对象是要涉及一个组织，还是一个部门、小组或个人。

最后对变革的效果做出评价。组织行为学特别指出在评价时容易出现赶时髦和渲染夸大效果的倾向，要求科学研究者与企业实干家密切合作，严格地按照科学方法对组织发展和变革措施做仔细的追踪调查研究，对特殊事件要做出记录。评价的结果分别反馈给上述第一阶段（内外压力）和第七阶段（方案的贯彻）有关的人士，促使管理者了解所采取的变革措施及其深度能否达到预期的改革目标。

13.4 组织发展的干预技术

13.4.1 干预技术的内涵

组织发展的干预技术（OD intervening technique）按照组织发展专家弗伦奇（F. French）和贝尔（E. Bell）的定义是：“各种有组织的工作活动，以及推动组织中有关成员或团体从事一项或一整套工作任务，其目的是直接或间接为了组织的改善。”用简明的语言来说，就是为了改善组织，针对有关的成员或团体采取各种措施。

弗伦奇和贝尔在所著的《组织发展》（1973）一书中把主要组织发展干预技术分为下列 12 种：①分析活动；②小组建设；③群体之间的活动；④调查反馈；

⑤教育与训练；⑥技术-结构活动；⑦过程咨询；⑧格道式组织发展活动（Grid-OD activities）；⑨第三者调解；⑩辅导和咨询；⑪终身性规划和事业计划活动；⑫计划和制定目标活动。这些组织发展的干预技术（见表 13-2），因工作着眼范围和对象的不同，在采用时有所侧重。

表 13-2　　组织发展的干预技术

工作着眼的范围	干预技术
个人	协助制定终身性长期规划和事业规划 角色分析 个别辅导和咨询 敏感性训练 教育和训练，包括：技能、技术知识、人际关系能力、处理各种动态过程的能力、决策，处理问题，计划，制定目标 格道式发展（第一阶段）
二三人之间	过程性咨询 第三者介入和解 格道式发展（第一、二阶段）
小组和群体	小组建设（以工作任务为主和以小组活动过程为主） 本小组敏感性训练 调查反馈 活动过程咨询 角色分析 小组建设的发动 小组范围的决策，处理问题，计划，制定目标
群体之间	群体之间的活动（以群体活动过程为主和以工作任务为主） 组织性问题透视（二或三个群体） 技术-结构性干预 活动过程咨询 格道式发展（第三阶段） 调查反馈
整个组织	技术-结构活动 战略性的计划活动 格道式发展（第四、五、六阶段） 调查反馈

组织行为学家对干预措施从不同角度还有其他的归类方法，比较突出的是萨尔弗立奇（Selfridge）和索科立克（So-kolik）的分类法。他们认为组织发展和变革要解决的问题可分为两大类。第一类属于组织结构和经营管理性质的问题。这类问题带有逻辑和物理性质，比较显而易见。第二类属于人的行为和动态过程的

问题。这类问题带有感情性质，往往隐蔽而不易察觉。他们按照问题的明暗程度，由浅入深地把变革措施分为 10 个等级，提出了组织发展和变革的综合模式（如图 13-5 所示）。

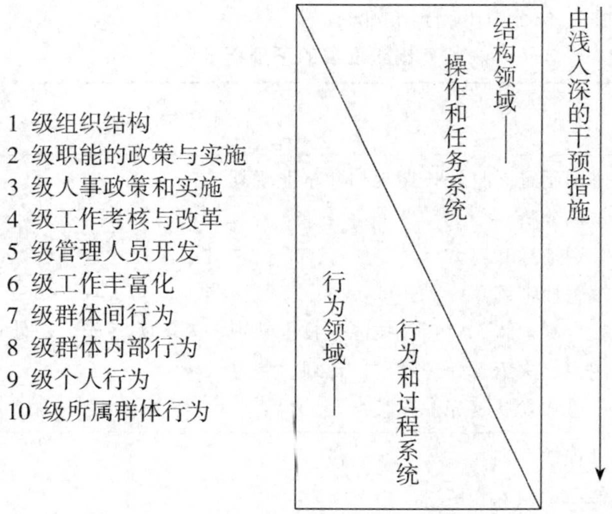

图 13-5　组织发展和变革的综合模式

萨尔弗立奇和索科立克认为，在一个组织中，结构和行为两个领域不能截然分开，但所包含的是两类不同性质的变量。管理者重视哪一类变量，实际反映出他对人性的看法。只重视结构领域问题的经理人员，往往是麦格雷戈 X 理论的奉行者。就组织变革来说，对行为领域的干预比对结构领域的干预要复杂得多，但不能说前者比后者更为重要。因为一个组织的改进有赖于两个领域的全面改善。对结构领域的干预往往较多地着眼于组织的需要、规范和目的；对行为领域的干预则较多地着眼于个人的需要、价值观和目的。干预措施的由浅入深意味着从满足组织的需要逐步引向满足个人的需要。一个健康的组织必须构筑在这两种需要的协调和同时满足之上，不能顾此失彼。

组织发展的干预技术和分类方法理论，不止上述两种，但这是比较有代表性的两种。下面我们具体介绍一些主要的干预技术。

13.4.2　T 形群体设计和群体建设

20 世纪 40 年代后期，位于缅因州的 Bethel 国家培训实验室首创了这种方法。在海军研究室及麻省理工大学的支持下，卢因和他的同事开发出著名的 T 形群体设计法。

T 形群体（T-group）或叫敏感性群体的变革方法，主要研究在人与人正面接触这样的群体中的人的交互作用。变革代理机构对这些群体进行管理，以向其组织成员提供人际关系的实践经验。如果群体的目标是帮助组织成员个人获得更多的知识或是发展，那么该群体则被定义为冲突群体。冲突群体在工业界应用很少，但在社会生活中却应用广泛，在心理治疗与药物治疗的一系列活动中常采用这种群体。互助群体是以共同问题为核心的群体，这一问题将群体中每一个体联系在一起，并对其成员给予群体的支持。互助群体如酗酒者戒酒协会、减肥组织，以及由离异者组成的群体或是由残疾孩子的父母组成的群体等。

T 形群体设计特意以一种松散的方式入手。变革代理机构很可能以这样的方式开始群体设计的第一个步骤，即向群体成员声明，其目的是帮助群体成员更进一步地了解自己以及群体运转的机制。如此指明之后，群体通常按如下的模式发展演变：①进行随意而短小的谈话，这时群体成员对建立群体的意图摸不着头脑，随后断定建立群体根本没有任何意图；②引入摩擦，这时群体将试图推举一位领导人，该领导人“宣布”各职位及日程活动的安排；③当群体认识到群体任务仍模棱两可，群体领导人开始丧失其作用的时候，摩擦进一步加剧；④群体对变革代理机构不满，认为他们不胜任工作；⑤变革代理机构采用公开讨论的方法找出群体产生不满情绪的根源；⑥变革代理机构鼓励群体成员反馈人际关系和对其他群体成员看法的信息。这一系列的过程将引起群体成员的焦虑不安，尤其是那些比较害羞的人，变革代理机构将不断地鼓励这类人员进行人际交往。然而，大部分变革代理机构认为，保持某种程度的焦虑感能促进变革和个人的学习。表 13-3 所示为大多数群体培训通常预计达到的目标。

表 13-3　　群体培训预计达到的目标

T 形群体培训可达到如下一个或几个目标：
①增进对个人作风及对他人情感的理解
②提高对他人自我认识的了解
③提高对群体运行以及个人对群体运行如何造成影响的理解
④提高对群体关系的效率的诊断能力
⑤教会成员如何处理群体关系，以使群体取得更大的成功，同时增加他们个人的满意程度

观察家及 T 形群体的参与者认为，如果具备下列四个前提条件的话，这一方法可能改进组织的功能：①T 形群体必须组织严密且问题突出，使得从中学到的知识能应用到实际工作中；②T 形群体应与正在进行的变革联系起来；③T 形群体应尽可能限制在变革的初期使用（用以解冻组织）；④组织文化支持开展 T 形群体设计，支持和鼓励面对冲突（而不是压制冲突）、员工授权及信息共享。

在实施 T 形群体的组织变革方法时，应运产生了群体建设的问题。群体主要是指那些必须所有成员协助才能完成目标的工作群体、项目小组、新设立的工作单元。它以工作为中心，是对工作小组设计法的改进。群体建设的目标归纳见表 13-4。

1）组织应用 T 形群体方法通常出现的问题

（1）强烈的焦虑感和未加控制的批评、指责性的反馈意见会伤害组织成员，并破坏良好的上下关系。

（2）不能有效地将在 T 形群体中取得的知识引入实际工作环境。

表 13-4 群体建设的目标

①开发进行决策和制定目标的方法
②处理项目群体与功能单元的冲突
③改善群体管理人员及其成员之间的关系
④解决产品或服务的质量问题
⑤正规群体或是项目群体容纳新成员
⑥明确对成员的工作要求和期望
⑦解决部门及组织的协调问题

（3）应用此类方法，对组织决策制定程序、生产效率、效益及旷工等方面的问题影响不大。

（4）有可能暂时改善群体运行，但对组织文化的冲击微乎其微。

2）群体建设步骤

尽管群体建设的具体步骤由于应用不同而有所不同，但典型的群体建设总是包括如下几个步骤：

（1）群体建设车间。对脱产成立的群体灌输有助于解冻的观点，并为群体接受变革做准备。

（2）数据搜集。群体成员填写调查问卷，该问卷将考察衡量组织文化、领导风格及对工作的满意程度等多方面的情况。

（3）正视调查结果。变革代理机构把上一步骤中统计得出的数据结果反馈给群体，并组织群体解决问题，提出建议性的变革措施。

（4）行动计划。群体制订出详细的行动计划以实施由步骤（3）中得出的变革措施。

（5）群体建设。通过群体建设，分析出妨碍群体进行高效率决策的因素，同时提出解决它们的办法。

（6）群体间的群体建设。提出协调办法，以协调各个具有各自工作目标的群体间的工作。

定期对组织文化与组织任务、目标和战略之间的一致性进行分析的组织，都会有这样的经验，即群体建设是保证这些影响组织高效率运转的关键因素之间相互协调的有效措施。管理人员认识到群体建设是定期诊断和解决问题的一个工作步骤，它有利于及时发现问题，避免组织遭受损失。

13.4.3 格道式发展

本书前面曾介绍布莱克和莫顿的改进领导的工具——管理方格图。“格道式发展”是管理方格图派生出来的全面改进企业组织的方法。它所采用的基本思想和方法类似管理方格图，但是涉及的范围更广泛，目的在于使企业组织取得最大限度的利润，以达到所谓“最佳的境界”，实现“9·9式”管理。全面贯彻这一组织发展措施，一般需要3～5年，这个时间有时经过努力可适当缩短。

与管理方格图一样，贯彻格道式发展也分为六阶段。

第一阶段：实验研讨训练——组织全公司的经理人员分组举行为期约一周的研讨会。分组的数目视公司的大小而定，研讨会的任务：①以管理方格图为武器，系统理解公司的原有制度、习惯和行为动态；②训练各部门协同工作的意识和技能；③对正确和错误事件确定评价标准；④培养开诚相见的气氛，使参加者敢于接触重大问题，敢于发表创见。

第二阶段：小组建设和开发——这一阶段的工作内容是：完善小组规范；改进成员的工作表现；设置努力目标和拟订解决问题的方案。要求做到：①确定小组集体合作的最佳化模式；②确定成员个人提高效率的明确目标；③使成员对组织有休戚相关的意识。

小组建设和开发活动从公司最高层开始。经过4~6周后，高层小组的成员分别回到自己小组研究本组的效能问题。一面是高层小组的成员，一面是本小组的领导，这样能促进上下沟通。国外在开展本阶段工作时，常穿插观看足球比赛，联系球赛，明确小组成员协同配合的作用和重要性。

第三阶段：小组间关系的建设和开发——这一阶段活动的要求是明确和分析小组与小组间存在的矛盾，加强合作。要求做到：①每一经理人员懂得管理行为的理论，动员所属人员为实现组织的共同利润目标而努力；②每个管理人员研究和加强监督能力以提高经营效果；③分析和评价每一小组的集体意识和合作情况，并能除旧布新，排除影响组织效能的障碍；④小组间的横向合作与协调关系得到分析、评价、加强。

第四阶段：制定理想的战略模式——这是公司最上层的工作，可吸收有关人员协助搜集资料，提供咨询和技术分析。主持本阶段决策的人员须突破旧框框，运用以前几个阶段所学的知识，客观分析公司的问题，提出创造性意见。为了有助于达到目标，可以安排1个月左右的时间阅读其他公司领导人成功经验的著作。战略模式的制定应该通过公司上下结合的讨论，让下级经理人员有提供意见的机会。一个中型企业的理想战略模式的完善过程，需要6~12个月的时间。

第五阶段：模式的贯彻——理想战略模式的贯彻意味着公司从现状转变到理想境界。由于企业通常按产品，或按地区，或按利润中心划分分支系统，战略模式的实现将从各个分支系统的具体贯彻而获得。这就需要一位向最高层领导负责的协调人员。协调人员围绕公司总的利润目标与各系统配合制订具体的改革计划。这一阶段一般需要3~12个月的时间，计划经公司领导批准后，由变革的深度决定完成变革的时间。

第六阶段：系统评价——包括对格道式发展全过程的评价，巩固成就和制定未来新的目标。

由于对格道式发展的效果的研究和报道比较少，因此尚难做出肯定的评价，但它的使用范围非常广泛。1974年，美国约有2万人参加了公司外部的“方格图”训练，还有20万人参加了公司内部的“方格图”学习讨论会。

格道式发展也存在一些潜在的问题：首先，其标准化的本质决定了它不可能适用于所有的组织。其次，许多组织都不能全面完成格道式发展的所有步骤，一些重大的组织事件会使管理人员不得不停止格道式发展的工作。从这个意义上讲，格道式发展系统是脆弱的，它应付不了偶然事件。最后，格道式发展系统的每一个阶段又分为许多小阶段，在这些小阶段上又具有不同的变革措施。这一点使变革成果与其原因的对应关系难以确定。

13.4.4 调查反馈法

调查反馈法对组织发展的贡献很大，这种方法不是把有限数目的领导或管理人员集合起来进行培训，而是在组织的范围内广泛地进行现场调查，了解组织的各方面状况（领导行为、员工态度、组织气氛、群体过程等）。这个阶段是组织发展的诊断阶段，只有把组织的现状（以组织成员的认知表征）弄清楚才能进一步开展变革和开发工作。用于组织调查的量表都经过标准化、客观化和常模化的程序处理，因此，这些调查量表都能保证具有很高的信度和效度。它们从一个侧面把组织绩效和管理各方面有关的变量组合成一个参照框架。通过这个参照框架，人们可以更好地理解组织管理中各个变量间的内在联系，了解组织管理的现状。其中，比较著名的是密执安社会调查所制定的格式，它主要包括以下项目的调查内容：

（1）关于领导。①管理者的支持；②管理者的目标重点；③管理者对工作的协助；④管理者对相互接触的促进；⑤同事的支持；⑥同事的目标重点；⑦同事对工作的协助；⑧同事对相互接触的促进。

（2）组织气氛。①同事间的信息沟通；②激励；③决策；④公司的控制办法；⑤部门之间的协调；⑥一般管理方式。

（3）满意感。①对公司的满意感；②对上级的满意感；③对工作的满意感；④对工资的满意感；⑤对工作小组的满意感。

调查后的反馈活动能起到引发组织变革的作用。这些活动可以以图表或书面报告的方式在组织各层级内加以系统反馈。一般是以报告会和讨论会相结合的方式，由调查人员先介绍现场调查的情况，介绍调查量表的内容，解释调查量表内容的现实意义，让参加人员有一个较全面的了解。调查结果部分最好用数字表示，绘成图表的形式，这样就比较直观，便于参加反馈的人员理解。调查人员在反馈时，要解释调查结果中各种数据的含义，例如，什么是均值、标准差，某些变量的得分说明什么等，但是调查人员不能对调查结果的意义加以解释，而要通过一定的程序让参加反馈的人员参与解释调查结果的意义。这一活动是组织发展能否顺利开展的关键部分。如果只进行组织调查而不开展调查反馈的话，受益于调查工作的只能是少数人（可能是组织的上层领导，可能是调查人员）。如果开展反馈结果活动的话，就可以吸引更多的人关心管理问题，被邀请参加反馈的人员会获得一种信任感，他们觉得组织专门请人来开展调查，并把调查结果交给大家讨论是件大事，是组织领导想把管理工作搞好的具体表现。许多心理学家从事了大量调查反馈阶段的研究，发现这是参与管理和组织发展的重要形式。

调查反馈活动中搜集到的都是集体和组织水平的信息和资料。由于采用不记名调查的方式，所以参加调查的人员没有什么顾虑，这样搜集到的数据比较可靠。在结果反馈时只反馈那些与个人情况无关的结果，例如，对个人领导行为评估的结果要向被评估人单独反馈，不能拿到小组会议上进行讨论（在个人或群体水平上开展组织发展的工作时，宜采用实验室训练方法，如敏感性训练等）。这样的组织形式有利于减少群体对个人的压力，人们可以自由地发表意见，由于是在小组中讨论，彼此可以互相鼓励，人们可对反馈的结果加以种种解释。在解释结果的过程中，参加反馈的人员实际上是作为自己的角色或所属的参照群体（领导、员工、技术工程人员，男性或女性、年轻人或老年人等）代表参与解释的。这是由于人们的角色不同，归属参照群体不同，对同一种管理现象会有不同的认知。这些认知往往要受到一定的限制（如工作岗位、信息沟通等），但是认知的差异都是客观存在的，这种不一致的认知很难用行政命令的方式加以统一。如果不用公开的、有组织的方式征集的话，这些认知往往以非正式群体活动的方式在组织中流传，结果就容易造成组织冲突。因此，用调查反馈的方式可以广泛搜集意见，了解情况，这是其他方法不具备的长处。

反馈阶段对增强变革的效果，往往是意想不到的。一个组织、一个部门内部的人总会认为自己对这个组织、这个部门最了解，因为他们长年生活和工作在其中，但是这种了解都是有限度的，因为他们不能同时了解其他组织或部门。他们所了解的情况也不好与其他部门的情况进行比较。用调查的方法可以比较系统地搜集资料并进行横向的比较，这就扩展了人们认识问题的视野，并把他们的认识条理化。在反馈阶段，当参加人员从结果比较中看到了自己组织、部门的长处和不足之处时，进行组织变革的需要就会增强很多。由于调查结果往往提供了常模作为比较的参照标准，所以在反馈阶段常可以澄清人们的模糊认识，使人们重新估量自己的判断究竟符不符合客观实际，了解以往自己没注意的情况等。在这些基础上大家可以讨论问题，统一认识，制订变革方案。用这种方法制订的变革方案是以事实为基础、以统一认识为前提的，因而也就容易落实。

在实际工作中，反馈工作可以采取多种形式。可以按层级、部门反馈，也可以以问题为中心邀请各部门人员混合编组反馈，还可以邀请一些有共同背景的人（学历、性别、先进单位等）开展反馈工作。小组反馈与个人反馈访谈的方式最好结合起来。在反馈时要从积极的方面加强各层级、各部门间的信息沟通，消弭误会，减少冲突。反馈工作还可以与其他组织开展的活动结合起来，例如，领导行为矫正、群体建设、敏感性训练等。在反馈阶段能否将参与式的结果解释活动适时地引导到共同制订行动方案是很关键的。否则，反馈活动就有可能变成发牢骚的会议或是形成一种流于形式的局面，即人们还没有真正投入到组织发展的活动就停止了。

调查反馈法的本质就是用这样一套工作程序，吸引组织成员投入到诊断的过程中，他们会为自己能发现问题、提出问题所激励，从而从心里愿意为解决问题有所贡献。同时，他们也学习了如何观察、分析管理过程中的问题，这对于提高组织管理绩效都是十分有益的。群体动力学的研究表明：要想取得组织发展的成效，应以群体作为搜集信息的来源、组织变革的对象和组织发展的单位。通过有效的群体活动可以提高以群体为单位的工作绩效，不仅解决了群体内的问题，而且疏通了组织的信息沟通渠道，使之更加适应组织全面发展的目的。

个案分析

注入海尔文化 重塑企业灵魂

——海尔兼并合肥“黄山”电子有限公司

前言

海尔集团是在1984年引进德国利勃海尔电冰箱生产技术成立的青岛电冰箱总厂基础上发展起来的集科研、生产、贸易及金融领域于一体的综合性国家特大型企业。在公司总裁张瑞敏提出的“名牌战略”思想指导下，通过技术开发、精细化管理、资本运营、兼并控股及国际化等手段，使一个亏空147万元的企业迅速成长，1994年在全国500强中名列第107位，成为中国家电集团中产品品种最多、规格最全、技术最高、出口量最大的企业。1997年被国家经济贸易委员会确定为6个重点扶持的高新技术企业之一。1997年实现销售收入108亿元。集团产品有电冰箱、冷柜、空调、洗衣机、微波炉等27个门类，7 000多个规格品种，批量出口到欧美、日本等发达国家和地区。1997年出口创汇达5 600万美元，员工20 601人。

1997年，海尔在低成本扩张方面有较大的行动：

1997年3月，海尔集团以控股投资的方式，与广东爱德集团公司合资建起顺德海尔电器有限公司。

1997年4月，控股青岛市第三制药厂。

1997年8月，控股山东莱阳家电总厂。

1997年9月，海尔与西湖电子共同出资，在杭州经济技术开发区组建杭州海尔电器有限公司，合作开发生产大屏幕数字电视。

1997年底，海尔相继兼并了合肥市黄山电子有限公司、控股贵州风华冰箱厂。

至此，海尔13年来共兼并国内企业18家，组成了国内家电行业规模最大的一支“联合舰队”。

兼并背景

1997年12月底，合肥市政府决定将合肥市黄山电子有限公司整体划归海尔集团。拥有2 500名员工的黄山电子有限公司几年前曾是安徽省的支柱企业，黄山品牌电视十分畅销，供不应求。但1993年以来，由于管理不善，生产经营每况愈下，出现多年未有的大滑坡现象，1997年共亏损4 982万元，甚至连员工的工资都只能从银行贷款中支付。当时安徽省和合肥市领导形象地比喻说：“日晒下的冰棒，越化越少，快剩下一根木棍了。”

在这紧要关头，海尔集团以其十分雄厚的实力于 1997 年 12 月 31 日将黄山电子有限公司整体兼并，这是一次大规模的企业组织机构调整，安徽、山东、合肥、青岛等省市上下都极为关注，大家拭目以待，其成败结果扣人心弦！

海尔集团这些年来兼并的企业被集团领导形象地比喻成“休克鱼”，认为：“这种休克鱼，只要注入企业文化，它就会活起来。”

10 个月间，海尔的管理模式同化着“黄山”，以海尔的无形资产盘活原黄山电子有限公司的有形资产，迅速开展了市场、产品、人员和内部组织结构方面的调整，使企业日清日高，很快出现蒸蒸日上的新气象。

合肥市领导对处境尴尬的黄山电子有限公司：不求所有，但求所在。

黄山电子有限公司的前身——合肥无线电二厂曾有一段短暂、辉煌的历史。但是，据透露，由于无线电二厂并没有看清当时的形势，很快又由辉煌走向没落。无线电二厂没有合理地利用积累的资本扩大生产规模，而是搞了一些毫不相关的矿泉水、房地产等项目，还去南方开公司。再加上市场上长虹、康佳等的降价攻势，很快就资不抵债。原“黄山电子”董事长尹书堂说：“即使到了 1994 年、1995 年，安徽各大商场也只卖几个品牌的国产电视机，我们还是老大，长虹、康佳卖不过黄山。等到 1996 年价格战之后，‘哗啦’一下各种品牌电视都涌进来了，黄山牌电视机被挤到了农村市场。我们也知道要搞大屏幕，但没钱了。”

早在 1993 年合肥无线电二厂逐渐陷入困境之时，政府部门感到无线电二厂的领导经营乏术，遂将该厂委任给当时红红火火的荣事达实施流行的“委托经营”。荣事达的负责人一来就发现无线电二厂管理混乱，许多私人借款根本就不报账，于是首先就开始搞审计，结果发现企业亏了近 3 亿元，遂提出破产计划。但由于当时没有破产政策，这个计划遂被改良为“三分天下”的方案，搞股份制：无线电二厂的存量资产作价入股占三分之一；荣事达入股三分之一；另外三分之一是将荣事达 49% 的股份卖给日本三洋得 700 万美元入股。但是，这个现在看起来合理而又有创意的想法被束之高阁了。因为有职工抗议，荣事达是集体企业，集体企业又怎能来管理我们国有企业呢？

1996 年 10 月 18 日，合肥市无线电二厂破产，与此同时剥离出净资产成立了黄山电子有限公司。3 亿元的债务随着无线电二厂破产消解于无形，金蝉脱壳的黄山电子巧妙地摆脱了债务锁链，有人称之为“切掉烂肉剩下瘦肉”。而后来的两件事使这块“瘦肉”几乎变成了人见人爱的“唐僧肉’。

尹书堂说：“我们投资 1 千多万元做了两件事——盖了一栋新大楼和引进一条大屏幕生产线。我当时动了脑子，采取招标方式，全国 20 多家企业争着搞这条线，我们就挑价格低、质量好的，结果搞出来的东西很有水平，长虹、康佳都对这条线感兴趣。”谁知 8 个月“唐僧肉”就变质了，新的债务又产生了。

海尔于 1996 年 9 月 5 日宣布进入黑色家电领域，但建在杭州的海尔生产线不能满足市场需求，急需扩大生产规模，而此时，黄山的市场日日萎缩，有的大商场一天只能卖出一台电视机。合肥市政府决定把黄山“嫁”给海尔，希望以海尔的实力盘活这个“死而不僵”的企业。“嫁妆”煞是诱人——黄山的所有权、经营权和收益权全部无偿奉送。合肥市政府领导思路非常领先，合肥市副市长车俊说：“我们把这种模式叫‘不求所有，但求所在’，只要有利于盘活存量资产，有利于企业发展和职工安置，就可以这样搞——不分行业，不分区域，不分行政管辖和所有制。”

在计划经济向市场经济转变的过程中，合肥海尔员工即原黄山人便经历了一场“文化革命”的思想变化过程。

合肥海尔人的转轨、易轨和接轨

具有强烈市场意识的海尔人与习惯躺在计划经济“温床”上的黄山人，起初在思想意识上有很大差别，两种意识的磨合需要一个过程，发生冲突是必然的。因为原黄山职工长期处于计划经济体制下，吃惯了“大锅饭”，对海尔先进的管理体制一时还适应不了，还想躺在国有企业的“温床”上舒舒服服地当“主人”，不能正确面对激烈的市场竞争机制。其冲突主要表现在以下几个方面：

（1）质量冲突。海尔兼并黄山以后，首先将产品质量放在第一位，目标是将产品合格率控制在100%的标准。有很多质量控制指标极尽苛刻，令一贯沿袭以前质量标准的黄山人接受不了。如关于质量老化的话题就产生过争议。按照海尔的质量标准是产品100%进行老化试验，而刚进入海尔的黄山人则认为没有必要这么认真。

（2）供应上的分歧。海尔的原则是对所有元器件的供应进行公开竞标，选择质优价廉的合作伙伴，黄山人的标准则是在几个关系户中选择供应商。

（3）工人收入与市场需求的矛盾。个别员工认为加入海尔就要增加收入，而具有强烈市场意识的海尔人则认为应全力以赴进行市场开拓，将个人收入放在第二位。

再加上海尔彩电产品市场看好，内部管理力度加大，对市场认识不清的合肥海尔员工思想内部矛盾也在加剧。个别人与海尔的严格管理格格不入，对海尔的文化极不适应，以往账目上存在一些问题，担心海尔的管理会触动他们，使他们不能再“混”下去了，所以他们跳出来借机煽动群众，最终导致了“六·二”事件的发生。

1998年6月2日上午，合肥海尔劳动人事处下发了全体员工签订劳动合同的通知，通知规定除技术人员签订五年期合同外，其余人员一律签订一年的劳动合同。这使从长期在计划经济条件下过来的部分员工，认为一年后公司就不要自己了。加上少数人恶意煽动、散布谣言，使不少员工产生不满情绪，跟着起哄，最后发展成聚众闹事、上街游行，整个工厂生产停顿，歪风盛行，打砸事件不时发生。表面上看是签订劳动合同引发了这次事件，但真正的原因还是新旧观念、新旧体制激烈碰撞的必然结果。闹事人员要求与市政府对等谈判，以不答应条件就不复工相要挟。一时间，弄得全厂乌烟瘴气、人心惶惶。

在整个事件中，以孙群利为首的领导班子是团结的，指挥是得力的。孙群利部长回到合肥的当天晚上就连夜召开了党员、班组长以上干部会议，要求党员和干部要坚定立场，稳定人心。此外，孙部长、徐部长还一个分厂一个分厂地去发表演说，澄清事实。他们无私的精神感动了每一个在场的员工，不少人的眼圈都红了。特别是海尔本部梁海山部长、喻子达副部长亲自到合肥，对形势的转变起到了重要作用，梁部长、喻副部长执行集团的指示，做出了在大是大非问题上绝不让步的决策。

经与合肥市政府交涉，并取得了合肥市政府的支持，海尔集团对本次事件进行了明确表态：

(1) 6 月 2 日的上街游行行为是严重错误的。合肥海尔少数员工上街游行，中断了交通，严重影响了省市领导的正常工作，扰乱了社会秩序。这种无组织、无纪律、事先不申报、不打招呼、突然上街游行的行为是违法的。

(2) 6 月 3 日、4 日、5 日，少数人殴打、谩骂、围攻合肥海尔领导和干部的恶劣行为，严重影响了生产、工作秩序，是法律所不允许的。

(3) 对个别殴打公司领导和干部的恶劣行为，要依法处理。

(4) 现在我们的思想观念要转变，不能停留在计划经济的陈旧观念下，这是改革发展的必然趋势。现在“身份”不能解决吃饭问题，国有企业能发出工资的不多。许多国有企业都已倒闭，以后的企业，谁有能力谁就发展，谁就有前途，关键是靠自己。前 5 个月合肥海尔迅速发展的实践证明，海尔的管理是正确的、先进的。没有严格的管理，企业是无法走向正轨的。合肥海尔的迅速发展，为合肥市企业改制做出了突出的贡献，改革的方向是对的。在短短的几个月内，海尔彩电生产规模扩大，市场占有率大大提高，已上升到全国第 8 位，员工工资、医疗费、养老保险金和福利都能得到保障，这是大家有目共睹的。目前，海尔彩电市场销路很好，我们要珍惜，齐心协力抓这个机会。

(5) 对于签订劳动合同的规定，大家不理解，然而这在海尔企业和其他实行改革的企业中是非常正常的。

(6) 合肥海尔的管理只能上，不能下，只能强，不能弱。在这种思路下，本部领导、孙群利部长带领公司领导班子做出重大决策：为使员工真正转变观念，理清思路，决定全厂停产 3 天，组织全体员工进行讨论。通过几轮认真的讨论，员工思想真正有了转变，员工们真切地说：“孙总不能走，海尔人不能走，海尔管理不能走。”同时，绝大多数员工都表明了复工的决心。这样一来，极个别人就被彻底孤立了，企业又获得了应有的生机。6 月 8 日，公司一切工作恢复了正常。

经过了这件事，合肥海尔加快了技术革新的步伐，分别与飞利浦、三洋、大宇及德国 METZ 等国际知名大公司建立了技术联盟与合作，又新建了三条国内一流的大屏幕生产线，为实现模块化生产奠定了坚实的基础。在市场形势大好的情况下，合肥海尔员工干劲十足，准备为当年 40 万台、次年 100 万台的目标而大干一场。

为有源头活水来

张瑞敏总裁的“源头论”：如果把企业比做一条大河，每一个员工都应是这条大河的源头，员工的积极性应该像喷泉一样喷涌而出，而不是靠压出或抽出来；小河是市场、用户，员工有活力，必然生产出高质量的产品，提供优质的服务，用户必然愿意买企业的产品，涓涓小河必然汇入大河。

统一认识、统一思想的合肥海尔员工的活力像喷泉一样喷涌而出，短短一年创造出了异乎寻常的佳绩。

（1）产品开发：10个月等于25年。

以前黄山电子的产品开发存在着“三低”“三慢”。

“三低”：产品合格率低；开箱合格率低；产品档次低。

“三慢”：新产品开发速度慢；售后服务慢，不能及时为用户解决问题；市场反应慢，市场意识淡薄。

而海尔彩电运用了“要么不干，要干就要干最好”的技术理念，在科技投入方面准确把握了“六高”原则，即高起点切入、高科技含量、高品位设计、高质量性能、高速度开发、高投入产出。

1998年2月26日，海尔彩电与飞利浦集团签订海尔飞利浦联盟。

1998年4月25日，海尔彩电和国家广播电视总局、广播科学研究院合资成立“海尔广科数字技术开发有限公司”。

1998年7月，海尔彩电与德国METZ公司合作成立“21世纪海尔数字技术开发中心”。

1998年7月，中国第一台全媒体全数字彩电在合肥海尔诞生，并与日本三洋、东芝公司，以及韩国三星、大宇等公司，都签订了有关的合作协议，为此获得了强大的技术保障和支持。

仅1998年6、7、8三个月，连续开发新品28项，并且全部通过了中国CCEE安全认证，10个月等于过去黄山公司25年来开发新品的总和。这样的开发速度，在公司历史上没有，同行业也很罕见。

（2）市场销售：10个月跃居全国第四位。

黄山公司1997年共生产彩电4.7万台，销售额9 000万元。大部分销售是以抵货款的形式来实现的，这种销售方式使企业潜亏严重。

合肥海尔成立以后，海尔彩电在全国一级市场共建站148个，销售网点864个，1998年月销售额突破1.5亿元。在此基础上迅速扩大二级市场，逐步占领三级市场，不断扩大市场分布面和占有率。

海尔的标准是“紧盯市场创美誉”，海尔彩电之所以销售势头一路上扬，一是因为海尔品牌硬，二是因为数字化彩电市场占位高，三是售后服务全面、周到，最先推出了“三全”服务。1998年全国600家大型商场统计表明，海尔彩电市场占有率名列全国第四位，在北京、青岛、南京等地销量持续第一。

（3）管理：海尔管理初见成效。

1997 年，黄山电子有限公司内部管理失控，人心涣散。各分厂已陷入停产和半停产状态，厂内劳动纪律差，上班溜号的不足为奇，员工上班闲聊、吃零食、喝酒、打架现象屡见不鲜；科室管理人员工作散漫，常常是一杯茶、一张报纸混一天。

合肥海尔成立以后，运用了先进、科学的管理模式——OEC 管理（即日事日毕、日清日高），极大地调动了全员的积极性，在管理人员中实行了公开招聘，中层干部也进行了公开竞聘。“赛马不相马”的竞争机制使每个人都努力地去拼搏，一展自己的才干。分厂、科室都制定了严格的规章制度和劳动纪律，建立健全了一定的考核机制，每月还定期举行“中层干部考评”，使中层干部有了一定的危机感，干部能上能下已成为一种风气，而这在以前是连想也想不到的事。形成了“事事有人管，人人有事干”的局面。

（4）产品质量优：海尔彩电美誉高。

为抓产品质量，合肥海尔从质量体系和制度上进行了严格管理，建立了质量保证体系，编制了合肥海尔新的程序文件，强化了质检部门和质检手段，在各分厂和公司都设立了质量曝光台、曝光专栏。设立高温老化线，同时又设高温老化室，对彩电进行了 100% 的高温老化试验，以确保每一台彩电的质量，使海尔彩电开箱合格率达到 99.6% 以上，深得广大用户的信赖，创造了海尔彩电的美誉度。

（5）人员思想状况：人没变，精神换。

以前的黄山电子公司因为负债累累，企业举步维艰，所以人心涣散，人浮于事的现象屡见不鲜。员工的思想观念陈旧，大家都抱着“干好干坏一个样”的旧观念，干部只能上不能下，员工喝酒、打架现象无人过问。

合肥海尔成立以来，企业发展突飞猛进，还是原来那些人，但企业运行 8 个月后就扭亏为盈。在彩电市场竞争日趋激烈的情况下，海尔彩电销售火爆，一路上扬。这些成功无不归功于海尔先进、科学的管理机制。“企业最活跃的因素就是人，而在人的因素中，中层以上管理干部虽是少数，却在企业发展中负有 80% 的责任，这从根本上改变了原来受批评的都是员工的错误做法。”

在员工中也实行了一系列激励机制，对认真工作、排除质量事故的好员工给予正激励；反之，则给予负激励。每月一次的最佳员工、最差员工的评选极大地调动了员工的生产积极性。员工的思想观念发生了质的变化，从“要我干”到“我要干”，自主管理意识大大增强。员工的工作效率有了较大的提高，产量不断上升，质量也有了进一步的提高，员工精神焕发，把自己的前途与企业的命运紧紧相连，这就是海尔企业文化的力量。这种积极进取的群体意识和作风，构成了富有激励作用的企业文化，不断推动企业健康发展。

（6）产量：一月等于过去一年。

1997 年黄山电子有限公司共生产彩电 4.7 万台，而合肥海尔一个月的产量就突破4万台，1998年当年的年产量是40万台，约是以前的10倍。

究其原因，以前员工工作散漫，加之生产上缺乏计划，安排不落实，生产组织不受控，供应配套不齐，有些厂家向公司大量倾销残次、积压元器件，致使生产经常中断，如此恶性循环，负债累累，加之产品难以销售，所以产量一直非常少。

合肥海尔引进了先进的OEC管理模式后，生产管理、供应等各职能部门管理有序，开发部门积极开发适销对路的新产品，质量部门狠抓产品质量，从而使企业生产步入良性循环的轨道。加之优质的售后服务，和海尔品牌的影响力，海尔彩电呈现出供不应求的喜人局面。合肥海尔不断扩大生产规模，新引进了3条国内最先进的大屏幕生产线，以适应市场需要。同时，狠抓员工素质的提升，针对员工的工作观念、质量意识方面存在的问题以案例的形式时刻抓、反复抓，使员工明辨是非，思想观念和工作作风有了根本性的转变。

综上所述，合肥海尔成立以后，在产品、市场、科研、管理、质量、人员思想状况、产量上有了根本性的转变，这些都源于海尔文化的巨大力量。正是有了这种文化，合肥海尔才成为一个被庄严的使命激励着的奋进群体。这种文化，一是凝结在产品上的人类智慧的精华；二是渗透到企业运行全过程、全方位的理念、意志、行为规范和群体风格。海尔优秀的企业文化医好了黄山的“瞌睡症”，合肥海尔正以崭新的面貌、抖擞的精神在良性轨道上飞速发展。

问题：

1. 为什么海尔可以成功地改造合肥黄山电子有限公司？

2. 从组织变革的角度分析海尔改造合肥黄山的策略和步骤。

3. 请分析用企业文化注入的方式进行企业改造成功的条件及存在的风险，如何防范风险？

本章小结

按照变革的内容来划分，组织变革可以分为以组织结构为中心、以技术为中心和以组织成员为中心的变革。

促使组织变革的动因可以分为外部和内部两个方面。组织变革可能遇到的阻力大体源于三个方面：心理因素造成的阻力；经济因素造成的阻力；社会因素造成的阻力。化解阻力可以通过员工参与和发动，采用“力场分析法”，注意因变革而引起的员工利益和能力需要的变化，尽量用协商态度办事，争取合作的策略等。

组织变革的程序有阶段性变革模式和计划性变革模式。

组织发展的干预技术有T形群体设计和群体建设、格道式发展、调查反馈法。

关键概念

变革动因　变革阻力　变革模式　干预技术

复习思考题

1. 什么是组织变革？组织变革有什么意义？
2. 为什么要进行组织变革？
3. 组织变革中的阻力来源有哪些？如何化解阻力？
4. 为什么要争取员工的合作，争取合作的策略有哪些？
5. 阶段性变革的三个阶段是什么？每个阶段的关键工作有哪些？
6. 什么是组织发展的干预技术？有哪些主要活动？
7. T 形群体的方法可以改善组织功能的前提条件是什么？